Das
Invalidenversicherungsgesetz

vom 13. Juli 1899.

Handausgabe

mit Anmerkungen

nebst den Ausführungsverordnungen der Reichsbehörden und der Preußischen Landeszentralbehörden sowie einer Uebersicht über die zuständigen Landesbehörden

von

Dr. jur. Richard Freund,
Vorsitzendem der Landes-Versicherungsanstalt Berlin.

Zweite vermehrte und verbesserte Auflage

Berlin 1900.
J. J. Heines Verlag.

Vorbemerkung.

Die vorliegende Handausgabe des Invalidenversicherungsgesetzes soll dem Praktiker als Hilfsmittel bei Anwendung des Gesetzes dienen, Es kam vor Allem darauf an, die umfangreichen Abänderungen, welche das bisherige Gesetz erfahren hat, zu erläutern und auf dieselben hinzuweisen; deswegen sind auch im Text des Gesetzes die Abänderungen durch fetten Druck hervorgehoben. Im Uebrigen sind die Materialien des Gesetzes in ausgedehntem Maße zur Erläuterung herangezogen worden. Als Einleitung ist eine kurze zusammenfassende Darstellung des Gesetzes vorangeschickt.*)

Eine umfassende Kommentirung des Gesetzes, wie sie bereits für das bisherige Gesetz von mir in demselben Verlage erschienen ist, bleibt vorbehalten.

Berlin im September 1899.

Dr. **Freund.**

Vorbemerkung zur zweiten Auflage.

Der schnelle Absatz der starken ersten Auflage darf mir als Beweis gelten, daß die Handausgabe den beabsichtigten Zweck erreicht hat, nämlich: dem Praktiker als Hilfsmittel bei Anwendung des Gesetzes zu dienen Es ist deshab bei der Bearbeitung der zweiten Auflage lediglich mein Bestreben gewesen, die Handausgabe nach der praktischen Seite hin möglichst zu vervollkommnen. Zu diesem Zwecke sind in

*) Diese Darstellung ist in erweiterter Form als besonderes Büchlein unter dem Titel „Wegweiser durch das Invalidenversicherungsgesetz" in demselben Verlage erschienen.

den Anlagen die Ausführungs-Verordnungen der Reichsbehörden und der Preußischen Landeszentralbehörden zum Abdruck gelangt unter Hinweis auf dieselben bei den betr. Gesetzes-Bestimmungen. Des Weiteren sind die bis jetzt vom Reichsversicherungsamt zur Auslegung des neuen Gesetzes ergangenen Revisions-Entscheidungen und die in der „Arbeiterversorgung" und in der „Invaliditäts- und Altersversicherung" erschienenen Aufsätze über einzelne streitige Fragen berücksichtigt. Die vom Reichsversicherungsamt aufgestellte Uebersicht über die zuständigen Landesbehörden ist gleichfalls zum Abdruck gelangt.

Berlin im April 1900.

Dr. Freund.

Inhalt.

III. Verfahren.

IV. Schluß-, Straf- und Uebergangsbestimmungen.

Anlagen.

Einleitung.*)

Erster Abschnitt.

Welche Personen müssen versichert werden und welche können sich freiwillig versichern?

Nach dem Gesetz kommen folgende Arten der Versicherung in Betracht:

1. Versicherungspflicht und zwar:
   a) auf Grund ausdrücklicher gesetzlicher Bestimmung,
   b) auf Grund von Beschlüssen des Bundesraths;
2. Selbstversicherung;
3. Weiterversicherung.

I. Versicherungspflicht auf Grund ausdrücklicher gesetzlicher Bestimmung.

Die Versicherungspflicht tritt nur für diejenigen Personen ein, welche das 16. Lebensjahr vollendet haben und deren Beschäftigung gegen Gehalt oder Lohn (Naturalbezüge, Tantiemen) erfolgt. **Wird für die Beschäftigung nur freier Unterhalt gewährt, wie z. B. öfter bei Lehrlingen, so ist Versicherungspflicht nicht vorhanden. Auch sind nicht versicherungspflichtig bereits invalide Personen.**

Es sind versicherungspflichtig:

a) ohne Beschränkung auf eine bestimmte Lohnhöhe, also auch bei Lohnsätzen, welche jährlich 2000 Mk. übersteigen:
   1. Arbeiter, Gehülfen, Gesellen und Lehrlinge.
      Ausgenommen von der Versicherungspflicht sind Personen des Soldatenstandes, welche dienstlich als Arbeiter beschäftigt werden.
   2. Dienstboten (über die sog. höheren Hilfskräfte des Haushalts vergl. unter **b** 3).
   3. Personen der Schiffsbesatzung deutscher Seefahrzeuge und von Fahrzeugen der Binnenschifffahrt (über die Schiffsführer vergl. unter **b** 5).

b) mit Beschränkung auf eine bestimmte Lohnhöhe, d. h. nur dann, wenn der Jahresarbeitsverdienst 2000 Mk. nicht übersteigt:
   1. Betriebsbeamte, **Werkmeister und Techniker.**
   2. Handlungsgehülfen und Lehrlinge (ausschließlich der in Apotheken beschäftigten Gehülfen und Lehrlinge).

---

*) Die **fettgedruckten** Worte im Texte bezeichnen die durch das neue Gesetz erfolgten Abänderungen.

3. **Sonstige Angestellte, deren dienstliche Beschäftigung ihren Hauptberuf bildet.**

Ausgenommen sind unter bestimmter Voraussetzung Beamte des Reichs, der Bundesstaaten, der Kommunalverbände, der auf Grund dieses Gesetzes errichteten Versicherungsanstalten und zugelassenen Kasseneinrichtungen.

4. **Lehrer und Erzieher** (beiderlei Geschlechts).

Ausgenommen von der Versicherungspflicht sind Lehrer und Erzieher an öffentlichen Schulen oder Anstalten, solange sie lediglich zur Ausbildung für ihren zukünftigen Beruf beschäftigt werden oder sofern ihnen eine Anwartschaft auf Pension im Mindestbetrage der Invalidenrente nach den Sätzen der ersten Lohnklasse gewährleistet ist; desgleichen Personen, welche Unterricht gegen Entgelt ertheilen, sofern dies während ihrer wissenschaftlichen Ausbildung für ihren zukünftigen Lebensberuf geschieht. Ueber Befreiung von der Versicherungspflicht auf Antrag vergl. unten.

5. **Schiffsführer.**

Auch vorübergehende Beschäftigung macht versicherungspflichtig; doch bestimmt der Bundesrath die Ausnahmen hiervon. Auch ist der Bundesrath befugt zu bestimmen, **daß Ausländer, welchen der Aufenthalt im Inlande nur für eine bestimmte Dauer behördlich gestattet ist und die nach Ablauf dieser Zeit in das Ausland zurückkehren müssen, der Versicherungspflicht nicht unterliegen.**

Auf ihren Antrag sind von der Versicherungspflicht zu befreien:

1. Personen, welchen vom Reiche, von einem Bundesstaat, einem Kommunalverband, einer **Versicherungsanstalt oder zugelassenen Kasseneinrichtung** Pensionen, Wartegelder oder **ähnliche Bezüge** im Mindestbetrage der Invalidenrente nach dem Satze der ersten Lohnklasse **bewilligt** sind.
2. Personen, welchen auf Grund ihrer **früheren Beschäftigung als Lehrer oder Erzieher an öffentlichen Schulen oder Anstalten** Pensionen u. s. w. (wie zu 1) bewilligt sind.
3. Personen, welchen auf Grund der reichsgesetzlichen Bestimmungen über die Unfallversicherung der Bezug einer jährlichen Rente von mindestens demselben Betrage wie zu 1 zusteht.
4. **Personen, welche das 70. Lebensjahr vollendet haben.**
5. Personen, **welche Lohnarbeit nur in bestimmten Jahreszeiten für nicht mehr als 12 Wochen oder überhaupt für nicht mehr als 50 Tage im Jahr übernehmen, im Uebrigen aber ihren Lebensunterhalt als Betriebsunternehmer oder anderweit selbständig erwerben, oder ohne Lohn oder Gehalt thätig sind, so lange für dieselben nicht bereits 100 Wochen lang Beiträge entrichtet sind.**

Der Antrag auf Befreiung von der Versicherungspflicht kann **zurückgenommen** werden, **alsdann tritt die Versicherungspflicht wieder in Kraft.**

II. Versicherungspflicht auf Grund eines Beschlusses des Bundesraths.

Durch Beschluß des Bundesraths kann die Versicherungspflicht für bestimmte Berufszweige **allgemein oder mit Beschränkung auf gewisse Bezirke** erstreckt werden:

1. auf Gewerbetreibende und sonstige Betriebsunternehmer, welche nicht regelmäßig wenigstens einen Lohnarbeiter beschäftigen,
2. auf Hausgewerbetreibende ohne Rücksicht auf die Zahl der von ihnen beschäftigten Lohnarbeiter.

III. Selbstversicherung.

Folgende Personen sind befugt, freiwillig in die Versicherung einzutreten, solange sie das 40. Lebensjahr noch nicht vollendet haben:

1. **Die unter I b genannten Personen, sofern ihr Jahresarbeitsverdienst mehr als 2000 Mk., aber nicht über 3000 Mk. beträgt.**
2. **Gewerbetreibende und sonstige Betriebsunternehmer, welche nicht regelmäßig mehr als zwei versicherungspflichtige Lohnarbeiter beschäftigen, sowie Hausgewerbetreibende.**
3. **Personen, welche der Versicherungspflicht nicht unterliegen,**
   a) **weil sie nur gegen freien Unterhalt beschäftigt werden,**
   b) **weil ihre vorübergehende Beschäftigung durch Beschluß des Bundesraths für nicht versicherungspflichtig erklärt worden ist.**

IV. Weiterversicherung.

Personen, welche aus einem die Versicherungspflicht (vergl. I und II) oder die Selbstversicherung (vergl. unter III) begründenden Verhältnisse ausscheiden, sind befugt, die Versicherung fortzusetzen. **Begeben sich Versicherte ins Ausland, so sind sie berechtigt, die Versicherung dort fortzusetzen.**

Zweiter Abschnitt.

Wo hat die Versicherung zu erfolgen? Die Versicherungsanstalten und ihre Organisation.

Die Versicherung erfolgt bei den Versicherungsanstalten, welche vom Staate für größere Bezirke errichtet worden sind. Es sind im Ganzen 31 solcher Anstalten errichtet, in Preußen zumeist für jede Provinz eine Anstalt, so für die Provinzen Ostpreußen, Westpreußen, Brandenburg, Pommern, Posen, Schlesien, Westfalen und den Stadtkreis Berlin je eine Anstalt. Andere Provinzen sind mit benachbarten Bundesstaaten zu einer gemeinsamen Anstalt vereinigt.

Es sind folgende Anstalten errichtet worden: (Die eingeklammerten Namen bezeichnen den Sitz der Anstalt.)

1. für die Provinz Ostpreußen. (Königsberg.)
2. „ „ Provinz Westpreußen. (Danzig.)
3. „ „ Provinz Brandenburg. (Berlin.)
4. „ „ Provinz Pommern. (Stettin.)
5. „ „ Provinz Posen. (Posen.)
6. „ „ Provinz Schlesien. (Breslau.)
7. „ „ Provinz Westfalen. (Münster.)
8. „ den Stadtkreis Berlin. (Berlin.)
9. „ die Provinz Schleswig-Holstein und das Fürstenthum Lübeck. (Kiel.)
10. „ „ Rheinprovinz, die Hohenzollernschen Lande und das Fürstenthum Birkenfeld. (Düsseldorf.)
11. „ „ Provinz Sachsen und das Herzogthum Anhalt. (Merseburg.)
12. „ „ Provinz Hannover und die Fürstenthümer Pyrmont, Schaumburg-Lippe und Lippe. (Hannover.)
13. „ „ Provinz Hessen-Nassau und das Fürstenthum Waldeck. (Kassel.)
14. „ den Regierungs-Bezirk Oberbayern. (München.)
15. „ „ Reg.-Bez. Niederbayern. (Passau.)
16. „ „ „ „ Pfalz. (Speyer.)
17. „ „ „ „ Oberfranken. (Bayreuth.)
18. „ „ „ „ Oberpfalz und Regensburg. (Regensburg.)
19. „ „ „ „ Mittelfranken. (Ansbach.)
20. „ „ „ „ Unterfranken und Aschaffenburg. (Würzburg.)
21. „ „ „ „ Schwaben und Neuburg. (Augsburg.)
22. „ das Königreich Sachsen. (Dresden.)
23. „ „ Königreich Württemberg. (Stuttgart.)
24. „ „ Großherzogthum Baden. (Karlsruhe.)
25. „ „ Großherzogthum Hessen. (Darmstadt.)
26. „ „ Großherzogthum Mecklenburg-Schwerin und Mecklenburg-Strelitz. (Schwerin.)
27. „ „ Großherzogthum Sachsen-Weimar-Eisenach, die Herzogthümer Sachsen-Meiningen, Sachsen-Coburg-Gotha, sowie die Fürstenthümer Schwarzburg-Sondershausen, Schwarzburg-Rudolstadt, Reuß ä. L., Reuß j. L. (Weimar.)
28. „ „ Herzogthum Oldenburg. (Oldenburg.)
29. „ „ Herzogthum Braunschweig. (Braunschweig.)
30. „ die Freien und Hansastädte Lübeck, Bremen und Hamburg. (Lübeck.)
31. „ „ Reichslande Elsaß-Lothringen. (Straßburg.)

Eine Zusammenlegung, Theilung oder Aufhebung bestehender Versicherungsanstalten bedarf der Zustimmung des Reichstages.

Die Versicherung erfolgt **bei derjenigen Versicherungsanstalt,** in deren

Bezirk die betr. Person beschäftigt wird. Ein anderer als der jeweilige Beschäftigungsort hat als Ort der Versicherung zu gelten: 1. bei Gewerbebetrieben, deren Natur es mit sich bringt, daß einzelne Arbeiten an wechselnden Orten außerhalb der Betriebsstätte ausgeführt werden, wie etwa bei dem Gewerbebetrieb eines Zimmermeisters oder eines Schornsteinfegers; hier soll immer der Sitz des Gewerbebetriebs als Beschäftigungsort gelten; 2. bei Betriebsverwaltungen, in denen einzelne Arbeiten an wechselnden, in verschiedenen Gemeindebezirken gelegenen Orten auszuführen sind, z. B. öffentlichen Wasser- oder Wegebauten, Telegraphenverwaltungen, sowie Privatbetrieben ähnlicher Art, wie Privatbahnen; hier soll vorbehaltlich besonderer Regelung durch die höhere Verwaltungsbehörde derjenige Ort als Beschäftigungsort gelten, an welchem die mit der unmittelbaren Betriebsleitung betraute Stelle ihren Sitz hat; 3. bei land- und forstwirthschaftlichen, über mehrere Gemeindebezirke sich erstreckenden Betrieben. Hier gilt bei Arbeitern, welche für den Gesammtbetrieb ohne Beschränkung auf dessen einzelne örtliche Theile angenommen sind, als Beschäftigungsort der Sitz des Betriebs gemäß § 44 des Unfallversicherungsgesetzes für Land- und Forstwirthschaft. Die vorstehenden Bestimmungen gelten auch dann, wenn die verschiedenen Beschäftigungsorte nicht innerhalb des Bezirks der gleichen Versicherungsanstalt liegen. Abgesehen hiervon ist, soweit die Beschäftigung in einem Betriebe stattfindet, dessen Sitz in dem Bezirk einer anderen Versicherungsanstalt belegen ist, die Versicherung des gesammten Betriebs bei der Versicherungsanstalt des Betriebsbesitzes **nur mit Zustimmung der betheiligten Versicherungsanstalten zulässig.** Eine billige Rücksichtnahme auf begründete Wünsche der betheiligten Unternehmer ist hierbei zu erwarten. Ein **Recht, die Durchführung der gesammten Versicherung am Sitze seines Betriebs zu beanspruchen,** ist aber dem Unternehmer für den Fall vorbehalten worden, daß die von ihm an verschiedenen Orten beschäftigten Personen Mitglieder einer für seinen Betrieb errichteten Betriebs-(Fabrik-)Krankenkasse sind.

Findet aus einem inländischen Betriebe eine vorübergehende Beschäftigung im Auslande statt, so erfolgt die Versicherung bei der Versicherungsanstalt des Betriebsbesitzes.

Neben den Versicherungsanstalten kann der Bundesrath unter bestimmten Voraussetzungen besondere Kasseneinrichtungen insbesondere für Betriebe des Reichs, des Staats und der Kommunalverbände zulassen, bei welchen alsdann die Versicherung unter Befreiung von der Versicherungspflicht bei der Versicherungsanstalt erfolgen kann. (Zugelassene Kasseneinrichtungen.)

Die Organisation der Versicherungsanstalten ist folgendermaßen geordnet: An der Spitze der Versicherungsanstalt steht ein aus Beamten (Staats- bezw. Kommunalbeamten) gebildeter Vorstand. Neben den Beamten **müssen dem Vorstande Vertreter der Arbeitgeber und der Versicherten angehören.** Für jede Versicherungsanstalt wird ferner ein aus Vertretern der

Arbeitgeber und Versicherten bestehender Ausschuß gebildet. Die Mitglieder des Ausschusses werden gewählt **von den Beisitzern der unteren Verwaltungsbehörden und der Rentenstellen** (vergl. unten). Zu den Obliegenheiten des Ausschusses gehört insbesondere die **Feststellung des Voranschlages für die Versicherungsanstalt** und die Wahl der dem Vorstande angehörigen Vertreter der Arbeitgeber und der Versicherten.

Die gesammte Verwaltung der Versicherungsanstalt, insbesondere die Entscheidung über Rentenansprüche (vergl. jedoch unten), und die Vertretung der Anstalt nach außen liegt dem Vorstande ob.

Die bislang mögliche Bildung eines **Aufsichtsraths ist in Fortfall gekommen.** Desgleichen ist die **Einrichtung der Vertrauensmänner weggefallen**; an deren Stelle treten die **vollkommener ausgestalteten unteren Verwaltungsbehörden bezw. die Rentenstellen.** Der unteren Verwaltungsbehörde werden **Vertreter der Arbeitgeber und Versicherten beigegeben,** welche von den Krankenkassen-Vorständen gewählt werden. Die Hauptfunktion der unteren Verwaltungsbehörde ist die Entgegennahme von Renten-Anträgen und die Begutachtung derselben, sodann der Anträge auf Entziehung von Renten, die Benachrichtigung des Vorstandes der Versicherungsanstalt über geeignete Fälle für die Einleitung der Krankenfürsorge (vergl. unten S. 14) und die Auskunftertheilung über alle die Invalidenversicherung betreffenden Angelegenheiten.

An Stelle dieser unteren Verwaltungsbehörden **können** nun zur Wahrnehmung der denselben obliegenden Geschäfte besondere **Rentenstellen** errichtet werden. Die Rentenstelle besteht aus einem ständigen Vorsitzenden und Vertretern der Arbeitgeber und Versicherten als Beisitzer; sie ist ein Organ der Versicherungsanstalt und hat die Eigenschaft einer öffentlichen Behörde. Der Vorsitzende wird von dem Kommunalverbande bezw. der Landeszentralbehörde bestellt, die Beisitzer werden von den Krankenkassen-Vorständen gewählt. Der Rentenstelle kann von der Landesregierung statt der bloßen Begutachtung der Rentenanträge die Entscheidung über dieselben in erster Instanz an Stelle des Vorstandes der Versicherungsanstalt übertragen werden.

Die Aufsicht über die Versicherungsanstalten führt das Reichsversicherungsamt bezw. das betr. Landesversicherungsamt. **Die Einrichtung des Staatskommissars bei den Versicherungsanstalten ist in Wegfall gekommen.**

Jede Versicherungsanstalt verwaltet ihre Einnahmen und ihr Vermögen selbstständig. **Die durch die Bewilligung der Renten** (vgl. Vierter Abschnitt) **entstehende Belastung wird zum großen Theile von allen Versicherungsanstalten gemeinschaftlich getragen** (Gemeinlast). Um diese Gemeinlast zu decken, **werden vom 1. Januar 1900 ab von jeder Versicherungsanstalt 40 Prozent der eingehenden Beiträge buchmäßig ausgeschieden.**

Dritter Abschnitt.

In welcher Weise erfolgt die Versicherung bezw. die Beitragsleistung?

Die Quittungskarte. Die Marken.

Mit dem Eintritt einer Person in eine versicherungspflichtige Beschäftigung (siehe oben unter I und II) beginnt die Pflicht zur Beitragsleistung. Die Beitragsleistung erfolgt durch Einkleben von Marken in eine Quittungskarte.

Die Quittungskarte enthält für das Einkleben der Marken 56 Felder, sie wird von den durch die Landesregierung bestimmten Behörden (Ausgabestelle), z. B. in Berlin von den Polizei-Revieren, ausgestellt. Die Eintragung eines Urtheils über die Führung oder die Leistungen des Inhabers, sowie sonstige Vermerke sind unzulässig; auch ist die Einbehaltung der Quittungskarte nach Einkleben der Marken wider den Willen des Inhabers untersagt. Ist die Quittungskarte vollgeklebt, so ist sie bei der Ausgabestelle zum Umtausch einzureichen; über den Inhalt der eingereichten Karte (Zahl der Marken in den einzelnen Lohnklassen u. s. w.) erhält der Inhaber von der Ausgabestelle eine Bescheinigung. Verlorene, unbrauchbar gewordene oder gestohlene Quittungskarten werden durch neue ersetzt, in welche dann die nachweisbar in der alten Karte geleisteten Beiträge übertragen werden. Eine Quittungskarte verliert ihre Gültigkeit, wenn sie nicht **innerhalb zweier Jahre** nach dem auf der Karte verzeichneten Ausstellungstage zum Umtausch eingereicht wird.

Die Marken sind bei allen Postanstalten und sonstigen von der Versicherungsanstalt eingerichteten Verkaufsstellen käuflich. Jede Versicherungsanstalt giebt ihre besonderen Marken aus und es müssen Marken derjenigen Versicherungsanstalt verwendet werden, welche für die Versicherung der betr. Person zuständig ist (vergl. Zweiter Abschnitt). Bei freiwilliger Versicherung haben die betr. Personen Marken derjenigen Versicherungsanstalt zu verwenden, in deren Bezirk sie beschäftigt sind oder, sofern eine Beschäftigung nicht stattfindet, sich aufhalten. Versicherte, die im Ausland die Versicherung fortsetzen, haben Marken derjenigen Versicherungsanstalt zu verwenden, in deren Bezirk sie zuletzt beschäftigt waren oder sich aufgehalten haben. Bis jetzt wurden nur Wochenmarken ausgegeben, d. h. Marken, welche den Beitrag für eine Woche darstellten. In Zukunft **bestimmt das Reichsversicherungsamt die Zeitabschnitte, für welche Marken ausgegeben werden sollen.** Nach der inzwischen getroffenen Bestimmung des Reichsversicherungsamts gelangen Wochen-, Zweiwochen- und Dreizehnwochen-Marken zur Ausgabe. Die Marken sind nicht alle gleichwerthig. Die sämmtlichen Versicherten werden nämlich in fünf Lohnklassen eingetheilt und für jede Lohnklasse werden besondere Marken ausgegeben. Es werden nach der Höhe des Jahresarbeitsverdienstes folgende Lohnklassen gebildet:

Klasse	I	bis zu			350 Mk. einschließlich			
„	II	von mehr als			350 Mk.	bis	550 Mk.,	
„	III	„	„	„	550 „	„	850 „	
„	IV	„	„	„	850 „	„	1150 „	
„	V	„	„	„	1150 „			

Es ist aber zu beachten, daß für die Zugehörigkeit der Versicherten zu den einzelnen Lohnklassen nicht der thatsächliche Jahresarbeitsverdienst maßgebend ist,[1]) sondern ein Durchschnittsbetrag, welcher insbesondere nach folgenden Bestimmungen berechnet wird:

a) für diejenigen Versicherten, welche Mitglieder einer Ortskrankenkasse, Betriebskrankenkasse, Bau- oder Fabrikkrankenkasse sind, gilt als Jahresarbeitsverdienst der 300fache Betrag des für ihre Krankenkassenbeiträge maßgebenden durchschnittlichen Tagelohns.

b) Für solche Versicherte, welche nicht einer unter a genannten Krankenkasse angehören, gilt als Jahresarbeitsverdienst der 300fache Betrag des für den Beschäftigungsort maßgebenden ortsüblichen Tagelohns gewöhnlicher Tagearbeiter. **Doch kann von der höheren Verwaltungsbehörde für einzelne Berufszweige ein anderer Jahresarbeitsverdienst festgesetzt werden.**

Lehrer und Erzieher gehören zur IV. Lohnklasse, sofern nicht ein Jahresarbeitsverdienst von mehr als 1150 Mk. nachgewiesen ist.

Der Arbeitgeber wird nach diesen Bestimmungen zu berechnen haben, in welche Lohnklasse seine Arbeiter, Gehülfen und Dienstboten gehören und alsdann die für diese Lohnklassen ausgegebenen Marken zu beschaffen haben. Es können jedoch Arbeitgeber und Versicherte vereinbaren, daß die Versicherung in einer höheren Lohnklasse erfolgen soll, als sich nach den obigen Bestimmungen ergeben würde. **Der Versicherte kann aber auch verlangen, daß die Versicherung in einer höheren Lohnklasse erfolgt;** in diesem letzteren Falle ist jedoch der auf den Arbeitgeber entfallende Theil des Beitrages nicht nach der höheren, sondern nach der maßgebenden Lohnklasse zu berechnen. Freiwillig Versicherten **steht die Wahl der Lohnklasse frei, die Zusatzmarke kommt in Wegfall.**

Der Einheitssatz für den Beitrag ist der Wochenbeitrag; die Beiträge werden nicht für Tage, sondern nur für Wochen geleistet. Der Wochenbeitrag beträgt in

Lohnklasse	I . . .	14 Pfg.
„	II . . .	20 „

[1]) Der thatsächliche Jahresarbeitsverdienst ist nur maßgebend, **sofern im Voraus für Wochen, Monate, Vierteljahre oder Jahre eine feste baare Vergütung vereinbart und diese höher ist als der in Folgendem näher erörterte Durchschnittsbetrag.**

Lohnklasse	III	. . .	24 Pf.
„	IV	. . .	30 „
„	V	. . .	36 „

Zur Leistung der Beiträge sowie zum Einkleben der Marken ist der Arbeitgeber verpflichtet. **Der Versicherte ist verpflichtet, für die Ausstellung der Quittungskarte Sorge zu tragen** und dieselbe behufs Einklebens der Marken vorzulegen. Ist der Versicherte mit einer Karte nicht versehen oder lehnt er die Vorlegung der Karte ab, so ist der Arbeitgeber berechtigt, für Rechnung des Versicherten eine solche anzuschaffen. Die Entrichtung der Beiträge erfolgt nun in der Weise, daß der Arbeitgeber bei der Lohnzahlung für die Dauer der Beschäftigung die entsprechende Anzahl Marken einklebt. **Doch kann auch die Versicherungsanstalt bestimmen, daß die Marken zu andern als den Lohnzahlungs-Terminen beizubringen sind, z. B. erst bei Beendigung des Arbeitsverhältnisses.**

Zeiten der mit Erwerbsunfähigkeit verbundenen Krankheit oder militärischer Dienstleistung werden, ohne daß Beiträge entrichtet zu werden brauchen, mit folgenden Maßgaben in Anrechnung gebracht:

a) Vor den in Rede stehenden Zeiten muß die betr. Person eine die Versicherungspflicht begründende Beschäftigung nicht lediglich vorübergehend aufgenommen haben.

b) Es kommen nur **volle** Wochen zur Anrechnung.

c) Die Anrechnung der Krankheitszeit geschieht nur bis zur Dauer eines Jahres.

d) Die an eine Krankheit anschließende **Genesungszeit wird der Krankheit gleich geachtet**; ebenso das **Wochenbett** für höchstens 6 Wochen von der Entbindung an gerechnet.

Das Einkleben der Marken erfolgt der Reihe nach in die Felder der Quittungskarte. **Marken für einen zwei Wochen übersteigenden Zeitraum müssen entwerthet werden,** also z. B. jede 13 Wochen-Marke.

Findet die Beschäftigung nicht während der ganzen Woche bei demselben Arbeitgeber statt, so ist von demjenigen Arbeitgeber, welcher den Versicherten zuerst beschäftigt, der volle Wochenbeitrag zu entrichten. Hat dieser Arbeitgeber seinen Verpflichtungen nicht genügt, oder hat der Versicherte nicht etwa selbst die Marke eingeklebt (vgl. unten), **so hat derjenige Arbeitgeber, welcher den Versicherten in derselben Woche weiterhin beschäftigt, den Beitrag zu entrichten, doch steht ihm gegen den ersten Arbeitgeber ein Ersatzanspruch zu.**

Wenn auch der Arbeitgeber zunächst zur Leistung der vollen Beiträge verpflichtet ist, so ist der Versicherte verpflichtet, sich die Hälfte der Beiträge bei den Lohnzahlungen einbehalten zu lassen. Die Arbeitgeber dürfen nur auf diesem Wege des Lohnabzugs den auf die Versicherten entfallenden

Betrag wieder einziehen. Sind Abzüge bei einer Lohnzahlungsperiode unterblieben, so dürfen sie nur noch bei der nächsten Lohnzahlung nachgeholt werden.

Versicherungspflichtige Personen sind auch befugt, an Stelle der Arbeitgeber die Beiträge selbst zu entrichten; in diesem Falle steht ihnen gegen den Arbeitgeber Anspruch auf Erstattung der Hälfte der geleisteten Beiträge zu, **die Marken müssen aber entwerthet sein.** Der Anspruch auf Erstattung ist bei der Lohnzahlung geltend zu machen; ist das bei einer Lohnzahlung unterblieben, so kann der Anspruch nur bei der nächstfolgenden Lohnzahlung nachgeholt werden.

Wenn Personen, welche der Versicherungspflicht nicht unterliegen, weil sie nur gegen freien Unterhalt oder vorübergehend beschäftigt sind, sich während der Beschäftigung freiwillig versichern, **so steht ihnen gegen den Arbeitgeber, welcher zur Beitragsleistung verpflichtet wäre, Anspruch auf Erstattung der Hälfte der Beiträge zu.**

Die nachträgliche Entrichtung von Beiträgen für eine versicherungspflichtige Beschäftigung ist nach Ablauf von zwei Jahren seit der Fälligkeit unzulässig.

Durch Nichtleistung der Beiträge tritt ein Erlöschen der Anwartschaft auf Rente u. s. w. (vgl. unter Abschnitt IV) ein, und zwar

a) bei versicherungspflichtigen Personen dann, wenn während **zweier** Jahre nach dem auf der Quittungskarte verzeichneten Ausstellungstage nicht wenigstens 20 Beitragswochen auf Grund einer versicherungspflichtigen Beschäftigung oder der Weiterversicherung geleistet sind,

b) bei selbstversicherten Personen dann, wenn während der genannten Frist nicht wenigstens 40 Beiträge entrichtet worden sind.

Vierter Abschnitt.

Welche Ansprüche erwachsen dem Versicherten aus der Versicherung? Invalidenrente. Altersrente. Rückerstattung von Beiträgen. Krankenfürsorge. Sonstige Leistungen.

I. Invalidenrente.

Anspruch auf Invalidenrente hat derjenige Versicherte,

a) dessen Erwerbsfähigkeit dauernd auf **weniger als ein Drittel** herabgesetzt ist,

b) welcher **während 26 Wochen** ununterbrochen erwerbsunfähig gewesen ist, für die weitere Dauer der Erwerbsunfähigkeit.

Ist die Erwerbsunfähigkeit durch einen Unfall herbeigeführt, so besteht ein Anspruch auf Invalidenrente nur insoweit, als die zu gewährende Invalidenrente die Unfallrente übersteigt.

Ein Anspruch auf Invalidenrente steht dem Versicherten nicht zu, wenn er die Erwerbsunfähigkeit vorsätzlich herbeigeführt hat. Es kann ferner die Gewährung der Invalidenrente ganz oder theilweise versagt werden, wenn der Versicherte sich die Erwerbsunfähigkeit bei Begehung eines durch strafgerichtliches Urtheil festgestellten Verbrechens oder vorsätzlichen Vergehens zugezogen hat.

An Stelle der Rente kann dem Rentenempfänger auf seinen Antrag Aufnahme in ein Invalidenhaus gewährt werden.

Ist der Rentenberechtigte ein Ausländer, so kann er, falls er seinen Wohnsitz im Deutschen Reiche aufgiebt, mit dem dreifachen Betrage der Jahresrente abgefunden werden.

Voraussetzung für jeden Anspruch auf Invalidenrente ist, daß der Versicherte bereits eine Zeit lang Beiträge geleistet hat (Wartezeit, Karenzzeit). Die Wartezeit beträgt

a) **200 Beitragswochen, wenn mindestens 100 Beiträge auf Grund der Versicherungspflicht geleistet sind,**

b) **500 Beitragswochen in allen anderen Fällen.**

Als Beitragswochen gelten auch die Krankheits- und Militärdienstzeiten (vgl. S. 9.)

Die Höhe der Invalidenrente wird in folgender Weise berechnet:

Zum Grundbetrage wird für jede verwendete Marke ein bestimmter Betrag (Steigerungssatz) zugerechnet. Der Grundbetrag beläuft sich

für die Lohnklasse	**I**	**auf**	**60**	**Mk.**
„ „ „	**II**	„	**70**	„
„ „ „	**III**	„	**80**	„
„ „ „	**IV**	„	**90**	„
„ „ „	**V**	„	**100**	„

Der Steigerungssatz beträgt

für jede Woche der Lohnklasse	**I**	**3**	**Pf.**
„ „ „ „ „	**II**	**6**	„
„ „ „ „ „	**III**	**8**	„
„ „ „ „ „	**IV**	**10**	„
„ „ „ „ „	**V**	**12**	„

Für Krankheits- und Militärdienstzeiten (vergl. S. 9) wird der Steigerungssatz der Lohnklasse II berechnet.

Zu dem Grundbetrage und dem Steigerungssatze tritt ein fester Zuschuß des Reichs für jede Rente in Höhe von 50 Mk. (Reichszuschuß).

Die Invalidenrente beginnt mit dem Tage, an welchem der Verlust der Erwerbsfähigkeit eingetreten ist. **Für Zeiten, die länger als ein Jahr vom Eingange des Rentenantrages an zurückliegen, wird jedoch Rente nicht gewährt.**

Die Rente kann dem Empfänger wieder entzogen werden, wenn er nicht mehr als erwerbsunfähig anzusehen ist. Außerdem ruht das Recht auf Bezug der Rente in gewissem Umfange und unter bestimmten Voraussetzungen für Personen, welche Unfallrente, Pensionen oder Wartegelder beziehen, für Personen, welche eine Freiheitsstrafe von längerer Dauer als 1 Monat verbüßen, für Personen, welche nicht im Inlande ihren gewöhnlichen Aufenthalt haben.

Den Gemeinden oder Armenverbänden, welche den Rentenempfänger während der Zeit unterstützt haben, für welche demselben ein Anspruch auf Rente zustand, ist durch Ueberweisung von Rentenbeträgen Ersatz zu leisten.

Die Uebertragung von Rentenansprüchen auf Dritte, sowie deren Verpfändung oder Pfändung kann nur in beschränktem Maße und unter ganz bestimmten Voraussetzungen rechtswirksam erfolgen.

II. Altersrente.

Anspruch auf Altersrente hat derjenige Versicherte, welcher das 70. Lebensjahr vollendet hat, ohne Rücksicht auf das Vorhandensein von Erwerbsunfähigkeit. Für die Altersrente ist gleichfalls eine Wartezeit vorgeschrieben, sie beträgt 1200 Beitragswochen. Auf diese Wartezeit werden jedoch unter bestimmten Voraussetzungen Versicherten, welche zur Zeit, als die Versicherungspflicht für sie in Kraft trat, das 40. Lebensjahr vollendet haben, für jedes volle Jahr, um welches ihr Lebensalter zu diesem Zeitpunkte das vollendete 40. Jahr überstiegen hat, 40 Wochen in Anrechnung gebracht.

Die Altersrente setzt sich zusammen aus dem festen Reichszuschuß von 50 Mk. und einem Betrage, welcher sich beläuft

in der Lohnklasse	I	auf	60 Mk.
„ „ „	II	„	90 „
„ „ „	III	„	120 „
„ „ „	IV	„	150 „
„ „ „	V	„	180 „

Hat ein Versicherter während der Dauer seiner Versicherung in verschiedenen Lohnklassen Beiträge geleistet, so wird der Durchschnitt der diesen Beiträgen entsprechenden Altersrente gewährt.

Die Altersrente beginnt frühestens mit dem ersten Tage des 71. Lebensjahres; auch hier wird für länger als 1 Jahr zurückliegende Zeiten Rente nicht gewährt.

Bezüglich der Unterbringung in ein Invalidenhaus, des Ruhens der Rente, des Ersatzes an Armenverbände und der Uebertragung von Rentenansprüchen, gelten dieselben Bestimmungen wie bei der Invalidenrente (siehe S. 11 und 12).

III. Rückerstattung von Beiträgen.

a) Weiblichen Personen, welche eine Ehe eingehen, steht ein Anspruch auf Erstattung der Hälfte der für sie geleisteten Beiträge zu, wenn **mindestens 200 Wochen** Beiträge geleistet sind.

b) Versicherten, **welche durch einen Unfall dauernd erwerbsunfähig werden**, denen in Folge dessen (siehe S. 10) ein Anspruch auf Invalidenrente nicht zusteht, ist auf ihren Antrag die Hälfte der für sie geleisteten Beiträge zu erstatten.

c) Wenn ein männlicher Versicherter, für welchen mindestens **für 200 Wochen** Beiträge entrichtet sind, verstirbt, so steht der Wittwe bezw. den ehelichen Kindern unter 15 Jahren Anspruch auf Erstattung der Hälfte der für den Verstorbenen geleisteten Beiträge zu.

d) Wenn eine weibliche Versicherte, für welche mindestens für **200 Wochen** Beiträge entrichtet worden sind, verstirbt, so steht den hinterlassenen vaterlosen*) Kindern unter 15 Jahren Anspruch auf Erstattung der Hälfte der für die Verstorbene entrichteten Beiträge zu.**)

Die Bestimmungen zu c und d finden keine Anwendung, wenn den Hinterbliebenen aus Anlaß des Todes des Versicherten Unfallrenten gewährt werden, wenn ferner eine die Invaliden- oder Altersrente **bewilligende Entscheidung dem Verstorbenen bei seinen Lebzeiten bereits zugestellt war.**

IV. Krankenfürsorge.

Die Versicherungsanstalt ist befugt, für einen erkrankten Versicherten zur Verhütung der einen Rentenanspruch begründenden Erwerbsunfähigkeit das Heilverfahren eintreten zu lassen. Die Unterbringung des Erkrankten in einem Krankenhause oder in einer Rekonvaleszenten-Anstalt ist zulässig; ist aber der Erkrankte verheirathet oder hat er eine eigene Haushaltung, oder ist er Mitglied der Haushaltung seiner Familie, so **bedarf es hierzu seiner Zustimmung.** Die Krankenkasse hat der Versicherungsanstalt aus dem em Versicherten etwa zustehenden Krankengelde Ersatz zu leisten. Während des Heilverfahrens ist an die Angehörigen des Versicherten, deren Unterhalt er bisher aus seinem Arbeitsverdienste bestritten hat, eine Unterstützung zu zahlen. Entzieht sich der Versicherte dem Heilverfahren, so kann ihm später die Rente auf Zeit ganz oder theilweise versagt werden, falls nachgewiesen wird, daß die Invalidität durch sein Verhalten veranlaßt ist.

Die Versicherungsanstalt kann auch das Heilverfahren für eine Person einleiten, welche bereits Invalidenrente bezieht, falls nämlich begründete Annahme vorhanden ist, daß der Rentenempfänger bei Durchführung des Heilverfahrens die Erwerbsfähigkeit wieder erlangen werde. Entzieht sich der Rentenempfänger dem Heilverfahren, so kann ihm die Rente mit den obigen Maßgaben entzogen werden.

---

*) Ebenso, wenn der Ehemann sich von der häuslichen Gemeinschaft ferngehalten und sich der Pflicht der Unterhaltung der Kinder entzogen hat.

**) War die weibliche Person wegen Erwerbsunfähigkeit des Ehemannes Ernährer der Familie, so steht ein gleicher Erstattungsanspruch dem hinterlassenen Wittwer zu.

V. Sonstige Leistungen.

Die Versicherungsanstalt kann Ueberschüsse ihres Vermögens zu andern als den unter I—IV genannten Leistungen im wirthschaftlichen Interesse der der Versicherungsanstalt angehörenden Rentenempfänger, Versicherten, sowie **ihrer Angehörigen, verwenden.** Hierzu bedarf es aber eines übereinstimmenden Beschlusses von Vorstand und Ausschuß der Versicherungsanstalt, sowie der Genehmigung des Bundesraths.

Fünfter Abschnitt.

In welcher Weise werden die Ansprüche geltend gemacht?

I. Rentenansprüche.

Der Antrag auf Bewilligung einer Rente ist bei der für den **Wohnort oder Beschäftigungsort** des Versicherten zuständigen unteren Verwaltungsbehörde oder Rentenstelle (falls eine solche errichtet ist vergl. S. 6) anzumelden. Der Anmeldung sind die zur Begründung des Anspruchs nothwendigen Beweisstücke beizufügen, so insbesondere die letzte Quittungskarte nebst Aufrechnungsbescheinigungen, Geburtsurkunde (für die Altersrente), ärztliches Attest (für die Invalidenrente). Die untere Verwaltungsbehörde bezw. Rentenstelle hat die zur Klarstellung des Sachverhalts erforderlichen Ermittelungen vorzunehmen und demnächst den Rentenantrag mit ihrer gutachtlichen Aeußerung an den Vorstand der Versicherungsanstalt zur Entscheidung zu übersenden. Ist sie der Ansicht, daß die gutachtliche Aeußerung gegen die Gewährung der Rente abzugeben ist, so hat sie vor Abgabe des Gutachtens **den Rentenantrag in einer mündlichen Verhandlung unter Zuziehung je eines Vertreters der Arbeitgeber und der Versicherten zu erörtern.** Der Rentenbewerber ist in jedem Falle von dem Termin zur mündlichen Verhandlung zu benachrichtigen.

Die mündliche Verhandlung unter Zuziehung der Beisitzer unterbleibt, wenn das Gutachten für die Bewilligung der Rente lautet; wenn aber in diesem Falle der Vorstand der Versicherungsanstalt diesem befürwortenden Gutachten nicht entsprechen zu können glaubt, so ist der Rentenantrag vom Vorstand nochmals an die untere Verwaltungsbehörde bezw. Rentenstelle zwecks Anhörung der Beisitzer zurückzugeben.

Wird der Rentenanspruch vom Vorstand der Versicherungsanstalt anerkannt, so ist die Höhe und der Beginn der Rente sofort festzustellen und dem Rentenbewerber hierüber ein schriftlicher Bescheid zu ertheilen, aus welchem die Berechnung der Rente hervorgeht. Wird der Rentenanspruch nicht anerkannt, so ist ein schriftlicher mit Gründen versehener Bescheid dem Rentenbewerber zuzustellen Der Rentenbewerber kann den ablehnenden Bescheid sowie die Feststellung der Höhe oder des Beginns der Rente durch Berufung an das Schiedsgericht anfechten. Die Berufung muß binnen einem Monat nach Zustellung des Bescheides bei dem Schiedsgerichte eingelegt werden.

Gegen die Entscheidung des Schiedsgerichts steht dem Rentenbewerber und dem Vorstand der Versicherungsanstalt das Rechtsmittel der **Revision** zu. Die Revision ist beim Reichsversicherungsamt binnen einem Monat nach Zustellung der schiedsgerichtlichen Entscheidung einzulegen.

Eine **rechtskräftige** Entscheidung über einen Rentenanspruch kann nur nach Maßgabe der Vorschriften der Civilprozeßordnung über die Wiederaufnahme des Verfahrens angefochten werden.

Der Rentenstelle (**nicht** der unteren Verwaltungsbehörde) **kann** auch von der Landesregierung statt der bloßen Begutachtung die **Entscheidung über die Rentenanträge übertragen werden.** Wird von der Landesregierung eine diesbezügliche Bestimmung getroffen, so wird der Rentenantrag nicht an den Vorstand der Versicherungsanstalt abgegeben, sondern die Rentenstelle entscheidet selbst in erster Instanz. Das Verfahren gestaltet sich dann folgendermaßen: Die **Versagung** der beantragten Rente oder die Gewährung eines geringeren Rentenbetrages kann nur durch die Rentenstelle **in der Besetzung von 3 Mitgliedern** (Vorsitzender und je ein Vertreter der Arbeitgeber und Versicherten) erfolgen. Wird der Rentenanspruch ganz oder zum Theil **anerkannt**, so hat der Vorsitzende der Rentenstelle nach Ertheilung des Bescheides die Akten dem Vorstande der Versicherungsanstalt zu übersenden, welcher gegen den Bescheid Berufung beim Schiedsgericht einlegen kann.

Die **Auszahlung der Rente** geschieht durch diejenige Postanstalt, in deren Bezirk der Empfangsberechtigte seinen Wohnsitz hat. Verlegt der Empfangsberechtigte seinen Wohnsitz, so hat auf seinen Antrag der Vorstand der Versicherungsanstalt die Rente der Postanstalt des neuen Wohnsitzes zur Auszahlung zu überweisen.

II. Erstattung von Beiträgen.

Der Anspruch auf Erstattung von Beiträgen ist bei der unteren Verwaltungsbehörde bezw. Rentenstelle (falls eine solche errichtet ist, vergl. S. 6) **des Wohnorts oder des letzten Beschäftigungsorts** anzumelden. Dem Antrage sind die zur Begründung desselben erforderlichen Beweisstücke beizufügen, so insbesondere die letzte Quittungskarte, die Aufrechnungsbescheinigungen, Heirathsurkunde, Geburtsurkunden der Kinder, Sterbeurkunde des Versicherten.

Die untere Verwaltungsbehörde bezw. Rentenstelle sendet die Verhandlungen dem Vorstande der Versicherungsanstalt, welcher über den Anspruch einen schriftlichen Bescheid zu ertheilen hat Gegen diesen Bescheid steht dem Erstattungsberechtigten **die Beschwerde an das Reichsversicherungsamt** binnen einem Monat nach der Zustellung des Bescheides zu.

Auch die Entscheidung über die Erstattung von Beiträgen in erster Instanz kann durch die Landesregierung den **Rentenstellen** übertragen werden. Eine Mitwirkung von Beisitzern findet hier **nicht** statt. Gegen den Bescheid der Rentenstelle, wodurch der Anspruch auf Beitragserstattung ganz oder zum Theil anerkannt wird, steht dem Vorstande der Versicherungsanstalt die Beschwerde an das Reichsversicherungsamt zu.

III. Krankenfürsorge.

Der Antrag auf Uebernahme der Krankenfürsorge für einen Versicherten ist bei dem Vorstand der Versicherungsanstalt zu stellen; doch kann auch der Antrag an die untere Verwaltungsbehörde bezw. Rentenstelle gerichtet werden. Dem Antrage sind beizufügen die letzte Quittungskarte, die Aufrechnungsbescheinigungen sowie ein ärztliches Attest, in welchem bescheinigt wird, daß als Folge der Krankheit der Eintritt der Invalidität zu besorgen ist, und daß durch ein geeignetes Heilverfahren diese Folge verhütet werden kann. Eine Beschwerde gegen die Ablehnung des Antrags findet nicht statt.

Invalidenversicherungsgesetz.

Vom 13. Juli 1899.

Wir **Wilhelm**, von Gottes Gnaden Deutscher Kaiser, König von Preußen ꝛc., verordnen im Namen des Reichs, nach erfolgter Zustimmung des Bundesraths und des Reichstags, was folgt:

An die Stelle des Gesetzes, betreffend die Invaliditäts- und Altersversicherung, vom 22. Juni 1889 (Reichs-Gesetzbl. S. 97) und des Gesetzes, betreffend die Abänderung des § 157 des Invaliditäts- und Altersversicherungsgesetzes, vom 8. Juni 1891 (Reichs-Gesetzbl. S. 337) treten die nachstehenden Bestimmungen.

I. Umfang und Gegenstand der Versicherung.

§ 1. Versicherungspflicht.

Nach Maßgabe der Bestimmungen dieses Gesetzes werden vom vollendeten sechzehnten Lebensjahr ab versichert:

1. Personen, welche als Arbeiter, Gehülfen, Gesellen, Lehrlinge oder Dienstboten gegen Lohn oder Gehalt beschäftigt werden;
2. Betriebsbeamte, **Werkmeister und Techniker**, Handlungsgehülfen und -Lehrlinge (ausschließlich der in Apotheken beschäftigten Gehülfen und Lehrlinge), **sonstige Angestellte, deren dienstliche Beschäftigung ihren Hauptberuf bildet, sowie Lehrer und Erzieher**, sämmtlich sofern sie Lohn oder Gehalt beziehen, ihr regelmäßiger Jahresarbeitsverdienst aber zweitausend Mark nicht übersteigt, sowie
3. die gegen Lohn oder Gehalt beschäftigten Personen der Schiffsbesatzung deutscher Seefahrzeuge (§ 2 des Gesetzes vom 13. Juli 1887, Reichs-Gesetzbl. S. 329) und von Fahrzeugen der Binnenschiffahrt, **Schiffsführer jedoch nur dann, wenn ihr regelmäßiger Jahresarbeitsverdienst an Lohn oder Gehalt zweitausend Mark nicht übersteigt.** Die Führung der Reichsflagge auf Grund der gemäß Artikel II § 7 Abs. 1 des Gesetzes vom 15. März 1888 (Reichs-Gesetzbl. S. 71) ertheilten Ermächtigung macht das Schiff nicht zu einem deutschen Seefahrzeug im Sinne dieses Gesetzes.

1. Vgl. die in Anlage I abgedruckte Anleitung betr. den Kreis der nach dem Invalidenversicherungsgesetz vom 13. Juli 1899 versicherten Personen vom 19. Dezember 1899 (vgl. auch hierzu den Aufsatz von Rosin in der „Arbeiterversorgung" XVI No. 30 ff.). Der Gebrauch der Anleitung wird erleichtert durch das nachfolgende, der Anleitung hinzugefügte

Sach- und Berufsverzeichniß.

Die Zahlen verweisen auf die Ziffern (Abschnitte) der Anleitung, die kleinen lateinischen Buchstaben auf deren Unterabschnitte.

1a. *Werkmeister und Techniker* sind nach dem neuen Gesetz nur dann versicherungspflichtig, wenn ihr Jahresarbeitsverdienst 2000 Mark nicht übersteigt; sie sind nach dem Vorgange der Gewerbeordnung und des Krankenversicherungsgesetzes den Betriebsbeamten gleichgestellt worden. Vgl. Anleitung Ziffer 21 (Anl. I).

2. *Sonstige Angestellte, deren dienstliche Beschäftigung ihren Hauptberuf bildet;* hierunter fallen alle diejenigen Personen, deren Thätigkeit in wirthschaftlicher und sozialer Beziehung diejenige des Arbeiters übersteigt und derjenigen des Betriebsbeamten gleich oder nahe steht, die aber bisher der Versicherung nicht unterlagen, weil *ihre Beschäftigung nicht in einem „Betriebe“ erfolgte,* so z. B. die höheren Hilfskräfte des Haushalts wie *Hausdamen, Privatsekretäre,* ferner städtische Beamte ohne Pensionsanwartschaft, die in einem Zweige der regiminellen Thätigkeit der Stadtverwaltung beschäftigt werden. Alle diese Personen sind jetzt versicherungspflichtig, sofern ihr Jahresarbeitsverdienst 2000 Mark nicht übersteigt. Eine fernere Voraussetzung ist, daß die *dienstliche Beschäftigung den Hauptberuf bildet.* Ausgenommen sind z. B. städtische Fleischbeschauer und Gemeindeschreiber, welche das kommunale Amt nur nebenher gegen geringfügiges Entgelt betreiben, deren wirthschaftliche Existenz im Uebrigen in einer anderen, nicht versicherungspflichtigen selbstständigen Thätigkeit begründet ist; ebenso Privatsekretäre, welche dies Amt nur für einige Stunden am Tage gegen geringfügiges Entgeld nebenher betreiben, deren Hauptberuf eine andere Thätigkeit bildet (vgl. Motive 239), vgl. Anleitung Ziffer 23 (Anl. I).

3. Neueinbezogen in die Versicherungspflicht sind *Lehrer und Erzieher* und zwar sowohl männliche wie weibliche Personen (vgl. Anleitung Ziffer 24). Es handelt sich hier nur um Lehrer und Erzieher an *Privatanstalten* oder in Privathäusern, denn Lehrer und Erzieher an *öffentlichen* Schulen unterliegen der Versicherungspflicht nicht, sobald bestimmte Voraussetzungen vorhanden sind (vgl. § 5 Absatz 1). Privatlehrer, welchen auf Grund ihrer früheren Thätigkeit

an öffentlichen Schulen Pensionen oder ähnliche Bezüge bewilligt sind, können auf Antrag von der Versicherungspflicht befreit werden (vgl. § 6 Absatz 1). Der Versicherungspflicht unterliegen nicht Personen, welche während ihrer wissenschaftlichen Ausbildung für ihren zukünftigen Lebensberuf Unterricht gegen Entgeld ertheilen, also z. B. Studenten oder Candidaten. Für die Versicherungspflicht ist es unwesentlich, ob der Lehrer die Stunden in einer Privatanstalt, in einem Privathause oder in seiner eigenen Behausung giebt. Bei Lehrern, welche aus der Ertheilung von Unterricht in verschiedenen Häusern ein Gewerbe machen, ist zur Leistung der Beiträge derjenige Arbeitgeber (Haushaltungsvorstand) verpflichtet, bei welchem die Beschäftigung zuerst in der Woche erfolgte (vgl. § 140 Absatz 2).

Die Versicherungspflicht tritt nur dann ein, wenn die Lehrthätigkeit gegen Lohn oder Gehalt erfolgt und wenn der Jahresarbeitsverdienst 2000 Mark nicht übersteigt. Mitglieder geistlicher Genossenschaften, welche sich der Lehrthätigkeit widmen, unterliegen der Versicherungspflicht nicht, wenn ihre Lehrthätigkeit nicht gegen Entgelt erfolgt.

Für Lehrer und Erzieher ist ausdrücklich bestimmt, daß ihre Versicherung mindestens in der Lohnklasse IV zu erfolgen hat. Wird ein höherer Jahresarbeitsverdienst als 1150 Mark nachgewiesen, so erfolgt die Versicherung in der Lohnklasse V (vgl. § 34 Absatz 3).

4. Schiffsführer unterliegen gleichwie die Betriebsbeamten der Versicherungspflicht nur dann, wenn ihr Jahresarbeitsverdienst 2000 Mk. nicht übersteigt. vgl. Anleitung Ziffer 27 (Anl. I).

§ 2.

Durch Beschluß des Bundesraths kann die Vorschrift des § 1 für bestimmte Berufszweige **allgemein oder mit Beschränkung auf gewisse Bezirke** auch

1. auf **Gewerbetreibende und** sonstige Betriebsunternehmer, welche nicht regelmäßig wenigstens einen Lohnarbeiter beschäftigen, sowie
2. ohne Rücksicht auf die Zahl der von ihnen beschäftigten Lohnarbeiter auf solche selbständige Gewerbetreibende, welche in eigenen Betriebsstätten im Auftrag und für Rechnung anderer Gewerbetreibenden mit der Herstellung oder Bearbeitung gewerblicher Erzeugnisse beschäftigt werden (Hausgewerbetreibende),

erstreckt werden, und zwar auf letztere auch dann, wenn sie die Roh- und Hülfsstoffe selbst beschaffen, und auch für die Zeit, während welcher sie vorübergehend für eigene Rechnung arbeiten.

Durch Beschluß des Bundesraths kann bestimmt werden,

1. daß und inwieweit Gewerbetreibende, in deren Auftrag und für deren Rechnung von Hausgewerbetreibenden (Abs. 1 Ziffer 2) gearbeitet wird, gehalten sein sollen, rücksichtlich der Hausgewerbetreibenden und ihrer Gehülfen, Gesellen und Lehrlinge die in diesem Gesetze den Arbeitgebern auferlegten Verpflichtungen zu erfüllen,
2. **daß und inwieweit Gewerbetreibende, in deren Auftrage Zwischenpersonen (Ausgeber, Faktoren, Zwischenmeister 2c.) gewerbliche Erzeugnisse herstellen oder bearbeiten lassen, gehalten sein sollen, rücksichtlich der von den Zwischenpersonen**

hierbei beschäftigten Hausgewerbetreibenden (Abs. 1 Ziff. 2) und deren Gehülfen, Gesellen und Lehrlinge die in diesem Gesetze den Arbeitgebern auferlegten Verpflichtungen zu erfüllen.

1. Vgl. Anleitung Ziffer 33 (Anl. I). Allgemein oder mit Beschränkung auf gewisse Bezirke: hiernach braucht die Erstreckung der Versicherungspflicht durch den Bundesrath nicht nothwendig das ganze Reichsgebiet zu umfassen, sondern es kann mit Rücksicht auf die örtliche Verschiedenheit in den Betriebsbedingungen desselben Berufszweiges eine Beschränkung auf einzelne Bezirke erfolgen.

2. In vielen Zweigen der Hausindustrie wird der Geschäftsverkehr zwischen den Fabrikanten und den Hausgewerbetreibenden durch Zwischenpersonen (Ausgeber, Faktoren, Zwischenmeister 2c.) vermittelt. Häufig sind diese Geschäftsvermittler nur Angestellte oder Beauftragte des Fabrikanten und bewirken für letzteren die Abrechnung mit den Hausindustriellen. In diesen Fällen versehen die Zwischenpersonen als Stellvertreter oder bevollmächtigte Betriebsleiter des Fabrikanten dessen Obliegenheiten auch hinsichtlich des Arbeitgeberbeitrags. Ist aber die Stellung der Zwischenpersonen eine solche, daß sie aus der Arbeitsvermittelung ein selbstständiges Gewerbe machen, indem sie zwar im Auftrag anderer Gewerbetreibender, aber für eigene Rechnung gewerbliche Erzeugnisse herstellen oder bearbeiten lassen und diese dann in mehr oder weniger fertigem Zustand an den Fabrikanten (Konfektionär u. s. w.) abliefern, dann sind sie selbst diejenigen Gewerbetreibenden, für deren Rechnung und in deren Auftrage von den von ihnen beschäftigten Hausgewerbetreibenden gearbeitet wird, und dann können nach dem bisher geltenden Gesetze nur sie zur Zahlung der Arbeitgeberbeiträge für ihre Hausgewerbetreibenden verpflichtet werden, nicht aber die Fabrikanten selbst, welche doch die Arbeit für ihren Geschäftsbetrieb in Bestellung gegeben haben.

Dem Bundesrathe ist nun die Möglichkeit gegeben, in solchen Fällen die Fabrikanten selbst, in deren Auftrage die Zwischenpersonen arbeiten lassen, zu den Verpflichtungen der Arbeitgeber, insbesondere den Arbeitgeberbeiträgen für die hierbei beschäftigten Hausgewerbetreibenden heranzuziehen. Der Fabrikant wird dadurch in erwünschter Weise in ein näheres Verhältniß zu den für ihn, wenn auch nur indirekt durch Vermittelung von Zwischenpersonen, arbeitenden Hausgewerbetreibenden gebracht. Es erscheint nur billig, daß Fabrikanten (Konfektionäre 2c.) auch dann, wenn sie durch Geschäftseinrichtungen der bezeichneten Art eine direkte Beschäftigung zahlreicher Versicherter, deren Arbeit sie für ihren Geschäftsbetrieb gleichwohl bedürfen, vermeiden, wenigstens zu deren Versicherung beitragen, so daß die Lasten der Arbeitgeber nicht den in der Regel in einer weniger günstigen Lage sich befindenden Zwischenpersonen aufgebürdet zu werden brauchen. (Mot. S. 243.)

3. In Gemäßheit des Abs. 1 Ziffer 2 hat der Bundesrath bisher die Versicherungspflicht erstreckt

a) auf die Hausgewerbetreibenden in der Tabakfabrikation durch Bekanntmachung vom 16. Dezember 1896,

b) auf einen großen Theil der Hausgewerbetreibenden in der Textil-Industrie durch die Bekanntmachungen vom 1. März 1894 und 9. November 1895.

Die Bekanntmachungen des Bundesraths sind in den Anlagen II und III abgedruckt.

§ 3.

Als Lohn oder Gehalt gelten auch Tantiemen und Naturalbezüge. Für dieselben wird der Durchschnittswerth in Ansatz gebracht; dieser Werth wird von der unteren Verwaltungsbehörde festgesetzt.

Eine Beschäftigung, für welche als Entgelt nur freier Unterhalt gewährt wird, gilt im Sinne dieses Gesetzes nicht als eine die Versicherungspflicht begründende Beschäftigung.

Vgl. Anleitung Ziffer 13 ff. (Anl. I).

§ 4.

Durch Beschluß des Bundesraths wird bestimmt, inwieweit vorübergehende Dienstleistungen als versicherungspflichtige Beschäftigung im Sinne dieses Gesetzes nicht anzusehen sind.

Der Bundesrath ist befugt, zu bestimmen, daß Ausländer, welchen der Aufenthalt im Inlande nur für eine bestimmte Dauer behördlich gestattet ist und die nach Ablauf dieser Zeit in das Ausland zurückkehren müssen, der Versicherungspflicht nicht unterliegen. Sofern eine solche Bestimmung getroffen wird, haben Arbeitgeber, welche solche Ausländer beschäftigen, nach näherer Bestimmung des Reichs-Versicherungsamts denjenigen Betrag an die Versicherungsanstalt zu zahlen, den sie für die Versicherung der Ausländer aus eigenen Mitteln würden entrichten müssen (§ 27 Abs. 3), wenn deren Versicherungspflicht bestände.

1. Von der Befugniß, vorübergehende Beschäftigung als nicht versicherungspflichtig zu erklären, hat der Bundesrath bereits Gebrauch gemacht. Vgl. die in der Anlage IV abgedruckte Bekanntmachung vom 27. Dezember 1899 und vgl. hierzu Anleitung Ziffer 11 (Anl. I).

2. Für die in Deutschland beschäftigten ausländischen Arbeiter, welchen der Aufenthalt in Deutschland nur für eine bestimmte Zeit gestattet ist, liegt eine gewisse Härte darin, daß sie zu den Lasten der Versicherung beitragen müssen, wiewohl sie aller Wahrscheinlichkeit nach in den meisten Fällen einen Anspruch an die Versicherungsanstalt nicht geltend machen werden. Um diese Härte zu mildern, ist dem Bundesrath die Befugniß ertheilt, zu bestimmen, daß solche Ausländer der Versicherungspflicht nicht unterliegen. Um aber die Arbeitgeber solcher ausländischen Arbeiter nicht vor den Arbeitgebern inländischer Arbeiter zu bevorzugen oder um die Beschäftigung ausländischer Arbeiter nicht zu begünstigen, ist gleichzeitig bestimmt, daß die betreffenden Arbeitgeber den Theil der Beiträge, welcher bei der Versicherung der ausländischen Arbeiter auf sie entfallen würde, an die Versicherungsanstalt zu zahlen haben.

Ausländische Arbeiter können übrigens nach dem neuen Gesetz die Versicherung im Auslande freiwillig fortsetzen (vgl. § 145 Absatz 1).

§ 5.

Beamte des Reichs, der Bundesstaaten und der Kommunalverbände **sowie Lehrer und Erzieher an öffentlichen Schulen oder Anstalten** unterliegen der Versicherungspflicht nicht, **solange sie lediglich zur Ausbildung für ihren zukünftigen Beruf beschäftigt werden oder sofern ihnen eine Anwartschaft auf** Pension im **Mindestbetrage der**

Invalidenrente nach den Sätzen der ersten Lohnklasse gewährleistet ist.

Beamte der Versicherungsanstalten und zugelassenen besonderen Kasseneinrichtungen unterliegen der Versicherungspflicht nicht, sofern ihnen eine Anwartschaft auf Pension in der im Abs. 1 bezeichneten Höhe gewährleistet ist.

Der Versicherungspflicht unterliegen ferner nicht **Personen, welche Unterricht gegen Entgelt ertheilen, sofern dies während ihrer wissenschaftlichen Ausbildung für ihren zukünftigen Lebensberuf geschieht,** Personen des Soldatenstandes, welche dienstlich als Arbeiter beschäftigt werden, sowie Personen, welchen auf Grund der **reichsgesetzlichen Bestimmungen** eine Invalidenrente **bewilligt** ist.

Der Versicherungspflicht unterliegen endlich nicht diejenigen Personen, **deren Erwerbsfähigkeit in Folge von Alter, Krankheit oder anderen Gebrechen dauernd auf weniger als ein Drittel herabgesetzt ist. Dies ist dann anzunehmen, wenn sie nicht mehr im Stande sind, durch eine ihren Kräften und Fähigkeiten entsprechende Thätigkeit, die ihnen unter billiger Berücksichtigung ihrer Ausbildung und ihres bisherigen Berufs zugemuthet werden kann, ein Drittel desjenigen zu erwerben, was körperlich und geistig gesunde Personen derselben Art mit ähnlicher Ausbildung in derselben Gegend durch Arbeit zu verdienen pflegen.**

1. Anwartschaft auf Pension; der Pensionsanspruch braucht also nicht erworben zu sein, es genügt die Anwartschaft auf Erwerbung des Pensionsanspruchs. Hiernach sind Kommunalbeamte, welche erst nach Vollendung einer gewissen Dienstzeit den Pensionsanspruch erwerben, schon von Antritt ihres Amts an von der Versicherung befreit. Vgl. Anleitung Ziffer **9a** (Anl. I).

2. Im Mindestbetrage der Invalidenrente nach den Sätzen der ersten Lohnklasse; die Fassung ist ungenau, da die Höhe der Invalidenrente in den einzelnen Lohnklassen von der Anzahl der Steigerungssätze abhängt, so sollte es wohl heißen: Pension in Höhe des Mindestbetrages u. s. w. Dieser Mindestbetrag ist $50+60+200 \times 3 = 116$ Mark.

3. Gewährleistet ist; der Pensionsanspruch der Kommunalbeamten braucht also nicht nothwendig gegen die Anstellungs-Gemeinde zu bestehen, sondern es genügt z. B. ein Anspruch gegen eine Kasse, welcher die Beamten beizutreten verpflichtet sind, und deren Sicherheit nicht in Frage gestellt ist.

4. Die Beamten der Versicherungsanstalt und der zugelassenen Kasseneinrichtungen sind den Kommunalbeamten gleichgestellt; es ist aber zu beachten, daß bei diesen Beamten die Befreiung von der Versicherungspflicht während der Ausbildungszeit nicht stattfindet.

5. Das neue Gesetz beseitigt die bisher bestandene Verschiedenheit in der Bestimmung desjenigen Maßes von Erwerbsunfähigkeit, welches die Versicherungspflicht ausschließen und desjenigen, welches den Anspruch auf Invalidenrente begründen soll (vgl. § 15 Absatz 2). Die bisherige komplicirte Berechnung des Mindestverdienstes ist in Wegfall gekommen. Das Gesetz setzt den Versicherten, dessen Erwerbsunfähigkeit festzustellen ist, in Verhältniß zu einem körperlich und geistig gesunden Lohnarbeiter derselben Art. Es wird nicht von einem abstrakten „Normalarbeiter" ausgegangen, sondern von Personen gleicher Art mit ähnlicher Ausbildung, also von einem Versicherten, der im Wesentlichen die gleichen Kenntnisse und Fähigkeiten besitzt, welche der Renten-

bewerber nach menschlicher Voraussicht haben würde, wenn er sich im Vollbesitze seiner geistigen und körperlichen Gesundheit befände. Es ist dabei das bisherige Arbeitsfeld des Rentenbewerbers nicht allein maßgebend, vielmehr kommt es darauf an, was ihm, allerdings unter billiger Berücksichtigung seiner Ausbildung und bisherigen Berufsthätigkeit, an Lohnarbeit auf dem gesammten wirthschaftlichen Erwerbsgebiet füglich noch zugemuthet werden kann. Auch die Bedenken der Aerzte gegen eine ziffernmäßige Berechnung der Invalidität sind durch die neue Bestimmung beseitigt (vgl. Mot. 247), vgl. auch Anleitung Ziffer 8 (Anl. I).

§ 6.

Auf ihren Antrag sind von der Versicherungspflicht zu befreien Personen, welche vom Reiche, von einem Bundesstaat, einem Kommunalverband, **einer Versicherungsanstalt oder zugelassenen besonderen Kasseneinrichtung, oder welchen auf Grund früherer Beschäftigung als Lehrer oder Erzieher an öffentlichen Schulen oder Anstalten** Pensionen, Wartegelder oder **ähnliche Bezüge** im Mindestbetrage der Invalidenrente **nach den Sätzen der ersten Lohnklasse bewilligt sind,** oder welchen auf Grund der reichsgesetzlichen Bestimmungen über Unfallversicherung der Bezug einer jährlichen Rente von mindestens demselben Betrage zusteht. **Dasselbe gilt von solchen Personen, welche das siebenzigste Lebensjahr vollendet haben.** Ueber den Antrag entscheidet die untere Verwaltungsbehörde des Beschäftigungsorts. Gegen den Bescheid derselben ist die Beschwerde an die zunächst vorgesetzte Behörde zulässig, welche endgültig entscheidet. **Bei Zurücknahme des Antrags tritt die Versicherungspflicht wieder in Kraft.**

In der gleichen Weise sind auf ihren Antrag von der Versicherungspflicht zu befreien Personen, welche Lohnarbeit im Laufe eines Kalenderjahrs nur in bestimmten Jahreszeiten für nicht mehr als zwölf Wochen oder überhaupt für nicht mehr als fünfzig Tage übernehmen, im Uebrigen aber ihren Lebensunterhalt als Betriebsunternehmer oder anderweit selbständig erwerben, oder ohne Lohn oder Gehalt thätig sind, solange für dieselben nicht bereits einhundert Wochen lang Beiträge entrichtet worden sind. Der Bundesrath ist befugt, hierüber nähere Bestimmungen zu erlassen.

1. Im Mindestbetrage der Invalidenrente; vgl. Anm. 2 zu § 5.

2. ähnliche Bezüge; die Praxis des Reichsversicherungsamts hat nur solche Bezüge den Pensionen und Wartegeldern gleich behandelt, welche in allen Beziehungen die gleiche Gewähr an Sicherheit bieten, wie die nach diesem Gesetz zu bewilligenden Renten, also in erster Linie auf einem Rechtsanspruche beruhen. Diese Beschränkung ist nicht überall erforderlich; es können pensionsähnliche Bezüge, auch ohne auf einem Rechtsanspruch zu beruhen, thatsächlich in ihrer Fortdauer so weit gesichert sein, daß dem Empfänger ohne Gefährdung seiner Interessen die Befugniß gegeben werden kann, aus der Versicherungspflicht auszuscheiden (Mot. 249). Um dies zum Ausdruck zu bringen, sind die Worte „ähnliche Bezüge" eingeschaltet. Vgl. Anleitung Ziffer 10 (Anl. I).

3. bewilligt; es genügt die Bewilligung der Pension u. s. w., wenn dieselbe auch aus besonderen Gründen nicht „bezogen" wird.

4. Bisher unterlagen Personen, welche Altersrente bezogen, der Versicherungspflicht, wenn sie eine versicherungspflichtige Beschäftigung ausübten; die sich hieraus ergebende Beitragspflicht blieb den Betheiligten vielfach unverständlich, entsprach auch in vielen Fällen nicht der Billigkeit. Eine obligatorische Befreiung dieser Personen von der Versicherungspflicht empfahl sich deswegen nicht, weil dieselben oft das Interesse und den Wunsch haben können, durch weitere Beitragszahlung die höhere Invalidenrente demnächst zu erwerben und deshalb die Beitragszahlung unter Beihilfe der Arbeitgeber fortzusetzen. Es ist ihnen deshalb nur die Möglichkeit gegeben, sich von der Versicherungspflicht zu befreien. Diese Möglichkeit sollen aber alle Personen haben, welche das 70. Lebensjahr vollendet haben, ohne Rücksicht darauf, ob sie schon Altersrente beziehen (vgl. Mot. 249).

5. Das neue Gesetz hebt zur Beseitigung von Zweifeln ausdrücklich hervor, daß die Zurücknahme der Befreiungs-Antrages zulässig ist und daß alsdann die Versicherungspflicht wieder in Kraft tritt.

Die von der Verwaltungsbehörde des Beschäftigungsorts ausgesprochene Befreiung von der Versicherungspflicht wirkt auch beim Wechsel des Beschäftigungsorts fort.

5a. Ueber „rückwirkende Kraft" der die Befreiung aussprechenden Verfügung vgl. den Aufsatz in der „Arbeiterversorgung" XVI Nr. 28.

6. Vgl. die in Anl. V abgedruckte Bekanntmachung betr. die Befreiung von der Versicherungspflicht auf Grund des § 6 Abs. 2 des Invalidenversicherungsgesetzes vom 24. Dezember 1892. Im Absatz 2 handelt es sich um ganze Kategorien selbständiger Personen, welche, ohne dadurch Berufsarbeiter zu werden, für mehrere aufeinander folgende Wochen in ein Lohnarbeitsverhältniß treten, um nach Beendigung dieser vorübergehenden Arbeit für den großen Rest des Jahres wieder zu ihrer bisherigen selbständigen Beschäftigung zurückzukehren. Es handelt sich dabei regelmäßig um eine unter bestimmten örtlichen Verhältnissen zu bestimmten Jahreszeiten sich wiederholende Arbeitsgelegenheit oder Arbeitshäufung, während welcher die bezeichneten Personen die Gelegenheit zu einem Verdienst „mitzunehmen" pflegen. Dies trifft z. B. zu beim Holzschlag in großen Forstbezirken im Winter, bei der Ernte im Sommer und Herbst, während der Badesaison in einzelnen Badeorten (Mot. 244). Sind aber für diese Personen bereits mindestens 100 Wochen lang Beiträge entrichtet — sei es in einer früheren anderen oder in der jetzigen Thätigkeit — so kann eine Befreiung auf Antrag nicht mehr eintreten. Diese Einschränkung ist in der zweiten Berathung des Gesetzes durch den Reichstag beschlossen worden.

§ 7.

Durch Beschluß des Bundesraths kann auf Antrag bestimmt werden, daß und inwieweit die Bestimmungen des § 5 Abs. 1 bis 3 **und des § 6 Abs. 1** auf Beamte, welche von anderen öffentlichen Verbänden oder von Körperschaften angestellt sind, sowie **auf Lehrer und Erzieher an nicht öffentlichen Schulen oder Anstalten, sofern diesen Personen eine Anwartschaft auf Pension im Mindestbetrage der Invalidenrente nach den Sätzen der ersten Lohnklasse gewährleistet ist,** und auf **Personen** Anwendung finden sollen, **welchen auf Grund früherer Anstellung bei solchen Verbänden oder Körperschaften, Schulen oder Anstalten Pensionen, Wartegelder oder ähnliche Bezüge in dem genannten Mindestbetrage der Invalidenrente bewilligt sind.**

§ 8. Besondere Kasseneinrichtungen.

Versicherungspflichtige Personen, welche in Betrieben des Reichs, eines Bundesstaats oder eines Kommunalverbandes beschäftigt werden, genügen der gesetzlichen Versicherungspflicht durch Betheiligung an einer für den betreffenden Betrieb bestehenden oder zu errichtenden besonderen Kasseneinrichtung, durch welche ihnen eine den reichsgesetzlich vorgesehenen Leistungen gleichwerthige Fürsorge gesichert ist, sofern bei der betreffenden Kasseneinrichtung folgende Voraussetzungen zutreffen:

1. Die Beiträge der Versicherten dürfen, soweit sie für die **Invalidenversicherung** in Höhe des reichsgesetzlichen Anspruchs entrichtet werden, die Hälfte des für den letzteren nach § 32 zu erhebenden Beitrags nicht übersteigen. Diese Bestimmung findet keine Anwendung, sofern in der betreffenden Kasseneinrichtung die Beiträge nach einem von der Berechnungsweise der §§ 32, 33 abweichenden Verfahren aufgebracht und in Folge dessen höhere Beiträge erforderlich werden, um die der Kasseneinrichtung aus Invaliden- und Altersrenten in Höhe des reichgesetzlichen Anspruchs obliegenden Leistungen zu decken. Sofern hiernach höhere Beiträge zu erheben sind, dürfen die Beiträge der Versicherten diejenigen der Arbeitgeber nicht übersteigen.
2. **Bei der Verwaltung der Kassen müssen die Versicherten mindestens nach Maßgabe des Verhältnisses ihrer Beiträge zu den Beiträgen der Arbeitgeber durch in geheimer Wahl gewählte Vertreter betheiligt sein.**
3. Bei Berechnung der Wartezeit und der Rente ist den bei solchen Kasseneinrichtungen betheiligten Personen, soweit es sich um das Maß des reichsgesetzlichen Anspruchs handelt, unbeschadet der Bestimmung des § 46 die bei Versicherungsanstalten (§ 65) zurückgelegte Beitragszeit in Anrechnung zu bringen.
4. Ueber den Anspruch der einzelnen Betheiligten auf Gewährung von Invaliden- und Altersrente muß ein schiedsgerichtliches Verfahren unter Mitwirkung von Vertretern der Versicherten zugelassen sein.
5. **Wenn für die Gewährung der reichsgesetzlichen Leistungen besondere Beiträge von den Versicherten erhoben werden oder eine Erhöhung der Beiträge derselben eingetreten ist oder eintritt, so dürfen die reichsgesetzlichen Renten auf die sonstigen Kassenleistungen nur insoweit angerechnet werden, daß der zur Auszahlung gelangende Theil der letzteren für die einzelnen Mitgliederklassen im Durchschnitte mindestens den Reichszuschuß erreicht.**

Der Bundesrath bestimmt auf Antrag der zuständigen Reichs-, Staats- oder Kommunalbehörde, welche Kasseneinrichtungen (Pensions-, Alters-, Invalidenkassen) den vorstehenden Anforderungen entsprechen. Den vom Bundesrath anerkannten Kasseneinrichtungen dieser Art wird zu den von ihnen zu leistenden Invaliden- und Altersrenten der Reichszuschuß (§ 35) gewährt, sofern ein Anspruch auf solche Renten auch nach den **reichsgesetzlichen Bestimmungen** bestehen würde.

1. Ueber freiwillige Versicherung bei den Kasseneinrichtungen vgl. § 14.

2. Nach Maßgabe des Verhältnisses ihrer Beiträge zu den Beiträgen der Arbeitgeber; es handelt sich hier nicht nur um die Beitragsleistung für die Renten nach dem Invalidenversicherungsgesetz, sondern um die sämmtlichen Beiträge zu der Kasseneinrichtung (vgl. St. B. 2202).

§ 9.

Vom 1. Januar 1891 ab wird die Betheiligung bei solchen vom Bundesrathe zugelassenen Kasseneinrichtungen der Versicherung in einer Versicherungsanstalt gleich geachtet.

Wenn bei einer solchen Kasseneinrichtung die Beiträge nicht in der nach §§ 130 ff. vorgeschriebenen Form erhoben werden, hat der Vorstand der Kasseneinrichtung den aus der letzteren ausscheidenden Personen die Dauer ihrer Betheiligung und für diesen Zeitraum die Höhe des bezogenen Lohnes, die Zugehörigkeit zu einer Krankenkasse sowie die Dauer etwaiger Krankheiten (§ 30) zu bescheinigen. Der Bundesrath ist befugt, über Form und Inhalt der Bescheinigung Vorschriften zu erlassen.

Die Vorschriften der §§ 6 und 7 finden auch auf die besonderen Kasseneinrichtungen Anwendung (vgl. Mot. 251).

§ 10.

Durch Beschluß des Bundesraths kann auf Antrag bestimmt werden, daß die Bestimmungen der §§ 8, 9 auf Mitglieder anderer Kasseneinrichtungen, welche die Fürsorge für den Fall der Invalidität und des Alters zum Gegenstande haben, Anwendung finden sollen.

Die frühere Fassung „oder des Alters" beruhte auf einem Redaktionsversehen (vgl. Mot. 251).

§ 11.

Durch Beschluß des Bundesraths kann der auf Grund des Gesetzes vom 13. Juli 1887 (Reichs-Gesetzbl. S. 329) errichteten See-Berufsgenossenschaft gestattet werden, unter ihrer Haftung eine besondere Einrichtung zu dem Zwecke zu begründen, die Invalidenversicherung nach Maßgabe dieses Gesetzes für diejenigen Personen zu übernehmen, welche in den zur Genossenschaft gehörenden Betrieben oder einzelnen Arten dieser Betriebe beschäftigt werden, sowie für diejenigen Unternehmer, welche gleichzeitig der Unfallversicherung und der Invalidenversicherung unterliegen. Eine solche Einrichtung darf jedoch nur gestattet werden, wenn für die Hinterbliebenen der darin versicherten Personen von der Genossenschaft zugleich eine Wittwen- und Waisenversorgung begründet wird. Werden solche Einrichtungen getroffen, so sind in denselben diejenigen Personen, für welche sie bestimmt sind, kraft Gesetzes versichert.

Werden die Versicherten zu Beiträgen herangezogen, so sind dieselben in gleicher Weise wie die Arbeitgeber bei der Verwaltung zu betheiligen.

Der Theil der Beiträge, welcher auf die Arbeitgeber entfällt, darf im Durchschnitte nicht niedriger sein als die Hälfte der Beiträge, welche auf Grund dieses Gesetzes (§ 32) zu zahlen sind. Die Beiträge der Versicherten dürfen nicht höher sein als die der Arbeitgeber.

Werden die Beiträge der Versicherten abgestuft, so sind auch die Renten für die Hinterbliebenen im gleichen Verhältniß abzustufen.

Die Wartezeit darf weder für die Invalidenversicherung noch für die Wittwen- und Waisenversorgung höher bemessen werden, als im § 29 vorgesehen ist.

Den Versicherten muß, wenn sie zeitweilig auf ausländischen Schiffen Beschäftigung nehmen, ihre Familien aber in Deutschland verbleiben, oder wenn sie aus anderen Gründen aus der versicherungspflichtigen Beschäftigung ausscheiden, die Weiterversicherung gemäß den Bestimmungen dieses Gesetzes nicht nur hinsichtlich der Invalidenversicherung, sondern auch in Bezug auf die Wittwen- und Waisenversorgung gestattet sein.

Der § 11 ist durch die Kommission in das Gesetz hineingebracht worden (vgl. Kommissionsbericht S. 27 ff.).

Hierfür war die Erwägung maßgebend, daß die Seeleute von der Invalidenversicherung nicht den Nutzen haben, wie die anderen Arbeiter; es hat sich ergeben, daß die Invalidität in diesen Kreisen eine geringe sei im Vergleich mit den Todesfällen, von denen die Seeleute in ihrem Beruf betroffen würden. Die Hinterbliebenen derjenigen Seeleute gingen leer aus, welche zwar ihr Leben im Beruf aber nicht in Folge eines Unfalls, sondern in Folge von Krankheit eingebüßt hätten; deswegen sei eine Wittwen- und Waisenversicherung für den Beruf der Seeleute viel wichtiger und wirkungsvoller.

Demgemäß knüpft auch der § 11 an die Uebertragung der Invalidenversicherung auf die Seeberufsgenossenschaft die Bedingung, daß gleichzeitig für die Hinterbliebenen der Versicherten eine Wittwen- und Waisenversorgung begründet wird.

§ 12.

Auf die im § 11 bezeichneten Einrichtungen finden die Bestimmungen der §§ 8, 9 entsprechende Anwendung; sie unterliegen der Beaufsichtigung durch das Reichs-Versicherungsamt nach Maßgabe der §§ 108 bis 110 dieses Gesetzes.

Die für die Unfallversicherung errichteten Schiedsgerichte sind auch für die von der See-Berufsgenossenschaft übernommene Invalidenversicherung sowie für die von ihr eingerichtete Wittwen- und Waisenversorgung zuständig.

§ 13.

Beschlüsse der Genossenschaft, durch welche die im § 11 bezeichneten Einrichtungen getroffen werden, die hierfür erlassenen

Statuten und deren Abänderungen bedürfen der Genehmigung des Bundesraths. Der Bundesrath beschließt, nachdem zuvor die im § 91 des Gesetzes vom 13. Juli 1887 bezeichneten, für die Versicherten berufenen Beisitzer der Schiedsgerichte gehört worden sind.

Der Bundesrath bestimmt den Zeitpunkt, mit welchem die Einrichtung in Wirksamkeit tritt.

§ 14. Freiwillige Versicherung.

Folgende Personen sind befugt, freiwillig in die Versicherung einzutreten, solange sie das vierzigste Lebensjahr nicht vollendet haben (Selbstversicherung):

1. Betriebsbeamte, Werkmeister, Techniker, Handlungsgehülfen und sonstige Angestellte, deren dienstliche Beschäftigung ihren Hauptberuf bildet, ferner Lehrer und Erzieher sowie Schiffsführer, sämmtlich sofern ihr regelmäßiger Jahresarbeitsverdienst an Lohn oder Gehalt mehr als zweitausend Mark, aber nicht über dreitausend Mark beträgt;
2. Gewerbetreibende und sonstige Betriebsunternehmer, welche nicht regelmäßig mehr als zwei versicherungspflichtige Lohnarbeiter beschäftigen, sowie Hausgewerbetreibende, sämmtlich soweit nicht durch Beschluß des Bundesraths (§ 2 Abs. 1) die Versicherungspflicht auf sie erstreckt worden ist;
3. Personen, welche auf Grund des § 3 Abs. 2 und § 4 Abs. 1 der Versicherungspflicht nicht unterliegen.

Diese Personen sind ferner berechtigt, beim Ausscheiden aus dem die Berechtigung zur Selbstversicherung begründenden Verhältnisse die Selbstversicherung fortzusetzen und nach den Bestimmungen des § 46 zu erneuern.

Personen, welche aus einem die Versicherungspflicht begründenden Verhältniß ausscheiden, sind befugt, die Versicherung freiwillig fortzusetzen oder zu erneuern (Weiterversicherung).

Die in Betrieben, für welche eine besondere Kasseneinrichtung (§§ 8, 10, 11) errichtet ist, beschäftigten Personen der im Abs. 1 Ziffer 1 bis 3 bezeichneten Art sind berechtigt, sich bei der Kasseneinrichtung freiwillig zu versichern (Abs. 1). Die in solchen Betrieben beschäftigten versicherungspflichtigen Personen sind ferner beim Ausscheiden aus dem die Versicherungspflicht begründenden Arbeits- oder Dienstverhältnisse befugt, sich bei der besonderen Kasseneinrichtung weiter zu versichern (Abs. 2), solange sie nicht durch ein neues Arbeits- oder Dienstverhältniß bei einer anderen besonderen Kasseneinrichtung oder bei einer Versicherungsanstalt versicherungspflichtig werden. Solange die Voraussetzungen für die freiwillige Versicherung bei einer besonderen Kasseneinrichtung gegeben sind, findet die freiwillige Versicherung bei einer Versicherungsanstalt nicht statt.

1. Die freiwillige Versicherung besteht entweder in dem freiwilligen Eintritt in ein Versicherungsverhältniß (Selbstversicherung) oder in der freiwilligen Fortsetzung nach dem Austritt aus einem die Versicherungspflicht oder die Selbstversicherung begründenden Verhältniß (Weiterversicherung). Die freiwillige Versicherung ist nach dem neuen Gesetz erheblich erweitert worden. Vgl. Anleitung Ziffer 57 ff. (Anl. I).

2 Nur der freiwillige Beginn der Selbstversicherung soll ausgeschlossen sein, sobald das 40. Lebensjahr vollendet ist; hat aber die Selbstversicherung vor der Vollendung des 40. Lebensjahres begonnen, so ist die weitere Fortsetzung der Selbstversicherung nach Vollendung des 40. Lebensjahres zulässig. Die Weiterversicherung ist von dem Lebensalter gänzlich unabhängig.

3. Zur Selbstversicherung sind berechtigt:

a) diejenigen Personen, deren Versicherungspflicht gemäß § 1 Ziffer 2 und 3 davon abhängig ist, daß ihr Jahresarbeitsverdienst 2000 Mark nicht übersteigt, sobald ihr Jahresarbeitsverdienst mehr als 2000 aber nicht über 3000 Mark beträgt.

b) Gewerbetreibende und sonstige Betriebsunternehmer, welche nicht regelmäßig mehr als zwei versicherungspflichtige Lohnarbeiter beschäftigen sowie Hausgewerbetreibende, sämmtlich, soweit nicht durch Beschluß des Bundesraths gemäß § 2 Absatz 1 die Versicherungspflicht auf sie erstreckt ist.

c) Personen, welche der Versicherungspflicht nicht unterliegen, weil sie nur gegen freien Unterhalt beschäftigt werden oder weil ihre vorübergehende Beschäftigung durch Beschluß des Bundesraths für nicht versicherungspflichtig erklärt worden ist. Den vom Bundesrath für nicht versicherungspflichtig erklärten vorübergehend beschäftigten Ausländern steht dagegen die Selbstversicherung nicht zu.

4. Den freiwillig Versicherten steht die Wahl der Lohnklasse frei. Die frühere Zusatzmarke kommt in Wegfall. Auch zum Zwecke einer nachträglichen freiwilligen Versicherung für die Zeit vor dem 1. Januar 1900 sind nicht mehr die alten Doppelmarken, sondern einfache Marken zu verwenden.

Gegenüber der weiteren Ausdehnung der freiwilligen Versicherung sind Cautelen geschaffen durch Verlängerung der Wartezeit (vgl. § 29) und durch Bestimmungen über das Erlöschen der Anwartschaft (vgl. § 46).

§ 15. Gegenstand der Versicherung.

Gegenstand der Versicherung ist der Anspruch auf Gewährung einer Rente **für den Fall der Erwerbsunfähigkeit oder des Alters.**

Invalidenrente erhält ohne Rücksicht auf das Lebensalter derjenige Versicherte, welcher **im Sinne des § 5 Abs. 4** dauernd erwerbsunfähig ist. Eine durch einen Unfall herbeigeführte Erwerbsunfähigkeit begründet unbeschadet der Vorschriften des § 113 den Anspruch auf Invalidenrente nur insoweit, **als die zu gewährende Invalidenrente die gewährte Unfallrente übersteigt.**

Altersrente erhält **ohne Rücksicht auf das Vorhandensein** von Erwerbsunfähigkeit derjenige Versicherte, welcher das siebenzigste Lebensjahr vollendet hat.

1. Ueber den Begriff der Erwerbsunfähigkeit vgl. die Anm. zu § 5.

2. Es ist jetzt, im Gegensatze zu der früheren Fassung, klargestellt, daß dem Unfallrentenempfänger, welcher in Folge eines Unfalls Invalide geworden ist, ein Anspruch auf denjenigen Betrag zusteht, um welchen die Invaliden-

rente die Unfallrente übersteigt. Uebersteigt die Invalidenrente die Unfallrente nicht, so ist dem Versicherten auf Antrag die Hälfte der Beiträge zu erstatten (vgl. § 43).

3. Es ist zu beachten, daß der Anspruch aus § 15 Absatz 2 auch dem Unfallrentner zusteht, welcher mehr als 26 Wochen ununterbrochen erwerbsunfähig ist (vgl. den folgenden § 16).

§ 16.

Invalidenrente erhält auch derjenige nicht dauernd erwerbsunfähige Versicherte, welcher während **sechsundzwanzig Wochen** ununterbrochen erwerbsunfähig gewesen ist, für die weitere Dauer seiner Erwerbsunfähigkeit.

Die Dauer der Erwerbsunfähigkeit, welche zum Bezuge von Invalidenrente berechtigen soll, ist von 1 Jahr auf 26 Wochen herabgesetzt worden. Dadurch wird, wenn auch nicht vollständig, so doch in erhöhtem Maße ein Anschluß an die Leistungen der Krankenversicherung erreicht. Es ist zu beachten, daß durch die Gewährung der Invalidenrente die Verpflichtung der Krankenkasse zur Gewährung ihrer Leistungen — falls dieselben statutarisch eine längere Dauer als 26 Wochen haben — nicht berührt wird. Auch hat die Invaliditätsversicherung keinen Ersatzanspruch gegen die Krankenversicherung. Vielmehr bestehen beide Leistungen neben einander, der Versicherte hat auf beide Leistungen Anspruch.

§ 17.

Dem Versicherten steht ein Anspruch auf Invalidenrente nicht zu, wenn er die Erwerbsunfähigkeit vorsätzlich **herbeigeführt** hat. **Die Gewährung der Rente kann ganz oder theilweise versagt werden, wenn der Versicherte die Erwerbsunfähigkeit bei Begehung eines durch strafgerichtliches Urtheil festgestellten Verbrechens oder vorsätzlichen Vergehens sich zugezogen hat. In Fällen der letzteren Art kann die Rente, sofern der Versicherte eine im Inlande wohnende Familie besitzt, deren Unterhalt er bisher aus seinem Arbeitsverdienste bestritten hat, ganz oder theilweise der Familie überwiesen werden.**

1. Nach den neuen Bestimmungen muß die Rente nur in dem Falle versagt werden, daß der Versicherte die Erwerbsunfähigkeit vorsätzlich herbeigeführt hat. In dem anderen Falle des § 17 kann die Rente versagt werden — also ganz nach Ermessen derjenigen Stelle, welche die Rente festsetzt — und zwar ganz oder theilweise. Es kann also eine beliebige Kürzung der Rente eintreten; in diesem Falle ist der Reichszuschuß wie der bei unverkürztem Betrage der Rente auf die Gemein- und Sonderlast entfallende Antheil im Verhältnisse der ganzen Rente zu dem bewilligten Theilbetrage zu kürzen.

2. In Fällen der letzteren Art, d. h. in Fällen, in welchen die Rente versagt werden kann; selbstverständlich erlischt mit dem Tode des Versicherten auch die Ueberweisung der Rente an die Familie.

§ 18.

Ist ein Versicherter **dergestalt erkrankt**, daß als Folge der Krankheit Erwerbsunfähigkeit zu besorgen ist, welche einen Anspruch auf reichsgesetzliche Invalidenrente begründet, so ist die Versicherungsanstalt befugt, zur Abwendung dieses Nachtheils ein Heilverfahren in dem ihr geeignet erscheinenden Umfang eintreten zu lassen.

Die Versicherungsanstalt kann das Heilverfahren durch Unterbringung des Erkrankten in einem Krankenhaus oder in einer Anstalt für Genesende gewähren. Ist der Erkrankte verheirathet oder hat er eine eigene Haushaltung oder ist er Mitglied der Haushaltung seiner Familie, so bedarf es hierzu seiner Zustimmung.

Läßt die Versicherungsanstalt ein Heilverfahren eintreten, so gehen bei Versicherten, welche der reichs- oder landesgesetzlichen Krankenfürsorge unterliegen, vom Beginne dieses Heilverfahrens an bis zu dessen Beendigung die Verpflichtungen der Krankenkasse gegen den Versicherten auf die Versicherungsanstalt über. Dieser hat die Krankenkasse Ersatz zu leisten in Höhe desjenigen Krankengeldes, welches der Versicherte von der Krankenkasse für sich beanspruchen konnte.

Während des Heilverfahrens ist für solche Angehörigen des Versicherten, deren Unterhaltung dieser bisher aus seinem Arbeitsverdienste bestritten hat, eine Unterstützung auch dann zu zahlen, wenn der Versicherte der reichs- oder landesgesetzlichen Krankenversorgung nicht unterliegt. Diese Angehörigenunterstützung beträgt, sofern der Versicherte der reichs- oder landesgesetzlichen Krankenfürsorge bis zum Eingreifen der Versicherungsanstalt unterlag, die Hälfte des für ihn während der gesetzlichen Dauer der Krankenunterstützung maßgebend gewesenen Krankengeldes, im Uebrigen ein Viertel des für den Ort seiner letzten Beschäftigung oder seines letzten Aufenthalts maßgebenden ortsüblichen Tagelohns gewöhnlicher Tagearbeiter. Wenn der Versicherte Invalidenrente erhält, kann dieselbe auf die Angehörigenunterstützung angerechnet werden.

1. Ist ein Versicherter dergestalt erkrankt; die Krankenfürsorge der Versicherungsanstalt kann also für alle Versicherte eintreten, insbesondere auch für solche, welche der reichsgesetzlichen Krankenfürsorge unterliegen (vergl. Anm. 4).

Ueber Krankenfürsorge für Personen, welche bereits eine Invalidenrente beziehen, vgl. § 47 Absatz 2.

Ueber das Verhältniß der Krankenkassen zu den Versicherungsanstalten nach dem Invalidenversicherungsgesetz vgl. den Aufsatz von Hoffmann in der „Arbeiterversorgung“ XVII Nr. 1.

2. In dem ihr geeignet erscheinenden Umfang; also ohne Beschränkung in Bezug auf Maß und Dauer, insbesondere auch durch Gewährung eines Badeaufenthaltes oder irgend einer Special-Kur oder beliebiger Heilmittel (ohne Beschränkung auf die Leistungen des § 6 Absatz 1 Ziffer 1 des Krankenversicherungsgesetzes).

3. Der Versicherungsanstalt ist ausdrücklich das Recht gegeben, den Erkrankten in einem Krankenhause oder in einer Anstalt für Genesende unterzubringen. In den im Absatz 2 genannten Fällen bedarf es hierzu der

Zustimmung des Erkrankten; sonst kann die Unterbringung auch gegen seinen Willen verfügt werden mit der Maßgabe, daß im Falle der Weigerung die Bestimmung des § 22 in Betracht kommt.

4. Um die Unzuträglichkeiten einer Theilung der Fürsorge zwischen Versicherungsanstalt und Krankenkasse zu vermeiden, bestimmt der Absatz 3, daß bei Uebernahme des Heilverfahrens für einen der reichsgesetzlichen Krankenfürsorge unterliegenden Versicherten, sämmtliche der Krankenkasse obliegenden Leistungen (Arzt, Arznei, Krankengeld, Familienunterstützung), auch die statutarisch weitergehenden, von der Versicherungsanstalt zu gewähren sind, welcher die betreffende Krankenkasse Ersatz zu leisten hat, aber lediglich in Höhe des Krankengeldes, welches der Versicherte von der Krankenkasse beanspruchen konnte. Hat daher die Versicherungsanstalt für einen nicht erwerbsunfähigen Erkrankten die Krankenfürsorge eingeleitet, — wie es z. B. öfter bei Tuberkulösen vorkommt — so hat die Krankenkasse keinen Ersatz zu leisten, da ein Anspruch des Erkrankten auf Krankengeld gegen die Kasse nicht besteht. Ist der Versicherte neben der Zwangskasse noch in einer Hilfskasse gegen Krankheit versichert (Doppelversicherung), so geht der Anspruch des Versicherten gegen die Hilfskasse auf die Versicherungsanstalt nicht über; nur wenn der Versicherte ausschließlich bei einer Hilfskasse versichert ist, welche die in § 75a des Krankenversicherungsgesetzes vorgesehene amtliche Bescheinigung besitzt, so geht der Anspruch gegen die Hilfskasse auf die Versicherungsanstalt über (§ 20).

Im Allgemeinen ist festzuhalten, daß Versicherte, welche der reichsgesetzlichen Krankenfürsorge unterliegen, während des von der Versicherungsanstalt durchgeführten Heilverfahrens alle diejenigen Leistungen erhalten, welche sie von ihrer Krankenkasse zu beanspruchen gehabt hätten.

Mit dem Tage, wo nach dem Statut der Krankenkasse ihre Verpflichtung aufhört, wo also der Versicherte der reichsgesetzlichen Krankenfürsorge nicht mehr unterliegt, kommen die Bestimmungen des Absatz 4 zur Anwendung (vgl. die folgende Anm. 5).

5. Der Absatz 4 trifft Bestimmungen für diejenigen Versicherten, welche der reichsgesetzlichen Krankenfürsorge nicht (z. B. Dienstboten, landwirthschaftliche Arbeiter) oder nicht mehr (vgl. Anm. 4) unterliegen. In diesen Fällen soll während der ganzen Dauer des von der Versicherungsanstalt durchgeführten Heilverfahrens — also nicht lediglich im Falle der Krankenhauspflege — eine Angehörigen-Unterstützung geleistet werden.

Die Angehörigen-Unterstützung beträgt

a) für Versicherte, welche der reichsgesetzlichen Krankenfürsorge nicht mehr unterliegen, (gleichgültig, ob die Versicherungsanstalt schon vorher — vgl. Anm. 4 — das Heilverfahren eingeleitet hatte oder nicht) die Hälfte des während der gesetzlichen Dauer der Krankenunterstützung maßgebend gewesenen Krankengeldes. Hat also die Krankenunterstützung über die gesetzliche Dauer hinaus auf Grund statutarischer Bestimmungen noch länger angedauert und hat der Erkrankte während dieser letzten Zeit — wie dies nach manchen Statuten der Fall ist — ein geringeres Krankengeld bezogen, so erhält er gleichwohl die Hälfte des höheren Krankengeldes, welches er während der gesetzlichen Dauer (13 Wochen) der Krankenunterstützung bezogen hat.

b) Für Versicherte, welche der reichsgesetzlichen Krankenfürsorge nicht unterliegen (Dienstboten, landwirthschaftliche Arbeiter) ein Viertel des ortsüblichen Tagelohns.

Eine generelle Erhöhung der Angehörigen-Unterstützung ist gemäß § 45 zulässig.

6. Die Invalidenrente kann auf die Angehörigen-Unterstützung angerechnet werden.

Nachdem die Dauer der Erwerbsunfähigkeit, welche zum Bezuge einer Invalidenrente berechtigt, auf 26 Wochen herabgesetzt ist (vgl. § 16) werden die Fälle, in denen während des Heilverfahrens Invalidenrente bewilligt werden muß, häufiger werden. Alsdann kann die Invalidenrente auf die Angehörigen-Unterstützung angerechnet werden und zwar ganz oder theilweise; auch kann die Anrechnung dann stattfinden, wenn die Invalidenrente erst nachträglich bewilligt worden ist.

Eine Anrechnung der Invalidenrente im Falle des Absatzes 3 (bei Versicherten, welche der reichsgesetzlichen Krankenfürsorge unterliegen) findet nicht statt. Vgl. auch Anm. zu § 16.

§ 19.

Die Versicherungsanstalt, **welche ein Heilverfahren eintreten läßt,** ist befugt, die Fürsorge für den **Erkrankten** der Krankenkasse, welcher er angehört oder zuletzt angehört hat, in demjenigen Umfange **zu übertragen,** welchen die Versicherungsanstalt für geboten erachtet. **Werden dadurch der Kasse Leistungen auferlegt, welche über den Umfang der von ihr gesetzlich oder statutarisch zu leistenden Fürsorge hinausgehen, so hat die Versicherungsanstalt die entstehenden Mehrkosten zu ersetzen. Bestand eine Fürsorgepflicht der Krankenkasse nicht mehr, so ist ihr von der Versicherungsanstalt bei Gewährung der im § 6 Abs. 1 Ziffer 1 des Krankenversicherungsgesetzes bezeichneten Leistungen das halbe, bei Unterbringung des Versicherten in ein Krankenhaus oder in eine Anstalt für Genesende das einundeinhalbfache Krankengeld zu ersetzen,** sofern nicht höhere Aufwendungen nachgewiesen werden.

Die Versicherungsanstalt kann sich der Krankenfürsorge der Krankenkasse anschließen und höhere Aufwendungen für den Erkrankten, als sie gesetzlich oder statutarisch vorgesehen sind, verlangen. Die Versicherungsanstalt kann auch nach Beendigung der Fürsorgepflicht der Kasse dieser das weitere Heilverfahren übertragen. Zur Vermeidung von Streitigkeiten sind für beide Fälle Pauschalsätze für den Erstattungsanspruch der Kasse festgesetzt, sofern die Kasse nicht nachweisen kann, daß sie höhere Aufwendungen gemacht hat.

§ 20.

Als Krankenkassen im Sinne der Bestimmungen in den §§ 18, 19 gelten auch diejenigen Hülfskassen, welche die im § 75a des Krankenversicherungsgesetzes vorgesehene amtliche Bescheinigung besitzen.

§ 21.

Ist die Krankheit, wegen deren das Heilverfahren eingeleitet wurde, auf einen nach den Reichsgesetzen über Unfallversicherung zu entschädigenden Unfall zurückzuführen, und ist durch das Heilverfahren der Eintritt der Erwerbsunfähigkeit (§§ 15, 16) verhindert und zugleich eine Entlastung des entschädigungspflichtigen

Trägers der Unfallversicherung herbeigeführt worden, indem die Unfallentschädigung ganz oder zum Theil nicht zu bewilligen war oder in Wegfall gekommen ist, so hat die Versicherungsanstalt gegen diesen Träger Anspruch auf Ersatz der Kosten des Heilverfahrens in dem im § 19 Satz 3 vorgesehenen Umfange. Ein Ersatz für Kosten des Heilverfahrens, welche vor dem Beginne der vierzehnten Woche nach dem Unfall entstanden sind, kann nicht beansprucht werden.

Für die Ansprüche des Versicherten an den Träger der Unfallversicherung ist die Uebernahme des Heilverfahrens durch die Versicherungsanstalt der Uebernahme durch den Träger der Unfallversicherung gleich zu achten.

Die Bestimmung beruht auf Beschlüssen der Kommission (vgl. K. B. S. 48f.) nach Analogie des § 113.

§ 22.

Wird der Versicherte in Folge der Krankheit erwerbsunfähig, so **kann ihm, falls** er sich den **gemäß §§ 18, 19 von der Versicherungsanstalt getroffenen Maßnahmen ohne gesetzlichen oder sonst triftigen Grund** entzogen hat, die Invalidenrente **auf Zeit ganz oder theilweise versagt werden,** sofern **er auf diese Folgen hingewiesen worden ist und nachgewiesen wird,** daß die Erwerbsunfähigkeit durch **sein** Verhalten veranlaßt ist.

1. Die Versagung der Rente ist facultativ; außerdem kann die Versagung auf Zeit erfolgen, ferner entweder ganz oder theilweise.
2. Voraussetzung für die Versagung ist,
   a) daß sich der Versicherte den Maßnahmen ohne gesetzlichen oder sonst triftigen Grund entzogen hat. Gesetzlich begründet ist z. B. die Weigerung des verheiratheten Versicherten, in ein Krankenhaus zu gehen,
   b) daß der Versicherte vorher auf die Folgen hingewiesen worden ist,
   c) daß nachgewiesen wird, daß die Erwerbsunfähigkeit durch sein Verhalten veranlaßt ist.

§ 23.

Streitigkeiten, welche aus den Bestimmungen in den §§ 18 bis 20, 22 zwischen den Versicherungsanstalten und den Versicherten entstehen, werden, soweit sie nicht bei der Rentenfeststellung zum Austrage gelangen, von der Aufsichtsbehörde der Versicherungsanstalten entschieden.

Streitigkeiten, welche **aus den Bestimmungen in den §§ 18 bis 20, 22** zwischen den Versicherungsanstalten und den Krankenkassen entstehen, werden, sofern es sich um die Geltendmachung **der den Versicherungsanstalten eingeräumten** Befugnisse handelt, von der Aufsichtsbehörde der betheiligten Krankenkasse, sofern es sich aber um Ersatzansprüche handelt, im Verwaltungsstreitverfahren, oder, wo ein solches nicht besteht, ebenfalls durch die **Aufsichtsbehörde der betheiligten**

Krankenkasse entschieden. Die Entscheidung dieser Aufsichtsbehörde ist im ersteren Falle endgültig; im letzteren Falle kann sie innerhalb eines Monats nach der Zustellung im Wege des Rekurses nach Maßgabe der §§ 20, 21 der Gewerbeordnung angefochten werden.

Streitigkeiten über Ersatzansprüche in den Fällen des § 21 Abs. 1 werden durch das Reichs-Versicherungsamt entschieden.

Vgl. hierzu den Aufsatz von Appelius in der „Invaliditäts- und Altersversicherung" X. Nr. 1. Durch Kgl. Preuß. Verordnung v. 23. VIII. 1899 ist für das Verwaltungsstreitverfahren der Bezirksausschuß für zuständig erklärt worden, gegen dessen Entscheidung nur das Rechtsmittel der Revision zulässig ist.

§ 24.

Durch statutarische Bestimmung einer Gemeinde für ihren Bezirk oder eines weiteren Kommunalverbandes für seinen Bezirk oder Theile desselben kann, sofern daselbst nach Herkommen der Lohn der in land- oder forstwirthschaftlichen Betrieben beschäftigten Arbeiter ganz oder zum Theil in Form von Naturalleistungen gewährt wird, bestimmt werden, daß denjenigen in diesem Bezirke wohnenden Rentenempfängern, welche innerhalb desselben als Arbeiter in land- und forstwirthschaftlichen Betrieben ihren Lohn oder Gehalt ganz oder zum Theil in Form von Naturalleistungen bezogen haben, auch die Rente bis zu zwei Dritteln ihres Betrages in dieser Form gewährt wird. Der Werth der Naturalleistungen wird nach Durchschnittspreisen in Ansatz gebracht. Dieselben werden von der höheren Verwaltungsbehörde festgesetzt. Die statutarische Bestimmung bedarf der Genehmigung der höheren Verwaltungsbehörde.

Solchen Personen, welchen wegen gewohnheitsmäßiger Trunksucht nach Anordnung der zuständigen Behörde geistige Getränke in öffentlichen Schankstätten nicht verabfolgt werden dürfen, ist die Rente in derjenigen Gemeinde, für deren Bezirk eine solche Anordnung getroffen worden ist, auch ohne daß die Voraussetzungen des Abs. 1 vorliegen, ihrem vollen Betrage nach in Naturalleistungen zu gewähren.

Der Anspruch auf die Rente geht zu demjenigen Betrag, in welchem Naturalleistungen gewährt werden, auf den Kommunalverband, für dessen Bezirk eine solche Bestimmung getroffen ist, über, wogegen diesem die Leistung der Naturalien obliegt.

Dem Bezugsberechtigten, auf welchen vorstehende Bestimmungen Anwendung finden sollen, ist dies von dem Kommunalverbande mitzutheilen.

Der Bezugsberechtigte ist befugt, binnen zwei Wochen nach der Zustellung dieser Mittheilung die Entscheidung der Kommunalaufsichtsbehörde anzurufen. Auf demselben Wege werden alle übrigen Streitigkeiten entschieden, welche aus der Anwendung dieser Bestimmungen zwischen dem Bezugsberechtigten und dem Kommunalverband entstehen.

Sobald der Uebergang des Anspruchs auf Rente endgültig feststeht, hat auf Antrag des Kommunalverbandes der Vorstand der Versicherungsanstalt die Postverwaltung hiervon rechtzeitig in Kenntniß zu setzen.

§ 25.

Auf Grund statutarischer Bestimmung der Versicherungsanstalt kann der Vorstand einem Rentenempfänger auf seinen Antrag an Stelle der Rente Aufnahme in ein Invalidenhaus oder in ähnliche von Dritten unterhaltene Anstalten auf Kosten der Versicherungsanstalt gewähren. Der Aufgenommene ist auf ein Vierteljahr und, wenn er die Erklärung nicht einen Monat vor Ablauf dieses Zeitraums zurücknimmt, jedesmal auf ein weiteres Vierteljahr an den Verzicht auf die Rente gebunden.

1. Für die Anwendbarkeit des § 25 ist es erforderlich, daß in das Statut der Versicherungsanstalt entsprechende Bestimmungen aufgenommen werden. Die Vorschrift des § 25 bezieht sich auf Invaliden- und Altersrentner.

2. Die Versicherungsanstalten können entweder selbst Invalidenhäuser errichten (Motive 258) oder sich fremder Anstalten bedienen. Bei den zur Zeit noch niedrigen Rentenbeträgen würden den Versicherungsanstalten durch die Anwendung des § 55 nicht unerhebliche Mehrkosten erwachsen; die Motive heben aber ausdrücklich hervor (Motive 258), daß bei der sozialpolitischen Bedeutung dieser Maßnahmen und der günstigen Finanzlage vieler Anstalten diese Mehrkosten zugelassen werden dürfen.

3. Von besonderer Bedeutung wird die Errichtung von besonderen Invalidenhäusern für Tuberkulöse sein, weil diese in erhöhtem Maße hinfällig und der Pflege bedürftig sind, weil sie aber auch einen Infektionsherd und eine ständige Gefahr für die andere Bevölkerung bilden. Es liegt daher im eigensten Interesse der Versicherungsanstalten, auf eine Isolirung dieser Rentenempfänger bedacht zu sein.

4. Die Aufnahme in das Invalidenhaus kann nur mit Zustimmung des Rentenempfängers erfolgen. Zur Vermeidung künftiger Streitigkeiten über den Austritt aus dem Invalidenhaus (vgl. die folgende Anm.) wird es sich empfehlen, den Rentenempfänger zur Vollziehung eines Antragsformulares zu veranlassen.

5. Wenn auch der Aufgenommene auf ein Vierteljahr gebunden ist, so ist doch eine freie Vereinbarung zwischen Vorstand und Rentenempfänger über ein Ausscheiden zu einem beliebigen Zeitpunkte zulässig. (Motive 258.)

Der Vorstand hat überdies das Recht, auch ohne Zustimmung des Rentenempfängers von der freiwillig gewährten Aufnahme in das Invalidenhaus zurückzutreten und die gesetzliche Rente wieder zu gewähren (Motive 258).

§ 26.

Ist der Berechtigte ein Ausländer, so kann er, falls er seinen Wohnsitz im Deutschen Reiche aufgiebt, mit dem dreifachen Betrage der Jahresrente abgefunden werden. **Durch Beschluß des Bundesraths kann diese Bestimmung für bestimmte Grenzgebiete oder für die Angehörigen solcher auswärtiger Staaten, durch deren Gesetzgebung deutschen Arbeitern eine entsprechende Fürsorge für den Fall der Erwerbsunfähigkeit oder des Alters gewährleistet ist, außer Kraft gesetzt werden.**

§ 27. Aufbringung der Mittel.

Die Mittel zur Gewährung **der in diesem Gesetze vorgesehenen Leistungen** werden vom Reiche, von den Arbeitgebern und von den Versicherten aufgebracht.

Die Aufbringung der Mittel erfolgt seitens des Reichs durch Zuschüsse zu den in jedem Jahre thatsächlich zu zahlenden Renten (§ 35), seitens der Arbeitgeber und der Versicherten durch laufende Beiträge.

Die Beiträge entfallen auf den Arbeitgeber und den Versicherten zu gleichen Theilen (§§ 142, 144, 154) und sind für jede **Beitragswoche** (§ 30) zu entrichten.

§ 28. Voraussetzungen des Anspruchs.

Zur Erlangung eines Anspruchs auf Invaliden- oder Altersrente ist, außer dem Nachweise der Erwerbsunfähigkeit beziehungsweise des gesetzlich vorgesehenen Alters, erforderlich:

1. die Zurücklegung der vorgeschriebenen Wartezeit;
2. die Leistung von Beiträgen.

§ 29. Wartezeit.

Die Wartezeit beträgt:

1. bei der Invalidenrente, **wenn mindestens einhundert Beiträge auf Grund der Versicherungspflicht geleistet worden sind zweihundert Beitragswochen, anderenfalls fünfhundert Beitragswochen;**
2. bei der Altersrente **eintausendzweihundert Beitragswochen.**

Die für die freiwillige Versicherung (§ 14) geleisteten Beiträge kommen auf die Wartezeit für die Invalidenrente nur dann zur Anrechnung, wenn mindestens einhundert Beiträge auf Grund eines die Versicherungspflicht oder die Berechtigung zur Selbstversicherung begründenden Verhältnisses geleistet worden sind.

Die Vorschrift des Abs. 2 findet keine Anwendung auf Beiträge, welche von den Versicherten innerhalb der ersten vier Jahre, nachdem die Versicherungspflicht für ihren Berufszweig in Kraft getreten ist, freiwillig geleistet worden sind.

1. Der Begriff eines besonderen Beitragsjahres von 47 Beitragswochen ist als entbehrlich in Wegfall gekommen. Die Wartezeit wird vielmehr jetzt nach einer Summe von Beitragswochen berechnet.

2. Die Wartezeit für die Invalidenrente, welche früher 235 Wochen betrug, ist auf 200 Wochen, die Wartezeit für die Altersrente, welche 1410 Beitragswochen betrug, auf 1200 Wochen herabgesetzt worden.

Jedoch beträgt die Wartezeit für die Invalidenrente nur dann 200 Wochen, wenn mindestens 100 Beiträge auf Grund der Versicherungspflicht geleistet sind. In allen anderen Fällen, wenn also weniger als 100 oder gar keine Pflichtbeiträge geleistet sind, beträgt die Wartezeit 500 Wochen. Diese Bestimmung soll ein Gegengewicht gegen die erhebliche Ausdehnung der freiwilligen Versicherung bilden (vgl. Anm. 5 zu § 14).

3. Die Bestimmung des Abs. 2 will verhüten, daß Jemand nur ganz kurze Zeit in ein die Versicherungspflicht oder die Selbstversicherung begründendes Arbeitsverhältniß lediglich zu dem Zwecke eintritt, um dann durch freiwillige

Weiterversicherung einen Rentenanspruch zu erwerben; es müssen deswegen zur Erfüllung der Wartezeit mindestens 100 Wochen auf Grund der Versicherungspflicht oder der Selbstversicherung geleistet sein. Diese Vorschrift findet auf die während der ersten vier Jahre nach Inkrafttreten der Versicherung für den betreffenden Berufszweig freiwillig geleisteten Beiträge keine Anwendung.

§ 30. Beitragsleistung.

Für jede Woche, in welcher der Versicherte in einem die Versicherungspflicht begründenden Arbeits- oder Dienstverhältnisse gestanden hat, ist ein Versicherungsbeitrag zu entrichten (Beitragswoche). Die Beitragswoche beginnt mit dem Montag einer jeden Kalenderwoche.

Als Beitragswochen werden, **ohne daß Beiträge entrichtet zu werden brauchen, diejenigen vollen Wochen** in Anrechnung gebracht, **während deren Versicherte**

1. behufs Erfüllung der Wehrpflicht in Friedens-, Mobilmachungs- oder Kriegszeiten zum Heere oder zur Marine eingezogen gewesen sind,
2. in Mobilmachungs- oder Kriegszeiten freiwillig militärische Dienstleistungen verrichtet haben,
3. wegen bescheinigter, mit **zeitweiser** Erwerbsunfähigkeit verbundener Krankheit **an der Fortsetzung ihrer Berufsthätigkeit** verhindert gewesen sind.

Diese Anrechnung erfolgt jedoch nur bei solchen Personen, welche vor den in Rede stehenden Zeiten berufsmäßig eine die Versicherungspflicht begründende **Beschäftigung** nicht **lediglich** vorübergehend **aufgenommen** haben.

Die Dauer einer Krankheit ist nicht als Beitragszeit in Anrechnung zu bringen, wenn der Betheiligte sich die Krankheit vorsätzlich oder bei Begehung eines durch strafgerichtliches Urtheil festgestellten Verbrechens, durch schuldhafte Betheiligung bei Schlägereien oder Raufhändeln oder durch Trunkfälligkeit zugezogen hat.

Bei Krankheiten, welche ununterbrochen länger als ein Jahr währen, kommt die über diesen Zeitraum hinausreichende Dauer der Krankheit als Beitragszeit nicht in Anrechnung.

Die an eine Krankheit sich anschließende Genesungszeit wird der Krankheit gleich geachtet. Dasselbe gilt von einem regelmäßig verlaufenden Wochenbette für die Dauer der dadurch veranlaßten Erwerbsunfähigkeit, aber höchstens für sechs Wochen von der Entbindung an gerechnet.

1. In Gemäßheit der schon jetzt bestehenden Praxis wird bestimmt, daß die Beitragswoche mit dem Montag beginnt.

2. Der Spruchpraxis des Reichsversicherungsamts folgend bestimmt der Abs. 2, daß nur volle Wochen (vom Montag bis zum nächsten Sonntag) zur Anrechnung kommen, also nicht diejenigen Wochen innerhalb welcher die Krankheit begonnen hat oder beendet war.

3. Die redaktionelle Aenderung, insbesondere die Fassung des Abs. 3 ermöglicht es — wie das auch bisher schon nach der Spruchpraxis des Reichs-

versicherungsamts geschehen ist — die Anrechnung von Krankheits- u. s. w. -Zeiten vorzunehmen, auch wenn sich dieselben nicht unmittelbar an die Arbeitszeit angeschlossen haben.

4. In der Bestimmung des Abs. 4 sind die Worte „oder durch geschlechtliche Ausschweifungen" in Wegfall gekommen, so daß die auf dieser Ursache beruhenden Krankheiten nunmehr anrechnungsfähig sind.

5. Obgleich nach § 16 für den Anspruch auf vorübergehende Invalidenrente fortan der Nachweis einer nur 26 Wochen bestehenden Erwerbsunfähigkeit genügen soll, mußte die Bestimmung des Absatz 5 über die Anrechnungsfähigkeit einer mit zeitweiser Erwerbsunfähigkeit verbundenen Krankheit bis zur Dauer eines Jahres beibehalten werden. Die Invalidenrente des § 16 kann nämlich, abgesehen von dem Nachweise der 26 Wochen dauernden Erwerbsunfähigkeit, nur gewährt werden, insoweit die allgemeine Wartezeit von 200 Beitragswochen (§ 29 Ziffer 1) spätestens am Schlusse der 26. Krankheitswoche zurückgelegt ist. Ist dies aber nicht der Fall, so ermöglicht es die Bestimmung im Abs. 5, daß auch der übrige Theil des ersten Krankheitsjahrs auf die Wartezeit angerechnet und diese hierdurch unter Umständen noch erfüllt wird. (Motive 263.)

§ 31.

Zum Nachweis einer Krankheit (§ 30) genügt die Bescheinigung des Vorstandes derjenigen Krankenkasse (§ 166) beziehungsweise derjenigen eingeschriebenen oder auf Grund landesrechtlicher Vorschriften errichteten Hülfskasse, welcher der Versicherte angehört hat, für diejenige Zeit aber, welche über die Dauer der von den betreffenden Kassen zu gewährenden Krankenunterstützung hinausreicht, sowie für diejenigen Personen, welche einer derartigen Kasse nicht angehört haben, die Bescheinigung der Gemeindebehörde. Die Kassenvorstände sind verpflichtet, diese Bescheinigungen **den Versicherten sofort nach Beendigung der Krankenunterstützung oder der Fürsorge während der Genesungszeit von Amtswegen** auszustellen und können hierzu von der Aufsichtsbehörde durch Geldstrafe bis zu einhundert Mark angehalten werden.

Für die in Reichs- und Staatsbetrieben beschäftigten Personen können die vorstehend bezeichneten Bescheinigungen durch die vorgesetzte Dienstbehörde ausgestellt werden. **Für diese Fälle ist die Krankenkasse durch die Aufsichtsbehörde von der Ausstellungspflicht zu entbinden.**

Der Nachweis geleisteter Militärdienste erfolgt durch Vorlegung der Militärpapiere.

Der neue Zusatz, wonach den Versicherten sofort nach Beendigung der Krankenunterstützung die Bescheinigung von Amtswegen auszustellen ist, verfolgt den Zweck, die Versicherten vor Schwierigkeiten und Weiterungen zu bewahren, welche aus verspäteter Ausstellung von Krankheitsbescheinigungen entstehen können.

§ 32. Höhe der Beiträge.

Die für die Beitragswoche zu entrichtenden Beiträge **werden nach Lohnklassen** (§ 34) im voraus auf bestimmte Zeiträume, und zwar zunächst für die Zeit bis zum **31. Dezember 1910**, demnächst für je zehn weitere Jahre **durch den Bundesrath einheitlich** festgesetzt.

Die Beiträge **sind** so zu bemessen, daß **durch** dieselben **gedeckt** werden die Kapitalwerthe der den Versicherungsanstalten **zur Last fallenden Beträge der** Renten, die Beitragserstattungen **und die sonstigen Aufwendungen der Versicherungsanstalten.**

In den **verschiedenen** Lohnklassen sind die Beiträge für die **einzelnen Versicherten** gleich zu bemessen **und lediglich nach der durchschnittlichen Höhe der in demselben von den Versicherungsanstalten zu gewährenden Renten abzustufen.**

Vor Ablauf der im Abs. 1 bestimmten **Zeiträume hat das Reichs-Versicherungsamt die Zulänglichkeit der Beiträge zu prüfen.** Dabei sind **Fehlbeträge** oder Ueberschüsse, welche sich aus der Erhebung der bisherigen Beiträge herausgestellt haben, in der Weise zu berücksichtigen, daß durch die neuen Beiträge **unter Beachtung der Wirkungen des § 125** eine Ausgleichung eintritt.

Bis zur Festsetzung **eines** anderen **Beitrages** sind in jeder Versicherungsanstalt an wöchentlichen Beiträgen zu erheben:

in Lohnklasse	I	14	Pfennig,
" "	II	20	"
" "	III	24	"
" "	IV	30	"
" "	V	36	"

Eine anderweite Festsetzung **der Beiträge bedarf der Zustimmung des Reichstags.**

1. Die Beiträge sollen in Zukunft für alle Versicherungsanstalten, für das ganze Reich, **einheitlich** festgesetzt werden. Die bisher bestandene Befugniß der einzelnen Anstalten, die Beiträge für ihren Bezirk festzusetzen, ist in Wegfall gekommen. Bis zum 31. Dezember 1910 sind die Beiträge im Absatz 5 festgesetzt; eine anderweite Festsetzung kann nur **durch den Bundesrath unter Zustimmung des Reichstags** (vgl. Abs. 6) erfolgen.

2. Die Bildung eines **Reservefonds** ist in Wegfall gekommen; die bisher als Reservefonds angesammelten Kapitalien fließen zum Vermögen der Anstalt zurück.

3. Eine Abänderung der Beitragssätze — wie sie ursprünglich der Entwurf vorsah — hat nicht stattgefunden. Gemäß der Einführung einer neuen **fünften Lohnklasse** (vgl. § 34) ist der Beitrag für diese Lohnklasse auf 36 Pfg. festgesetzt.

§ 33. Gemeinlast. Sonderlast.

Jede Versicherungsanstalt verwaltet ihre Einnahmen und ihr Vermögen (Gemeinvermögen und Sondervermögen) selbständig. Aus denselben sind die von allen Versicherungsträgern gemeinsam aufzubringende Last (Gemeinlast) und die den einzelnen Versicherungsträgern verbleibende besondere Last (Sonderlast) zu decken.

Die Gemeinlast wird gebildet durch drei Viertel sämmtlicher Altersrenten, die Grundbeträge aller Invalidenrenten, die Rentensteigerungen in Folge von Krankheitswochen (§ 40 Abs. 1) und die Rentenabrundungen (§ 38). Alle übrigen Verpflichtungen bilden die Sonderlast der Versicherungsanstalt.

Zur Deckung der Gemeinlast werden in jeder Versicherungsanstalt vom 1. Januar 1900 ab vier Zehntel der Beiträge buchmäßig ausgeschieden (Gemeinvermögen). Dem Gemeinvermögen sind für seinen buchmäßigen Bestand von der Versicherungsanstalt Zinsen gutzuschreiben. Den Zinsfuß bestimmt der Bundesrath für die im § 32 Abs. 1 bestimmten Zeitraume einheitlich für alle Versicherungsanstalten.

Ergiebt sich bei Ablauf der im § 32 Abs. 1 bezeichneten Zeiträume, daß das Gemeinvermögen zur Deckung der Gemeinlast nicht ausreicht oder nicht erforderlich ist, so hat der Bundesrath für den nächstfolgenden Zeitraum über die Höhe des für das Gemeinvermögen buchmäßig auszuscheidenden Theiles der Beiträge zwecks Ausgleichung der entstandenen Fehlbeträge oder Ueberschüsse zu beschließen.

Eine Erhöhung des für das Gemeinvermögen buchmäßig auszuscheidenden Theiles der Beiträge bedarf der Zustimmung des Reichstags.

Das am 31. Dezember 1899 angesammelte gesammte Vermögen der Versicherungsanstalten und weiter das bei Ablauf der im § 32 Abs. 1 bezeichneten Zeiträume angesammelte Vermögen der Versicherungsanstalten, soweit es nicht buchmäßig für die Gemeinlast ausgeschieden ist, darf zur Deckung der Gemeinlast nicht herangezogen werden.

Die finanzielle Lage der einzelnen deutschen Versicherungsanstalten ist zur Zeit eine sehr verschiedene. Während zwei Anstalten nicht einmal das zur Deckung des Kapitalwerthes der Renten nothwendige Vermögen angesammelt haben, viele Anstalten nur geringe Ueberschüsse über diesen Kapitalwerth erzielt haben, sind bei einer Anzahl von Anstalten sehr erhebliche Ueberschüsse vorhanden. Die Motive (vgl. S. 196) geben zu, daß die Gründe für die Verschiedenheit der finanziellen Lage der Anstalten zu einem geringen Theile auf dem Verhalten der einzelnen Anstalten bei Erhebung der Einnahmen und Leistung der Ausgaben beruhen; in der Hauptsache soll aber die Verschiedenheit hiervon unabhängig auf Thatsachen beruhen, die ihre Erklärung allein in der Verschiedenheit der örtlichen Verhältnisse finden. Inwieweit diese Annahmen der Motive zutreffen, mag dahingestellt bleiben. Jedenfalls soll nach den Bestimmungen des neuen Gesetzes, zwecks Ausgleichung dieser Verschiedenheit die Rentenlast zum großen Theil von allen Versicherungsanstalten gemeinsam getragen werden. Die gemeinsame Last (Gemeinlast) besteht aus:

a) drei Viertel sämmtlicher Altersrenten,
b) den Grundbeträgen der Invalidenrenten,
c) den Rentensteigerungen in Folge von Krankheitswochen,
d) den Rentenabrundungen.

Es verbleiben mithin für die von den einzelnen Versicherungsanstalten zu tragende Sonderlast:

a) ein Viertel der Altersrenten,
b) die Steigerungssätze der Invalidenrenten, abgesehen von denen für Krankheitswochen,
c) die Beitragserstattungen,

d) die Krankenfürsorge,

e) die besonderen Aufwendungen aus den Ueberschüssen (vgl. § 45).

Zwecks Deckung der Gemeinlast werden von jeder Versicherungsanstalt vom 1. Januar 1900 an vier Zehntel (40%) der Einnahme an Beiträgen als Gemeinvermögen ausgeschieden, aber nur buchmäßig.

Zur Deckung der Gemeinlast darf nur dieses Gemeinvermögen herangezogen werden einschließlich der aus demselben erwachsenen Zinseinnahmen.

Die übrigen sechs Zehntel (60%) der Einnahme an Beiträgen gehen zum Sondervermögen der Anstalt. Das bis zum 1. Januar 1900 angesammelte Vermögen der Anstalten bleibt ihnen unverkürzt als Sondervermögen, dasselbe darf zur Deckung der Gemeinlast nicht herangezogen werden, ebensowenig das weiterhin angesammelte Sondervermögen. Ergiebt sich, daß die Gemeinlast aus dem Gemeinvermögen nicht gedeckt werden kann, so kann nur nach Ablauf der im § 32 festgesetzten Beitragsperiode eine stärkere Heranziehung der laufenden Einnahme an Beiträgen für die Gemeinlast vom Bundesrath unter Zustimmung des Reichstages beschlossen werden.

Gemein- und Sondervermögen wird von jeder Versicherungsanstalt selbständig verwaltet. Nur bestimmt der Bundesrath den Zinssatz, welcher dem buchmäßigen Bestand des Gemeinvermögens gutzuschreiben ist. Erzielt die Versicherungsanstalt bei der Verwaltung einen höheren als diesen vom Bundesrath festgesetzten Zinssatz, so fließt das Plus zum Sondervermögen. Daß die Zinsen aus dem Sondervermögen diesem Sondervermögen verbleiben, ergiebt sich nach dem Gesagten von selbst.

§ 34. Lohnklassen.

Nach der Höhe des Jahresarbeitsverdienstes werden für die Versicherten folgende Lohnklassen gebildet:

Klasse I bis zu 350 Mark einschließlich,
" II von mehr als 350 bis zu 550 Mark,
" III von mehr als 550 bis zu 850 Mark,
" IV von mehr als 850 bis zu 1150 Mark,
" **V von mehr als 1150 Mark.**

Für die Zugehörigkeit der Versicherten zu den Lohnklassen ist mit den aus den nachfolgenden Bestimmungen sich ergebenden Abweichungen nicht die Höhe des thatsächlichen Jahresarbeitsverdienstes, sondern ein Durchschnittsbetrag maßgebend.

Im Einzelnen gilt als Jahresarbeitsverdienst:

1. für Mitglieder einer Orts-, Betriebs- (Fabrik-), Bau- oder Innungs-Krankenkasse der dreihundertfache Betrag des für ihre Krankenkassenbeiträge maßgebenden durchschnittlichen Tagelohns beziehungsweise wirklichen Arbeitsverdienstes (§§ 20, 26a Abs. 2 Ziffer 6 des Krankenversicherungsgesetzes);
2. für die in der Land- und Forstwirthschaft beschäftigten Personen, soweit sie nicht **einer unter Ziffer 1 bezeichneten Krankenkasse angehören,** ein Betrag, der für sie von der höheren Verwaltungsbehörde unter Berücksichtigung des § 3 als durchschnittlicher Jahresarbeitsverdienst fest-

zusetzen ist; bei Betriebsbeamten wird jedoch der für jeden von ihnen nach § 3 des Gesetzes vom 5. Mai 1886 (Reichs-Gesetzbl. S. 132) maßgebende Jahresarbeitsverdienst zu Grunde gelegt;

3. für die auf Grund des Gesetzes vom 13. Juli 1887 (Reichs-Gesetzbl. S. 329) versicherten Seeleute und anderen bei der Seeschiffahrt betheiligten Personen der Durchschnittsbetrag des Jahresarbeitsverdienstes, welcher gemäß §§ 6 und 7 a. a. O. vom Reichskanzler beziehungsweise von der höheren Verwaltungsbehörde festgesetzt worden ist;

4. für Mitglieder einer Knappschaftskasse der dreihundertfache Betrag des von dem Kassenvorstande festzusetzenden durchschnittlichen täglichen Arbeitsverdienstes derjenigen Klasse von Arbeitern, welcher der Versicherte angehört, jedoch nicht weniger als der dreihundertfache Betrag des ortsüblichen Tagelohns gewöhnlicher Tagearbeiter des Beschäftigungsorts (§ 8 des Krankenversicherungsgesetzes);

5. im Uebrigen der dreihundertfache Betrag des ortsüblichen Tagelohns gewöhnlicher Tagearbeiter des Beschäftigungsorts (§ 8 des Krankenversicherungsgesetzes), soweit nicht für einzelne Berufszweige von der höheren Verwaltungsbehörde ein anderer Jahresarbeitsverdienst festgesetzt wird.

Lehrer und Erzieher gehören, soweit nicht ein Jahresarbeitsverdienst von mehr als 1150 Mark nachgewiesen wird, zur vierten Klasse.

Sofern im Voraus für Wochen, Monate, Vierteljahre oder Jahre eine feste baare Vergütung vereinbart und diese höher ist, als der nach Abs. 2 für den Versicherten maßgebende Durchschnittsbetrag, so ist diese Vergütung zu Grunde zu legen.

Der Versicherte kann die Versicherung in einer höheren als derjenigen Lohnklasse, welche nach den vorstehenden Bestimmungen für ihn maßgebend sein würde, beanspruchen. In diesen Fällen ist jedoch der auf den Arbeitgeber entfallende Theil des Beitrags, sofern nicht die Versicherung in der höheren Lohnklasse von dem Arbeitgeber und dem Versicherten vereinbart ist, nicht nach der höheren, sondern nach der für den Versicherten maßgebenden Lohnklasse zu bemessen.

Die Landes-Centralbehörde kann anordnen, daß die nach Abs. 2 für die einzelnen Orte maßgebenden Lohnklassen und Beiträge (§ 32) sowie die Klassen von Versicherten, welche an dem betreffenden Orte in die einzelnen Lohnklassen entfallen, von der Versicherungsanstalt in jedem Orte ihres Bezirkes bekannt zu machen sind.

1. Neu hinzugekommen ist eine fünfte Lohnklasse, um hochgelohnten Arbeitern und Betriebsbeamten den Erwerb einer ihren Verhältnissen entsprechenden Rente gegen Entrichtung höherer Beiträge zu ermöglichen.

2. Der Zusatz in Abs. 1 enthält keine Neuerung, sondern bringt nur das bisherige Prinzip klar zum Ausdruck.

3. Der Zusatz in Ziffer 5 soll die Berücksichtigung besonderer Verhältnisse in einzelnen Berufszweigen ermöglichen, bei denen der ortsübliche Tagelohn einen geeigneten Maßstab nicht abgiebt; der Jahresarbeitsverdienst kann höher oder niedriger als der 300fache Betrag des ortsüblichen Tagelohns festgesetzt werden.

Lehrer und Erzieher gehören mindestens in die IV. Lohnklasse; auf sie finden also die Bestimmungen in Ziffer 1—5 keine Anwendung. Wird für sie ein höherer Verdienst als 1150 Mark nachgewiesen, so gehören sie in die V. Klasse.

4. Der neue Absatz 3 beruht auf Beschlüssen der Kommission (vgl. K. B. S. 85 f.); er soll bewirken, daß nach Möglichkeit der Individuallohn für die Einschätzung in die Lohnklassen maßgebend sein soll.

Für die Anwendbarkeit des Absatzes 3 kommt nur in Betracht die feste baare Vergütung, es bleiben also außer Betracht; Naturalleistungen und Tantiemen; sie muß ferner im Voraus vereinbart sein, so daß Accordlöhne in der Regel nicht unter die Bestimmung fallen werden. Es muß endlich die Vereinbarung für mindestens Wochen getroffen sein, vereinbarte Tagelohnsätze fallen nicht unter die Bestimmung.

Wenn z. B. ein Arbeiter gegen einen festen Wochenlohn von 30 Mark beschäftigt wird, der nach Ziffer 1 maßgebende Tagelohnsatz aber nur 3 Mark beträgt, so gehört er in die V. und nicht in die IV. Lohnklasse.

5. Die Versicherung in einer höheren als der maßgebenden Lohnklasse war bisher nur auf Grund einer Vereinbarung zwischen Versicherten und Arbeitgebern zulässig. Nach der neuen Bestimmung kann der Versicherte die Versicherung in einer höheren Lohnklasse beanspruchen. In diesem Falle trägt aber der Arbeitgeber nur die Hälfte des Beitrages für die nach dem Gesetze maßgebende Lohnklasse, den Rest des Beitrages hat der Versicherte zu zahlen — sofern nicht etwas anderes ausdrücklich vereinbart ist. Ist also der Versicherte nach dem Gesetze in der IV. Lohnklasse zu versichern und beansprucht der Versicherte die Versicherung in der V. Lohnklasse, so hat von dem Beitrage in Höhe von 36 Pf. der Arbeitgeber nur 15 Pf. (die Hälfte des Beitrags für die IV. Lohnklasse) der Versicherte 21 Pf. zu zahlen.

§ 35. Berechnung der Renten.

Die Renten werden **nach den Lohnklassen** (§ 34) **und nach Jahresbeträgen** berechnet. Sie bestehen aus einem **in der Höhe verschiedenen** Beträge, **welcher**, vorbehaltlich der Vorbehaltlich der Vorschrift des § 40 Abs. 2, von **den** Versicherungsanstalten aufzubringen **ist**, und aus einem festen Zuschusse des Reichs, der für jede Rente jährlich fünfzig Mark beträgt.

Die Aenderungen beruhen auf der in folgenden Paragraphen festgesetzten anderweiten Rentenberechnung, sowie auf der anderweiten Vertheilung der Rentenlast.

§ 36.

Die Berechnung des von den Versicherungsanstalten aufzubringenden Theiles der Invalidenrenten erfolgt in der Weise, daß einem Grundbetrage die der Zahl der Beitragswochen entsprechenden Steigerungssätze hinzugerechnet werden.

Der Grundbetrag beläuft sich:

für die Lohnklasse	I . . .	auf 60 Mark,
" " "	II . . .	" 70 "
" " "	III . . .	" 80 "
" " "	IV . . .	" 90 "
" " "	V . . .	" 100 " .

Der Berechnung des Grundbetrags der Invalidenrente werden stets fünfhundert Beitragswochen zu Grunde gelegt. Sind weniger als fünfhundert Beitragswochen nachgewiesen, so werden für die fehlenden Wochen Beiträge der Lohnklasse I in Ansatz gebracht; sind mehr als fünfhundert Beitragswochen nachgewiesen, so sind stets die fünfhundert Beiträge der höchsten Lohnklassen zu Grunde zu legen. Kommen für diese fünfhundert Wochen verschiedene Lohnklassen in Betracht, so wird als Grundbetrag der Durchschnitt der diesen Beitragswochen entsprechenden Grundbeträge in Ansatz gebracht.

Der Steigerungssatz beträgt für jede Beitragswoche:

in der Lohnklasse	I . . .	3 Pfennig,
" " "	II . . .	6 "
" " "	III . . .	8 "
" " "	IV . . .	10 "
" " "	V . . .	12 " .

Für die Beitragswoche kann nur ein Steigerungssatz in Anrechnung gebracht werden. Sind mehr Beitragsmarken verwendet, als hiernach Beitragswochen in Anrechnung gebracht werden dürfen, und können die zu Unrecht beigebrachten Marken nicht mehr ermittelt werden, so sind die Beiträge durch Ausscheidung der für die niedrigeren Lohnklassen entrichteten Marken bis auf die zulässige Höchstzahl zu mindern.

1. Während der Grundbetrag bisher für jede Invalidenrente 60 Mark betrug, ist jetzt für jede Lohnklasse ein besonderer Grundbetrag festgesetzt. Desgleichen sind die Steigerungssätze abgeändert; sie betrugen bisher in Lohnklasse I 2 Pf., II 6 Pf., III 9 Pf. und IV 13 Pf.

Für die Berechnung des Grundbetrages hat das R. V. A. Tabellen aufstellen lassen, welche in den Amtlichen Nachrichten 1900 Nr. 1a S. 187 ff. veröffentlicht sind. Die jetzige Art der Berechnung der Invalidenrente mag in folgenden Beispielen klargemacht werden:

I.

Ein Versicherter hat geleistet: 200 Beiträge Lohnklasse IV und 100 Beiträge Lohnklasse III. Da nur 300 Beitragswochen nachgewiesen sind, so kommen bei der Berechnung des Grundbetrages gemäß Abs. 2 für die an 500 Wochen noch fehlenden 200 Wochen Beiträge der Lohnklasse I in Ansatz. Der Grundbetrag berechnet sich also

für die 200 Beiträge Lohnklasse	IV	auf	200×90 = 18 000 M.
" " 100 " "	III	"	100×80 = 8 000 "
für die ergänzten 200 " "	I	"	200×60 = 12 000 "
mithin für 500 Beiträge		auf	. . . . 38 000 M.

Der Durchschnitts-Grundbetrag berechnet sich mithin

auf $\frac{38\,000}{500} = 76$ M.

Zu diesen 76 M. kommen der Reichszuschuß mit 50 M. und folgende Steigerungssätze:

für 200 Wochen Lohnklasse IV: 200×10 Pf. = 20,00 M.
„ 100 „ „ III: 100× 8 „ = 8,00 „
Summa . . . 28,00 M.

mithin Gesammtbetrag der Rente: 76+50+28 = 154 M.

II.

Ein Versicherter hat geleistet: 600 Beiträge Lohnklasse II, 200 Beiträge Lohnklasse III und 100 Beiträge Lohnklasse V. Da 900 Beiträge nachgewiesen sind, so kommen für Berechnung des Grundbetrages nur die 500 höchsten Lohnklassen in Betracht also:

100 Wochen Lohnklasse V.
200 „ „ III.
200 „ „ II.

Der Grundbetrag berechnet sich hiernach wie folgt:

$$\frac{100\times100+200\times80+200\times70}{500} = 80 \text{ M.}$$

Hierzu der Reichszuschuß mit 50 M. und folgende Steigerungssätze:

600×6+200×8+100×12=64 M.

mithin Gesammtbetrag der Rente: 194 M.

2. Die Bestimmung im Abs. 5 ist erforderlich, um dem Mißbrauche vorzubeugen, daß zur Erzielung einer höheren Rente mehrere Marken für dieselbe Kalenderwoche beigebracht werden. Dies kann nicht blos bei der freiwilligen Versicherung, sondern auch im Pflichtverhältniß, insbesondere dann vorkommen, wenn es sich um unständige, nach einander bei verschiedenen Arbeitgebern beschäftigte Personen handelt, welchen aus Irrthum oder in Folge einer Täuschung vielleicht jeder dieser Arbeitgeber eine Beitragsmarke für dieselbe Woche einklebt. Die Zahl der hiernach für ein Kalenderjahr insgesammt in Anrechnung zu bringenden Steigerungssätze wird höchstens 52 bis 54 betragen. In einzelnen Jahren werden nämlich außer den vollen Kalenderwochen noch Bruchtheile einer 53. Woche in Betracht zu ziehen sein und in denjenigen Schaltjahren, bei denen der 1. Januar auf einen Sonntag fällt, wird sogar eine 54. Woche in das Kalenderjahr hineinreichen. Mit Rücksicht auf diese verschiedenen Möglichkeiten sieht der Abs. 5 abweichend von der bisherigen Bestimmung von einer zahlenmäßigen Bestimmung der zulässigen Gesammtzahl der für ein Kalenderjahr anzurechnenden Steigerungssätze ab. Die Bestimmung des Abs. 5 darüber, welche Beitragsmarken anzurechnen sind, sofern deren mehr verwendet sind, als zulässig ist, füllt eine Lücke in den bisherigen Vorschriften aus (Motive 269).

§ 37.

Der von den Versicherungsanstalten aufzubringende Theil der Altersrente beträgt:

in der Lohnklasse I . . . 60 Mark,
„ „ „ II . . . 90 „
„ „ „ III . . . 120 „
„ „ „ IV . . . 150 „
„ „ „ V . . . 180 „

Kommen Beiträge in verschiedenen Lohnklassen in Betracht, so wird der Durchschnitt der diesen Beiträgen entsprechenden Altersrente gewährt. Sind mehr als eintausendzweihundert Beitragswochen nachgewiesen, so sind die eintausendzweihundert Beiträge der höchsten Lohnklassen der Berechnung zu Grunde zu legen.

1. Die Berechnung der Altersrente ist abweichend von der bisherigen Bestimmung geregelt. Die Altersrente besteht nunmehr, abgesehen von dem Reichszuschuß, aus einem festen Betrage, der für jede Lohnklasse verschieden normirt ist. Kommen Beiträge verschiedener Lohnklassen in Betracht, so wird der Durchschnitt genommen. Sind also z. B. geleistet: 600 V. Lohnklasse, 400 III. Lohnklasse, 800 II. Lohnklasse, insgesammt also 1800 Wochen, so kommen für die Berechnung zunächst nur die 1200 höchsten Wochen in Betracht, also: 600 V., 400 III. und 200 II. Der Durchschnittsbetrag berechnet sich danach wie folgt:

$$\frac{600 \times 180 + 400 \times 120 + 200 \times 90}{1200} = 145 \text{ M.}$$

mithin der Gesammtbetrag der Rente: 195 M.

Für die Berechnung der Altersrente hat das R. V. A. Tabellen aufstellen lassen, welche in den Amtl. Nachr. 1900 Nr. 1a S. 187 ff. veröffentlicht sind.

§ 38.

Die Renten sind auf volle fünf Pfennig für den Monat nach oben abzurunden und in monatlichen Theilbeträgen im Voraus zu zahlen. **Für denjenigen Kalendermonat, in welchem die den Wegfall oder das Ruhen des Rentenanspruchs bewirkende Thatsache eintritt, ist der gezahlte Monatsbetrag der Rente zu belassen.**

In der Praxis werden die jetzigen Bestimmungen des Gesetzes so verstanden, daß beim Wegfall einer Rente entsprechende Theilbeträge einer Monatsrate berechnet und wieder eingezogen werden. Ein solches Verfahren liegt nicht im Sinne des Gesetzes, ist mit Rücksicht darauf, daß die volle Monatsrate mit dem Beginne des Monats fällig, also von dem Berechtigten erworben wird, nicht unbedenklich und erfordert zudem einen unverhältnißmäßig großen Aufwand an Zeit und Arbeit bei den betheiligten Stellen. Viel bedenklicher aber als dieser Arbeitsaufwand ist der nicht unberechtigte Unwille, welcher bei den meist unbemittelten Erben eines verstorbenen Rentenempfängers entsteht, wenn sie die über den Todestag hinaus gezahlten Theilbeträge der Monatsrate wieder herauszahlen sollen; die Kosten eines etwaigen Einziehungsverfahrens sind oft höher als die wieder einzuziehenden Rentenbeträge und werden, sofern der Versuch der Einziehung wegen Mittellosigkeit des Schuldners fruchtlos bleibt, von der Versicherungsanstalt nutzlos aufgewendet Dieser Umstand hat bei einzelnen Versicherungsanstalten bereits dahin geführt, grundsätzlich von der Wiedereinziehung, die das Reichs-Versicherungsamt neuerdings dem pflichtmäßigen Ermessen der Vorstände überlassen hat, Abstand zu nehmen. Der § 38 bestimmt nun ausdrücklich, daß bereits gezahlte oder doch fällige Monatsbeträge in allen Fällen belassen werden.

Auf Fälle, in denen der Endpunkt des Rentenbezugs schon beim Erlasse des Rentenbescheids feststeht, findet diese Vorschrift, entsprechend ihrem Wortlaute, keine Anwendung (Motive 269).

§ 39.

Für einen Versicherten, welcher bei einer der nach §§ 8, 10, 11 zugelassenen Kasseneinrichtungen betheiligt gewesen ist, wird bei Berechnung der Rente für jede Woche der Betheiligung nach dem 1. Januar 1891 diejenige Lohnklasse in Rechnung gebracht, welcher derselbe nach dem von ihm wirklich bezogenen Lohne angehört haben würde, wenn er bei einer Versicherungsanstalt versichert gewesen wäre. Hat der Versicherte gleichzeitig einer Knappschaftskasse oder einer Orts-, Betriebs- (Fabrik-), Bau- oder Innungs-Krankenkasse angehört, so bestimmt sich die in Rechnung zu bringende Lohnklasse nach den Bestimmungen des § 34 Abs. 2 Ziffer 1 beziehungsweise 4 und des § 34 Abs. 3.

§ 40.

Für die nach § 30 als Beitragszeit geltende Dauer bescheinigter Krankheiten und militärischer Dienstleistungen wird bei Berechnung der Rente die Lohnklasse II zu Grunde gelegt.

Den auf die Dauer militärischer Dienstleistungen entfallenden Antheil der Rente übernimmt das Reich (§ 125).

§ 41.

Die Invalidenrente beginnt mit dem Tage, an welchem der Verlust der Erwerbsfähigkeit eingetreten ist. Als dieser Zeitpunkt gilt, sofern nicht ein anderer in der Entscheidung festgestellt wird, der Tag, an welchem der Antrag auf Bewilligung der Rente bei der zuständigen **Behörde eingegangen ist (§ 112 Abs. 1).**

Die Altersrente beginnt frühestens mit dem ersten Tage des einundsiebenzigsten Lebensjahrs.

Für Zeiten, die beim Eingange des Antrags auf Bewilligung einer Rente länger als ein Jahr zurückliegen, wird die Rente nicht gewährt.

Stirbt ein Versicherter. dessen Rentenantrag noch zu seinen Lebzeiten bei der zuständigen Behörde eingegangen war, so ist zur Fortsetzung des Verfahrens und im Falle der Bewiigung der Rente zum Bezuge der bis zum Todestage fälligen Rentenbeträge an erster Stelle der Ehegatte berechtigt, sofern derselbe mit dem Rentenberechtigten bis zu dessen Tode in häuslicher Gemeinschaft gelebt hat; wenn ein solcher nicht vorhanden ist, tritt die Rechtsnachfolge nach den Bestimmungen des bürgerlichen Rechtes ein.

1. Die neue Bestimmung des Abs. 3 soll die verspäteten Rentenanträge treffen und verhüten, daß Versicherten die Rente nachträglich für mehrere Jahre auf einmal ausgezahlt wird. Eine solche Nachzahlung soll höchstens für ein Jahr, vom Eingange des Antrages an gerechnet, zulässig sein; darüber hinaus wird eine Nachzahlung nicht mehr gewährt.

2. Die neue Bestimmung des Abs. 4 soll der bisherigen, vom Reichsversicherungsamt gebilligten Praxis, nach welcher die Rentenansprüche ebenso wie andere vermögensrechtliche Ansprüche einer Rechtsnachfolge beim Tode des Versicherten unterliegen, eine ausdrückliche gesetzliche Grundlage geben (Motive 270).

Erforderlich ist aber, daß der Rentenantrag noch bei Lebzeiten des Versicherten bei der zuständigen Behörde eingegangen war. Diese Anmeldung kann von den Erben nicht nachgeholt werden. Eine andere Stellung wird in dieser Beziehung den ersatzberechtigten Gemeinden und Armenverbänden eingeräumt (vgl. § 50 Abs. 2).

§ 42. Erstattung von Beiträgen.

Weiblichen Personen, welche eine Ehe eingehen, bevor ihnen die eine Rente (§§ 15, 16) **bewilligende Entscheidung zugestellt ist**, steht ein Anspruch auf Erstattung der Hälfte der für sie geleisteten Beiträge zu, wenn die letzteren **vor Eingehung der Ehe** für mindestens **zweihundert Wochen** entrichtet worden sind. Dieser Anspruch muß **bei Vermeidung des Ausschlusses vor Ablauf eines Jahres nach dem Tage** der Verheirathung geltend gemacht werden. **Der zu erstattende Betrag wird auf volle Mark nach oben abgerundet.**

1. Bevor ihnen die eine Rente bewilligende Entscheidung zugestellt ist; vgl. hierzu die Anm. zu § 14.

2. Die Mindestzahl der entrichteten Beiträge ist von 235 auf 200 Wochen herabgesetzt. Um jeden Zweifel auszuschließen, ist ausdrücklich bestimmt, daß diese Beiträge vor Eingehung der Ehe geleistet sein müssen.

3. Die Frist für die Geltendmachung des Anspruchs ist von 3 Monaten auf 1 Jahr verlängert.

§ 43.

Werden versicherte Personen durch einen Unfall dauernd erwerbsunfähig im Sinne dieses Gesetzes und steht ihnen nach § 15 Abs. 2 Satz 2 für die Zeit des Bezugs der Unfallrente ein Anspruch auf Invalidenrente nicht zu, so ist ihnen auf ihren Antrag die Hälfte der für sie entrichteten Beiträge zu erstatten. Der Anspruch muß bei Vermeidung des Ausschlusses vor Ablauf von zwei Jahren nach dem Unfalle geltend gemacht werden. Die Bestimmungen des § 42 Abs. 1 Satz 3 und Abs. 2 finden Anwendung.

1. Nach § 15 Abs. 2 begründet eine durch einen Unfall herbeigeführte Erwerbsunfähigkeit einen Anspruch auf Invalidenrente nur insoweit, als die zu gewährende Invalidenrente die gewährte Unfallrente übersteigt. Uebersteigt also die Invalidenrente die Unfallrente nicht, so erhält der Unfall-Invalide von der Invalidenversicherung keine Gegenleistung. Die hierin liegende Unbilligkeit soll durch die Bestimmung des § 43 theilweise beseitigt werden. Es ist zu beachten, daß der § 43 nur Anwendung findet bei dauernder Erwerbsunfähigkeit (§ 15 Abs. 2 Satz 1).

2. Voraussetzung für den Erstattungsanspruch ist, daß der Anspruch auf Invalidenrente an sich begründet ist.

§ 44.

Wenn eine männliche Person, für welche mindestens für zweihundert **Wochen** Beiträge entrichtet worden sind, verstirbt, **bevor ihr die eine** Rente (§§ 15, 16) **bewilligende Entscheidung zugestellt** ist, so steht der hinterlassenen Wittwe oder, falls eine solche nicht vorhanden ist, den hinterlassenen ehelichen Kindern unter 15 Jahren ein

Anspruch auf Erstattung der Hälfte der für den Verstorbenen entrichteten Beiträge zu.

Wenn eine weibliche Person, für welche mindestens für zweihundert Wochen Beiträge entrichtet worden sind, verstirbt, **bevor ihr die eine Rente (§§ 15, 16) bewilligende Entscheidung zugestellt ist**, so steht den hinterlassenen vaterlosen Kindern unter 15 Jahren ein Anspruch auf Erstattung der Hälfte der für die Verstorbene entrichteten Beiträge zu. **Ein gleicher Anspruch steht unter denselben Voraussetzungen den hinterlassenen, noch nicht fünfzehn Jahre alten Kindern einer solchen weiblichen Person zu, deren Ehemann sich von der häuslichen Gemeinschaft ferngehalten und sich der Pflicht der Unterhaltung der Kinder entzogen hat. War die weibliche Person wegen Erwerbsunfähigkeit ihres Ehemanns die Ernährerin der Familie, so steht ein gleicher Erstattungsanspruch dem hinterlassenen Wittwer zu.**

Der Erstattungsanspruch muß bei Vermeidung des Ausschlusses vor Ablauf eines Jahres nach dem Tode des Versicherten erhoben werden. Der zu erstattende Betrag wird auf volle Mark nach oben abgerundet.

Schwebt beim Tode des Versicherten bereits ein Rentenfeststellungsverfahren, so schließt der Erstattungsanspruch den Anspruch der Erben auf die rückständigen Rentenbeträge aus, solange nicht eine den letzteren anerkennende Entscheidung zugestellt ist.

Vorstehende Bestimmungen finden keine Anwendung, soweit den Hinterbliebenen aus Anlaß des Todes des Versicherten auf Grund der Unfallversicherungsgesetze Renten gewährt **werden.**

1. Die neue Fassung: bevor eine die Rente bewilligende Entscheidung zugestellt ist, will den vom Reichsversicherungsamt in seiner Spruchpraxis anerkannten Rechtszustand sanktioniren. Es sind folgende Fälle möglich: Stirbt ein Versicherter vor dem Antrag auf Rente, so ist sein Rentenanspruch nicht vollständig zur Entstehung gelangt und nicht vererblich (§ 41 Abs. 4), so daß auf das Versicherungsverhältniß nur ein Erstattungsanspruch gegründet werden kann. Stirbt ein Versicherter nach Empfang einer die Rente bewilligenden Entscheidung, so ist er damit in den Genuß der Rente gelangt und daher ein Erstattungsanspruch nicht entstanden, so daß aus dem Versicherungsverhältnisse nur der auf die Erben übergegangene Rentenanspruch selbst hergeleitet werden kann. Tritt aber der Tod in der Zeit zwischen Anmeldung und Anerkennung des Rentenrechts ein, so ist an sich sowohl der Anspruch auf die Rente in der Person der Erben, als auch der Anspruch auf Beitragserstattung für die nach § 44 Berechtigten entstanden (Motive 272). Im letzteren Falle soll aber gemäß der neuen Bestimmung des Abs. 4 der Erstattungsanspruch den Anspruch der Erben auf rückständige Rente ausschließen, solange nicht eine den letzteren anerkennende Entscheidung zugestellt ist.

2. Durch den Hinweis auf § 16 ist ausdrücklich anerkannt, daß auch eine Rente für vorübergehende Erwerbsunfähigkeit den Erstattungsanspruch ausschließt.

3. Für die Geltendmachung des Erstattungsanspruchs ist durch das neue Gesetz eine Frist von einem Jahr seit dem Tode des Versicherten festgesetzt.

§ 45.

Durch übereinstimmenden Beschluß des Vorstandes und des Ausschusses kann bestimmt werden, daß die Ueberschüsse des Sondervermögens einer Versicherungsanstalt über den zur Deckung ihrer Verpflichtungen dauernd erforderlichen Bedarf zu anderen als den im Gesetze vorgesehenen Leistungen im wirthschaftlichen Interesse der der Versicherungsanstalt angehörenden Rentenempfänger, Versicherten sowie ihrer Angehörigen verwendet werden.

Solche Beschlüsse bedürfen der Genehmigung des Bundesraths. Die Genehmigung kann widerrufen werden, wenn das Sondervermögen der Versicherungsanstalt zur dauernden Deckung ihrer Verpflichtungen nicht mehr ausreicht.

1. Die Hauptleistungen des Gesetzes insbesondere die Renten dürfen auf Grund des § 45 nicht verändert werden. Dagegen ist die Aenderung von Nebenleistungen zulässig, so z. B. Erhöhung der Angehörigenunterstützung (§ 18), Erhöhung des zulässigen Höchstbetrages beim Zusammentreffen von Invalidenrente mit Unfallrente oder Pensionen (§ 48 vgl. Motive 273 f.). Von anderen Leistungen im wirthschaftlichen Interesse der Versicherten erwähnen die Motive die Hingabe von tilgbaren Hypotheken zur Erwerbung eines eigenen Heims durch die Arbeiterbevölkerung, um dieselbe mehr wie bisher seßhaft zu machen. Auch würde man auf Grund des § 45 für Arbeiter-Wohlfahrts-Veranstaltungen Hypotheken bis zur vollen Höhe des Erwerbspreises oder zu einem besonders niedrigen Zinsfuße hergeben können. Im Uebrigen kommen je nach den örtlichen Bedürfnissen die verschiedenartigsten Veranstaltungen und Leistungen in Betracht, sofern sie nur im wirthschaftlichen Interesse der der Versicherungsanstalt angehörenden Rentenempfänger, Versicherten sowie ihrer Angehörigen liegen.

Der Bundesrath hat auf Grund des § 45 einen Beschluß der Landes-Versicherungsanstalt Berlin dahingehend genehmigt, daß aus den Ueberschüssen des Sondervermögens der Anstalt die in § 18 Abs. 4 des Gesetzes vorgesehene Angehörigen-Unterstützung während des Heilverfahrens nach Lage des Einzelfalles bis zur Höhe von 10 Mk. wöchentlich gewährt werde.

2. Der Widerruf gemäß Abs. 2 kann sich selbstverständlich nicht auf die den einzelnen Versicherten bereits zugebilligten Leistungen beziehen (K. B. 91).

§ 46. Erlöschen der Anwartschaft.

Die aus der Versicherungspflicht sich ergebende Anwartschaft erlischt, wenn während **zweier Jahre nach dem auf der Quittungskarte (§ 131) verzeichneten Ausstellungstag ein die Versicherungspflicht begründendes Arbeits- oder Dienstverhältniß**, auf Grund dessen Beiträge entrichtet sind, **oder die Weiterversicherung** (§ 14 Abs. 2) **nicht** oder in weniger als insgesammt zwanzig Beitragswochen **bestanden** hat.

Den Beitragswochen im Sinne des vorigen Absatzes werden gleich behandelt die Zeiten,

1. **welche nach § 30 als Beitragszeiten angerechnet werden,**
2. **während deren der Anwärter eine Unfallrente für eine Verminderung der Erwerbsfähigkeit um mindestens zwanzig**

Prozent oder aus Kassen der in den §§ 8, 10, 11, 52 bezeichneten Art Invaliden- oder Altersrenten bezog, ohne gleichzeitig eine nach diesem Gesetze versicherungspflichtige Beschäftigung auszuüben.

Bei der Selbstversicherung und ihrer Fortsetzung (§ 14 Abs. 1) müssen zur Aufrechterhaltung der Anwartschaft während der im Abs. 1 bezeichneten Frist mindestens vierzig Beiträge entrichtet werden.

Die Anwartschaft lebt wieder auf, sobald durch Wiedereintreten in eine **versicherungspflichtige** Beschäftigung oder durch freiwillige Beitragsleistung das Versicherungsverhältniß erneuert und danach eine Wartezeit von **zweihundert** Beitrags**wochen** zurückgelegt ist.

1. Die Mindestzahl der Zwecks Erhaltung der Anwartschaft beizubringenden Marken ist von 47 auf 20 für die Versicherungspflicht, auf 40 für die Selbstversicherung (vgl. Abs. 3) herabgesetzt worden.

Dagegen ist die Zeit, innerhalb der die Marken beigebracht sein müssen, von 4 auf 2 Jahre herabgesetzt worden, so daß in dieser Beziehung eine Verschärfung der früheren Bestimmungen eingetreten ist. Das R. V. A. hat in Anregung gebracht, solche Versicherten, welche wegen mangelnder Invalidität mit ihren Rentenansprüchen in allen Instanzen abgewiesen werden, besonders auf diese Verschärfung hinzuweisen, damit sie nicht ihre Anwartschaft verlieren. Solche Personen, welche sich selbst für invalide halten und aus Furcht vor Beeinträchtigung ihres Rentenrechtes nicht arbeiten, sind dieser Gefahr leicht ausgesetzt.

2. Die Bestimmung des Abs. 2 Ziffer 1, wonach als Beitragswochen im Sinne des Abs. 1 auch Krankheits- und Militärdienstzeiten gelten, entspricht dem schon bestehenden Rechtszustande.

Die Bestimmung in Ziffer 2 ist neu hinzugekommen; sie ist eine Ausgestaltung des bisherigen § 37. Es erschien zunächst unbedenklich für Mitglieder der zur selbständigen Durchführung der Invalidenversicherung zugelassenen besonderen Kasseneinrichtungen, welche auf Grund der Kassenstatuten andere als die in diesem Gesetze vorgesehenen Renten (z. B. Renten bei Berufsinvalidität) beziehen, die Bestimmungen des § 46 in gleicher Weise außer Kraft zu setzen, wie dies bisher im § 37 für Mitglieder der im § 52 bezeichneten Zuschußkassen vorgesehen war. Hierdurch werden auch die Interessen der zugelassenen besonderen Kasseneinrichtungen insofern gefördert, als sie hinfort nicht mehr der Gefahr ausgesetzt sind, daß ein Mitglied, welches die statutarische Rente erhält, seinen Anspruch auf reichsgesetzliche Rente gemäß § 46 verfallen läßt und dadurch die Kasseneinrichtung außer Stand setzt, nach dem Eintritte der Voraussetzungen einer reichsgesetzlichen Rente den auf die statutarischen Leistungen anzurechnenden Reichszuschuß zu erlangen. Sodann erschien es gerechtfertigt, das Erlöschen des Versicherungsverhältnisses auch für den Fall auszuschließen, daß der Anwärter eine Unfallrente bezieht. Für sämmtliche unter Ziffer 2 behandelten Fälle ist aber die Erhaltung der Anwartschaft an die Voraussetzung geknüpft, daß der Anwärter nicht etwa, was häufig der Fall sein wird, trotz des Bezuges der Rente eine versicherungspflichtige Beschäftigung ausübt. Im letzteren Falle ist er naturgemäß zur Entrichtung der Versicherungsbeiträge verpflichtet, soweit er nicht auf Grund des § 6 hiervon befreit ist (Motive 275).

§ 47. Entziehung der Invalidenrente.

Tritt in den Verhältnissen des Empfängers einer Invalidenrente eine Veränderung ein, welche ihn nicht mehr als erwerbsunfähig (§§ 15, 16) erscheinen läßt, so kann demselben die Rente entzogen werden.

Ist begründete Annahme vorhanden, daß der Empfänger einer Invalidenrente bei Durchführung eines Heilverfahrens die Erwerbsfähigkeit wieder erlangen werde, so kann die Versicherungsanstalt zu diesem Zwecke ein Heilverfahren eintreten lassen. Dabei finden die Bestimmungen des § 18 Abs. 2 bis 4, §§ 19 bis 21, 23 mit der Maßgabe Anwendung, daß an Stelle der Angehörigenunterstützung die Invalidenrente treten kann. Hat sich der Rentenempfänger solchen Maßnahmen der Versicherungsanstalt ohne gesetzlichen oder sonst triftigen Grund entzogen, so kann ihm die Rente auf Zeit ganz oder theilweise entzogen werden, sofern auf diese Folgen hingewiesen worden ist und nachgewiesen wird, daß er durch sein Verhalten die Wiedererlangung der Erwerbsfähigkeit vereitelt hat.

Die Entziehung der Rente tritt **mit Ablauf des Monats** in Wirksamkeit, in welchem der die Entziehung aussprechende Bescheid zugestellt worden ist.

Wird die Rente von neuem **oder wird an Stelle einer nach § 16 gewährten Invalidenrente eine Rente für dauernde Erwerbsunfähigkeit (§ 15) bewilligt oder wird eine Altersrente bewilligt,** so ist die Zeit des früheren Rentenbezugs dem Versicherten ebenso wie eine bescheinigte Krankheitszeit (§ 40 Abs. 1) anzurechnen. **Die Vorschriften des § 30 Abs. 5 und des § 46 Abs. 1, 3 finden auf diese Zeit keine Anwendung.**

1. Durch den Hinweis auf § 16 im Abs. 1 soll zum Ausdruck gebracht werden, daß auch die Entziehung einer vorübergehenden Invalidenrente nur mittelst berufungsfähigen Bescheides erfolgen soll.

2. Die neue Bestimmung des Abs. 2 ermöglicht es, auch gegenüber Rentenempfängern ein Heilverfahren durchzuführen; sie findet auch Anwendung auf Personen, denen bereits unter der Herrschaft des gegenwärtigen Gesetzes eine Rente bewilligt worden ist (Motive 276).

3. Die Bestimmung des Abs. 3 ist eine Konsequenz der Bestimmung von § 38.

§ 48. Ruhen der Rente.

Das Recht auf **Bezug** der Rente ruht:

1. für diejenigen Personen, welche auf Grund der reichsgesetzlichen Bestimmungen über Unfallversicherung eine Rente beziehen, solange und soweit die Unfallrente unter Hinzurechnung der **ihnen** nach dem gegenwärtigen Gesetze zugesprochenen Rente den **siebenundeinhalbfachen Grundbetrag der Invalidenrente (§ 36 Abs. 2, 3) übersteigt;**
2. für die in den §§ 5, 6 Abs. 1, § 7 bezeichneten Personen, solange und soweit die denselben gewährten Pensionen, Warte-

gelder oder ähnlichen **Bezüge** unter Hinzurechnung der ihnen nach dem gegenwärtigen Gesetze zugesprochenen Rente den **in Ziffer 1 bezeichneten Höchstbetrag übersteigen;**

3. solange der Berechtigte eine die Dauer von einem Monat übersteigende Freiheitsstrafe verbüßt oder solange er in einem Arbeitshaus oder in einer Besserungsanstalt untergebracht ist;
4. solange der Berechtigte nicht im Inlande **seinen gewöhnlichen Aufenthalt hat.** Durch Beschluß des Bundesraths kann diese Bestimmung für bestimmte Grenzgebiete **oder für solche auswärtige Staaten, durch deren Gesetzgebung deutschen Arbeitern eine entsprechende Fürsorge für den Fall der Erwerbsunfähigkeit und des Alters gewährleistet ist,** außer Kraft gesetzt werden.

Hat in den Fällen der Ziffer 3 der Rentenberechtigte eine im Inlande wohnende Familie, deren Unterhalt er bisher aus seinem Arbeitsverdienste bestritten hat, so ist dieser die Rente zu überweisen.

Während des Bezugs von Invalidenrente ruht der Anspruch auf die Altersrente. Auf diesen Fall findet die Bestimmung des § 38 Satz 2 keine Anwendung.

1. Der feste Betrag von 415 Mk., welcher bisher die Grenze bildete, über die hinaus der Versicherte Unfallrente, Pension u. s. w. und Invaliden- bezw. Altersrente nicht beziehen durfte, ist durch einen beweglichen Betrag — $7^1/_2$ fache des Grundbetrages der in Betracht kommenden Invalidenrente — ersetzt.

Wenn das Ruhen einer Altersrente in Betracht kommt, so wird der $7^1/_2$ fache Grundbetrag derjenigen Invalidenrente zu Grunde zu legen sein, welche dem Versicherten zu dem Zeitpunkte, von dem ab ihm die Altersrente bewilligt worden ist, zugestanden haben würde, wenn er damals invalide gewesen wäre. (Vgl. Protokoll über die Konferenz der Versicherungsanstalten mit dem Reichsversicherungsamt am 15. und 16. November 1899.)

1a. Die abgeänderte günstigere Bestimmung des § 48 findet auch Anwendung auf diejenigen Rentenempfänger, deren Renten vor dem 1. Januar 1900 festgesetzt worden sind und gemäß § 34 des alten Gesetzes ganz oder zum Theil ruhen.

2. Die Aenderung in Ziffer 4 soll zum Ausdruck bringen, daß nicht der rechtliche Wohnsitz maßgebend ist.

3. Durch die veränderte Fassung in Abs. 3 soll zum Ausdruck gebracht werden, daß beim Zusammentreffen der Altersrente mit der höheren Invalidenrente nicht etwa der Anspruch auf die erstere fortfällt, sondern nur deren Bezug ruht und daß die Altersrente ohne Weiteres wieder auflebt, wenn dem Rentenempfänger die Invalidenrente entzogen wird.

§ 49. Verhältniß zu anderen Ansprüchen.

Die auf gesetzlicher Vorschrift beruhende Verpflichtung von Gemeinden und Armenverbänden zur Unterstützung hilfsbedürftiger Personen, sowie sonstige gesetzliche, statutarische oder auf Vertrag beruhende Verpflichtungen zur Fürsorge für alte, kranke, erwerbsunfähige oder hülfsbedürftige Personen werden durch dieses Gesetz nicht berührt.

Wenn von einer Gemeinde oder einem Armenverband an hülfsbedürftige Personen Unterstützungen für einen Zeitraum geleistet werden, für welchen diesen Personen ein Anspruch auf Invaliden- oder Altersrente zustand oder noch zusteht, so ist ihnen hierfür durch Ueberweisung von Rentenbeträgen Ersatz zu leisten.

Ist die Unterstützung eine vorübergehende, so können als Ersatz höchstens drei Monatsbeträge der Rente, und zwar mit nicht mehr als der Hälfte, in Anspruch genommen werden.

Ist die Unterstützung eine fortlaufende, so kann als Ersatz, wenn die Unterstützung in der Gewährung des Unterhalts in einer Anstalt besteht, für dessen Dauer und in dem zur Ersatzleistung erforderlichen Betrage die fortlaufende Ueberweisung der vollen Rente, im Uebrigen die fortlaufende Ueberweisung von höchstens der halben Rente beansprucht werden.

1. Durch die Abänderung in Abs. 2 soll zum Ausdruck gebracht werden, daß den Gemeinden und Armenverbänden gegen die Versicherungsanstalt eine Ersatzforderung zusteht, die durch Ueberweisung von Rentenbeträgen ohne Beschränkung auf die bereits fällig gewordenen Rentenzahlungen, erfüllt werden soll (Motive 278).

Ueber die Ersatzansprüche der Armenverbände und die durch das neue Gesetz herbeigeführten Aenderungen vgl. den Aufsatz von Olshausen in der „Arbeiterversorgung" XVII Nr. 3 und den Aufsatz ebendaselbst Nr. 7 S. 125 ff.

Ueber die Frage der rückwirkenden Kraft des § 49 Abs. 2 und 3 vgl. den Aufsatz von Olshausen in der „Arbeiterversorgung" XVII Nr. 7.

2. Die Bestimmungen im Absatz 3 und 4 sind neu. Durch dieselben soll die Lage der Rentenempfänger gegenüber den ersatzberechtigten Körperschaften günstiger als bisher gestaltet werden insofern, als dem Rentenempfänger in der Regel die Hälfte der Rente belassen werden soll.

§ 50.

Der Antrag auf Ueberweisung von Rentenbeträgen (§ 49 Abs. 2 bis 4) ist bei einer der im § 112 Abs. 1 bezeichneten Behörden anzumelden; soweit es sich um den Ersatz für eine vorübergehende Unterstützung handelt, ist der Anspruch bei Vermeidung des Ausschlusses spätestens binnen drei Monaten seit Beendigung der Unterstützung geltend zu machen.

Den Gemeinden und Armenverbänden steht die Geltendmachung des Ersatzanspruches auch dann zu, wenn die hülfsbedürftige Person, welcher ein Anspruch auf Invaliden- oder Altersrente zustand, vor Stellung des Rentenantrags verstorben ist. Die Bestimmung im § 44 Abs. 4 findet entsprechende Anwendung.

Streitigkeiten, welche zwischen den Betheiligten über den Anspruch auf Ueberweisung von Entschädigungsbeträgen entstehen, werden im Verwaltungsstreitverfahren oder, wo ein solches nicht besteht, durch die dem Ersatzberechtigten vorgesetzte Aufsichtsbehörde entschieden. Die Entscheidung der letzteren kann innerhalb eines Monats nach der Zustellung im Wege des Rekurses nach Maßgabe der §§ 20, 21 der Gewerbeordnung angefochten werden.

1. Vgl. hierzu den Aufsatz von Appelius in der „Invaliditäts- und Altersversicherung“ X Nr. 1. Bei Streitigkeiten über den Rentenübergang bedarf es der Hinterlegung der fälligen Rentenbeträge nicht mehr, weil die Befriedigung auch aus den später fällig werdenden Renten erfolgen kann (Motive 279), vgl. Anm. 1 zu § 49.

2. Den Gemeinden und Armenverbänden steht nach Abs. 2 abweichend von den Erben (vgl. § 41 Abs. 4), der Erstattungsanspruch auch dann zu, wenn der Versicherte vor Stellung des Rentenantrages verstorben ist. Der § 44 Abs. 4 findet auch hier Anwendung; bei einem Zusammentreffen der Ersatzansprüche mit einem Beitrags-Erstattungsanspruch auf Grund des § 44 geht der letztere Anspruch dem ersteren vor.

3. Durch Kgl. Preuß. Verordnung vom 23. VIII. 1899 ist für das Verwaltungsstreitverfahren der Bezirksausschuß für zuständig erklärt worden, gegen dessen Entscheidung nur das Rechtsmittel der Revision zulässig ist.

§ 51.

Die Bestimmungen der §§ 49, 50 gelten auch für Betriebsunternehmer und Kassen, welche die den Gemeinden oder Armenverbänden obliegende Verpflichtung zur Unterstützung Hülfsbedürftiger auf Grund gesetzlicher Vorschrift erfüllen.

§ 52.

Fabrikkassen, Knappschaftskassen, Seemannskassen und andere für gewerbliche, landwirthschaftliche oder ähnliche Unternehmungen bestehende Kasseneinrichtungen, welche ihren nach den **reichsgesetzlichen** Bestimmungen versicherten Mitgliedern für den Fall des Alters oder der Erwerbsunfähigkeit Renten oder Kapitalien gewähren, sind berechtigt, diese Unterstützungen für solche Personen, welche auf Grund **der reichsgesetzlichen Bestimmungen** einen Anspruch auf Invaliden- oder Altersrenten haben, um den Werth der letzteren oder zu einem geringeren Betrage zu ermäßigen, sofern gleichzeitig die Beiträge der Betriebsunternehmer und Kassenmitglieder oder im Falle der Zustimmung der Betriebsunternehmer wenigstens diejenigen der Kassenmitglieder in entsprechendem Verhältnisse herabgemindert werden. Auf statutenmäßige Kassenleistungen, welche vor dem betreffenden Beschlusse der zuständigen Organe oder vor dem **1. Januar 1891** aus der Kasse bewilligt worden sind, erstreckt sich die Ermäßigung nicht.

Die hierzu erforderliche Abänderung der Statuten bedarf der Genehmigung der zuständigen Landesbehörde. Die letztere ist befugt, eine entsprechende Abänderung der Statuten ihrerseits mit rechtsgültiger Wirkung vorzunehmen, sofern die zu den erwähnten Kasseneinrichtungen beitragenden Betriebsunternehmer oder die Mehrheit der Kassenmitglieder die Abänderung beantragt haben, die letztere aber von den zuständigen Organen der Kasse abgelehnt worden ist.

Der Ermäßigung der Beiträge bedarf es nicht, sofern die durch die Herabminderung der Unterstützungen ersparten Beträge zu anderen Wohlfahrtseinrichtungen für Betriebsbeamte, Arbeiter oder deren Hinterbliebene verwendet werden sollen und diese anderweite Verwendung durch das Statut geregelt und von der Aufsichtsbehörde genehmigt wird, oder soweit die Beiträge in der bisherigen Höhe erforderlich sind, um die der Kasse verbleibenden Leistungen zu decken.

§ 53.

Die Bestimmungen des § 46 Abs. 2 Ziffer 2 und des § 52 finden auch auf die zur Fürsorge für Invalidität und Alter bestehenden Kassen Anwendung, hinsichtlich deren auf Grund ortsstatutarischer Bestimmungen eine Verpflichtung zum Beitritte besteht.

§ 54.

Insoweit den nach Maßgabe **der reichsgesetzlichen Bestimmungen** zum Bezuge von Invalidenrenten berechtigten Personen ein gesetzlicher Anspruch auf Ersatz des ihnen durch die Invalidität entstandenen Schadens gegen Dritte zusteht, geht derselbe auf die Versicherungsanstalt bis zum Betrage der von dieser zu gewährenden Rente über.

§ 55. Unpfändbarkeit der Ansprüche.

Die Uebertragung der aus den reichsgesetzlichen Bestimmungen sich ergebenden Ansprüche auf Dritte sowie deren Verpfändung oder Pfändung hat nur insoweit rechtliche Wirkung, **als sie erfolgt:**

1. **zur Deckung eines Vorschusses, welcher dem Berechtigten auf seine Ansprüche vor Anweisung der Rente von seinem Arbeitgeber oder einem Organe der Versicherungsanstalt oder dem Mitglied eines solchen Organs gegeben worden ist;**
2. **zur Deckung** der im § 850 Abs. 4 der Civilprozeßordnung **in der Fassung der Bekanntmachung vom 20. Mai 1898 (Reichs-Gesetzbl. S. 369)** bezeichneten Forderungen;
3. **zur Deckung von Forderungen** der **nach §§ 49, 51** ersatzberechtigten Gemeinden **und** Armenverbände **sowie der an deren Stelle getretenen Betriebsunternehmer und Kassen.**

Die Rentenforderungen dürfen nur auf Ersatzforderungen für bezogene Unfallrenten und Entschädigungen, soweit der Anspruch auf diese nach §§ 54, 113 Abs. 2 auf die Versicherungsanstalt übergegangen ist, auf geschuldete Beiträge, auf gezahlte Vorschüsse, auf zu Unrecht gezahlte Rentenbeträge, auf die zu erstattenden Kosten des Verfahrens und auf die von den Organen der Versicherungsanstalten verhängten Geldstrafen aufgerechnet werden.

Ausnahmsweise darf der Berechtigte den Anspruch auf die Rente ganz oder zum Theil auf Andere übertragen, sofern dies von der unteren Verwaltungsbehörde genehmigt wird.

1. Die bisher zugelassenen Ausnahmen von der Unübertragbarkeit und Unpfändbarkeit der Rentenansprüche sind erweitert worden durch die in Ziffer 1 erfolgte Einbeziehung der Vorschüsse, welche dem Berechtigten von seinem Arbeitgeber oder der Versicherungsanstalt auf die künftige Rente gegeben worden sind.

2. Der Hinweis in Ziffer 2 auf § 850 Abs. 4 der Civilprozeßordnung bedeutet, daß auch für die von dem Vater eines unehelichen Kindes

zu leistenden Unterhaltungsbeiträge die Pfändbarkeit zugelassen ist (Motive 281).

3. Nach § 394 des Bürgerlichen Gesetzbuches findet die Aufrechnung einer Forderung dann nicht statt, wenn deren Pfändung gesetzlich ausgeschlossen ist. Es bedarf daher Bestimmungen für die Fälle, in denen die Aufrechnung gegen Rentenforderungen gleichwohl zulässig sein soll.

4. Der Abs. 3 wird z. B. Anwendung finden können, wenn der Rentenempfänger durch Uebertragung eines Rentenanspruches sich die Aufnahme in ein Siechenhaus, eine Versorgungsanstalt u. dgl. ermöglichen könnte (Motive 281).

II. Organisation.

§ 56.

Die Durchführung der Invalidenversicherung erfolgt unter Mitwirkung der Landesverwaltungs- und der Postbehörden durch Versicherungsanstalten und ihre Organe (§§ 65 ff.), durch Schiedsgerichte (§§ 103 ff.) sowie durch das Reichs-Versicherungsamt und die Landes-Versicherungsämter (§§ 108 ff.)

Die neue Bestimmung hat nur redaktionelle Bedeutung.

In der Organisation sind in Wegfall gekommen: der Staatskommissar, die Vertrauensmänner und der Aufsichtsrath.

A. Mitwirkung der Landesverwaltungsbehörden.

§ 57.

Außer den übrigen aus diesem Gesetze sich ergebenden Aufgaben liegt den unteren Verwaltungsbehörden (§ 169) insbesondere ob:

1. **die Entgegennahme und Vorbereitung von Anträgen auf Bewilligung von Invaliden- und Altersrenten (§ 112) oder auf Beitragserstattungen (§ 128) sowie die Begutachtung der Anträge auf Rentenbewilligungen;**
2. **die Begutachtung der Entziehung von Invalidenrenten (§§ 47, 121);**
3. **die Begutachtung der Einstellung von Rentenzahlungen (§§ 43, 121);**
4. **die Benachrichtigung des Vorstandes der Versicherungsanstalt über die zur Kenntniß der Verwaltungsbehörde kommenden Fälle, in welchem Grund zu der Annahme vorliegt, daß Versicherte durch ein Heilverfahren vor baldigem Eintritte der Erwerbsunfähigkeit werden bewahrt werden (§ 18), daß Empfänger von Invalidenrenten bei Durchführung eines Heilverfahrens die Erwerbsfähigkeit wiedererlangen werden (§ 47 Abs. 2), daß die Invalidenrente zu entziehen ist (§ 47 Abs. 1) oder Rentenzahlungen einzustellen sind (§ 48);**
5. **die Auskunftertheilung über alle die Invalidenversicherung betreffenden Angelegenheiten.**

1. Die Funktionen der unteren Verwaltungsbehörden, bei welchen Vertreter der Arbeitgeber und Versicherten mitwirken (vgl. §§ 59, 61), sind durch das neue Gesetz erheblich erweitert worden.

Zu den neuen Funktionen gehört:

a) eine intensivere Thätigkeit der Vorbereitung der Anträge auf Bewilligung von Renten (vgl. § 58);
b) die Entgegennahme und Vorbereitung von Anträgen auf Beitragserstattungen;
c) die Begutachtung der Einstellung von Rentenzahlungen;
d) die Anzeigepflicht an die Versicherungsanstalt über geeignete Fälle für Krankenfürsorge, Entziehung von Renten und Einstellung von Rentenzahlungen;
e) die Auskunftsertheilung.

Der Vorstand der Versicherungsanstalt kann die untere Verwaltungsbehörde auch noch in anderen Fällen zur gutachtlichen Aeußerung heranziehen (vgl. § 59 Abs. 2). Vgl. auch den Aufsatz: „Die untere Verwaltungsbehörde und das Rentenfeststellungsverfahren" in der „Arbeiterversorgung" XVI Nr. 36.

2. Die sämmtlichen Funktionen der unteren Verwaltungsbehörde können auf besondere örtliche Organe der Versicherungsanstalten, Rentenstellen, übertragen werden (vgl. § 79).

§ 58.

In den Fällen des § 57 Ziffer 1 hat sich die Begutachtung auf die Versicherungspflicht (§§ 1 bis 7) oder das Versicherungsrecht (§ 14) auf das Maß der Erwerbsfähigkeit des Rentenbewerbers (§§ 5, 15, 16) sowie darauf zu erstrecken, ob und inwieweit von den Befugnissen der §§ 17, 22 Gebrauch zu machen ist.

In den Fällen des § 57 Ziffer 2 hat sich die Begutachtung auf das Maß der Erwerbsfähigkeit des Rentenempfängers (§ 47 Abs. 1) sowie darauf zu erstrecken, ob und inwieweit von der Befugniß des § 47 Abs. 2 Satz 3 Gebrauch zu machen ist.

Die Begutachtung muß ferner über alle diejenigen Fragen sich verbreiten, welche für die Entscheidung des Vorstandes der Versicherungsanstalt von Belang erscheinen.

Die unteren Verwaltungsbehörden haben bei der Vorbereitung der Rentenanträge nunmehr eine weit intensivere Thätigkeit zu entfalten als bisher; sie haben insbesondere für die nachträgliche Beibringung aller für die Begründung der Rentenanträge nothwendigen Beläge Sorge zu tragen und alle in Betracht kommenden Fragen zu prüfen und zu erörten (Abs. 3), so daß der Vorstand der Versicherungsanstalt auf Grund des von ihnen vorgelegten Materials in der Lage ist, ohne weitere Rückfragen sofort zu entscheiden. Bei der Begutachtung des Maßes der Erwerbsfähigkeit werden sie einer ärztlichen Unterstützung nicht entbehren können; die Kosten hierfür hat die Versicherungsanstalt zu tragen (vgl. § 64 Abs. 3).

§ 59.

Ist die untere Verwaltungsbehörde in den Fällen des § 57 Ziffer 1 und 2 der Ansicht, daß das Gutachten gegen die Gewährung einer Rente oder für die Entziehung einer Invalidenrente abzugeben sei, so hat sie vor Abgabe ihres Gutachtens die

im § 58 bezeichneten Fragen unter Zuziehung je eines Vertreters der Arbeitgeber und der Versicherten (§ 61) in mündlicher Verhandlung zu erörtern. Auf seinen Antrag oder wenn es die Aufklärung des Sachverhalts erfordert, ist der Rentenbewerber oder Rentenempfänger zur mündlichen Verhandlung zuzuziehen; in jedem Falle ist derselbe von dem Termine zur mündlichen Verhandlung zu benachrichtigen. Aus dem Gutachten muß ersichtlich sein, wie jeder der beiden Vertreter gestimmt hat.

Der Vorstand der Versicherungsanstalt ist berechtigt, auch in anderen als den in den §§ 57, 58 angegebenen Fällen und über andere Fragen das Gutachten der unteren Verwaltungsbehörde in der im Abs. 1 angegebenen Form zu verlangen.

1. Gegen die Gewährung von Renten; die Zuziehung ist also nicht erforderlich, wenn es sich nur um die Gewährung eines geringeren als des beantragten Rentenbetrages handelt oder wenn die Rente erst von einem späteren als dem beantragten Zeitpunkt an zugebilligt werden soll.

2. Die Verhandlung muß mündlich stattfinden, eine schriftliche Abstimmung ist unzulässig. Der Rentenbewerber ist in jedem Falle von dem Termin zu benachrichtigen.

§ 60.

Die höhere Verwaltungsbehörde (§ 169) kann nach Anhörung oder auf Antrag des Vorstandes für den Bezirk einer Versicherungsanstalt oder Theile desselben bestimmte Gemeindebehörden als untere Verwaltungsbehörden im Sinne des § 57 bezeichnen und mit der Wahrnehmung der in den §§ 57, 58 vorgesehenen Geschäfte betrauen.

Gemäß § 169 werden im Uebrigen die zuständigen Behörden von der Zentralbehörde bestimmt.

§ 61.

Für den Bezirk jeder unteren Verwaltungsbehörde (§ 57) werden Vertreter der Arbeitgeber und der Versicherten gewählt; deren Zahl beträgt, solange nicht durch diejenige Behörde, welche die Wahlordnung erlassen hat (§ 63), eine größere Zahl bestimmt ist, aus der Klasse der Arbeitgeber und der Versicherten je vier. Die Bestimmungen der §§ 87 bis 94, 97 finden entsprechende Anwendung.

Es ist zu beachten, daß Ersatzmänner für die Vertreter nicht zu wählen sind. Bei größeren Bezirken der unteren Verwaltungsbehörden wird es sich daher empfehlen, eine größere Anzahl als 4 Vertreter zu wählen; die Bestimmung hierüber steht der nach § 63 zuständigen Behörde zu.

§ 62.

Die Vertreter der Arbeiter und der Versicherten werden von den Vorständen der im Bezirke der unteren Verwaltungsbehörde vorhandenen Orts-, Betriebs- (Fabrik-), Bau- und Innungs-

Krankenkassen, Knappschaftskassen, Seemannskassen und anderen zur Wahrnehmung von Interessen der Seeleute bestimmten, obrigkeitlich genehmigten Vereinigungen von Seeleuten sowie von den Vorständen derjenigen eingeschriebenen oder auf Grund landesgesetzlicher Vorschriften errichteten Hülfskassen gewählt, welche die im § 75a des Krankenversicherungsgesetzes vorgesehene Bescheinigung besitzen und deren Bezirk sich über den Bezirk der unteren Verwaltungsbehörde nicht hinaus erstreckt. Soweit die im § 1 bezeichneten Personen solchen Kassen nicht angehören, ist nach Bestimmung der Landesregierung den Vertretungen der weiteren Kommunalverbände oder den Verwaltungen der Gemeinde-Krankenversicherung beziehungsweise landesrechtlichen Einrichtungen ähnlicher Art eine der Zahl dieser Personen entsprechende Betheiligung an der Wahl einzuräumen. Soweit die Vorstände der bezeichneten Kassen und Vereinigungen aus Vertretern der Arbeitgeber und Vertretern der Arbeitnehmer zusammengesetzt sind, nehmen bei der Wahl die den Arbeitgebern angehörenden Mitglieder des Vorstandes nur an der Wahl der Vertreter der Arbeitgeber, die den Versicherten angehörenden Mitglieder des Vorstandes nur an der Wahl der Vertreter der Versicherten Theil. Vorstände, in denen Arbeitgeber nicht vertreten sind, nehmen nur an der Wahl der Vertreter der Versicherten, Vorstände, in denen Arbeitnehmer nicht vertreten sind, nehmen nur an der Wahl der Vertreter der Arbeitgeber Theil.

Vorstände solcher Krankenkassen, für deren Mitglieder eine besondere Kasseneinrichtung im Sinne der §§ 8, 10, 11 besteht, sind nicht berechtigt, an den Wahlen Theil zu nehmen.

Die Vertreter der Arbeitgeber und der Versicherten müssen im Bezirke der unteren Verwaltungsbehörde und mindestens zur Hälfte an deren Sitze oder in einer Entfernung bis zu zehn Kilometer von demselben wohnen und dürfen nicht Mitglieder des Vorstandes (§ 37) oder eines Schiedsgerichts (§ 103) sein.

1. Die Vorschriften über die Wahl lehnen sich eng an die bisherigen Wahlvorschriften des § 48 über die Wahlen der Mitglieder des Ausschusses an. Diese Mitglieder des Ausschusses werden aber jetzt nicht mehr direkt durch die Kassenvorstände, sondern durch die von den Kassenvorständen gewählten Beisitzer der unteren Verwaltungsbehörden und der Rentenstellen gewählt (vgl. § 76).

2. Als Wahlkörper neu hinzugekommen sind die Vorstände der Hülfskassen.

3. Die Bestimmung des Abs. 3 ist zu einem Theile für die untere Verwaltungsbehörde Berlin nicht anwendbar. Hier fällt nämlich der Bezirk der unteren Verwaltungsbehörde mit dem Bezirk der Versicherungsanstalt zusammen. Da nun gemäß § 88 wählbar zu Vertretern nur im Bezirk der Versicherungsanstalt wohnende Personen sind, ist es nicht zulässig, daß die im Abs. 3 erwähnte Hälfte der Vertreter 10 Kilometer von dem Sitze der unteren Verwaltungsbehörde, d. i. von Berlin entfernt wohnt.

§ 63.

Die Wahl der Vertreter erfolgt nach näherer Bestimmung einer Wahlordnung, welche von der für den Sitz der Versicherungsanstalt zuständigen Landes-Zentralbehörde oder der von dieser bestimmten Behörde zu erlassen ist, unter Leitung eines Beauftragten dieser Behörde. Bei gemeinsamen Versicherungsanstalten wird die Wahlordnung, sofern ein Einverständniß unter den betheiligten Landesregierungen nicht erzielt wird, durch den Reichskanzler erlassen, und die Wahl durch einen von demselben ernannten Beauftragten geleitet.

Zum Zwecke der Wahl der Vertreter kann der Bezirk der unteren Verwaltungsbehörde in kleinere Wahlbezirke getheilt werden.

Streitigkeiten über die Wahlen werden von derjenigen Behörde entschieden, welche die Wahlordnung erlassen hat.

§ 64.

Die Vertreter der Arbeitgeber und der Versicherten sind auf die gewissenhafte Erfüllung ihrer Obliegenheiten durch die untere Verwaltungsbehörde zu verpflichten.

Durch die höhere Verwaltungsbehörde sollen über die Reihenfolge, in welcher die Vertreter zu den Verhandlungen zuzuziehen sind, Bestimmungen getroffen werden.

Die den Vertretern zustehenden Bezüge (§§ 61, 92) sowie die sonstigen durch das Verfahren entstehenden baaren Auslagen sind von der Versicherungsanstalt zu erstatten.

Die untere Verwaltungsbehörde ist befugt, Zeugen und Sachverständige uneidlich zu vernehmen.

Der Vorstand der Versicherungsanstalt ist befugt, auf Antrag der unteren Verwaltungsbehörde den Betheiligten solche Kosten des Verfahrens zur Last zu legen, welche durch Muthwillen oder durch ein auf Verschleppung oder Irreführung berechnetes Verhalten derselben veranlaßt worden sind.

Im Uebrigen wird das Verfahren vor der unteren Verwaltungsbehörde durch die Landes-Zentralbehörde geregelt.

1. Vgl. die in Anl. XI abgedruckte Anweisung der Preußischen Landes-Zentralbehörde betr. das Verfahren vor den unteren Verwaltungsbehörden. Hierzu vgl. ferner den Aufsatz von Sextmann in der „Arbeiterversorg." XVII Nr. 2

2. Zu den „baaren Auslagen" können — wie dies die Preußische Anweisung (Ziffer 20 d) bestimmt — die Kosten für Formulare nicht gerechnet werden. Das „Formular" vertritt lediglich das Papier, welches mit Tinte und Feder beschrieben ist. Mit demselben Rechte könnten auch die Kosten für Vervielfältungsapparate, Schreibmaschinen u. s. w. als baare Auslagen angesehen werden. Die Bestimmung der Preußischen Ausführungsanweisung ist nicht für die Versicherungsanstalten bindend; Streitigkeiten werden im Prozeßwege auszutragen sein.

B. Versicherungsanstalten.

1. Errichtung.

§ 65.

Die Versicherungsanstalten werden nach Bestimmung der Landesregierungen für weitere Kommunalverbände ihres Gebiets oder für das Gebiet des Bundesstaats **oder Theile desselben** errichtet.

Auch kann für mehrere Bundesstaaten oder Gebietstheile derselben sowie für mehrere weitere Kommunalverbände eines Bundesstaats eine gemeinsame Versicherungsanstalt errichtet werden.

In der Versicherungsanstalt sind alle diejenigen Personen zu **versichern, welche in deren Bezirke beschäftigt werden. Auf die Bestimmung des Beschäftigungsorts finden die Vorschriften des § 5a des Krankenversicherungsgesetzes Anwendung.** Soweit die Beschäftigung in einem Betriebe stattfindet, dessen Sitz **in dem Bezirk einer anderen Versicherungsanstalt** belegen ist, **kann mit Zustimmung der betheiligten Versicherungsanstalten die Versicherung auch bei der Versicherungsanstalt des Betriebssitzes erfolgen. Diese Zustimmung muß auf Antrag des zur Beitragsleistung verpflichteten Arbeitgebers ertheilt werden, wenn die beschäftigten Personen Mitglieder einer für den Betrieb errichteten Betriebs-(Fabrik-) Krankenkasse sind. Findet die Beschäftigung vorübergehend im Ausland, aber in einem Betriebe statt, dessen Sitz im Inlande belegen ist, so erfolgt die Versicherung bei der Versicherungsanstalt des Betriebssitzes.**

Bei ausländischen Binnenschiffen gilt als Beschäftigungsort des Personals der Sitz derjenigen Versicherungsanstalt, in deren Bezirk das Schiff bei Ueberfahren der Grenze zuerst eintritt.

1. Bei der Bestimmung des Abs. 1 ist die neue Bestimmung des § 100 Abs. 2 zu beachten, wonach eine Zusammenlegung, Theilung oder Auflösung der zur Zeit bestehenden Versicherungsanstalten der Zustimmung des Reichstags bedarf.

2. Während früher für die Zuständigkeit der Versicherungsanstalt der Betriebssitz maßgebend war, ist es nach der neuen Bestimmung des Abs. 3 der Beschäftigungsort, d. h. die **Arbeitsstätte**. Ausnahmen sind soweit zugelassen, als sie im § 5a des Krankenversicherungsgesetzes zugelassen sind. In welchen Fällen hiernach ein anderer als der Beschäftigungsort als Ort der Versicherung zu gelten hat, darüber vgl. die Einleitung.

§ 66.

Die Errichtung der Versicherungsanstalten bedarf der Genehmigung des Bundesraths. Soweit die Genehmigung nicht ertheilt wird, kann der Bundesrath nach Anhörung der betheiligten Landesregierungen die Errichtung von Versicherungsanstalten anordnen.

§ 67.

Der Sitz der Versicherungsanstalt wird durch die Landesregierung bestimmt.

Ist die Versicherungsanstalt für mehrere Bundesstaaten oder Gebietstheile derselben errichtet, so bestimmt den Sitz, falls eine Vereinbarung der betheiligten Landesregierungen nicht zu Stande kommt, der Bundesrath.

Ueber die zur Zeit bestehenden Versicherungsanstalten und ihren Sitz vgl. die Einleitung.

§ 68.

Die Versicherungsanstalt kann unter ihrem Namen Rechte erwerben und Verbindlichkeiten eingehen, vor Gericht klagen und verklagt werden. Für ihre Verbindlichkeiten haftet den Gläubigern das Anstaltsvermögen, soweit dasselbe zur Deckung der Verpflichtungen der Versicherungsanstalt nicht ausreicht, der Kommunalverband, für welchen die Versicherungsanstalt errichtet ist, im **Falle seines** Unvermögens oder wenn die Versicherungsanstalt für den Bundesstaat **oder Theile desselben** errichtet ist, der Bundesstaat.

Ist die Versicherungsanstalt für mehrere Kommunalverbände oder Bundesstaaten oder Theile solcher errichtet, so bemißt sich deren im Falle der Unzulänglichkeit des Anstaltsvermögens eintretende Haftung nach dem Verhältnisse der auf Grund der letzten Volkszählung festgestellten Bevölkerungsziffer derjenigen Bezirke, mit welchen sie an der Versicherungsanstalt betheiligt sind.

Die Mittel der Versicherungsanstalt **dürfen** für andere als die in diesem Gesetze vorgesehenen Zwecke nicht verwendet werden. Ihre Einnahmen und Ausgaben sind gesondert zu verrechnen, ihre Bestände gesondert zu verwahren.

Die Versicherungsanstalt darf andere als die in diesem Gesetz ihr übertragenen Geschäfte nicht übernehmen.

§ 69.

Die durch die erste Einrichtung der Versicherungsanstalt entstehenden Kosten sind von dem Kommunalverband oder dem Bundesstaate, für welchen sie errichtet wird, vorzuschießen. Für gemeinsame Versicherungsanstalten sind die Vorschüsse beim Mangel einer Vereinbarung nach dem im § 68 Abs. 2 vorgesehenen Verhältnisse zu leisten.

Die geleisteten Vorschüsse sind von der Versicherungsanstalt aus den zunächst eingehenden Versicherungsbeiträgen zu erstatten.

2. Statut.

§ 70.

Für jede Versicherungsanstalt ist ein Statut zu errichten, welches von dem Ausschusse (§ 76) beschlossen wird. Dasselbe muß Bestimmung treffen:

1. **über die Zahl der dem Vorstand angehörenden Vertreter der Arbeitgeber und der Versicherten;**
2. über die Zahl der Mitglieder, die Obliegenheiten und Befugnisse sowie die Berufung des Ausschusses, über die Bestellung **seines** Vorsitzenden und über die Art der Beschlußfassung;

3. über die Form, in welcher der Vorstand seine Willenserklärungen kundzugeben und für die Versicherungsanstalt zu zeichnen hat, sowie über die Art, in welcher die Beschlußfassung des Vorstandes und seine Vertretung nach außen erfolgen soll;
4. über die Vertretung der Versicherungsanstalt gegenüber dem Vorstande;
5. über die Zahl der **Beisitzer der Schiedsgerichte, welche aus der Klasse der Arbeitgeber und der Versicherten mindestens je vier betragen muß, und über die Reihenfolge, in welcher die Beisitzer zu den Verhandlungen zuzuziehen sind;**
6. über die Höhe der nach § 73 Abs. 3, § 92 zu gewährenden Vergütungen;
7. **über die Aufstellung des Voranschlags;**
8. über die Aufstellung und Abnahme der Jahresrechnung, soweit hierüber nicht von der **für den Sitz der Versicherungsanstalt zuständigen** Landes-Zentralbehörde Bestimmungen getroffen werden;
9. über die Veröffentlichung der Rechnungsabschlüsse;
10. über die öffentlichen Blätter, durch welche Bekanntmachungen zu erfolgen haben;
11. über die Voraussetzungen einer Abänderung des Statuts.

1. Gemäß § 74 Abs. 2 müssen nunmehr den Vorständen Vertreter der Arbeitgeber und Versicherten angehören. Das Statut muß deshalb auch hierüber Bestimmung treffen.

2. Gemäß § 71 Ziffer 2 muß dem Ausschuß vorbehalten bleiben die Feststellung des Voranschlags. Deshalb muß das Statut (vgl. Ziffer 7) hierüber Bestimmungen treffen.

3. Durch das Statut sollen auch über die Reihenfolge, in welcher die Beisitzer der Rentenstellen zu den Verhandlungen hinzuzuziehen sind, Bestimmungen getroffen werden (§ 89 Abs. 2).

§ 71.

Dem Ausschusse müssen vorbehalten werden:
1. die Wahl **der nicht beamteten Mitglieder des Vorstandes** sowie die Wahl der Beisitzer der Schiedsgerichte;
2. **die Feststellung des Voranschlags;**
3. die Prüfung der Jahresrechnung und die Aufstellung von Erinnerungen gegen dieselbe;
4. **die Zustimmung zu Beschlüssen des Vorstandes, welche die Erwerbung, die Veräußerung oder die Belastung von Grundstücken der Versicherungsanstalt betreffen, sofern nicht nach dem pflichtmäßigen Ermessen des Vorstandes Gefahr im Verzug ist;**
5. die Beschlußfassung über die Bildung von Rückversicherungsverbänden (§ 99);
6. die Abänderung des Statuts;
7. die Ueberwachung der Geschäftsführung des Vorstandes.

Der Entwurf des Voranschlags (Ziffer 2) ist spätestens zwei Wochen vor der zur Festsetzung desselben anberaumten Sitzung

des Ausschusses der Aufsichtsbehörde in Abschrift vorzulegen. Diese ist befugt, Anstände zu erheben, insoweit der Voranschlag oder Theile desselben den gesetzlichen oder statutarischen Bestimmungen nicht entsprechen. Der Vorsitzende des Vorstandes ist verpflichtet, den Beschluß des Ausschusses, durch welchen die Anstände der Aufsichtsbehörde nicht berücksichtigt werden, gemäß § 75 zu beanstanden.

1. Zu Ziffer 1 und 2 vgl. die Anm. 1 und 2 zu § 70.

2. Die Vorschrift der Ziffer 4 ist gleichfalls neu, wenngleich dieselbe schon bisher vielfach befolgt wurde.

3. Bei der neuen Vorschrift des Abs. 2 ist zu beachten, daß das Reichsversicherungsamt nur Anstände erheben darf, insoweit der Voranschlag den gesetzlichen oder statutarischen Bestimmungen nicht entspricht, während der ursprüngliche Entwurf dem Reichsversicherungsamte das Recht beilegen wollte, Anstände jeder Art zu erheben.

§ 72.

Das Statut bedarf zu seiner Gültigkeit der Genehmigung des Reichs-Versicherungsamts. Dem letzteren sind die von dem Ausschuß über das Statut gefaßten Beschlüsse mit den Protokollen durch den Vorstand binnen einer Woche einzureichen.

Gegen die Entscheidung des Reichs-Versicherungsamts, durch welche die Genehmigung versagt wird, findet binnen einer Frist von vier Wochen, vom Tage der Zustellung an den Vorstand ab, die Beschwerde an den Bundesrath statt.

Wird innerhalb dieser Frist Beschwerde nicht eingelegt oder wird die Versagung der Genehmigung des Statuts vom Bundesrath aufrecht erhalten, so hat das Reichs-Versicherungsamt innerhalb vier Wochen eine abermalige Beschlußfassung anzuordnen. Wird auch dem anderweit beschlossenen Statute die Genehmigung endgültig versagt oder kommt ein Beschluß des Ausschusses über das Statut nicht zu Stande, so wird ein solches vom Reichs-Versicherungsamt erlassen. In letzterem Falle hat das Reichs-Versicherungsamt auf Kosten der Versicherungsanstalt die zur Ausführung des Statuts erforderlichen Anordnungen zu treffen.

Abänderungen des Statuts bedürfen der Genehmigung des Reichs-Versicherungsamts. Gegen die Versagung der Genehmigung findet binnen vier Wochen, vom Tage der Zustellung ab, die Beschwerde an den Bundesrath statt.

Nach Feststellung des Statuts sind durch den Vorstand im Reichsanzeiger und in dem für die Veröffentlichungen der Landes-Zentralbehörde bestimmten Blatte der Name, Sitz und Bezirk der Versicherungsanstalt sowie der Name des Vorsitzenden des Vorstandes bekannt zu machen. Veränderungen sind in gleicher Weise zur öffentlichen Kenntniß zu bringen.

3. Vorstand.

§ 73.

Die Versicherungsanstalt wird durch einen Vorstand verwaltet, soweit nicht einzelne Angelegenheiten durch Gesetz oder Statut anderen Organen übertragen sind.

Der Vorstand hat die Versicherungsanstalt gerichtlich und außergerichtlich zu vertreten. Die Vertretung erstreckt sich auch auf diejenigen Geschäfte und Rechtshandlungen, für welche nach den Gesetzen eine Spezialvollmacht erforderlich ist.

§ 74.

Der Vorstand der Versicherungsanstalt hat die Eigenschaft einer öffentlichen Behörde. Seine Geschäfte werden von einem oder mehreren Beamten des weiteren Kommunalverbandes oder Bundesstaats, für welchen die Versicherungsanstalt errichtet ist, wahrgenommen. Die beamteten Vorstandsmitglieder, **von denen eines als Vorsitzender zu bezeichnen ist,** werden nach Maßgabe der landesgesetzlichen Vorschriften von dem Kommunalverbande beziehungsweise von der Landesregierung bestellt. **Erstreckt sich der Bezirk der Versicherungsanstalt über mehrere weitere Kommunalverbände, so werden die Beamten von der Landesregierung bestellt; diese kann die Bestellung auf einen der weiteren Kommunalverbände übertragen. Erstreckt sich der Bezirk der Versicherungsanstalt über Gebiete mehrerer Bundesstaaten, so entscheidet über die Bestellung der Beamten, falls ein Einverständniß unter den betheiligten Landesregierungen nicht erzielt wird, der Reichskanzler.** Die Bezüge der Beamten und ihrer Hinterbliebenen sind von der Versicherungsanstalt zu vergüten.

Neben den vorgenannten Beamten müssen dem Vorstande Vertreter der Arbeitgeber und der Versicherten angehören. Besoldung wird ihnen nicht gewährt.

Durch das Statut kann bestimmt werden, daß dem Vorstande neben den vorgenannten noch andere Personen angehören sollen. Dieselben können nach Bestimmung des Statuts besoldet oder unbesoldet sein. Sofern **ihnen** Besoldungen zu gewähren sind, hat der Ausschuß (§ 76) die Anstellungsbedingungen festzusetzen.

1. Dem Vorsitzenden des Vorstandes werden durch das neue Gesetz mehrfach besondere Obliegenheiten übertragen. Deswegen bestimmt nunmehr der Abs. 1 ausdrücklich, daß der Vorsitzende unter den beamteten Vorstandsmitgliedern von der Anstellungsbehörde zu bezeichnen ist.

2. Nach den bisherigen Bestimmungen war die Aufnahme von Vertretern der Arbeitgeber und Versicherten in den Vorstand fakultativ; war eine solche Aufnahme nicht erfolgt, so mußte ein Aufsichtsrath bestellt werden. Alle Versicherungsanstalten haben nun vorgezogen, die Vertreter in den Vorstand aufzunehmen und von der Bestellung des Aufsichtsraths abzusehen. Das neue Gesetz beseitigt jetzt den Aufsichtsrath und macht die Aufnahme von Vertretern der Arbeitgeber und Versicherten in den Vorstand obligatorisch. Die Vertreter werden vom Ausschuß gewählt (vgl. § 71 Ziffer 1).

§ 75.

Der Vorsitzende des Vorstandes hat Beschlüsse der Organe der Versicherungsanstalt, welche gegen die gesetzlichen oder statutarischen Vorschriften verstoßen, mit aufschiebender Wirkung unter Angabe der Gründe zu beanstanden. Die Anfechtung erfolgt mittelst Beschwerde an die Aufsichtsbehörde.

Die neue Bestimmung ist erfolgt in Anlehung an die für die kommunalen Selbstverwaltungskörperschaften in Preußen bestehenden Bestimmungen. Die Aufsichtsbehörde hat auf die Beschwerde in der Besetzung von mindestens 4 Mitgliedern zu entscheiden (vgl. § 110 Ziffer 1).

4. Ausschuß.

§ 76.

Für jede Versicherungsanstalt wird ein Ausschuß gebildet, welcher aus mindestens je fünf Vertretern der Arbeitgeber und der Versicherten besteht. Die Zahl der Vertreter wird bis zur Genehmigung des Statuts durch die **für den Sitz der Versicherungsanstalt** zuständige Landes-Zentralbehörde, später durch das Statut bestimmt.

Diese Vertreter werden von den **Vertretern der Arbeitgeber und der Versicherten bei den unteren Verwaltungsbehörden (§ 61) sowie von den Beisitzern der Rentenstellen (§ 81) je getrennt von den Arbeitgebern und den Versicherten gewählt.**

In den Bezirk einer Versicherungsanstalt können entweder nur Vertreter der Arbeitgeber und Versicherten bei der unteren Verwaltungsbehörde vorhanden sein, — dies wird wohl bei der erstmaligen Wahl bei allen Anstalten der Fall sein — oder nur Beisitzer der Rentenstellen, oder es sind beide Kategorien vertreten. Die Wahl erfolgt durch die vorhandenen Vertreter und Beisitzer.

Bisher wurden die Mitglieder des Ausschusses direkt von den Kassenvorständen gewählt.

§ 77.

Die Wahl der Vertreter erfolgt nach näherer Bestimmung einer Wahlordnung, welche von der **für den Sitz der Versicherungsanstalt zuständigen** Landes-Zentralbehörde oder der von dieser bestimmten Behörde zu erlassen ist, unter Leitung eines Beauftragten dieser Behörde. **Bei gemeinsamen Versicherungsanstalten wird die Wahlordnung, sofern ein Einverständniß unter den betheiligten Landesregierungen nicht erzielt wird, durch den Reichskanzler erlassen, und die Wahl durch einen von demselben ernannten Beauftragten geleitet.**

Für jeden Vertreter sind **mindestens** ein erster und zweiter Ersatzmann zu wählen, welche denselben in Behinderungsfällen zu ersetzen und im Falle des Ausscheidens für den Rest der Wahlperiode in der Reihenfolge ihrer Wahl einzutreten haben.

Streitigkeiten über die Wahlen werden von derjenigen Behörde entschieden, welche die Wahlordnung erlassen hat.

Um die nöthige Zahl von Vertretern der Arbeitgeber und der Versicherten im Ausschusse stets zur Verfügung zu haben und die beträchtlichen Umständlichkeiten von Nachwahlen zu vermeiden, soll für jeden Vertreter „mindestens" ein erster und ein zweiter Ersatzmann zu wählen sein. Die Bestimmung der Zahl der Ersatzmänner über diese Mindestzahl hinaus kann durch die im Abs. 1 vorgesehene Wahlordnung erfolgen (Mot. 290).

§ 78.

Den Vorsitz im Ausschusse führt bis zur Genehmigung des Statuts der Vorsitzende des Vorstandes der Versicherungsanstalt. Derselbe beruft die Mitglieder des Ausschusses. Für diejenigen Mitglieder, welche am Erscheinen behindert sind und dies dem Vorsitzenden des Vorstandes rechtzeitig mittheilen, sind die Ersatzmänner zu laden.

Die Mitglieder des über das Statut berathenden Ausschusses erhalten für ihre Theilnahme an diesen Berathungen Vergütungen, welche von der für den Sitz der Versicherungsanstalt zuständigen Landes-Zentralbehörde zu bestimmen sind.

5. Rentenstellen.

§ 79.

Für die Wahrnehmung der den unteren Verwaltungsbehörden nach §§ 57 bis 59 obliegenden Geschäfte können für den Bezirk der Versicherungsanstalt oder Theile desselben vom Vorstande der Versicherungsanstalt Rentenstellen errichtet werden.

Erforderlich ist jedoch die Zustimmung des Ausschusses der Versicherungsanstalt, außerdem bei Versicherungsanstalten, für welche die beamteten Mitglieder des Vorstandes von einem Kommunalverbande zu bestellen sind, auch die Zustimmung des mit der Verwaltung der Angelegenheiten dieses Kommunalverbandes betrauten Organs, bei Versicherungsanstalten aber, für welche die beamteten Mitglieder des Vorstandes von der Landesregierung zu bestellen sind, die Zustimmung der Landes-Zentralbehörde oder, sofern mehrere Landes-Zentralbehörden betheiligt sind und ein Einverständniß unter ihnen nicht erzielt wird, die Zustimmung des Reichskanzlers.

Die Landes-Zentralbehörde kann im Falle des geschäftlichen Bedürfnisses, insbesondere in Gegenden mit dichter Bevölkerung, nach Anhörung von Vorstand und Ausschuß der Versicherungsanstalt sowie des mit der Verwaltung der Angelegenheiten des zuständigen weiteren Kommunalverbandes betrauten Organs für Bezirke unterer Verwaltungsbehörden oder für einzelne Gemeinden, in welchen nicht gemäß § 60 die Wahrnehmung der im Abs. 1 vorgesehenen Geschäfte den Gemeindebehörden übertragen ist, die Errichtung von Rentenstellen anordnen. Sollen solche Stellen für Bezirke errichtet werden, welche sich auf die Gebiete mehrerer Bundesstaaten erstrecken, so kann der Reichskanzler, falls ein Einverständniß unter den betheiligten Landesregierungen nicht erzielt wird, ihre Errichtung anordnen.

Die Rentenstelle ist Organ der Versicherungsanstalt und hat die Eigenschaft einer öffentlichen Behörde.

1. Die Einrichtung der Rentenstellen ist nach dem neuen Gesetz fakultativ. Der ursprüngliche Entwurf hatte die Rentenstellen als obligatorische Einrichtung vorgesehen unter Wegfall der entsprechenden Thätigkeit der unteren Verwaltungsbehörden. Aus den Beschlüssen des Reichstages sind dann die Bestimmungen des neuen Gesetzes hervorgegangen, wonach die unteren Verwaltungsbehörden weiter ausgestaltet werden insbesondere durch die Zuziehung von Vertretern der Arbeitgeber und Versicherten (vgl. §§ 52 ff.), und die Errichtung von Rentenstellen, an Stelle dieser unteren Verwaltungsbehörden, grundsätzlich in das Ermessen des Vorstandes der Versicherungsanstalt gestellt wurde.

2. Die Rentenstellen können für den ganzen Bezirk der Versicherungsanstalt oder für Theile desselben errichtet werden, so daß in dem Bezirke einer Versicherungsanstalt in einem Theile Rentenstellen, in dem anderen untere Verwaltungsbehörden fungiren. Ist für einen Theilbezirk eine Rentenstelle errichtet, so tritt für diesen Bezirk die untere Verwaltungsbehörde außer Thätigkeit. Für die Abgrenzung der Bezirke der Rentenstellen sind Vorschriften nicht gegeben; es wird hier lediglich auf das geschäftliche Bedürfniß nach den besonderen örtlichen Verhältnissen ankommen, wobei die Dichtigkeit der Arbeiterbevölkerung eine Rolle spielen wird. Die Bezirke der Rentenstellen können sich, wie die Motive (S. 292) ausführen, an bestehende Verwaltungs- oder Gerichtsbezirke irgend welcher Art anlehnen, sofern dies nach den besonderen Verhältnissen des Falles angezeigt erscheint; es würde aber auch nichts entgegenstehen, ihre Bezirke aus Theilen anderer Verwaltungsbezirke besonders zu bilden.

3. Die Funktionen der Rentenstellen bestehen zunächst in den Funktionen der unteren Verwaltungsbehörden gemäß §§ 57 bis 59, also insbesondere in der Entgegennahme und Vorbereitung der Rentenanträge. Daß die Vorschrift des § 59 Abs. 1, betreffend die Zuziehung von einem Vertreter der Arbeitgeber und Versicherten bei Abgabe von ablehnenden Gutachten Anwendung findet, ist noch ausdrücklich im § 84 bestimmt.

Ueber weitere Funktionen der Rentenstellen vgl. § 80. Endlich kann auch den Rentenstellen gemäß § 86 von der Landes-Zentralbehörde statt der bloßen Begutachtung die Beschlußfassung über die Rentenanträge u. s. w. übertragen werden.

4. Die Errichtung von Rentenstellen erfolgt grundsätzlich durch den Vorstand der Versicherungsanstalt unter Zustimmung des Ausschusses und unter weiterer Zustimmung des Kommunalverbandes bezw. der Landes-Zentralbehörde, für deren Bezirk die Anstalt errichtet ist.

Ausnahmsweise kann im Falle des geschäftlichen Bedürfnisses insbesondere in Gegenden mit dichter Bevölkerung die Landes-Zentralbehörde nach Anhörung von Vorstand und Ausschuß sowie des Kommunalverbandes die Errichtung von Rentenstellen anordnen (Abs. 3).

5. Die Rentenstelle ist Organ der Versicherungsanstalt, unterliegt daher auch ihrer Aufsicht.

Ueber die Stellung des Vorsitzenden vgl. § 81 Abs. 4.

§ 80.

Außer den im § 79 Abs. 1 bezeichneten Aufgaben kann der Vorstand der Versicherungsanstalt unter Zustimmung des Ausschusses der Rentenstelle die Kontrole über die Entrichtung der Beiträge übertragen; in gleicher Weise und mit Genehmigung der für den Sitz der Rentenstelle zuständigen Landes-Zentral-

behörde können der Rentenstelle durch den Vorstand noch weitere Obliegenheiten übertragen werden.

Die Kontrole über die Entrichtung der Beiträge kann der Rentenstelle selbstständig durch den Vorstand der Versicherungsanstalt unter Zustimmung des Ausschusses übertragen werden. Weitere Funktionen können der Rentenstelle nur mit Zustimmung der Landes-Zentralbehörde übertragen werden, z. B. die Einziehung der Beiträge gemäß § 148 (Motive 293) oder der Markenverkauf.

§ 81.

Jede Rentenstelle besteht aus einem ständigen Vorsitzenden, mindestens einem Stellvertreter und aus Beisitzern; ihr werden die erforderlichen Hülfsbeamten beigegeben.

Die Festsetzung der Amtsdauer und der Bezüge des Vorsitzenden und der Stellvertreter erfolgt durch den Vorstand der Versicherungsanstalt. Die Ernennung des Vorsitzenden und der Stellvertreter erfolgt nach Anhörung des Vorstandes durch die mit der Verwaltung der Angelegenheiten des weiteren Kommunalverbandes betraute Behörde, für diejenigen Anstalten aber, in welchen die beamteten Mitglieder des Vorstandes von der Landes-Zentralbehörde zu ernennen sind (§ 74 Abs. 1), durch die letztere.

Name und Wohnort des Vorsitzenden und seiner Stellvertreter sind in dem Bezirke der Rentenstelle vom Vorstande der Versicherungsanstalt zu veröffentlichen.

Wird die Stelle des Vorsitzenden der Rentenstelle von einem mittelbaren oder unmittelbaren Staatsbeamten im Nebenamte verwaltet, so unterliegt er hinsichtlich seiner Thätigkeit als Vorsitzender der Rentenstelle nur der Disziplinargewalt der ihm im Hauptamte vorgesetzten Dienstbehörde.

Die Hülfsbeamten der Rentenstelle sind Beamte der Versicherungsanstalt; ihre Bestellung erfolgt durch den Vorstand der Versicherungsanstalt nach Anhörung des Vorsitzenden der Rentenstelle.

1. Bei der Organisation der Rentenstelle ist diejenige Grundlage vorgesehen, welche sich bei den Schiedsgerichten sowie den Gewerbegerichten bewährt hat: Mitwirkung einer gleichen Anzahl von Arbeitgebern und Arbeitnehmern unter einem beamteten Vorsitzenden (Motive 167).

2. Für den Vorsitzenden der Rentenstelle setzt die Versicherungsanstalt nur die Bezüge und die Amtsdauer fest; die Ernennung des Vorsitzenden erfolgt durch den Kommunalverband beziehungsweise die Landes-Zentralbehörde. Das Gesetz hat der Anstellungsbehörde darüber, ob der Vorsitzende der Rentenstelle aus den öffentlichen Beamten zu ernennen und welche Kategorie von öffentlichen Beamten hierzu vorzugsweise heranzuziehen sei, sowie darüber, ob der Vorsitz unter Umständen auch anderen Persönlichkeiten zu übertragen sei, welche nicht Beamte sind, aber für diese eigenartige Aufgabe Verständniß und Befähigung besitzen, völlige freie Entschließung vorbehalten, damit die besonderen Verhältnisse, die im Bezirk der Rentenstelle etwa bestehen, in vollem Umfange berücksichtigt werden können (Motive 294).

Der Vorsitzende kann insbesondere im Haupt- oder Nebenamt bestellt werden (vgl. Abs. 4). Ist er Staats- oder Kommunalbeamter, so unterliegt er der Disziplinargewalt seiner vorgesetzten Dienstbehörde. Hinsichtlich der Geschäftsthätigkeit unterliegt sowohl der Vorsitzende wie die Rentenstelle als solche der Aufsicht und Kontrole des Vorstandes der Versicherungsanstalt.

3. Auch die Hilfsbeamten der Rentenstelle sind Beamte der Versicherungsanstalt, es finden deshalb auf sie insbesondere auch die Bestimmungen des § 98 Anwendung.

§ 82.

Die Zahl der Beisitzer beträgt, solange nicht durch die Versicherungsanstalt eine größere Zahl bestimmt ist, aus der Klasse der Arbeitgeber und der Versicherten je vier.

Auf die Wahl der Beisitzer finden die Vorschriften der §§ 62, 63 entsprechende Anwendung.

§ 83.

Der Vorsitzende, dessen Stellvertreter und die Beisitzer sind auf die gewissenhafte Erfüllung der Obliegenheiten ihres Amtes zu verpflichten; dasselbe gilt für die Hülfsbeamten der Rentenstelle, insoweit sie nicht bereits als Beamte der Versicherungsanstalt einen Diensteid geleistet haben. Die Verpflichtung des Vorsitzenden erfolgt durch die ernennende Behörde (§ 81 Abs. 2) oder einen von ihr hiermit betrauten öffentlichen Beamten, die Verpflichtung der anderen Personen durch den Vorsitzenden.

Durch das Statut sollen über die Reihenfolge, in welcher die Beisitzer zu den Verhandlungen zuzuziehen sind, Bestimmungen getroffen werden.

Der Vorsitzende setzt die den Beisitzern zu gewährenden Bezüge (§ 92) fest. Ihm steht die unmittelbare Dienstaufsicht über die Hülfsbeamten der Rentenstelle zu; Disziplinarstrafen gegen dieselben verhängt jedoch, sofern sie bei der Rentenstelle im Hauptamt angestellt sind, der Vorstand der Versicherungsanstalt, im Uebrigen die ihnen im Hauptamte vorgesetzte Dienstbehörde.

§ 84.

Auf die Zuziehung je eines Vertreters der Arbeitgeber und der Versicherten bei Erstattung von Gutachten finden die Vorschriften des § 59 Abs. 1 entsprechende Anwendung.

Die Rentenstelle ist befugt, Zeugen und Sachverständige uneidlich zu vernehmen.

§ 85.

Die Kosten der Rentenstelle einschließlich der Bezüge des Vorsitzenden, der Beisitzer und der Hülfsbeamten sowie die Kosten des Verfahrens vor der Rentenstelle trägt die Versicherungsanstalt.

Die Bestimmung des § 64 Abs. 5 findet entsprechende Anwendung. Im Uebrigen wird das Verfahren der Rentenstelle durch den Vorstand der Versicherungsanstalt geregelt.

1. Der § 64 Abs. 5 betrifft die Auferlegung von Kosten auf die Betheiligten. Im Uebrigen ist das Verfahren für den Rentensucher kostenlos.

2. Wird den Rentenstellen die Beschlußfassung gemäß § 86 übertragen, so wird das Verfahren von der Landes-Zentralbehörde geregelt (vgl. § 86 Abs. 2).

§ 86.

Die Landes-Zentralbehörde kann Rentenstellen, welche ihren Sitz im Gebiete des Bundesstaats haben, statt der Begutachtung der Anträge auf Bewilligung von Invaliden- und Altersrenten und statt der Begutachtung der Entziehung von Invalidenrenten und der Einstellung von Rentenzahlungen die Beschlußfassung über diese Anträge, Entziehungen und Zahlungseinstellungen sowie die Beschlußfassung über Anträge auf Beitragserstattungen übertragen. An Weisungen des Vorstandes ist die Rentenstelle bei Beschlüssen dieser Art nicht gebunden. Jedoch ist die Rentenstelle verpflichtet, über die Entziehung der Rente und die Einstellung von Rentenzahlungen einen Bescheid zu erlassen, sofern dies vom Vorstande beantragt wird.

Die im § 64 Abs. 5 dem Vorstande der Versicherungsanstalt eingeräumte Befugniß steht in diesem Falle der Rentenstelle zu. Im Uebrigen wird das Verfahren von der für den Sitz der Versicherungsanstalt zuständigen Landes-Zentralbehörde, bei gemeinsamen Versicherungsanstalten aber, sofern ein Einverständniß unter den betheiligten Landesregierungen nicht erzielt wird, durch den Reichskanzler geregelt.

1. Ist der Rentenstelle von der Landes-Zentralbehörde die Beschlußfassung über die Anträge übertragen, so finden die Vorschriften des § 129 Anwendung.

2. Bei der Verpflichtung der Rentenstelle, auf Antrag des Vorstandes einen Bescheid über die Entziehung der Rente oder die Einstellung von Rentenzahlungen zu erlassen, handelt es sich um Fälle, in welchen Seitens der Rentenstelle dahin entschieden worden ist, daß die Entziehung einer Rente oder die Einstellung einer Rentenzahlung nicht stattfinden soll. Für die Befugniß des Vorstandes, eine solche Entscheidung durch Berufung oder Beschwerde anzufechten (vgl. § 129 Abs. 4), bedarf es der Zustellung dieser Entscheidung in Gestalt eines mit Gründen zu versehenden schriftlichen Bescheides an den Rentenempfänger (Motive 297).

6. Allgemeine Bestimmungen.

§ 87.

Die Anzahl der Vertreter der Arbeitgeber und der Versicherten in den Organen der Versicherungsanstalt muß gleich sein.

§ 88.

Wählbar zu Vertretern der Arbeitgeber und der Versicherten sind nur deutsche, männliche, volljährige, im Bezirke der Versicherungsanstalt wohnende Personen. Nicht wählbar ist, wer zum Amte eines Schöffen unfähig ist (§ 32 des Gerichtsverfassungsgesetzes).

Wählbar zu Vertretern der Arbeitgeber sind nur die Arbeitgeber der nach Maßgabe dieses Gesetzes versicherten Personen und die bevollmächtigten Leiter ihrer Betriebe, zu Vertretern der Versicherten die auf Grund dieses Gesetzes versicherten Personen.

1. Das Wort „volljährig" entspricht dem im Bürgerlichen Gesetzbuch verwendeten Ausdruck.

2. Unfähig zu dem Amte eines Schöffen sind:

a) Personen, welche die Befähigung in Folge strafgerichtlicher Verurtheilung verloren haben;

b) Personen, gegen welche das Hauptverfahren wegen eines Verbrechens oder Vergehens eröffnet ist, das die Aberkennung der bürgerlichen Ehrenrechte oder der Fähigkeit zur Bekleidung öffentlicher Aemter zur Folge haben kann;

c) Personen, welche in Folge gerichtlicher Anordnung in der Verfügung über ihr Vermögen beschränkt sind.

Daneben kommen in Betracht die Bestimmungen des Strafgesetzbuchs über den Verlust und die Unfähigkeit zur Bekleidung öffentlicher Aemter, unter denen der Schöffendienst mitbegriffen ist. Vgl. §§ 31, 33, 34, 35 und 36 (Motive 299).

§ 89.

Diejenigen Versicherten (§§ 1, 2, 14), welche als Arbeitgeber versicherungspflichtige Personen nicht blos vorübergehend beschäftigen, werden bei der Bildung **der Organe der Versicherungsanstalt** den Arbeitgebern zugerechnet.

§ 90.

Die Wahl **der Vertreter der Arbeitgeber und der Versicherten** erfolgt auf fünf Jahre. **Die Gewählten bleiben nach Ablauf dieser Zeit solange im Amte, bis ihre Nachfolger das Amt angetreten haben.** Die Ausscheidenden sind wieder wählbar.

Personen, welche die Wahl ohne zulässigen Grund (§ 94) ablehnen, **ohne genügende Entschuldigung zu den Sitzungen nicht rechtzeitig sich einfinden** oder **ihren Obliegenheiten in anderer Weise sich** entziehen, können **vom Vorsitzenden des Vorstandes** mit Geldstrafe bis zu **fünfhundert** Mark **und, wenn es sich um Beisitzer der Rentenstellen handelt, vom Vorsitzenden der Rentenstelle mit Geldstrafe bis zu einhundertundfünfzig** Mark belegt **werden.**

Kommt eine Wahl nicht zu Stande oder verweigern die Gewählten ihre Dienstleistung, so hat, solange und soweit dies der Fall ist, die für den Sitz des Organs zuständige untere Verwaltungsbehörde die Vertreter aus der Zahl der Arbeitgeber und der Versicherten zu ernennen.

§ 91.

Werden hinsichtlich eines Gewählten Thatsachen bekannt, welche dessen Wählbarkeit nach Maßgabe dieses Gesetzes ausschließen oder welche sich als grobe Verletzungen der Amtspflicht darstellen, so ist der Gewählte, nachdem ihm Gelegenheit zur Aeußerung gegeben worden ist, durch Beschluß des Vorstandes

seines Amtes zu entheben. Gegen den Beschluß ist innerhalb eines Monats Beschwerde beim Reichs-Versicherungsamte zulässig; sie ist ohne aufschiebende Wirkung.

Bisher fehlte es an einer Vorschrift über die Amtsenthebung der gewählten Vertreter der Arbeitgeber und der Versicherten für den Fall, daß nachträglich eine Voraussetzung der Wählbarkeit fortfällt oder ein bezüglicher Mangel bekannt wird, oder daß eine grobe Verletzung der Amtspflicht vorliegt. Diesen Mangel ersetzt der § 91.

§ 92. Ehrenämter.

Die **den Organen der Versicherungsanstalt angehörenden Vertreter** der **Arbeitgeber und der Versicherten** verwalten ihr Amt als Ehrenamt und erhalten nach **näherer Bestimmung des Statuts** Ersatz für baare Auslagen, die Vertreter der Versicherten außerdem **einen Pauschbetrag für Zeitverlust** oder Ersatz für **den ihnen** entgangenen Arbeitsverdienst. **Den am Orte wohnhaften Beisitzern der Rentenstellen aus dem Stande der Arbeitgeber kann unter Wegfall des Ersatzes für baare Auslagen ein Pauschbetrag für Zeitverlust durch das Statut zugebilligt werden.**

Von der im Unfallversicherungsgesetze zugelassenen Entschädigung der Vorstandsmitglieder und Schiedsgerichtsbeisitzer aus dem Arbeitgeberstande für den durch Besorgung der berufsgenossenschaftlichen Geschäfte entstehenden Zeitverlust ist bei der Invalidenversicherung abgesehen worden. Ein mäßiges Opfer an Zeit und Mühe glaubte man den Arbeitgebern für diese öffentlichen Zwecke wohl zumuthen zu können, um so mehr, als die Entschädigung für Zeitverlust hier nicht, wie bei der Unfallversicherung, ausschließlich für Rechnung der Berufsgenossen, sondern zur Hälfte für Rechnung der Arbeiter geleistet werden würde. Eine abweichende Regelung ist im § 92 nur bezüglich der Arbeitgeberbeisitzer der Rentenstellen zugelassen, soweit sie am Orte der Rentenstelle wohnen. Für diese hat der allgemein vorgesehene Ersatz für baare Auslagen naturgemäß nur beschränkte Bedeutung. Durch die umfangreichen und bedeutungsvollen Aufgaben, welche den Rentenstellen übertragen sind, kann aber die Zeit dieser Beisitzer derartig in Anspruch genommen werden, daß eine Entschädigung für Zeitverlust seitens der Versicherungsanstalt, welcher sie ihre Kräfte widmen, geboten sein kann. Andernfalls wäre zu befürchten, daß die Arbeitsfreudigkeit dieser Vertreter beeinträchtigt und die Erledigung ihrer dienstlichen Obliegenheiten hierunter leiden würde. Es rechtfertigt sich daher, für diesen Fall die Bewilligung einer Entschädigung für Zeitverlust, neben welcher dann aber der diesen Beisitzern andernfalls zustehende Ersatz ihrer baaren Auslagen in Wegfall kommt, dem Statute vorzubehalten (Mot. 299 f.).

§ 93. Haftung der Mitglieder der Organe.

Die Mitglieder der **Organe** haften der Versicherungsanstalt für getreue Geschäftsverwaltung wie Vormünder ihren Mündeln und unterliegen, wenn sie absichtlich zum Nachtheile der Versicherungsanstalt handeln, der Strafbestimmung des § 266 des Strafgesetzbuchs.

§ 94. Ablehnung der Wahlen.

Wahlen zu **Ehrenämtern** können von den Arbeitgebern der nach Maßgabe dieses Gesetzes versicherten Personen und von bevollmächtigten Betriebsleitern solcher Arbeitgeber nur aus denselben Gründen abgelehnt werden. aus welchen **gemäß § 1786 Abs. 1 Ziffer 2 bis 4 und 8 des Bürgerlichen Gesetzbuchs** das Amt eines Vormundes abgelehnt werden kann. Die Wahrnehmung **eines auf Grund des gegenwärtigen** Gesetzes oder der Unfallversicherungsgesetze **oder des Krankenversicherungsgesetzes** übertragenen Ehrenamts steht der Führung einer Vormundschaft gleich. Durch das Statut (§ 70) können **noch andere Ablehnungsgründe festgesetzt werden.**

Die Wiederwahl kann für eine Wahlperiode abgelehnt werden.

§ 1786 des Bürgerlichen Gesetzbuchs lautet:

Die Uebernahme der Vormundschaft kann ablehnen:

2. wer das 60ste Lebensjahr vollendet hat;
3. wer mehr als 4 minderjährige eheliche Kinder hat; ein von einem Anderen an Kindesstatt angenommenes Kind wird nicht gerechnet;
4. wer durch Krankheit oder durch Gebrechen verhindert ist, die Vormundschaft ordnungsmäßig zu führen;
8. wer mehr als eine Vormundschaft oder Pflegschaft führt; die Vormundschaft oder Pflegschaft über mehrere Geschwister gilt nur als eine; die Führung von zwei Gegenvormundschaften steht der Führung einer Vormundschaft gleich.

§ 95.

Solange **der Vorstand oder Ausschuß noch nicht gebildet ist,** oder solange diese Organe die Erfüllung ihrer gesetzlichen oder statutarischen Obliegenheiten verweigern, hat der Vorsitzende des Vorstandes die letzteren auf Kosten der Versicherungsanstalt wahrzunehmen oder durch Beauftragte wahrnehmen zu lassen.

§ 96. Abstimmung.

Bei Abstimmungen **der Organe** giebt im Falle der Stimmengleichheit die Stimme des Vorsitzenden den Ausschlag.

§ 97. Unbehinderte Ausübung der Funktionen.

Die Vertreter der Versicherten haben in jedem Falle, in welchem sie zur Wahrnehmung ihrer Obliegenheiten berufen werden, die Arbeitgeber hiervon in Kenntniß zu setzen. Die Nichtleistung der Arbeit während der Zeit, in welcher die bezeichneten Personen durch die Wahrnehmung jener Obliegenheiten an der Arbeit verhindert sind, berechtigt den Arbeitgeber nicht, das Arbeitsverhältniß vor dem Ablaufe der vertragsmäßigen Dauer desselben aufzuheben.

§ 98. Beamtenpersonal.

Den bei der Versicherungsanstalt und ihren Organen im Hauptamte beschäftigten Büreau-, Kanzlei- und Unterbeamten sind, soweit sie nicht nach dem für sie geltenden Landesrecht als Staats- oder Kommunalbeamte anzusehen sind, nach näherer Bestimmung der Landesregierung die Rechte und Pflichten von Staats- oder Kommunalbeamten übertragen.

1. Während der Entwurf nur die facultative Uebertragung der Beamten-Eigenschaft auf das Anstaltspersonal vorsah, ist diese Uebertragung durch § 98 obligatorisch gemacht.

Die Hilfsbeamten der Versicherungsanstalten besitzen gegenwärtig, soweit sie nicht dem Beamtenpersonal des betreffenden Bundesstaats oder weiteren Kommunalverbandes entnommen sind und ihre sonstige Beamteneigenschaft beibehalten haben, die Eigenschaft der (mittelbaren) Staatsbeamten nicht. Für Preußen ist das durch Entscheidung des Oberverwaltungsgerichts vom 3. März 1893 festgestellt worden. Hierin liegt eine gewisse Unbilligkeit, weil für die Besetzung der betreffenden Stellen mit Militäranwärtern durch die Novelle zum Militärpensionsgesetze vom 22. Mai 1893 die für Kommunal- u. s. w. Beamte geltenden Grundsätze eingeführt sind, während jenen Beamten die den letzteren gesetzlich zustehenden Vorrechte (z. B. in Preußen das Kommunalsteuerprivileg) versagt sind. Eine Gleichstellung aber rechtfertigt sich schon mit Rücksicht auf die ganze Art der Thätigkeit und deren öffentlich-rechtliche Bedeutung. Es kommt hinzu, daß bei vielen Versicherungsanstalten schon jetzt ein großer Theil der Büreaubeamtenstellen mit (unmittelbaren oder mittelbaren) Staatsbeamten besetzt und ein innerer Grund für die unterschiedliche Behandlung der die übrigen Stellen bekleidenden Beamten nicht anzuerkennen ist. Das Gesetz bestimmt daher, daß den in Rede stehenden Beamten, soweit sie im Hauptamte beschäftigt und nicht Staats- oder Kommunalbeamte sind, nach näherer Bestimmung der Landesregierung die Rechte und Pflichten solcher Beamten zu übertragen sind. Hierdurch wird gleichzeitig erreicht, daß diese Beamtenkategorien, soweit dies bei ihrer bisherigen Stellung nicht der Fall sein sollte, einem ordnungsmäßigen und instanziellen Disziplinarverfahren unterworfen werden dürfen, was sowohl in ihrem eigenen Interesse, wie in demjenigen der Versicherungsanstalten liegt.

Zu den Beamten der Versicherungsanstalten gehört nach den Bestimmungen der §§ 81 Abs. 5, 104 Abs. 4 auch das Hülfspersonal der örtlichen Rentenstellen und der Schiedsgerichte. (Motive 501.)

2. Die Uebertragung durch die Landesregierung kann nur in der Weise erfolgen, daß den Beamten schlechtweg die Rechte und Pflichten entweder von Staats- oder von Kommunalbeamten übertragen werden, so daß die allgemeinen Vorschriften über die Anstellung u. s. w. von Staats- bezw. Kommunalbeamten auf die Anstaltsbeamten Anwendung finden. Es ist aber nicht zulässig, hierbei den Versicherungsanstalten bezüglich der weiteren Ausgestaltung der Anstellungsverhältnisse ihrer Beamten irgendwelche Beschränkungen aufzuerlegen, da in dieser Beziehung die Versicherungsanstalten ebenso wie die Kommunalverbände das Recht der freien Selbstverwaltung haben.

3. Die in Anl. XIV abgedruckten Grundsätze betr. die Besetzung der Subaltern- und Unterbeamtenstellen mit Militäranwärtern finden mit dem 1. April 1900 auf die Versicherungsanstalten Anwendung.

§ 99. Rückversicherungsverbände.

Mehrere Versicherungsanstalten können vereinbaren, die Lasten der Invalidenversicherung ganz oder zum Theil gemeinsam zu tragen.

Der § 99 sollte nach dem Entwurf gestrichen werden; der Reichstag stellte denselben aber wieder her.

7. Veränderungen.

§ 100.

Veränderungen der Bezirke der Versicherungsanstalten sind zulässig, sofern sie von dem Ausschuß einer betheiligten Versicherungsanstalt oder von der Regierung eines Bundesstaats, dessen Gebiet die Versicherungsanstalt ganz oder theilweise umfaßt, beantragt und von dem

Bundesrathe genehmigt werden. Vor der Beschlußfassung über die Genehmigung sind die Ausschüsse der betheiligten Versicherungsanstalten sowie die Regierungen derjenigen Bundesstaaten, deren Gebiete bei der Veränderung betheiligt sind, zu hören. Bei Versicherungsanstalten für die Bezirke weiterer Kommunalverbände sind auch die Vertretungen der letzteren befugt, Anträge auf Veränderungen zu stellen; vor der Genehmigung von Veränderungen der Bezirke solcher Versicherungsanstalten müssen die Vertretungen der betheiligten Kommunalverbände gehört werden.

Eine Zusammenlegung, Theilung oder Aufhebung bestehender Versicherungsanstalten bedarf der Zustimmung des Reichstags.

Die Veränderung des Bezirkes einer Versicherungsanstalt, welche nur die Folge einer Veränderung des Verwaltungsbezirkes ist, für welchen die Versicherungsanstalt errichtet wurde, fällt nicht unter die vorstehenden Bestimmungen.

1. Die Aenderung im Absatz 1 entspricht der Aenderung im § 65 Absatz 1.
2. Der neue Abs. 2 ist durch Beschluß des Reichstags eingefügt worden; er soll verhüten, daß insbesondere die Preußischen Anstalten ohne Zustimmung des Reichstags zu einer oder mehreren Versicherungsanstalten verschmolzen werden.

§ 101.

Scheiden örtliche Bezirke aus dem Bezirk einer Versicherungsanstalt aus, so verbleiben der letzteren in vollem Umfange das bis zum Zeitpunkte des Ausscheidens angesammelte Vermögen sowie alle **bis zu diesem Zeitpunkt entstandenen Verpflichtungen.**

Führt die Veränderung zur Auflösung der Versicherungsanstalt, so geht deren Vermögen mit allen Rechten und Pflichten, sofern **dasselbe nicht von den betheiligten Landesregierungen denjenigen Versicherungsanstalten, welchen die Bezirke der aufgelösten Anstalt überwiesen werden, übertragen oder** mit Genehmigung der betheiligten Landesregierungen **von** einer Versicherungsanstalt **übernommen wird,** auf den weiteren Kommunalverband beziehungsweise Bundesstaat, **bei** gemeinsamen Versicherungsanstalten antheilig **auf** die **Kommunalverbände** oder Bundesstaaten über, für welche die Versicherungsanstalt errichtet war.

Der Umfang, in welchem bei Auflösung einer gemeinsamen Versicherungsanstalt die Kommunalverbände oder Bundesstaaten an dem Uebergange des Vermögens **zu betheiligen sind, wird,** sofern darüber eine Einigung nicht zu Stande kommt, **durch den Bundes**rath, oder wenn nur Kommunalverbände eines Bundesstaats betheiligt sind, **durch die Landes-Zentralbehörde bestimmt.**

Der § 101 enthält im Wesentlichen nur redaktionelle Aenderungen.

§ 102.

Streitigkeiten, welche in Betreff der Vermögensauseinandersetzung zwischen den betheiligten Versicherungsanstalten entstehen, werden mangels Verständigung über eine schiedsrichterliche Entscheidung von dem Reichs-Versicherungsamt entschieden.

C. Schiedsgerichte.

§ 103.

Für den Bezirk jeder Versicherungsanstalt wird mindestens ein Schiedsgericht errichtet.

Die Zahl, **die Bezirke und die Sitze** der Schiedsgerichte werden von der Zentralbehörde des Bundesstaats, **in dessen Gebiete** die Versicherungsanstalt **ihren Sitz hat**, bestimmt. **Für gemeinsame Versicherungsanstalten wird diese Bestimmung, sofern ein Einverständniß unter den betheiligten Landesregierungen nicht erzielt wird, vom Reichskanzler getroffen.**

§ 104.

Jedes Schiedsgericht besteht aus einem ständigen Vorsitzenden und aus Beisitzern.

Der Vorsitzende wird aus der Zahl der öffentlichen Beamten von der Zentralbehörde des Bundesstaats, in welchem der Sitz des Schiedsgerichts belegen ist, ernannt. Für den Vorsitzenden ist in gleicher Weise **mindestens** ein Stellvertreter zu ernennen.

Die Beisitzer werden in der durch das Statut bestimmten Zahl von dem Ausschusse der Versicherungsanstalt, und zwar zu gleichen Theilen in getrennter Wahlhandlung von den Arbeitgebern und den Versicherten, nach einfacher Stimmenmehrheit gewählt.

Die Hülfsbeamten des Schiedsgerichts sind Beamte der Versicherungsanstalt; ihre Bestellung erfolgt durch den Vorstand der Versicherungsanstalt nach Anhörung des Vorsitzenden des Schiedsgerichts.

Die Bestimmungen im § 62 Abs. 3, § 64 Abs. 5, § 83 Abs. 1, 3, §§ 87 bis 92 Satz 1, §§ 94, 97, 98 finden mit folgenden Maßgaben entsprechende Anwendung:

1. **die Mitglieder des Schiedsgerichts dürfen nicht Mitglieder des Vorstandes, Vertreter der Arbeitgeber und der Versicherten bei einer unteren Verwaltungsbehörde oder Beisitzer einer Rentenstelle sein;**
2. **die Enthebung eines gewählten Beisitzers erfolgt durch den Vorsitzenden des Schiedsgerichts, vorbehaltlich der Beschwerde an die höhere Verwaltungsbehörde;**
3. **die Auferlegung der Kosten gemäß § 64 Abs. 5 erfolgt durch den Vorsitzenden des Schiedsgerichts.**

1. Die Einschaltung des Wortes „mindestens" im Abs. 2 soll die Bestellung mehrerer Stellvertreter, die schon auf Grund der bisherigen Fassung erfolgt ist, ausdrücklich gesetzlich sanktioniren.

2. Die beim Schiedsgericht beschäftigten Beamten waren bislang meistens Privat-Angestellte des Schiedsgerichts-Vorsitzenden. Die hieraus sich ergebenden Uebelstände sollen durch die neue Bestimmung des Abs. 4, wonach diese Beamten in Zukunft Beamte der Versicherungsanstalt sind, beseitigt werden. Auf diese Beamten findet insbesondere auch die Bestimmung des § 98 Anwendung.

§ 105.

Name und Wohnort des Vorsitzenden und seiner Stellvertreter sind **im Bezirke des Schiedsgerichts** von der Landes-Zentralbehörde **amtlich zu veröffentlichen und dem Reichs-Versicherungsamte mitzutheilen.**

§ 106.

Der Vorsitzende beruft das Schiedsgericht und leitet die Verhandlungen desselben.

Das Schiedsgericht ist befugt, Zeugen und Sachverständige zu vernehmen **und ihre Aussagen eidlich erhärten zu lassen.**

Das Schiedsgericht entscheidet in der Besetzung von fünf Mitgliedern, unter denen sich **je zwei** Arbeitgeber und **zwei** Versicherte befinden müssen.

Die Entscheidungen des Schiedsgerichts erfolgen nach Stimmenmehrheit **und sollen spätestens innerhalb drei Wochen nach ihrer Verkündung den Parteien zugestellt werden.**

Die Zuziehung der Beisitzer erfolgt in der Regel nach einer im voraus aufgestellten Reihenfolge. Die Bestimmung des § 83 Abs. 2 findet Anwendung. Will der Vorsitzende aus besonderen Gründen von der Reihenfolge abweichen, so sind diese aktenkundig zu machen.

Im Uebrigen wird das Verfahren vor dem Schiedsgerichte durch Kaiserliche Verordnung mit Zustimmung des Bundesraths geregelt.

1. Die Abänderung im Abs. 2 hat nur redaktionelle Bedeutung.

2. Die Erhöhung der Besetzungsziffer von 3 auf 5 beruht darauf, daß die zur Entscheidung in erster Instanz eventuell berufenen Rentenstellen in der Besetzung von 3 Mitgliedern entscheiden und es wünschenswerth ist, daß die höhere Instanz stärker besetzt ist.

3. Der Zusatz im Abs. 4 soll den vielfach beobachteten Verzögerungen in der Abfertigung des Schiedsgerichts-Urtheils und der Zustellung an die Parteien entgegentreten. Die Vorstände der Versicherungsanstalten werden die Beobachtung der neuen Vorschrift zu kontroliren haben und im Falle des Zuwiderhandelns Beschwerde bei der Landes-Zentralbehörde führen können.

4. Gemäß § 83 Abs. 2 wird über die Reihenfolge, in der die Beisitzer zuzuziehen sind, durch das Statut Bestimmung zu treffen sein.

5. Die Kaiserliche Verordnung betr. das Verfahren vor den auf Grund des Invalidenversicherungsgesetzes errichteten Schiedsgerichte vom 6. Dezember 1892 ist in Anl. XII abgedruckt.

§ 107.

Die Kosten des Schiedsgerichts **einschließlich der Bezüge der Beisitzer und der Hülfsbeamten** sowie die Kosten des Verfahrens vor demselben trägt die Versicherungsanstalt.

Dem Vorsitzenden des Schiedsgerichts und dessen Stellvertretern darf eine Vergütung von der Versicherungsanstalt nicht gewährt werden.

Ueber die Beschaffung der Geschäftsräume und Geschäftsbedürfnisse des Schiedsgerichts wird vom Vorsitzenden im Einvernehmen mit dem Vorstande der Versicherungsanstalt Bestimmung

getroffen. Bei Meinungsverschiedenheit entscheidet die Landes-Zentralbehörde des Bundesstaats, in welchem der Sitz des Schiedsgerichts belegen ist.

Zu den „Geschäftsbedürfnissen" gehören nicht die Gehälter der Beamten; über diese hat vielmehr lediglich die Versicherungsanstalt Bestimmung zu treffen (vgl. § 104 Abs. 4).

D. Reichs-Versicherungsamt und Landes-Versicherungsämter.

§ 108. Reichs-Versicherungsamt.

Die Versicherungsanstalten unterliegen der Beaufsichtigung durch das Reichs-Versicherungsamt. Das Aufsichtsrecht des letzteren erstreckt sich auf die Beobachtung der gesetzlichen und statutarischen Vorschriften.

Alle Entscheidungen des Reichs-Versicherungsamts sind endgültig, soweit in diesem Gesetze nicht ein Anderes bestimmt ist.

Das Reichs-Versicherungsamt ist befugt, jederzeit eine Prüfung der Geschäftsführung der Versicherungsanstalten vorzunehmen. Die Mitglieder der Vorstände und sonstigen Organe der Versicherungsanstalten sind auf Erfordern des Reichs-Versicherungsamts verpflichtet, ihre Bücher, Beläge, Werthpapiere und Geldbestände sowie ihre auf den Inhalt der Bücher und die Festsetzung der Renten ꝛc. bezüglichen Schriftstücke **vorzulegen und die sonstigen Mittheilungen zu machen, die zur Ausübung des Aufsichtsrechts als erforderlich erachtet werden.** Das Reichs-Versicherungsamt kann dieselben hierzu sowie zur Befolgung der gesetzlichen und statutarischen Vorschriften durch Geldstrafen bis zu eintausend Mark anhalten.

Das Aufsichtsrecht des Reichs-Versicherungsamts erstreckt sich lediglich auf die Befolgung der gesetzlichen und statutarischen Vorschriften. Eine Erweiterung dieses Aufsichtsrechts hat nicht stattgefunden und die Motive (S. 306) bemerken ausdrücklich, daß für eine solche Erweiterung, wie sie in dem Entwurfe von 1897 vorgesehen war, gegenwärtig kein hinreichendes Bedürfniß mehr besteht. Als selbstverständliche Befugniß der Aufsichtsbehörde ist es nach den Motiven (S 307) anzusehen, daß sie durch Vertreter mit berathender Stimme an allen Sitzungen der Vorstände und Ausschüsse Theil nehmen kann, daß ferner diese Vertreter jederzeit gehört werden müssen und berechtigt sind, Anträge zu stellen. Endlich bedarf es schon nach dem jetzigen Wortlaute des letzten Satzes im Abs. 3 keiner besonderen Bestimmung, um klarzustellen, daß dem Reichs-Versicherungsamt die Befugniß zusteht, die Mitglieder der Vorstände und sonstigen Organe der Versicherungsanstalten durch Geldstrafen auch zur Unterlassung von Handlungen und zur Nichtausführung von Beschlüssen anzuhalten, die den gesetzlichen und statutarischen Vorschriften zuwiderlaufen.

§ 109.

Das Reichs-Versicherungsamt entscheidet, unbeschadet der Rechte Dritter, über Streitigkeiten, welche sich auf die Rechte und Pflichten der Organe der Versicherungsanstalten sowie der Mitglieder dieser Organe, auf die Auslegung der Statuten und auf die Gültigkeit der vollzogenen Wahlen, soweit über letztere nicht nach § 63 Abs. 3, § 77 Abs. 3 und § 82 Abs. 2 zu befinden ist, beziehen.

Auf die dienstlichen Verhältnisse der auf Grund des § 74 Abs. 1 bestellten **und der im § 81 Abs. 2 bezeichneten** Beamten findet diese Vorschrift keine Anwendung.

§ 110.

Die Entscheidungen des Reichs-Versicherungsamts erfolgen in der Besetzung von mindestens **vier Mitgliedern einschließlich des Vorsitzenden,** unter welchen sich je ein Vertreter der Arbeitgeber und der Versicherten befinden muß, und unter Zuziehung eines richterlichen Beamten, wenn es sich handelt:

1. **um die Entscheidung über eine Anfechtung von Beschlüssen der Organe der Versicherungsanstalten** (§ 75),
2. um die Entscheidung vermögensrechtlicher Streitigkeiten bei Veränderungen des Bestandes der Versicherungsanstalten (§ 102),
3. **um Ersatzansprüche gegen Berufsgenossenschaften** (§ 23 **Abs.** 3, §§ 113, 128 **Abs.** 3),
4. um die Entscheidung auf Revisionen gegen die Entscheidungen der Schiedsgerichte (§ 116).

Beschlüsse, durch welche Revisionen ohne mündliche Verhandlung zurückgewiesen werden (§ 117 Abs. 2), erfolgen in der Besetzung von drei Mitgliedern, unter denen sich je ein Vertreter der Arbeitgeber und der Versicherten befinden muß.

Als Vertreter der Arbeitgeber und der Versicherten gelten auch für den Bereich dieses Gesetzes die auf Grund der Unfallversicherungsgesetze zu nichtständigen Mitgliedern des Reichs-Versicherungsamts gewählten Vertreter der Betriebsunternehmer und der Arbeiter, ohne Beschränkungen auf die Angelegenheit ihres besonderen Berufszweigs. **Die Enthebung eines Vertreters der Arbeitgeber oder der Versicherten (§ 91) erfolgt durch das Reichs-Versicherungsamt.**

Im Uebrigen werden die Formen des Verfahrens und der Geschäftsgang des Reichs-Versicherungsamts durch Kaiserliche Verordnung unter Zustimmung des Bundesraths geregelt.

1. Die Besetzung des Reichsversicherungsamts mit 5 Mitgliedern in den Fällen des Abs 1 ist beibehalten; nur ist die bisherige Bestimmung, daß neben den richterlichen Mitgliedern zwei ständige und zwei nichtständige Mitglieder mitwirken müssen, fallen gelassen, so daß neben dem ständigen Mitgliede als Vorsitzendem, den beiden nicht ständigen Mitgliedern als Vertreter der Arbeitgeber und der Versicherten und dem richterlichen Beamten, als fünftes Mitglied entweder ein zweites ständiges Mitglied oder eines der vom Bundesrath gewählten nicht ständigen Mitglieder zugezogen werden kann.

2. Die neue Bestimmung des Abs. 2 ist im Interesse der geschäftlichen Erleichterung des Reichs-Versicherungsamts getroffen; es bedarf für solche in der Regel einfache und zweifellose Fälle nicht des unverhältnißmäßig großen Apparats einer vollbesetzten Spruchkammer.

3. Die Kaiserliche Verordnung betr. die Formen des Verfahrens und den Geschäftsgang des Reichsversicherungsamts in Angelegenheiten der Invalidenversicherung vom 6. Dezember 1899 ist in Anl. XIII abgedruckt.

§ 111. Landes-Versicherungsämter.

Sofern für das Gebiet eines Bundesstaats ein Landes-Versicherungsamt errichtet ist (§ 92 des Unfallversicherungsgesetzes, § 100 des Gesetzes vom 5. Mai 1886, Reichs-Gesetzbl. S. 132) unterliegen diejenigen Versicherungsanstalten, welche sich über das Gebiet dieses Bundesstaats nicht hinaus erstrecken, der Beaufsichtigung durch das Landes-Versicherungsamt. Auf die Landes-Versicherungsämter finden die Vorschriften der §§ 108 bis 110 entsprechende Anwendung.

In den Angelegenheiten der den Landes-Versicherungsämtern unterstellten Versicherungsanstalten gehen die in den §§ 72, 91, 102, 127, 140, 156, 161, 178 und, sofern auch die in Anspruch genommene Berufsgenossenschaft der Aufsicht desselben Landes-Versicherungsamts unterstellt ist, die im § 23 Abs. 3, § 113 Abs. 6 und § 128 Abs. 3 dem Reichs-Versicherungsamt übertragenen Zuständigkeiten auf das Landes-Versicherungsamt über.

Die Formen des Verfahrens und der Geschäftsgang bei dem Landes-Versicherungsamte werden durch die Landesregierung geregelt.

III. Verfahren.

§ 112. Feststellung der Rente.

Der Anspruch auf Bewilligung einer Rente ist unter Einreichung der zur Begründung dienenden Beweisstücke, insbesondere der letzten Quittungskarte (§ 131) bei der für den Wohnort oder Beschäftigungsort des Versicherten und, wenn er einen solchen im Inlande nicht mehr hat, bei der für seinen letzten Wohnort oder Beschäftigungsort zuständigen unteren Verwaltungsbehörde oder Rentenstelle anzumelden. Die Landes-Zentralbehörde ist befugt, anzuordnen, daß die Anmeldung bei einer anderen Behörde rechtswirksam erfolgen darf; letztere hat die Anmeldung an die für ihren Bezirk zuständige untere Verwaltungsbehörde oder Rentenstelle weiterzugeben.

Die untere Verwaltungsbehörde oder Rentenstelle hat die zur Klarstellung des Sachverhalts erforderlichen Erhebungen anzustellen und die Verhandlungen mit ihrer gutachtlichen Aeußerung (§§ 57 bis 59, 79, 84 Abs. 1) dem Vorstande der für ihren Bezirk zuständigen Versicherungsanstalt zu übersenden.

Glaubt der Vorstand dem für die Gewährung einer Rente abgegebenen Gutachten der unteren Verwaltungsbehörde oder der Rentenstelle nicht entsprechen zu können, so ist die Sache, soweit es sich um die Frage der Versicherungspflicht (§§ 1 bis 7) oder des Versicherungsrechts (§ 14) oder um das Maß der Erwerbsfähigkeit des Rentenbewerbers (§§ 5, 15, 16) handelt, an die untere Verwaltungsbehörde oder die Rentenstelle zur Anhörung der Beisitzer (§ 59 Abs. 1) zurückzugeben, falls letztere noch nicht gehört sind.

Wird der angemeldete Anspruch anerkannt, so ist die Höhe und der Beginn der Rente sofort festzustellen. Dem Empfangsberechtigten ist sodann ein schriftlicher Bescheid zu ertheilen, aus welchem die Art der Berechnung zu ersehen ist.

Wird der angemeldete Anspruch nicht anerkannt, so ist derselbe durch schriftlichen, mit Gründen zu versehenden Bescheid abzulehnen.

1. Die Anmeldung des Rentenanspruchs kann nach der Abänderung im Abs. 1 bei der für den Wohnort oder für den Beschäftigungsort zuständigen unteren Verwaltungsbehörde erfolgen. Ist für den betreffenden Bezirk eine Rentenstelle eingerichtet, so tritt diese Rentenstelle an die Stelle der unteren Verwaltungsbehörde (vgl. § 79).

Die Landes-Zentralbehörde kann anordnen, daß die Anmeldung bei einer anderen Behörde, welche dem Rentenbewerber räumlich noch näher liegt, als die untere Verwaltungsbehörde oder die Rentenstelle, erfolgen kann.

2. Die Einrichtung der Vertrauensmänner ist weggefallen, ihre Anhörung durch die untere Verwaltungsbehörde erfolgt demnach nicht mehr; ebenso unterbleibt die Anhörung der Krankenkassen. Der unteren Verwaltungsbehörde bleibt es vollständig überlassen, welche Mittel sie zur Klarstellung des Sachverhalts ergreifen will. Hierdurch wird das bisherige zeitraubende und umständliche Feststellungsverfahren wesentlich vereinfacht und beschleunigt.

3. Nach den bisherigen Bestimmungen war zur Entscheidung über den Rentenanspruch diejenige Versicherungsanstalt zuständig, an welche ausweislich der Quittungskarte zuletzt Beiträge entrichtet worden waren. Wenn nun der Versicherte nach Leistung des letzten Beitrages seinen Wohnsitz in den Bezirk einer anderen Versicherungsanstalt verlegte, so entschied gleichwohl die erstere Versicherungsanstalt, mochte sie auch noch so entfernt von dem Wohnsitz des Rentenbewerbers sein. Zur Vermeidung dieser und anderer durch die bisherigen Bestimmungen entstandenen Unzuträglichkeiten bestimmt der Abs. 2, daß zur Entscheidung diejenige Versicherungsanstalt berufen ist, welche für den Bezirk der unteren Verwaltungsbehörde bezw. der Rentenstelle, bei welcher die Anmeldung des Anspruchs erfolgt ist, zuständig ist.

4. Gemäß § 59 soll der Rentenantrag unter Zuziehung je eines Vertreters der Arbeitgeber und der Versicherten erörtert werden, falls die untere Verwaltungsbehörde der Ansicht ist, daß das Gutachten gegen die Gewährung der Rente abzugeben ist. Hat nun die untere Verwaltungsbehörde den Rentenantrag befürwortet und glaubt der Vorstand der Versicherungsanstalt gleichwohl zu einer Ablehnung des Rentenantrages kommen zu sollen, so hat er den Rentenantrag vor der Entscheidung nochmals an die untere Verwaltungsbehörde oder die Rentenstelle zurückzugeben, damit die Vertreter der Arbeitgeber und Versicherten gehört werden. Diese Zurückverweisung erfolgt jedoch nur soweit, als es sich handelt

a) um die Frage der Versicherungspflicht oder des Versicherungsrechts,
b) oder um das Maß der Erwerbsfähigkeit des Rentenbewerbers.

Handelt es sich um andere Fragen, z. B. anrechnungsfähige Krankheitszeiten oder Versagung der Rente auf Grund des § 22, so findet eine Zurückverweisung nicht statt.

Die Zurückverweisung findet auch dann nicht statt, falls die Vertreter der Arbeitgeber und Versicherten schon vor Abgabe des ersten Gutachtens der unteren Verwaltungsbehörde gehört worden sind.

5. Die bisherige Zustellung des Bescheides an den Staatskommissar findet nicht mehr statt, da die Einrichtung des Staatskommissars in Wegfall gekommen ist.

§ 113.

Die Annahme, daß die Erwerbsunfähigkeit durch einen nach den Unfallversicherungsgesetzen zu entschädigenden Unfall verursacht ist, begründet nicht die Ablehnung des Anspruchs auf Invalidenrente. Es ist vielmehr, sofern im Uebrigen die Voraussetzungen, unter denen eine Invalidenrente bewilligt werden darf, vorliegen, diese Rente festzustellen.

Ist sodann die Invalidenrente für einen Zeitraum gezahlt, für welchen dem Empfänger ein Anspruch auf Unfallrente zusteht, so geht dieser Anspruch insoweit auf die Versicherungsanstalt über, als die gewährte Invalidenrente die zu gewährende Unfallrente nicht übersteigt.

Die Versicherungsanstalten sind berechtigt, an Stelle des Verletzten die Feststellung der Unfallrente, soweit diese noch nicht erfolgt ist, zu beantragen und nöthigenfalls das durch die Unfallversicherungsgesetze vorgeschriebene Verfahren durchzuführen, auch an Stelle des Verletzten Rechtsmittel einzulegen und zwar ohne Rücksicht auf Fristen, welche ohne ihr Verschulden verstrichen sind.

Die Versicherungsanstalten sind auch dann berechtigt, nach Abs. 3 die Feststellung von Unfallrenten herbeizuführen, wenn als Folge hiervon ein völliges oder theilweises Ruhen der Invaliden- oder Altersrente eintreten würde.

War in den Fällen des Abs. 1 von der Versicherungsanstalt ein Heilverfahren eingeleitet, so finden die Bestimmungen des § 21 entsprechende Anwendung.

Streitigkeiten aus Anlaß des Ersatzanspruchs (Abs. 2, 5) werden durch das Reichs-Versicherungsamt entschieden.

1. Die veränderte Fassung im Abs. 2 ist nicht sehr glücklich gewählt; sie entspringt einem in dritter Lesung gestellten Antrage und soll zum Ausdruck bringen, daß der Anspruch auf Unfallrente „bis zur Höhe der Invalidenrente" — so lautete auch die Bestimmung im Gesetzentwurf — auf die Versicherungsanstalt übergeht.

2. Im Abs. 3 wird festgelegt, daß die Versicherungsanstalt kraft eigenen Rechts (Motive S. 310) als Partei auftritt und daß sie daher gegen unverschuldete Fristversäumnisse geschützt werden muß.

3. Der neue Abs. 4 ist um deswillen erforderlich, weil die Versicherungsanstalten wegen der Vorschriften über das Ruhen der Renten (§ 48 Ziffer 1) auch in anderen Fällen ein Interesse daran haben können, die Feststellung von Unfallrenten zu betreiben. Dies ist nämlich dann der Fall, wenn zwar die Erwerbsunfähigkeit, wegen deren die Invalidenrente festgestellt wird, nicht selbst durch einen Betriebsunfall herbeigeführt ist, aber der Empfänger einer Invalidenrente schon vorher einen seine Erwerbsfähigkeit beschränkenden Unfall erlitten hat oder nach Feststellung der Invaliden- oder Altersrente einen solchen Unfall erleidet. Denn auch in diesen Fällen steht dem Rentenempfänger eine Unfallrente zu, welche auf die Invaliden- oder Altersrente zu verrechnen ist (§ 48 Ziffer 1). Es erscheint erforderlich, den Versicherungsanstalten auch hier die Befugniß einzuräumen, nach Abs. 3 die Feststellung der Unfallrente herbeizuführen. Erstattungsansprüche der Versicherungsanstalten gegen die Berufsgenossenschaften kommen hier nicht in Frage (Motive 310).

4. Durch Abs. 6 ist die Entscheidung von Streitigkeiten dem ordentlichen Richter entzogen und dem Reichs-Versicherungsamt übertragen.

§ 114.

Gegen den Bescheid, durch welchen der Anspruch **auf Invaliden- oder Altersrente abgewiesen wird**, sowie gegen den Bescheid, durch welchen die Höhe **und der Beginn** der Rente festgestellt wird, **steht dem Rentenbewerber** die Berufung auf schiedsgerichtliche Entscheidung zu. Die Berufung hat keine aufschiebende Wirkung.

Zur Entscheidung über die Berufung ist dasjenige Schiedsgericht berufen, das für den Bezirk der unteren Verwaltungsbehörde oder Rentenstelle zuständig ist. Die Berufung ist bei Vermeidung des Ausschlusses **innerhalb eines Monats** nach der Zustellung des Bescheids bei **diesem** Schiedsgericht einzulegen.

Die Frist gilt auch dann als gewahrt, wenn innerhalb derselben die Berufung des Rentenbewerbers bei einer anderen Behörde eingegangen ist; letztere hat die Berufungsschrift ungesäumt **an das zuständige Schiedsgericht abzugeben.**

Der Bescheid muß die Bezeichnung der Berufungsfrist und des für die Berufung zuständigen Schiedsgerichts enthalten.

Eine Ausfertigung der Entscheidung des Schiedsgerichts ist **dem Rentenbewerber** sowie dem Vorstande **der** Versicherungsanstalt zuzustellen.

1. Nach Abs. 2 ist nunmehr dasjenige Schiedsgericht zur Entscheidung berufen, das für den Bezirk der unteren Verwaltungsbehörde oder Rentenstelle, bei welcher gemäß § 112 der Rentenantrag gestellt war, zuständig ist. Dadurch wird erreicht, daß der Rentenbewerber auch zu dem entscheidenden Schiedsgericht in eine nähere räumliche Beziehung tritt.

2. An die Stelle der bisherigen Frist von 4 Wochen tritt die Frist von einem Monat.

3. Die Berufung ist nicht wie bisher, bei dem Vorsitzenden des Schiedsgerichts, sondern bei dem Schiedsgericht einzulegen.

4. Der Abs. 3 bewahrt den Versicherten vor Versäumung der Frist, wenn z. B. die Berufung, wie dies vielfach geschieht, beim Vorstande der Versicherungsanstalt eingelegt wird.

§ 115.

Das Schiedsgericht hat, wenn es den Anspruch auf Rente für begründet erachtet, zugleich die Höhe und den Beginn der Rente festzustellen. Hat das Schiedsgericht **in besonderen Ausnahmefällen, welche das Reichs-Versicherungsamt näher bestimmen darf,** den Anspruch auf Rente **nur dem Grunde nach** anerkannt und nicht gleichzeitig über die Höhe **und den Beginn** der Rente entschieden, so hat der Vorstand der Versicherungsanstalt in denjenigen Fällen, in welchen das Rechtsmittel der Revision eingelegt wird, **vorläufige Rentenbeträge** unverzüglich **zu bewilligen.** Gegen die vorläufige **Bewilligung von Rentenbeträgen** findet ein Rechtsmittel nicht statt. **Sobald der Anspruch auf Rente rechtskräftig feststeht, hat der Vor-**

stand deren Höhe und Beginn, sofern dies nicht bereits früher geschehen ist, festzustellen (§ 112). Die vorläufig gezahlten Beträge werden auf die endgültig angewiesene Rente angerechnet.

Das Schiedsgericht ist nunmehr in der Regel verpflichtet, falls es den Anspruch auf Rente für begründet erachtet, die Rente nicht nur dem Grunde nach, sondern auch bezüglich der Höhe und des Beginns festzustellen. Nur in Ausnahmefällen, welche das Reichsversicherungsamt bestimmt, kann das Schiedsgericht die Rente nur dem Grunde nach feststellen. Wird in diesen Fällen Revision eingelegt, so hat der Vorstand „vorläufige Rentenbeträge" unverzüglich zu bewilligen. Es handelt sich hier nicht, wie bisher, um eine vorläufige Feststellung der Rente, sondern um die Bewilligung vorläufiger Beträge, deren angemessene Höhe festzustellen ganz dem Vorstande überlassen bleibt und die auf die später endgültig angewiesene Rente angerechnet werden.

§ 116.

Gegen die Entscheidung des Schiedsgerichts steht beiden Theilen das Rechtsmittel der Revision zu. Die Revision des Vorstandes hat aufschiebende Wirkung **insoweit, als es sich um Beträge handelt, die für die Zeit vor dem Erlasse der angefochtenen Entscheidung nachträglich gezahlt werden sollen. Im Uebrigen** hat die Revision keine aufschiebende Wirkung.

Ueber die Revision entscheidet das Reichs-Versicherungsamt. Das Rechtsmittel ist bei demselben **zur Vermeidung des Ausschlusses innerhalb eines Monats** nach der Zustellung der Entscheidung des Schiedsgerichts einzulegen; **die Bestimmung des § 114 Abs. 3 findet entsprechende Anwendung.**

Die Revision kann nur darauf gestützt werden:

1. daß die angefochtene Entscheidung auf der Nichtanwendung oder auf der unrichtigen Anwendung des bestehenden Rechtes oder auf einem Verstoße wider den klaren Inhalt der Akten beruhe;
2. daß das Verfahren an wesentlichen Mängeln leide.

Im Gegensatz zu den bisherigen Bestimmungen, wonach die Revision keine aufschiebende Wirkung hatte, ist jetzt der Revision eine partielle aufschiebende Wirkung beigelegt. Die laufenden Rentenbeträge vom Erlasse der angefochtenen Entscheidung an sollen gezahlt werden, dagegen nicht die bis zum Erlasse der angefochtenen Entscheidung angesammelten Beträge. Die Aenderung beruht auf der Erwägung, daß, falls der Rentenanspruch in Folge der Revision für unbegründet erklärt wird, die Rückforderung der gezahlten Rentenbeträge nicht an der Leistungsunfähigkeit des Empfängers scheitern solle; die hierdurch für die Versicherungsanstalt entstehenden Verluste sollen auf ein thunlichst geringes Maß beschränkt werden.

§ 117.

Bei Einlegung der Revision ist anzugeben, worin die Nichtanwendung oder die unrichtige Anwendung des bestehenden Rechtes oder der Verstoß wider den klaren Inhalt der Akten oder worin die behaupteten Mängel des Verfahrens gefunden werden. Das Reichs-Versicherungsamt ist bei seiner Entscheidung an diejenigen Gründe nicht gebunden, welche zur Rechtfertigung der gestellten Anträge geltend gemacht worden sind.

Fehlt die Angabe solcher Gründe oder ergiebt sich aus der Prüfung der Anträge, daß die angegriffene Entscheidung nicht auf der Nichtanwendung oder unrichtigen Anwendung des bestehenden Rechtes beruht, sowie daß das Verfahren nicht an wesentlichen Mängeln leidet und daß ein Verstoß wider den klaren Inhalt der Akten nicht vorliegt, oder ist die Revision verspätet eingelegt, so kann das Reichs-Versicherungsamt das Rechtsmittel ohne mündliche Verhandlung zurückweisen. Anderenfalls hat das Reichs-Versicherungsamt nach mündlicher Verhandlung zu entscheiden.

Wird das angefochtene Urtheil aufgehoben, so kann das Reichs-Versicherungsamt zugleich in der Sache selbst entscheiden oder dieselbe an das Schiedsgericht oder an den Vorstand zurückverweisen. **Dabei kann das Reichs-Versicherungsamt bestimmen, daß dem Rentenbewerber eine ihrem Betrage nach bestimmte Rente vorläufig zu zahlen ist.** Im Falle der Zurückverweisung ist die rechtliche Beurtheilung, auf welche das Reichs-Versicherungsamt die Aufhebung gestützt hat, den **weiteren** Entscheidungen **oder Bescheiden** zu Grunde zu legen.

Die Abänderung im Abs. 3 soll ermöglichen, daß, falls das Reichs-Versicherungsamt zwar noch nicht endgültig entscheiden kann, aber die Sache für den Rentenbewerber günstig beurtheilt, der Rentenbewerber so schnell wie möglich in den Besitz von Rentenbeträgen gelangt.

§ 118.

Die Versicherungsanstalten sind befugt, von der Rückforderung der gemäß §§ 115 bis 117 vor rechtskräftiger Entscheidung gezahlten Rentenbeträge abzusehen.

Von der Rückforderung haben die Versicherungsanstalten auch unter der Herrschaft des bisherigen Gesetzes vielfach abgesehen, theils um das Gehässige einer derartigen Maßregel zu vermeiden, theils um unnöthige Kosten bei der Wiedereinziehung zu ersparen; dieser Uebung soll nunmehr die gesetzliche Grundlage gegeben werden.

§ 119.

Auf die Anfechtung der rechtskräftigen Entscheidung über einen Anspruch auf Rente finden die Vorschriften der Civilprozeßordnung über die Wiederaufnahme des Verfahrens entsprechende Anwendung, soweit nicht durch Kaiserliche Verordnung mit Zustimmung des Bundesraths ein Anderes bestimmt wird.

§ 120.

Die Wiederholung eines Antrags auf Bewilligung einer Invalidenrente, **welcher wegen des Fehlens dauernder Erwerbsunfähigkeit** endgültig abgelehnt **worden war,** ist vor Ablauf eines Jahres seit der Zustellung der endgültigen Entscheidung nur dann zulässig, wenn glaubhaft bescheinigt wird, daß inzwischen Umstände eingetreten sind, aus denen sich das Vorhandensein der dauernden Erwerbsunfähigkeit des Antragstellers ergiebt. Sofern eine solche Bescheinigung nicht beigebracht wird, hat die untere Verwaltungsbehörde **oder Rentenstelle** den vorzeitig wiederholten Antrag **durch Verfügung, gegen welche ein Rechtsmittel nicht stattfindet,** zurückzuweisen.

1. Die Abänderungen im § 120 sollen klar stellen, daß seine Bestimmungen nur dann Anwendung finden, wenn der Antrag auf Invalidenrente wegen Fehlens der dauernden Erwerbsunfähigkeit abgelehnt war. Der § 120 findet also keine Anwendung, wenn der Rentenantrag aus anderen Gründen abgewiesen wurde. Erfolgte die Abweisung, weil der Kläger zwar erwerbsunfähig aber noch nicht dauernd erwerbsunfähig war, so kann die Rente aus § 16 auch dann beantragt werden, wenn die Erwerbsunfähigkeit die Dauer von 26 Wochen erreicht hat. Vgl. hierzu den Aufsatz von Seelmann in der „Arbeiterversorgung" XVII Nr. 9.

2. Die Abweisung des vorzeitig wiederholten Antrages soll durch formlose Verfügung, gegen welche ein Rechtsmittel nicht zulässig ist, erfolgen.

§ 121.

Ueber die Entziehung der Rente (§ 47) **sowie die Einstellung von Rentenzahlungen (§ 48) erläßt der Vorstand schriftlichen mit Gründen zu versehenden Bescheid.**

Vor der Entscheidung ist die für den Wohnort des Rentenempfängers zuständige untere Verwaltungsbehörde oder Rentenstelle gutachtlich zu hören (§§ 57 bis 59, 79, 84 Abs. 1).

Der **§ 112 Abs. 3 und die §§ 114, 116 bis 119** finden im **Uebrigen** entsprechende Anwendung.

Die Abänderungen im Abs. 1 stellen nur den bisher bestandenen Rechtszustand klarer.

§ 122.

Der unteren Verwaltungsbehörde oder Rentenstelle ist von allen auf ihre Begutachtung hin vom Vorstande getroffenen Entscheidungen Kenntniß zu geben. Sofern Rentenstellen errichtet sind, hat der Vorstand außerdem der für den Wohnort des Rentenempfängers zuständigen unteren Verwaltungsbehörde über die dem **Berechtigten** zustehenden Bezüge Mittheilung zu machen. **Das Gleiche gilt beim Eintritte von Veränderungen.**

§ 123. Auszahlung der Renten.

Die Auszahlung der Renten wird auf Anweisung des Vorstandes der **nach § 112 Abs. 2 zuständigen** Versicherungsanstalt vorschußweise durch die Postverwaltungen, und zwar in der Regel durch diejenige Postanstalt bewirkt, in deren Bezirke der Empfangsberechtigte zur Zeit des Antrags auf Bewilligung der Rente seinen Wohnsitz hatte. **Der Vorstand der Versicherungsanstalt hat dem Berechtigten die mit der Zahlung der Rente beauftragte Postanstalt zu bezeichnen.**

Verlegt der Empfangsberechtigte seinen Wohnsitz, so hat auf seinen Antrag der Vorstand der Versicherungsanstalt, welcher die Rente angewiesen hatte, die letztere an die Postanstalt des neuen Wohnorts zur Auszahlung zu überweisen.

Die Zentral-Postbehörden sind berechtigt, von jeder Versicherungsanstalt einen Betriebsfonds einzuziehen. Derselbe ist in vierteljährlichen

oder monatlichen Theilzahlungen an die den Versicherungsanstalten von der Zentral-Postbehörde zu bezeichnenden Kassen abzuführen und darf die für die Versicherungsanstalt im **laufenden** Rechnungsjahre **voraussichtlich auszuzahlenden** Beträge nicht übersteigen.

1. Vgl. die in Anl. VI abgedruckte Geschäftsanweisung betr. die Auszahlungen durch die Post vom 2. Dezember 1899 nebst Rundschreiben.

1a. Die Ausstellung eines besonderen formellen Berechtigungsausweises ist fortgefallen.

2. Die Zentral-Postbehörden können nunmehr den Betriebsfonds schon in monatlichen Theilzahlungen einziehen; auch wird die Höhe des Betriebsfonds nicht, wie bisher, nach den vorgeschossenen Beträgen im abgelaufenen Jahr, sondern nach den im laufenden Rechnungsjahr voraussichtlich zu zahlenden Beträgen berechnet. Hierdurch wird der Betriebsfonds erhöht. Die Berechnung der Höhe des Betriebsfonds ist der Rechnungsstelle übertragen (§ 124 Ziffer 2).

§ 124. Rechnungsstelle.

Die Rechnungsstelle des Reichs-Versicherungsamts hat alle bei dem **letzteren** nach Maßgabe dieses Gesetzes vorkommenden rechnerischen **und versicherungstechnischen** Arbeiten auszuführen. Insbesondere liegt derselben ob:

1. die Vertheilung der Renten (§§ 125, 174);
2. **die Abrechnung mit den Postverwaltungen** (§§ 126 ff.) **und die Berechnung des diesen von jeder Versicherungsanstalt vorzuschießenden Betriebsfonds** (§ 123);
3. die Mitwirkung bei den im Vollzuge des Gesetzes herzustellenden statistischen Arbeiten;
4. **die Mitwirkung bei Festsetzung der Versicherungsbeiträge** (§ 32).

Das Reichs-Versicherungsamt bestimmt, welche Mittheilungen der Rechnungsstelle zu diesen Zwecken von den Versicherungsanstalten zu machen sind.

1. An Stelle der Bezeichnung „Rechnungsbüreau" ist die Bezeichnung „Rechnungsstelle" getreten.

2. Gemäß § 32 werden die Beiträge nunmehr durch des Bundesrath festgesetzt; aus diesem Grunde werden der Rechnungsstelle die Vorarbeiten für diese Festsetzung übertragen.

3. Bei dem neuen Vertheilungsverfahren wird es, wie die Motive (S. 317) ausführen, voraussichtlich nicht mehr erforderlich sein, daß der Rechnungsstelle über jede einzelne ihrer Höhe nach feststehende Rente eine Bescheidsausfertigung übersendet wird. Deshalb ist der eine diesbezügliche Bestimmung enthaltende alte § 87 fortgefallen und dafür im Abs. 2 des § 124 allgemein bestimmt, daß das Reichs-Versicherungsamt anordnet, welche Mittheilungen der Rechnungsstelle zu machen sind.

§ 125. Vertheilung der Renten.

Die Rechnungsstelle vertheilt die Renten auf das Reich, **das Gemeinvermögen und auf das Sondervermögen.** Dem Reiche **sind für jede Rente fünfzig Mark Zuschuß** (§ 35) **und für jede**

ohne Beitragsleistung in Anrechnung kommende Beitragswoche bis zu anderweiter Feststellung durch den Bundesrath ein Rentenantheil von achtzehn Pfennig zur Last zu legen (§ 40 Abs. 2).

Die Steigerungssätze der Invalidenrenten sowie ein Viertel der Altersrenten sind von dem Sondervermögen der einzelnen Versicherungsanstalten, alle übrigen Rentenantheile von dem Gemeinvermögen zu tragen. Die Steigerungsbeträge fallen derjenigen Anstalt zur Last, welcher die entsprechenden Beiträge zugeflossen sind; das Viertel jeder Altersrente ist auf diejenigen Anstalten zu vertheilen, welchen die Beiträge für den betreffenden Rentenempfänger zugeflossen sind, und zwar im Verhältnisse des Werthes dieser Beiträge. Der anweisenden Versicherungsanstalt sind die dem Sondervermögen einer anderen Versicherungsanstalt zur Last fallenden Rentenantheile am Schlusse des Rechnungsjahrs mit ihrem Kapitalwerth einmalig zu erstatten (§ 126).

Zur Feststellung des Maßstabs, in welchem die im abgelaufenen Rechnungsjahre gezahlten Rentenbeträge der Post zu erstatten sind, ermittelt die Rechnungsstelle für jedes Jahr und für jede Versicherungsanstalt den Kapitalwerth der von ihr zur Zahlung angewiesenen noch laufenden Renten sowie den hiervon auf das Reich, das Gemeinvermögen und auf das Sondervermögen der einzelnen Versicherungsanstalten entfallenden Antheil. Ueber die Berechnung des Kapitalwerths trifft der Bundesrath Bestimmung.

1. Die abgeänderten Bestimmungen über die Vertheilung der Renten entsprechen den abgeänderten Bestimmungen über die Vertheilung der Rentenlast. Die neuen Bestimmungen bringen eine *erhebliche Vereinfachung* gegenüber dem bisherigen Verfahren.

2. Der im Abs. 1 einstweilig festgesetzte Rentenantheil von 18 Pfennig für jede dem Reiche zur Last fallende Woche militärischer Dienstleistung entspricht annähernd dem Werthe, den die Beiträge des Rentenempfängers für Zeiten militärischer Dienstleistung haben würden, wenn sie gezahlt worden wären. Auf Grund der Berechnung der den Motiven beigefügten mathematischen Denkschrift wäre der genaue Betrag $\frac{9{,}32 \text{ M.}}{52} = 17{,}92$ Pfennig.

3. Nach dem Schlußsatze des Abs. 2 wird der die Rente anweisenden Anstalt von den an der Rente betheiligten anderen Anstalten am Schlusse des Rechnungsjahres der *Gesammtwerth* aller aus ihren Rentenantheilen erwachsenden Zahlungen erstattet, so daß *späterhin für jede Anstalt nur solche Renten in Betracht kommen, welche sie selbst angewiesen hat* (Motive S. 320).

4. Durch die Bestimmungen des Abs. 3 werden die nach dem bestehenden Vertheilungsverfahren alljährlich für jede einzelne Rente wiederkehrenden Arbeiten entbehrlich.

§ 126.

Die Zentral-Postbehörden haben der Rechnungsstelle Nachweisungen über diejenigen Zahlungen, welche im **verflossenen Rechnungsjahr** auf Grund der Anweisungen der Versicherungsanstalten geleistet worden sind, zuzustellen. Die Rechnungsstelle hat die vorgeschossenen Beträge nach dem gemäß § 125 Abs. 3 festgestellten Maßstab auf **das Reich, das Gemeinvermögen und das Sondervermögen** zu vertheilen. **Die hiernach auf das Gemeinvermögen sämmtlicher Anstalten entfallenden Zahlungen sind von den einzelnen Versicherungsanstalten im Verhältnisse der für die Gemeinlast bestimmten Theile ihres Vermögens zu erstatten.**

Auf Grund dieser Vertheilung hat die Rechnungsstelle jeder Versicherungsanstalt den Betrag mitzutheilen, den diese aus dem für die Gemeinlast bestimmten Theile ihres Vermögens einerseits und aus ihrem Sondervermögen andererseits zu erstatten hat; dabei sind zugleich die gemäß § 125 Abs. 2 von den einzelnen Anstalten einander zu erstattenden Kapitalwerthe aus dem abgelaufenen Rechnungsjahre festzustellen. Die den Berechnungen zu Grunde liegenden Zahlen sind anzugeben. Gegen die Vertheilung und Abrechnung ist die Beschwerde bei dem Reichs-Versicherungsamte zulässig. Ueber die dem Reiche zur Last fallenden Beträge ist dem Reichskanzler (Reichsamt des Innern) Vorlage zu machen

Den Zentral-Postbehörden hat die Rechnungsstelle mitzutheilen, welche Beträge von dem Reiche und von den einzelnen Versicherungsanstalten zu erstatten sind.

§ 127. Erstattung der Vorschüsse der Postverwaltungen.

Die Versicherungsanstalten haben die von **der Rechnungsstelle ihnen mitgetheilten** Beträge (§ 126) den Postverwaltungen binnen zwei Wochen nach **Eingang der Mittheilung** zu erstatten. Die Erstattung erfolgt aus den bereiten Mitteln der Anstalt. Sind solche nicht vorhanden, so hat der weitere Kommunalverband beziehungsweise der Bundesstaat die erforderlichen Beträge vorzuschießen. Bei gemeinsamen Versicherungsanstalten erfolgt die Aufbringung dieses Vorschusses nach dem im § 68 Abs. 2 festgesetzten Verhältnisse.

Gegen Versicherungsanstalten, welche mit der Erstattung der Beträge im Rückstande bleiben, ist auf Antrag der Zentral-Postbehörde von dem Reichs-Versicherungsamte das Zwangsbeitreibungsverfahren einzuleiten.

§ 128. Erstattung von Beiträgen.

Der Anspruch auf Erstattung von Beiträgen (§§ 42 bis 44) ist unter Beibringung der zur Begründung dienenden Beweisstücke bei **der unteren Verwaltungsbehörde oder Rentenstelle des Wohnorts oder des letzten Beschäftigungsorts oder bei der von der Landes-Zentralbehörde bestimmten Behörde (§ 112 Abs. 1)** geltend zu machen.

Die untere Verwaltungsbehörde oder Rentenstelle hat die Verhandlungen dem Vorstande der für ihren Bezirk zuständigen Versicherungsanstalt zu übersenden. Dieser hat über den Anspruch einen schriftlichen Bescheid zu ertheilen.

Der § 113 findet entsprechende Anwendung, wenn der Todesfall, welcher den Anspruch auf Beitragserstattung begründet, durch einen nach den Unfallversicherungsgesetzen zu entschädigenden Unfall herbeigeführt worden ist.

Gegen den Bescheid steht dem Erstattungsberechtigten die Beschwerde an das Reichs-Versicherungsamt zu. Die Beschwerde ist bei Vermeidung des Ausschlusses innerhalb eines Monats nach Zustellung des Bescheids bei dem Reichs-Versicherungsamt einzulegen.

Die Bestimmungen des § 114 Abs. 3 sind in den Fällen der Abs. 1, 4 entsprechend anzuwenden.

Die Versicherungsanstalten, an welche seinerzeit die nunmehr zurückerstatteten Beiträge entrichtet worden sind, haben der erstattenden Versicherungsanstalt Ersatz zu leisten; die Abrundungsbeträge (§ 42 Abs. 1, § 43, § 44 Abs. 3) verbleiben zu Lasten der erstattenden Versicherungsanstalt. Das Verfahren wird vom Reichs-Versicherungsamte geregelt. Die Versicherungsanstalten können durch Vertrag auf die Ersatzleistungen gegenseitig verzichten; der Vertrag ist dem Reichs-Versicherungsamte mitzutheilen.

1. Die Anmeldung des Anspruchs auf Beitragserstattung findet nicht, wie bisher, beim Vorstande der Versicherungsanstalt, sondern bei der unteren Verwaltungsbehörde oder der Rentenstelle statt.

2. Wie beim Rentenverfahren ist zur Entscheidung nicht die Versicherungsanstalt berufen, an welche zuletzt Beiträge geleistet sind, sondern diejenige Versicherungsanstalt, welche für den Bezirk der unteren Verwaltungsbehörde, an welche die Anmeldung gelangt ist, zuständig ist.

3. Die Bestimmung im Abs. 3 ist eine Folge der Bestimmung im § 44 Abs. 5.

4. Gemäß Abs. 4 sind die bisherigen — dem Rentenverfahren entsprechenden — Rechtsmittel gegen die Entscheidung des Vorstandes beseitigt und es ist nur die einfache Beschwerde beim Reichs-Versicherungsamt zugelassen. Das Reichs-Versicherungsamt ist ausschließlich zuständig, eine Mitwirkung der Landes-Versicherungsämter findet nicht statt. Die Beschwerdefrist ist wie bei der Berufung von 4 Wochen auf 1 Monat ausgedehnt.

5. Die Ausgaben für Beitragserstattungen gehören zur Sonderlast der einzelnen Versicherungsanstalten und sind aus deren Sondervermögen zu bestreiten. Die Vertheilung der erstatteten Beiträge ist deshalb beibehalten. Dabei ist aber Vorsorge getroffen, daß die Vertheilung weiterhin nicht mehr in der umständlichen, der Geringfügigkeit der Beträge nicht entsprechenden Weise vorgenommen wird, wie bisher, wo für jeden einzelnen Erstattungsfall das Rechnungsbüreau des Reichs-Versicherungsamts die Vertheilung vorzunehmen hat. Das im Abs. 5 vorgesehene neue Verfahren wird sich etwa folgendermaßen gestalten: jede Versicherungsanstalt führt Buch über diejenigen Beträge, welche den einzelnen Anstalten an den von ihr erstatteten Beiträgen zur Last fallen. Zur Vermeidung von umständlichen Untervertheilungen der Abrundungsbeträge, welchen Beitragsmarken nicht gegenüberstehen, ist vorgesehen, daß die Abrundungsbeträge derjenigen Versicherungsanstalt zur Last gelegt werden, welche die Beiträge dem Berechtigten erstattet hat. Am Jahresabschlusse wird das Aufrechnungsergebniß der Rechnungsstelle des Reichs-Versicherungsamts mitgetheilt, welche bei Feststellung der den Zentral-Post-

behörden zu erstattenden Zahlungen (§ 126), zugleich mit der Ausgleichung der Rentenlast, auch eine Ausgleichung der den einzelnen Anstalten zur Last fallenden Beitragserstattungen bewirkt. Ergiebt sich später, daß die zu verrechnenden Erstattungsbeträge sich im Wesentlichen ausgleichen und zur Ersatzleistung im Allgemeinen nicht führen, so soll den Anstalten durch die Bestimmung im Abs. 5 die Möglichkeit gegeben werden, im Interesse geschäftlicher Erleichterungen gegenseitig auf die Ersatzleistung zu verzichten. Des bisher vorgesehenen besonderen Einspruchsverfahrens bei Vertheilung der Beitragserstattungen bedarf es nicht mehr; etwaige Mängel der Ausgleichung können durch einfache Beschwerde bei dem Reichs-Versicherungsamte zur Sprache gebracht werden. Ueber dieses vereinfachte Verfahren wird das Reichs-Versicherungsamt die erforderlichen Einzelbestimmungen zu treffen haben (Motive 322 f.).

§ 129. Entscheidung durch Rentenstellen.

Sind Rentenstellen auf Grund der Vorschriften des § 86 die dort bezeichneten Befugnisse übertragen, so finden die Vorschriften der §§ 112 bis 122, 128 mit folgenden Maßgaben entsprechende Anwendung.

Die Entscheidungen der Rentenstelle erfolgen nach Stimmenmehrheit in der Besetzung von drei Mitgliedern, unter denen sich außer dem Vorsitzenden oder seinem Stellvertreter je ein Vertreter der Arbeitgeber und der Versicherten befinden muß, wenn nach Ansicht des Vorsitzenden oder seines Stellvertreters die Versagung einer beantragten Rente oder die Gewährung eines geringeren als des beantragten Rentenbetrages oder die Entziehung einer Invalidenrente in Frage steht.

In den Fällen, in welchen der Anspruch auf Rente oder Beitragserstattung ganz oder zum Theil anerkannt oder die Entziehung einer Invalidenrente oder die Einstellung von Rentenzahlungen abgelehnt oder ausgesprochen worden ist, hat der Vorsitzende der Rentenstelle nach Ertheilung des Bescheids dem Vorstande derjenigen Versicherungsanstalt, die für den Bezirk der Rentenstelle zuständig ist, unverzüglich die Verhandlungen zu übersenden und dabei diejenigen Entscheidungen zu bezeichnen, welche gegen seine Stimme ergangen sind.

Der Vorstand der Versicherungsanstalt ist befugt, Entscheidungen der Rentenstelle, durch welche der Anspruch auf Rente oder Beitragserstattung ganz oder zum Theil anerkannt oder die Entziehung der Invalidenrente oder die Einstellung von Rentenzahlungen abgelehnt worden ist, durch Berufung oder Beschwerde gemäß § 114 Abs. 1, § 128 Abs. 4 anzufechten. Die Berufung und Beschwerde des Vorstandes haben aufschiebende Wirkung, die Berufung aber nur insoweit, als es sich um Beträge handelt, die für die Zeit vor dem Erlasse der Entscheidung der Rentenstelle nachträglich gezahlt werden sollen.

Die Berufung oder Beschwerde ist bei Vermeidung des Ausschlusses innerhalb eines Monats, nachdem die Verhandlungen

der Rentenstelle bei dem Vorstand eingegangen sind (Abs. 3), bei dem zuständigen Schiedsgericht oder dem Reichs-Versicherungsamt einzulegen.

1. Der § 129 handelt von dem Falle, daß den Rentenstellen statt der vorbereitenden eine entscheidende Thätigkeit gemäß § 86 zugewiesen wird.

2. Bei Entscheidung über Beitragserstattungen findet eine Mitwirkung von Vertretern der Arbeitgeber und Versicherten nicht statt.

3. Von solchen Entscheidungen der Rentenstellen, durch welche Zahlungen bedingt werden, muß der Anstaltsvorstand schon deswegen Kenntniß erhalten, weil er die erforderlichen Anweisungen an die Post zu erlassen hat. Die Rentenstelle kann derartige Zahlungsanweisungen nicht erlassen.

Die ausdrückliche Bezeichnung derjenigen Entscheidungen, welche gegen die Stimme des Vorsitzenden der Rentenstelle gefaßt worden sind, werden dem Vorstande die Prüfung der Frage, ob Berufung eingelegt werden soll, erleichtern.

4. Ueber die aufschiebende Wirkung der Berufung vgl. Anm. zu § 116.

5. Das zuständige Schiedsgericht ist dasjenige, welches für den Bezirk der Rentenstelle zuständig ist (vgl. § 114 Abs. 2).

6. Die Entscheidung über den etwa zu ergreifenden Regreß gegen eine Berufsgenossenschaft (§ 113 Abs 3) oder über die Rückforderung überhobener Rentenbeträge (§ 118) steht lediglich dem Anstaltsvorstande zu (Motive 324).

§ 130. Marken.

Zum Zwecke der Erhebung der Beiträge werden von jeder Versicherungsanstalt für die einzelnen Lohnklassen Marken mit der Bezeichnung ihres Geldwerths ausgegeben. Das Reichs-Versicherungsamt bestimmt die **Zeitabschnitte, für welche die Marken ausgegeben werden sollen, sowie** die Unterscheidungsmerkmale und die Gültigkeitsdauer der Marken. Innerhalb zweier Jahre nach Ablauf der Gültigkeitsdauer können ungültig gewordene Marken bei den zum Markenverkaufe bestimmten Stellen gegen gültige Marken umgetauscht werden.

Die Marken einer Versicherungsanstalt können bei allen in ihrem Bezirke belegenen Postanstalten und anderen von der Versicherungsanstalt einzurichtenden Verkaufsstellen gegen Erlegung des Nennwerths käuflich erworben werden.

1. Vgl. die in Anl. VII abgedruckte Bekanntmachung betr. die für die Invalidenversicherung zu verwendenden Beitragsmarken vom 27. Oktober 1899. Hiernach gelangen auch Zweiwochenmarken und Dreizehnwochenmarken zur Ausgabe.

Die Gültigkeit der Doppelmarken ist mit dem 31. Dezember 1899 abgelaufen (vgl. Bek. des R. V. A. vom 27. Oktober 1899); nicht verwendete Doppelmarken können bei den Postanstalten eingelöst werden (vgl. Bek des R. V. A. vom 23. Dezember 1899).

2. Marken für einen 2 Wochen übersteigenden Zeitraum müssen entwerthet werden (§ 141 Abs. 3).

3. Der Verkauf von Marken kann gemäß § 80 auch der Rentenstelle übertragen werden.

§ 131. Quittungskarte.

Die Entrichtung der Beiträge erfolgt durch Einkleben eines entsprechenden Betrags von Marken in die Quittungskarte des Versicherten.

Der Versicherte ist verpflichtet, die Quittungskarte sich ausstellen zu lassen und sie behufs Einklebens der Marken oder zum Entwerthen der Marken zu den hierfür vorgesehenen Zeiten vorzulegen (§§ 141, 149, 150). Er kann hierzu von der Ortspolizeibehörde oder von dem Vorsitzenden der Rentenstelle, soweit dieser die Kontrolle über die Beitragsentrichtung (§§ 161 ff.) übertragen ist, durch Geldstrafen bis zu zehn Mark angehalten werden. Ist der Versicherte mit einer Quittungskarte nicht versehen **oder lehnt er deren Vorlegung ab,** so ist der Arbeitgeber berechtigt, für Rechnung des Versicherten eine solche anzuschaffen und den verauslagten Betrag bei der nächsten Lohnzahlung einzubehalten.

Der Versicherte ist berechtigt, auf seine Kosten zu jeder Zeit die Ausstellung einer neuen Quittungskarte gegen Rückgabe der älteren zu beanspruchen.

1. Vgl. die in Anl. X abgedruckte Preußische Anweisung betr. das Verfahren bei der Ausstellung und dem Umtausch, sowie bei der Erneuerung (Ersetzung) und der Berichtigung von Quittungskarten.

2. Zur Beschaffung von Quittungskarten ist lediglich der Versicherte verpflichtet, der Arbeitgeber nur berechtigt, falls der Versicherte mit einer Karte nicht versehen ist oder die Vorlegung derselben ablehnt.

Durch die im § 131 neu aufgenommene Strafvorschrift wird es möglich sein, mehr als bisher die Durchführung der Versicherung zu betreiben.

§ 132.

Die Quittungskarte enthält das Jahr und den Tag der Ausgabe, die über den Gebrauch erlassenen Bestimmungen (§ 139) und die Strafvorschrift des § 184. Im Uebrigen bestimmt der Bundesrath ihre Einrichtung. **Für die Selbstversicherung und deren Fortsetzung (§ 14 Abs. 1) kann vom Bundesrathe die Verwendung besonderer Quittungskarten vorgeschrieben und die unbefugte Verwendung anderer Quittungskarten mit Strafen bedroht werden.**

Die Kosten der Quittungskarte trägt, soweit sie nicht für Rechnung des Versicherten zu beschaffen ist (§ 131 Abs. 2, 3), die Versicherungsanstalt des Ausgabebezirkes.

Vgl. die in Anl. VIII abgedruckten Bekanntmachungen
a) betr. die Einrichtung der Quittungskarten für die Invalidenversicherung vom 10. November 1899.
b) betr. die nach dem Invalidenversicherungsgesetz für die Selbstversicherung zu verwendenden besonderen Quittungskarten vom 4. Januar 1900.

§ 133.

Jede Quittungskarte bietet Raum zur Aufnahme der Marken für **mindestens zweiundfünfzig** Beitragswochen. Die Karten sind für jeden Versicherten mit fortlaufenden Nummern zu versehen; die erste für ihn ausgestellte Karte ist am Kopfe mit dem Namen derjenigen Versicherungsanstalt, in deren Bezirke der Versicherte zu dieser Zeit beschäftigt ist, jede folgende mit dem Namen derjenigen Versicherungsanstalt, welche sich auf der nächstvorhergehenden Karte vermerkt findet, zu bezeichnen. Stimmt der auf einer späteren Karte enthaltene Name mit dem auf der ersten Karte enthaltenen Namen nicht überein, so ist der auf der ersten Karte enthaltene Name maßgebend.

Nachdem das Beitragsjahr von 47 Wochen weggefallen ist, fehlt jede Veranlassung, die bisherige Zahl von 47 Feldern für die Quittungskarte beizubehalten. Uebrigens enthalten die zur Zeit ausgegebenen Quittungskarten bereits 56 Felder.

§ 134.

Die Ausstellung und der Umtausch der Quittungskarten erfolgt durch die von der Landes-Zentralbehörde bezeichnete Stelle.

Die hiernach zuständige Stelle hat die in der zurückgegebenen Karte eingeklebten Marken derart aufzurechnen, daß ersichtlich wird, wieviel Beitragswochen für die einzelnen Lohnklassen dem Inhaber der Karte anzurechnen sind. Gleichzeitig ist die Dauer der bescheinigten Krankheiten **und** militärischen Dienstleistungen **des Inhabers** anzugeben, **welche in die Zeit, für welche die Quittungskarte gilt, entfallen.** Ueber die aus dieser Aufrechnung sich ergebenden Endzahlen ist dem Inhaber der Karte eine Bescheinigung zu ertheilen.

§ 135.

Eine Quittungskarte verliert ihre Gültigkeit, wenn sie nicht **innerhalb zweier** Jahre **nach** dem **auf** der Karte verzeichneten **Ausstellungs**tage zum Umtausch eingereicht ist. Ist die Annahme begründet, daß der Versicherte ohne sein Verschulden den rechtzeitigen Umtausch versäumt hat, so kann der Vorstand der Versicherungsanstalt des Beschäftigungsorts auf den Antrag des Versicherten die fortdauernde Gültigkeit der Quittungskarte anerkennen.

Der Bundesrath ist befugt anzuordnen, daß die Gültigkeitsdauer der Karten durch Abstempelung verlängert werden kann.

1. Die Herabsetzung der Gültigkeitsdauer auf 2 Jahre entspricht der im § 46 gleichfalls auf 2 Jahre herabgesetzten Frist für das Erlöschen der Anwartschaft.

2. Von der Befugniß des Abs. 2 hat der Bundesrath Gebrauch gemacht. Vgl. die in Anl. VIII abgedruckte Bekanntmachung Ziff. 4.

§ 136.

Verlorene, unbrauchbar gewordene oder zerstörte Quittungskarten sind durch neue zu ersetzen. In die neue Karte sind die **in der älteren** nachweisbar entrichteten Beiträge in beglaubigter Form zu übertragen.

§ 131.

Der Versicherte ist befugt, binnen zwei Wochen nach Aushändigung der Bescheinigung (§ 134) oder der neuen Quittungskarte (§ 136) gegen **die Aufrechnung der Karte und** den Inhalt der Bescheinigung

(§ 134) **sowie gegen** die Uebertragung (§ 136) Einspruch zu erheben. Gegen die Zurückweisung des Einspruchs findet binnen gleicher Frist **Beschwerde bei der** unmittelbar vorgesetzten Dienstbehörde statt. Die letztere entscheidet hierüber sowie über andere das Verfahren betreffende Beschwerden endgültig.

Die Aenderungen sind redaktioneller Art.

§ 138.

Die abgegebenen Quittungskarten sind an die Versicherungsanstalt des Bezirkes zu übersenden und von dieser an diejenige Versicherungsanstalt, deren Namen sie tragen, zu überweisen.

Diese ist befugt, den Inhalt von Quittungskarten desselben Versicherten in Sammelkarten (Konten) zu übertragen und diese an Stelle der Einzelurkunden aufzubewahren, die letzteren aber zu vernichten. Das Verfahren sowie die Einrichtung der Sammelkarte wird vom Bundesrathe bestimmt.

Der Bundesrath hat die Voraussetzungen **und die Formen** zu bestimmen, unter denen die Vernichtung von Quittungskarten **auch in anderen Fällen** zu erfolgen hat.

Durch die neue Bestimmung des Abs. 2 wird die Möglichkeit gegeben, den Raum für die Aufbewahrung der Quittungskarten einzuschränken und damit erhebliche Kosten zu sparen. Solange der Bundesrath nicht die erforderlichen Bestimmungen trifft, werden die Versicherungsanstalten von der Befugniß zur Anlegung von Sammelkarten keinen Gebrauch machen können.

§ 139.

Die Eintragung eines Urtheils über die Führung oder die Leistungen des Inhabers sowie sonstige durch dieses Gesetz nicht vorgesehene Eintragungen oder Vermerke in oder an der Quittungskarte sind unzulässig. Quittungskarten, in welchen derartige Eintragungen oder Vermerke sich vorfinden, sind von jeder Behörde, welcher sie zugehen, einzubehalten. Die Behörde hat die Ersetzung derselben durch neue Karten, in welche der zulässige Inhalt der ersteren nach Maßgabe der Bestimmung des § 136 zu übernehmen ist, zu veranlassen.

Dem Arbeitgeber sowie Dritten ist untersagt, die Quittungskarte nach Einklebung der Marken wider den Willen des Inhabers zurückzubehalten. Auf die Zurückbehaltung der Karten seitens der zuständigen Behörden und Organe zu Zwecken des Umtausches, der Kontrolle, Berichtigung, Aufrechnung, Uebertragung **oder der Durchführung des Einzugsverfahrens** (§§ 148 ff.) findet diese Bestimmung keine Anwendung.

Quittungskarten, welche im Widerspruche mit dieser Vorschrift zurückzubehalten werden, sind durch die Orspolizeibehörde dem Zuwiderhandelnden abzunehmen und dem Berechtigten auszuhändigen. Der erstere bleibt dem letzteren für alle Nachtheile, welche diesem aus der Zuwiderhandlung erwachsen, verantwortlich.

§ 140. Entrichtung der Beiträge **durch die Arbeitgeber.**

Die Beiträge des Arbeitgebers und des Versicherten sind von demjenigen Arbeitgeber zu entrichten, welcher den Versicherten während der **Beitragswoche** (§ 30) beschäftigt hat.

Findet die Beschäftigung nicht während der ganzen **Beitragswoche** bei demselben Arbeitgeber statt, so ist von demjenigen Arbeitgeber, welcher den Versicherten zuerst beschäftigt, der volle Wochenbeitrag zu entrichten. **Wurde dieser Verpflichtung nicht genügt, und hat der Versicherte den Beitrag nicht selbst entrichtet (§ 144), so hat derjenige Arbeitgeber, welcher den Versicherten weiterhin beschäftigt, den Wochenbeitrag zu entrichten, doch steht ihm gegen den zunächst Verpflichteten Anspruch auf Ersatz zu. Steht der Versicherte gleichzeitig in mehreren die Versicherungspflicht begründenden Arbeits- oder Dienstverhältnissen, so haften die Arbeitgeber als Gesammtschuldner für die vollen Wochenbeiträge.**

Sofern die thatsächlich verwendete Arbeitszeit nicht festgestellt werden kann, ist der Beitrag für diejenige Arbeitszeit zu entrichten, welche zur Herstellung der Arbeit annähernd für erforderlich zu erachten ist. Im Streitfall entscheidet auf Antrag eines Theiles die untere Verwaltungsbehörde endgültig. Die Versicherungsanstalt ist berechtigt, für die Berechnung derartiger Beiträge besondere Bestimmungen zu erlassen. Dieselben bedürfen der Genehmigung des Reichs-Versicherungsamts.

1. Ueber Beitragswoche vgl. § 27 Abs. 3.

2. Nach den bisherigen Bestimmungen konnten die Arbeitgeber, welche den Versicherten in derselben Woche hinter dem ersten Arbeitgeber beschäftigten, zur Beitragsleistung nicht herangezogen werden. Der Verweisung auf den „ersten“ Arbeitgeber wird durch die Abänderung im Abs. 2 ein Riegel vorgeschoben.

Die weitere Abänderung im Abs. 2 entspricht der Bestimmung des § 52 Abs. 4 des Kranken-Versicherungsgesetzes in der Fassung der Novelle vom 10. April 1892. Die Fälle, wo Personen gleichzeitig bei mehreren Arbeitgebern in versicherungspflichtiger Beschäftigung stehen, kommen z. B. vor bei Nachtwächtern (Privatwächtern), Feld- oder Forsthütern. Diese mehreren Arbeitgeber sollen nunmehr solidarisch für die Beiträge haften, wobei es ihnen unbenommen bleibt, unter Zuziehung des Versicherten eine Vereinbarung über die Belastung unter sich, etwa nach dem Maße des Interesses des Einzelnen zu treffen (vgl. Motive 328).

§ 141.

Die Entrichtung der Beiträge erfolgt in der Weise, daß der Arbeitgeber (§ 140) bei der Lohnzahlung **für die Dauer der Beschäftigung** Marken derjenigen Art in die Quittungskarte **einklebt,** welche für die Lohnklasse, die für den Versicherten in Anwendung kommt (§ 34), von der für den Beschäftigungsort zuständigen Versicherungsanstalt ausgegeben ist. Der Arbeitgeber hat die Marken aus eigenen Mitteln zu erwerben.

Die Versicherungsanstalt kann bestimmen, daß und inwieweit Arbeitgeber befugt sein sollen, die Marken zu anderen als den

aus den Lohnzahlungen sich ergebenden Terminen beizubringen. In allen Fällen müssen die auf die Dauer des Arbeits- oder Dienstverhältnisses entfallenden Marken spätestens in der letzten Woche des Kalenderjahres oder, sofern das Arbeits- oder Dienstverhältniß früher beendigt wird, bei Beendigung desselben eingeklebt werden.

Marken für einen zwei Wochen übersteigenden Zeitraum müssen entwerthet werden. Der Bundesrath hat die näheren Vorschriften über die Art der Entwerthung zu erlassen und deren Nichtbefolgung mit Strafe zu bedrohen.

Der Bundesrath ist befugt, über die Entwerthung von **anderen** Marken Vorschriften zu erlassen und deren Nichtbefolgung mit Strafe zu bedrohen.

1. Auf Grund der neuen Bestimmung im Abs. 2 ist die Versicherungsanstalt berechtigt, für die Beibringung der Marken andere Termine als die Lohnzahlungs-Termine festzusetzen. So könnte angeordnet werden, daß die Marken am ersten jedes Monats oder jedes Quartals oder am Jahresschlusse, beigebracht werden In allen Fällen müssen aber die Marken, falls das Arbeitsverhältniß früher beendet ist, bei Beendigung desselben beigebracht werden. Wird andererseits bestimmt, daß die Marken allgemein erst bei Beendigung des Arbeitsverhältnisses beizubringen sind, so muß gleichwohl die Beibringung spätestens in der letzten Woche des Kalenderjahres erfolgen, mag auch das Arbeitsverhältniß länger andauern.

Die von der Versicherungsanstalt zu erlassenden Bestimmungen können sich allgemein auf sämmtliche Arbeitgeber, oder auf bestimmte Klassen von Arbeitgebern (Arbeitgeber eines bestimmten Gewerbes, Arbeitgeber, welche eine bestimmte größere Anzahl von Versicherten beschäftigen), oder auf bestimmte einzelne Arbeitgeber erstrecken. Bei Erlaß dieser Bestimmungen wird jedenfalls mit großer Vorsicht zu verfahren sein, damit die Interessen der Versicherten und der Versicherungsanstalt gleichmäßig gewahrt bleiben.

2. Gemäß § 130 Abs. 1 bestimmt das Reichs-Versicherungsamt die Größe der Marken-Appoints. Werden auf Grund dieser Bestimmung Marken für einen längeren Zeitraum als 2 Wochen ausgegeben, so müssen solche Marken bei ihrer Verwendung entwerthet werden.

3. Vgl. die in Anl. IX abgedruckte Bekanntmachung betr. die Entwerthung und Vernichtung der Marken bei der Invalidenversicherung vom 9. November 1899.

§ 142.

Die Versicherten sind verpflichtet, bei den Lohnzahlungen die Hälfte der Beiträge, **in den Fällen des § 34 Abs. 4 aber, sofern nicht die Versicherung in einer höheren Lohnklasse auf einer Vereinbarung zwischen dem Arbeitgeber und dem Versicherten beruht, den auf sie entfallenden höheren Betrag sich einbehalten zu lassen. Die Arbeitgeber dürfen nur auf diesem Wege den auf die Versicherten entfallenden Betrag wieder einziehen.**

Die Abzüge **für Beiträge sind** auf die Lohnzahlungsperioden, **auf welche sie entfallen, gleichmäßig zu vertheilen. Die Theilbeträge dürfen, ohne daß dadurch Mehrbelastungen der Versicherten herbeigeführt werden, auf volle zehn Pfennig abgerundet werden.**

Sind Abzüge bei einer Lohnzahlungsperiode unterblieben, so dürfen sie für die betreffende Lohnzahlungsperiode nur noch bei der nächstfolgenden Lohnzahlung nachgeholt werden. Diese Bestimmung findet keine Anwendung, wenn wegen verspäteter Feststellung einer bisher streitigen Versicherungspflicht oder aus anderen Gründen Beiträge nachträglich zu verwenden sind, ohne daß den Arbeitgeber hierbei ein Verschulden trifft.

Arbeitgeber, deren Zahlungsunfähigkeit im Zwangsbeitreibungsverfahren festgestellt worden ist, dürfen, soweit die Entrichtung der Beiträge in der im § 141 Abs. 1 angegebenen Weise erfolgt, Lohnabzüge nur für diejenige Zeitdauer machen, für welche sie die geschuldeten Beiträge nachweislich bereits entrichtet haben; soweit dagegen die Einziehung der Beiträge gemäß §§ 148 ff. stattfindet, sind sie verpflichtet, die im Abs. 1 zugelassenen Lohnabzüge zu machen und deren Betrag sofort, nachdem der Abzug gemacht ist, an die zuständige Einzugsstelle abzuliefern. Eine gegen den Arbeitgeber auf Grund des § 52a des Krankenversicherungsgesetzes getroffene Anordnung erstreckt sich auch auf die von der betheiligten Krankenkasse einzuziehenden Beiträge für die Invalidenversicherung.

1. Die abgeänderte Bestimmung im Abs. 1 soll zum klaren Ausdruck bringen, daß die Versicherten zur antheiligen Erstattung der Beiträge *verpflichtet* sind.

2. Die Abänderung im Abs. 2 war nothwendig mit Rücksicht auf die Bestimmung im § 141 Abs. 2.

3. Gemäß Abs. 3 erleidet der Grundsatz, daß der Abzug von Beiträgen, falls er für eine Lohnzahlungsperiode unterblieben, nur bei der nächstfolgenden Lohnzahlung nachgeholt werden kann, unter bestimmten Voraussetzungen eine Ausnahme. Es ist vielfach vorgekommen, daß ganze Personengruppen durch Interpretation der gesetzlichen Bestimmungen für versicherungspflichtig erklärt worden sind, die man vorher nicht für versicherungspflichtig gehalten hatte. In solchen Fällen soll bei der nachträglichen Beibringung der Marken der erwähnte Grundsatz keine Geltung haben. Ebenso, wenn der Versicherte die Vorlegung der Karte verweigert hat, oder wenn die Ausstellung der Quittungskarte sich ohne Schuld des Arbeitgebers verzögert.

§ 143.

Die Erhebung der Beiträge für diejenigen Personen, auf welche die Versicherungspflicht nach § 2 erstreckt worden ist, wird durch Beschluß des Bundesraths geregelt.

§ 144. **Entrichtung der Beiträge durch die Versicherten.**

Versicherungspflichtige Personen sind befugt, die Beiträge an Stelle der Arbeitgeber zu entrichten.

Dem Versicherten, welcher auf Grund dieser Bestimmung die vollen Wochenbeiträge entrichtet hat, steht gegen den nach § 140 zur Entrichtung der Beiträge verpflichteten Arbeitgeber der Anspruch auf Erstattung der Hälfte **des Betrags, und in Fällen des § 34 Abs. 4, sofern nicht die Versicherung in einer höheren Lohnklasse auf**

einer Vereinbarung zwischen dem Arbeitgeber und dem Versicherten beruht, auf Erstattung der Hälfte desjenigen geringeren Betrags zu, welchen der Arbeitgeber nach der für den Versicherten maßgebenden Lohnklasse zu tragen hat. Der Anspruch besteht jedoch nur, sofern die Marke vorschriftsmäßig entwerthet ist. Der Anspruch ist für die betreffende Lohnzahlungsperiode bei der Lohnzahlung geltend zu machen. Ist dies bei einer Lohnzahlung unterblieben, so darf der Anspruch für die betreffende Lohnzahlungsperiode nur noch bei der nächstfolgenden Lohnzahlung erhoben werden, sofern nicht der Versicherte ohne sein Verschulden erst nachträglich an Stelle des Arbeitgebers Beiträge verwendet hat.

1. Im § 144 wird der Grundsatz festgelegt, daß jede versicherungspflichtige Person ohne Weiteres befugt ist, die Beiträge selbst an Stelle des Arbeitgebers zu entrichten. Bei der Geltendmachung des Anspruchs auf antheilige Erstattung der Beiträge gegen den Arbeitgeber ist jedoch die vorherige Entwerthung der verwendeten Marken unerläßliche Voraussetzung. Diese Bestimmung ist getroffen, um den Arbeitgeber vor Uebervortheilung zu schützen. Vgl. die in Anl. IX abgedruckte Bekanntmachung betr. Entwerthung.

2. Der Schlußsatz des § 144 entspricht den Bestimmungen des § 142 Abs. 3. Die Motive (S. 331) heben hervor, daß durch diese Bestimmung auch die in der Praxis nicht seltenen Fälle berücksichtigt werden, in denen ohne Verschulden des Versicherten der Mangel einer der nachgewiesenen Arbeitszeit entsprechenden Zahl von Beiträgen erst im Rentenfeststellungsverfahren entdeckt und gerügt wird. Wenn der Versicherte hier die rückständigen Beiträge selbst entrichtet, um die durch Inanspruchnahme des säumigen Arbeitgebers entstehenden Verzögerungen der Rentenfeststellung zu vermeiden, so ist sein Erstattungsanspruch auf zwei Lohnzahlungsperioden nicht beschränkt.

§ 145.

Bei freiwilliger Versicherung (§ 14) haben die sie eingehenden Personen Marken derjenigen Versicherungsanstalt zu verwenden, in deren Bezirk sie beschäftigt sind oder, sofern eine Beschäftigung nicht stattfindet, sich aufhalten. Dabei steht ihnen die Wahl der Lohnklasse frei. Begeben sich Versicherte in das Ausland, so sind sie berechtigt, die Versicherung dort fortzusetzen; sie haben dabei Marken derjenigen Versicherungsanstalt zu verwenden, in deren Bezirke sie zuletzt beschäftigt waren oder sich aufgehalten haben.

Personen, welche für die Dauer einer gegen Lohn oder Gehalt unternommenen Beschäftigung, während deren sie nach § 3 Abs. 2, § 4 Abs. 1 der Versicherungspflicht nicht unterliegen, freiwillig sich versichern (§ 14 Abs. 1), steht gegen denjenigen Arbeitgeber, welcher, wenn die Versicherungspflicht bestände, nach § 140 zur Entrichtung der Beiträge verpflichtet sein würde, der Anspruch auf Erstattung der Hälfte der für die Dauer der Arbeitszeit entrichteten Beträge nach Maßgabe des § 144 Abs. 2 zu. Die Anrechnung höherer Beträge, als sich bei Anwendung des § 34 Abs. 1 bis 3 ergeben würden, kann der Arbeitgeber ablehnen.

1. Die Zusatzmarken bei der freiwilligen Versicherung sind in Wegfall gekommen.

Desgleichen ist die Beschränkung der freiwilligen Versicherung auf Lohnklasse II in Wegfall gekommen und den Versicherten die Wahl der Lohnklasse freigestellt. Endlich ist auch die obligatorische Entwerthung der für die freiwillige Versicherung verwendeten Marken nicht mehr vorgeschrieben.

2. Durch den Abs. 1 wird die freiwillige Fortsetzung der Versicherung im Auslande für zulässig erklärt.

3. Durch die Bestimmung des Abs. 2 wird die Durchführung der Versicherung, insbesondere für diejenigen Personen, welche der Versicherungspflicht nicht unterliegen, weil sie nur gegen freien Unterhalt beschäftigt werden, ermöglicht.

§ 146. Unwirksame Beiträge.

Die nachträgliche Entrichtung von Beiträgen für eine versicherungspflichtige Beschäftigung ist nach Ablauf von zwei Jahren, sofern aber die Beitragsleistung wegen verspäteter Feststellung einer bisher streitigen Versicherungspflicht oder aus anderen Gründen ohne Verschulden der Betheiligten unterblieben ist, nach Ablauf von vier Jahren seit der Fälligkeit unzulässig. Freiwillige Beiträge und Beiträge einer höheren als der maßgebenden Lohnklasse (§ 34 Abs. 4) dürfen für eine länger als ein Jahr zurückliegende Zeit sowie nach eingetretener Erwerbsunfähigkeit (§ 15, 16) nachträglich oder für die fernere Dauer der Erwerbsunfähigkeit nicht entrichtet werden.

1. Nach der Rechtsprechung des Reichs-Versicherungsamts ist bisher die an sich zulässige nachträgliche Verwendung von Pflichtbeiträgen an keine Zeit gebunden und können daher Beiträge für Zeiten versicherungspflichtiger Beschäftigung, die vor vier und noch mehr Jahren fällig geworden sind, ohne Weiteres nachträglich rechtswirksam entrichtet werden. Diese Befugniß wird mit der Bestimmung des § 168 deshalb für vereinbar erachtet, weil § 168 lediglich die Beitragsverjährung gegenüber der Versicherungsanstalt regele und eine Zwangseinziehung solcher verjährter Beiträge seitens der Anstalten ausschließe. Die nachträgliche Entrichtung der Beiträge ist nach den bisherigen Erfahrungen häufig erst dann vorgenommen worden, wenn der Versicherungsfall schon eingetreten war oder nahe bevorstand, und dabei ist dann noch in zahlreichen Fällen auf Grund des Einverständnisses zwischen Arbeitgeber und Versicherten der Beitrag nach einem höheren, als dem maßgebenden Jahresarbeitsverdienste bemessen worden. Der hierdurch geschaffene Rechtszustand ist geeignet, die ordnungsmäßige Durchführung der Beitragsentrichtung zu gefährden und empfindliche Vermögensnachtheile für die Versicherungsanstalt herbeizuführen. Seine Beseitigung war deshalb dringend geboten. Die nachträgliche Entrichtung der Pflichtbeiträge ist deshalb künftig nur innerhalb einer Frist von zwei Jahren gestattet. Diese Beschränkung ist um so unbedenklicher, als der Entwurf im § 144 das Recht der Versicherten, an Stelle der Arbeitgeber die Beiträge selbst zu entrichten, ausdrücklich anerkennt und dem Versicherten in diesen Fällen einen Erstattungsanspruch gegen den Arbeitgeber einräumt; dadurch wird es dem Versicherten ermöglicht, die Säumniß des Arbeitgebers durch eigene Beitragsentrichtung unschädlich zu machen. Durch die nach Ablauf der zweijährigen Frist nachgebrachten Pflichtbeiträge kann hiernach weder die Wartezeit erfüllt, noch die Rente erhöht werden (vgl. Motive S. 336).

2. Am 1. Januar 1900 rückständige Pflichtmarken können in schwebenden Sachen ohne zeitliche Beschränkung wirksam nachgebracht werden,

sofern gemäß § 193 Invalid.-Vers.-Ges. lediglich das bisherige Recht zur Anwendung kommt. (Rev. Entsch. des R.-V.-A. Nr. 793. Amtl. Nachr. 1900 S. 408.) Ueber die zeitliche Wirksamkeit des § 146 bezw über die Frage, ob Beiträge, welche vor dem 1. Januar 1898 bezw. 1896 fällig geworden sind, noch beigebracht werden können, vgl. den Aufsatz von Rosin in der „Arbeiterversorgung" XVII Nr. 3 und den Aufsatz von Pauli ebendaselbst Nr. 8.

3. Die Zulässigkeit der Verwendung von Beiträgen einer höheren, als der nach § 34 maßgebenden Lohnklasse ist, zumal diese Höherversicherung nach der abgeänderten Bestimmung des § 34 Abs. 4 nicht mehr von einer Vereinbarung zwischen dem Arbeitgeber und dem Versicherten abhängig ist, sondern von dem Versicherten in allen Fällen gegen Uebernahme der Mehrkosten beansprucht und im Falle des § 144 ohne Weiteres vorgenommen werden kann, auf eine kürzere Frist eingeschränkt worden. Dieselbe Beschränkung findet für die nachträgliche Verwendung freiwilliger Beiträge statt. Nach eingetretener Erwerbsunfähigkeit dürfen solche Beiträge nachträglich überhaupt nicht mehr verwendet werden.

§ 147.

Die in einer ordnungsmäßig ausgestellten Quittungskarte ordnungsmäßig verwendeten Marken begründen die Vermuthung, daß während derjenigen Zahl von Beitragswochen, für welche Marken beigebracht sind, ein den Vorschriften des Gesetzes entsprechendes Versicherungsverhältniß auf Grund der Versicherungspflicht oder freiwilliger Versicherung bestanden hat. Diese Vermuthung findet jedoch insoweit nicht statt, als sich ergiebt, daß die Marken erst nach Ablauf eines Monats seit der Fälligkeit der Beiträge eingeklebt oder während eines Kalenderjahres mehr Marken beigebracht sind, als in dasselbe Beitragswochen entfallen.

Das Markensystem des Gesetzes hat den Zweck, auf thunlichst einfache Weise die fortlaufende Entrichtung der Versicherungsbeiträge sowie die Thatsache, daß während der betreffenden Zeit ein Versicherungs- beziehungsweise ein Beschäftigungsverhältniß in der That bestanden hat, nachzuweisen. Hiermit würde es unvereinbar sein, wenn bei Anträgen auf Bewilligung einer Rente die Versicherungsanstalt einen besonderen Nachweis darüber verlangen wollte, daß in der That ein die Versicherungspflicht begründendes Arbeits- oder Dienstverhältniß während derjenigen Zeit bestanden hat, für welche Marken beigebracht sind. Dieser besondere Nachweis kann in der Regel nur durch besondere Arbeitsbescheinigungen des Arbeitgebers oder der Gemeindebehörde erbracht werden; durch das Verlangen solcher weiteren Urkunden aber wird die Durchführung des Gesetzes erschwert und den Klagen über entbehrliche Belästigungen der Arbeitgeber Nahrung gegeben. Es mag Fälle geben, in denen Marken zu Unrecht beigebracht sind und deshalb einen Anspruch auf Rente nicht begründen; diese Fälle werden aber immerhin selten sein und die Regel nicht berühren, wonach aus der Entrichtung der Beiträge auf eine ordnungsmäßige Versicherung geschlossen werden muß. Aus diesen Gründen schreibt der § 147 zu Gunsten des Versicherten eine gesetzliche Vermuthung dafür vor, daß während einer durch Marken ordnungsmäßig belegten Zeit ein dem Gesetz entsprechendes Versicherungsverhältniß, mag dasselbe ein Pflichtverhältniß oder ein freiwilliges gewesen sein, in der That bestanden hat. Der Versicherungsanstalt bleibt dabei unbenommen, diese Frage, soweit dies im Einzelfalle nothwendig erscheinen sollte, näher zu prüfen; nur wird sie sich dabei nicht darauf beschränken dürfen, von den Versicherten den Nachweis des Bestehens eines Versicherungsverhältnisses zu fordern. Eine Ausnahme ist nur für diejenigen Fälle zugelassen, in denen offenbar Marken nachträglich beigebracht sind. (Motive 338.)

§ 148. Einziehung der Beiträge.

Durch die Landes-Zentralbehörde oder mit Genehmigung derselben durch das Statut einer Versicherungsanstalt oder mit Genehmigung der höheren Verwaltungsbehörde durch statutarische Bestimmung eines weiteren Kommunalverbandes oder einer Gemeinde kann abweichend von den Vorschriften des § 141 Abs. 1 angeordnet werden, daß die Beiträge für **alle versicherungspflichtigen Personen oder für bestimmte Klassen derselben**

1. **durch reichs- oder landesgesetzliche Krankenkassen oder durch Knappschaftskassen,**
2. durch Gemeindebehörden oder andere von der Landes-Zentralbehörde bezeichnete Stellen oder durch örtliche von der Versicherungsanstalt **einzurichtende** Hebestellen

für **Rechnung der Versicherungsanstalt** eingezogen werden. **Auf demselben Wege** können in diesen Fällen Bestimmungen über die Verpflichtung zur Anmeldung und Abmeldung der Versicherten getroffen werden.

Sofern hiernach die Einziehung der Beiträge **durch örtliche Hebestellen der Versicherungsanstalten angeordnet wird, sind die letzteren verpflichtet, solche Hebestellen auf ihre Kosten an den von der höheren Verwaltungsbehörde bezeichneten Stellen zu errichten.**

Die Versicherungsanstalten sind verpflichtet, den mit der Einziehung der Beiträge beauftragten Krankenkassen, **Gemeindebehörden und sonstigen von der Landes-Zentralbehörde bezeichneten** Stellen eine von der Landes-Zentralbehörde zu bestimmende Vergütung zu gewähren.

Den örtlichen Hebestellen der Versicherungsanstalten (Abs. 1 Ziffer 2) kann durch Bestimmung der Landes-Zentralbehörde oder der höheren Verwaltungsbehörde mit Zustimmung der Krankenkasse die Einziehung der Krankenversicherungsbeiträge übertragen werden. In diesen Fällen sind die betheiligten Krankenkassen verpflichtet, zu den Kosten der Hebestellen beizutragen. Die näheren Bestimmungen hierüber sind nach Anhörung der betheiligten Versicherungsanstalten und Krankenkassen von der höheren Verwaltungsbehörde zu treffen.

Die Landes-Zentralbehörde kann die Befugnisse regeln, welche der Versicherungsanstalt gegenüber den Einzugsstellen, soweit sie nicht von der Versicherungsanstalt selbst eingerichtet sind, zur Sicherung einer ordnungsmäßigen Erfüllung ihrer Aufgabe zustehen.

Für die freiwillige Versicherung (§ 14) kann die Einziehung der Beiträge nicht vorgeschrieben werden.

1. Gemäß den abgeänderten Bestimmungen des § 148 können Hebestellen auch für diejenigen Versicherten eingerichtet werden, welche einer Krankenkasse angehören. Die Einziehung der Beiträge durch die Krankenkassen für alle versicherungspflichtigen Personen war auch schon nach den bisherigen Bestimmungen möglich.

Zur Einrichtung der Hebestellen sind die Versicherungsanstalten, sofern eine Anordnung gemäß Abs. 1 getroffen ist, verpflichtet.

2. Mit der Einziehung der Beiträge können auch die Rentenstellen beauftragt werden.

3. Durch die Bestimmung im Abs. 4 kann den Hebestellen die Einziehung der Krankenkassenbeiträge übertragen werden; hierdurch wird eine engere Verbindung von Invaliditäts- und Krankenversicherungs-Organisation vorbereitet.

4. Die Bestimmung des Abs. 6 schließt nicht aus, daß die Einzugsstellen auch für die freiwillige Versicherung die Beiträge einziehen können; es darf ihnen nur keine Verpflichtung auferlegt werden (Motive 340).

§ 149.

Die Landes-Zentralbehörden oder die von ihnen als zuständig bezeichneten Stellen können nähere Bestimmungen über das Verfahren der Einzugsstellen (§ 148) bei Einziehung, Verwendung und Verrechnung der Beiträge erlassen.

Soweit diese Bestimmungen nichts Anderes anordnen, werden die Beiträge durch die Einzugsstellen zugleich mit den Beiträgen zur Krankenversicherung an deren Fälligkeitsterminen, bei solchen Versicherten aber, für welche Krankenversicherungsbeiträge nicht einzuziehen sind, zu den von der Einzugsstelle bestimmten Zeitpunkten von den Arbeitgebern eingezogen und die den eingezogenen Beiträgen entsprechenden Marken in die Quittungskarten der Versicherten eingeklebt. Dabei findet die Bestimmung des § 131 Abs. 2 entsprechende Anwendung.

Die Vorschrift, daß die Beiträge zur Invalidenversicherung an den Fälligkeitsterminen der Krankenversicherungsbeiträge eingezogen werden sollen, ist nicht dahin zu verstehen, daß die ersteren nur insoweit zugleich mit den letzteren einzuziehen sind, als sie nach den anderweiten Bestimmungen zu den betreffenden Terminen schon fällig sind. In diesem Falle würde die durch § 149 angestrebte Vereinfachung des Verfahrens nicht erreicht werden. Vielmehr soll durch jene Bestimmung zum Ausdrucke gebracht werden, daß bei gleichzeitiger Einziehung der Beiträge zur Kranken- und zur Invalidenversicherung auch die letzteren an den nach § 52 des Krankenversicherungsgesetzes in der Fassung der Novelle vom 10. April 1892 bestimmten Terminen fällig werden. Hierin kann auch gegen Arbeitgeber, die etwa den Lohn in längeren Zeitabschnitten zahlen, eine Unbilligkeit nicht gefunden werden, da ihnen ja die Mühe des Markenklebens abgenommen wird. Sollte diese Bestimmung ausnahmsweise als unbillig oder unbequem empfunden werden, so würde auf dem im § 150 Abs. 1 vorgesehenen Wege Abhülfe möglich sein (Motive 341).

§ 150.

Wird die Einziehung der Beiträge angeordnet, so kann von der Landes-Zentralbehörde oder von dem Vorstande der Versicherungsanstalt einzelnen Arbeitgebern gestattet werden, die

Beiträge der von ihnen beschäftigten Personen durch Verwendung von Marken nach den Vorschriften der §§ 140, 141 selbst zu entrichten. Von solchen Verfügungen ist der Einzugsstelle Kenntniß zu geben.

Reichs-, Staats- und Kommunalbehörden können für die von ihnen beschäftigten versicherungspflichtigen Personen die Entrichtung der Beiträge nach den Bestimmungen des § 140 übernehmen. Sofern dies geschieht, ist der Versicherungsanstalt und der Einzugsstelle Mittheilung zu machen.

§ 151.

Wird die Einziehung der Beiträge angeordnet, so kann auf demselben Wege **weiter bestimmt** werden, daß

1. die Ausstellung und der Umtausch der Quittungskarten (§§ 134, 136) durch die nach § 148 Abs. 1 mit der Einziehung der Beiträge beauftragten Stellen stattzufinden hat;
2. für diejenigen Versicherten, deren Beschäftigung **durch die Natur ihres Gegenstandes** oder im Voraus durch den Arbeitsvertrag auf einen Zeitraum von weniger als einer Woche beschränkt ist, die auf die Versicherten entfallende Hälfte der Beiträge unmittelbar von den Versicherten, die auf die Arbeitgeber entfallende Hälfte aber von dem weiteren Kommunalverband **oder** der Gemeinde entrichtet und durch sie von den Arbeitgebern wieder eingezogen wird.

Für diese Fälle hat die Versicherungsanstalt den mit der Einziehung der Beiträge beauftragten Krankenkassen, Gemeindebehörden und sonstigen von der Landes-Zentralbehörde bezeichneten Stellen besondere Vergütungen zu gewähren, deren Höhe von der Landes-Zentralbehörde zu bestimmen ist.

§ 152.

Die im § 148 Abs. 1, § 151 Abs. 1 Ziffer 1 vorgesehenen Maßregeln können für die Mitglieder einer Krankenkasse (§ 166) auch durch das Kassenstatut und für diejenigen Versicherten, welche einer für Reichs- oder Staatsbetriebe errichteten Krankenkasse angehören, auch durch die den Verwaltungen dieser Betriebe vorgesetzte Dienstbehörde getroffen werden.

Die bisherige Allegirung der Ziffer 2 des § 151 Abs. 1 beruhte auf einem Redaktionsversehen.

§ 153.

Der Versicherte ist berechtigt, die Quittungskarte bei der die Beiträge einziehenden Stelle, solange er in dem Bezirke dieser Stelle versichert ist, zu hinterlegen. **Die Landes-Zentralbehörde kann im Einvernehmen mit der Versicherungsanstalt die Verpflichtung zur Hinterlegung vorschreiben. In diesem Falle findet die Bestimmung des § 131 Abs. 2 Satz 2 Anwendung.**

§ 154. Abrundung.

Ergeben sich bei den zwischen Arbeitgebern und Versicherten stattfindenden Abrechnungen Bruchpfennige, so ist der auf den Arbeitgeber entfallende **Theil** nach oben, der auf den Versicherten entfallende **Theil** nach unten auf volle Pfennig abzurunden.

Der Gebrauch des Wortes „Theil" statt „Hälfte" beruht auf der veränderten Fassung des § 34 Abs. 4.

§ 155. Streitigkeiten.

Streitigkeiten zwischen den Organen der Versicherungsanstalten einerseits und Arbeitgebern oder Arbeitnehmern oder den im § 14 bezeichneten Personen andererseits, oder zwischen Arbeitgebern und Arbeitnehmern über die Frage, ob oder zu welcher Versicherungsanstalt oder in welcher Lohnklasse Beiträge zu entrichten sind, werden, **sofern sie nicht im Rentenfeststellungsverfahren (§§ 112 ff.) hervortreten,** von der für den Beschäftigungsort (§ 65) zuständigen unteren Verwaltungsbehörde **und da, wo Rentenstellen bestehen, von dem Vorsitzenden derselben** entschieden. **Vor der Entscheidung ist in der Regel der Versicherungsanstalt Gelegenheit zur Aeußerung zu geben.** Gegen die Entscheidung steht den Betheiligten **und der Versicherungsanstalt, welche sich in dem Verfahren geäußert hat, innerhalb eines Monats** nach der Zustellung die Beschwerde an die höhere Verwaltungsbehörde zu, welche endgültig entscheidet. **Die zuständigen Behörden sind bei den Entscheidungen an die vom Reichs-Versicherungsamt aufgestellten Grundsätze gebunden. Streitigkeiten über Fragen von grundsätzlicher Bedeutung sind dem Reichs-Versicherungsamte zur Entscheidung zu überweisen, wenn dies innerhalb der Beschwerdefrist von der Versicherungsanstalt beantragt wird.**

Besteht Meinungsverschiedenheit über die Frage, welche Behörde zur Entscheidung zuständig sei, so wird die Zuständigkeit von der höheren Verwaltungsbehörde oder der Landes-Zentralbehörde, sofern aber mehrere Bundesstaaten in Betracht kommen und eine Einigung ihrer Zentralbehörden nicht stattfindet, vom Reichskanzler bestimmt.

1. Vgl. hierzu den Aufsatz von Appelius in der „Invaliditäts- und Altersversicherung" X Nr. 1. Streitigkeiten über Beitragspflicht, sofern sie im Rentenfeststellungsverfahren hervortreten, unterliegen nicht der Entscheidung der unteren Verwaltungsbehörde, sondern derjenigen Stelle, welche über den Rentenanspruch entscheidet.

2. Sind Rentenstellen errichtet, so tritt an Stelle der unteren Verwaltungsbehörde der Vorsitzende der Rentenstelle.

3. Gegenüber Zweifeln in der Praxis ist hervorzuheben, daß die Bestimmung des § 155 vorbehaltlich der Fälle des § 157 auf alle aus Anlaß der Beitragsentrichtung möglichen Streitigkeiten anzuwenden und nicht etwa auf solche rein versicherungsrechtlicher Natur zu beschränken ist. Hiernach haben die Verwaltungsbehörden auch über die Beitragsentrichtung berührenden Streitigkeiten thatsächlicher Natur zu entscheiden, insbesondere darüber, ob der Arbeitgeber, welchem eine nachträgliche Beitragsleistung oder

Beitragserstattung (§§ 144, 145) angesonnen wird, seiner Beitragspflicht schon vorher genügt hat, wer im Einzelfall als der zur Beitragsleistung verpflichtete Arbeitgeber anzusehen, in welchem Umfang und zu welchem Zeitpunkte Beiträge zu entrichten sind. Diese Fragen hängen ihrer Natur nach eng mit denjenigen zusammen, welche den besonderen Instanzen des Invalidenversicherungsgesetzes zugewiesen sind und es erscheint nicht angängig, zu ihrer Entscheidung etwa die Mitwirkung der bürgerlichen Gerichte in Anspruch zu nehmen (Mot. 342).

4. Um die Einheitlichkeit der Rechtsprechung zu wahren, sind die neuen Bestimmungen getroffen, daß Fragen von grundsätzlicher Bedeutung auf Antrag der Versicherungsanstalt dem Reichs-Versicherungsamt zu überweisen sind und daß die zuständigen Behörden bei Entscheidungen von Streitigkeiten aus § 155 an die vom Reichs-Versicherungsamt aufgestellten Grundsätze gebunden sind.

§ 156.

Streitigkeiten zwischen den Organen verschiedener Versicherungsanstalten über die Frage, zu welcher derselben für bestimmte Personen Beiträge zu entrichten sind, **werden auf Antrag des Vorstandes einer betheiligten Versicherungsanstalt vom Reichs-Versicherungsamt entschieden.**

§ 157.

Im Uebrigen werden Streitigkeiten zwischen Arbeitgebern und **Arbeitnehmern** über die Berechnung und Anrechnung der für diese zu entrichtenden oder im Falle **des § 140 Abs. 2 und der §§ 144, 145** denselben zu erstattenden Beiträge **sowie Streitigkeiten über Ersatzansprüche in den Fällen des § 140 Abs. 2** von der unteren Verwaltungsbehörde **und da, wo Rentenstellen bestehen, von dem Vorsitzenden derselben** (§ 155) endgültig entschieden.

§ 158.

Nach endgültiger Erledigung dieser Streitigkeiten hat die untere Verwaltungsbehörde **und da, wo Rentenstellen bestehen, der Vorsitzende derselben** von Amtswegen dafür zu sorgen, daß zu wenig erhobene Beiträge durch nachträgliche Verwendung von Marken beigebracht werden. Zu viel erhobene Beiträge sind auf Antrag von der Versicherungsanstalt wieder einzuziehen und nach Vernichtung der in die Quittungskarten eingeklebten betreffenden Marken und Berichtigung der Aufrechnungen an diejenigen Arbeitgeber und Versicherten zurückzuzahlen, **welche die Aufwendung für die Beitragsentrichtung gemacht haben.**

Handelt es sich um die Verwendung von Marken einer nicht zuständigen Versicherungsanstalt, so ist nach Vernichtung derjenigen Marken, welche irrthümlich beigebracht sind, ein der Zahl der Beitragswochen entsprechender Betrag von Marken der zuständigen Versicherungsanstalt beizubringen. Der Betrag der vernichteten Marken ist von der Versicherungsanstalt, welche sie ausgestellt hatte, wieder einzuziehen und zwischen den betheiligten Arbeitgebern und Versicherten entsprechend zu theilen.

An die Stelle der Vernichtung von Marken kann in den nach Ansicht der unteren Verwaltungsbehörde dazu geeigneten Fällen die

Einziehung der Quittungskarten und nach Uebertragung der gültigen Eintragungen derselben die Ausstellung neuer Quittungskarten treten.

Vgl. die in der Anlage IX abgedruckte Bekanntmachung betr. Vernichtung der Beitragsmarken.

§ 159.

Die Kosten des Verfahrens bei Streitigkeiten der in den §§ 155 bis 158 bezeichneten Art trägt, soweit sie bei dem Reichs-Versicherungsamt entstehen, das Reich, soweit sie bei einer Rentenstelle entstehen, die Versicherungsanstalt, im Uebrigen der Bundesstaat.

Die Bestimmung des § 64 Abs. 5 findet entsprechende Anwendung.

Die Kosten des Verfahrens z. B. durch Vernehmung von Zeugen oder Sachverständigen.

§ 160.

Auch ohne daß ein Streitfall gemäß §§ 155, 156 vorausgegangen ist, sind den Betheiligten auf ihren Antrag die entrichteten Beiträge zurückzuzahlen, sofern die Versicherungspflicht oder das Recht zur freiwilligen Versicherung (§ 14) für die betreffenden Beitragswochen endgültig verneint worden ist.

Es wäre unbillig, denjenigen Personen, für welche wegen irrthümlicher Annahme einer Versicherungspflicht Beiträge entrichtet worden sind, die Erstattung des Werthes der Beiträge zu versagen, sobald die Unrichtigkeit dieser Annahme, auch ohne daß eine Streitigkeit vorausgegangen ist, während der Dauer der Versicherung oder im Rentenfeststellungsverfahren endgültig festgestellt worden ist. Da einzelne Versicherungsanstalten in solchen Fällen die Beitragserstattung mit der Begründung abgelehnt haben, daß das Gesetz eine entsprechende Bestimmung nicht enthalte, so ist auch durch das Gesetz der Anspruch auf Beitragserstattung ausdrücklich anerkannt (Mot. 345).

§ 161. Kontrole.

Die Versicherungsanstalten sind verpflichtet, die rechtzeitige und vollständige Entrichtung der Beiträge regelmäßig zu überwachen.

Die Arbeitgeber sind verpflichtet, über die Zahl der von ihnen beschäftigten Personen, **über die gezahlten Löhne und Gehälter** und über die Dauer der Beschäftigung den Organen der Versicherungsanstalt **und ihren Beauftragten** sowie den die Kontrole **ausübenden anderen** Behörden oder Beamten auf Verlangen Auskunft zu ertheilen und denselben diejenigen Geschäftsbücher oder Listen, aus welchen jene Thatsachen hervorgehen, zur Einsicht während der Betriebszeit an Ort und Stelle vorzulegen. Ebenso sind die Versicherten zur Ertheilung von Auskunft über Ort und Dauer ihrer Beschäftigung verpflichtet. Die Arbeitgeber und die Versicherten sind ferner verbunden, den bezeichneten Organen, Behörden und Beamten auf Erfordern die Quittungskarten behufs Ausübung der Kontrole und Herbeiführung der etwa erforderlichen Berichtigungen gegen Bescheinigung auszuhändigen. Sie können hierzu von der **Ortspolizeibehörde** durch Geldstrafen bis zum Betrage von je **einhundertundfünfzig** Mark angehalten werden.

Die Versicherungsanstalten sind befugt, mit Genehmigung des Reichs-Versicherungsamts zum Zwecke der Kontrole Vorschriften zu erlassen. Das Reichs-Versicherungsamt kann den Erlaß **solcher** Vorschriften anordnen und dieselben, sofern die Anordnung nicht befolgt wird, selbst erlassen. **Der Vorstand der Versicherungsanstalt oder der Vorsitzende der Rentenstelle, sofern dieser die Beitragskontrole obliegt,** ist befugt, Arbeitgeber **und Versicherte** zur rechtzeitigen Erfüllung dieser Vorschriften durch Geldstrafen bis zum Betrage von je **einhundertundfünfzig** Mark anzuhalten.

1. An Stelle der bisherigen Befugniß der Versicherungsanstalten zur Ausübung der Kontrole ist die Verpflichtung hierzu getreten.

2. Gemäß § 80 kann den Rentenstellen die Kontrole über die Entrichtung der Beiträge übertragen werden.

3. Die Bestrafung gemäß Abs. 2 ist an Stelle der unteren Verwaltungsbehörden den Ortspolizeibehörden übertragen; das Strafmaß ist von 300 auf 150 Mark herabgesetzt, hingegen das Strafmaß im Abs. 3 von 100 auf 150 Mark erhöht.

§ 162.

Die durch die Kontrole den Versicherungsanstalten erwachsenden Kosten gehören zu den Verwaltungskosten. Soweit dieselben in baaren Auslagen bestehen, können sie durch den Vorstand der Versicherungsanstalt **oder den Vorsitzenden der Rentenstelle, sofern dieser die Beitragskontrole obliegt,** dem Arbeitgeber auferlegt werden, wenn derselbe durch Nichterfüllung der ihm obliegenden Verpflichtungen zu ihrer Aufwendung Anlaß gegeben hat. Gegen die Auferlegung der Kosten findet binnen zwei Wochen nach Zustellung des Beschlusses die Beschwerde an die **höhere** Verwaltungsbehörde statt; diese entscheidet endgültig. Die Beitreibung der auferlegten Kosten erfolgt in derselben Weise wie die der Gemeindeabgaben.

An die Stelle der unteren ist die höhere Verwaltungsbehörde als Beschwerdeinstanz getreten.

§ 163.

Berichtigungen der Quittungskarten erfolgen, sofern die Betheiligten über dieselben einverstanden sind, auf dem im § 158 angegebenen Wege durch die die Kontrole ausübenden Organe, Behörden oder Beamten oder durch die die Beiträge einziehenden Organe, anderenfalls nach Erledigung des Streitverfahrens gemäß §§ 155 bis 157.

§ 164. Vermögensverwaltung.

Die Bestände der Versicherungsanstalten **müssen in der durch §§ 1807, 1808 des Bürgerlichen Gesetzbuches bezeichneten Weise angelegt werden. Hat die Versicherungsanstalt ihren Sitz in einem Bundesstaate, für dessen Gebiet Werthpapiere durch landesgesetzliche Vorschrift zur Anlegung von Mündelgeldern für geeignet erklärt sind (Artikel 212 des Einführungsgesetzes zum Bürgerlichen Gesetzbuche), so können ihre Bestände auch in Werth-**

papieren dieser Art angelegt werden. Die Landes-Zentralbehörde desjenigen Bundesstaats, in dessen Gebiete die Versicherungsanstalt ihren Sitz hat, kann genehmigen, daß die Bestände der Versicherungsanstalt auch in Darlehen an Gemeinden und weitere Kommunalverbände angelegt werden. Es kann ferner in gleicher Weise angeordnet werden, daß bei der Anlegung des Anstaltsvermögens einzelne nach den vorstehenden Bestimmungen zugelassene Gattungen zinstragender Papiere nur bis zu einem näher zu bestimmenden Betrag erhoben werden dürfen, und Bestimmung über die Aufbewahrung von Werthpapieren getroffen werden. Bei gemeinsamen Versicherungsanstalten bedarf es hierzu des Einverständnisses der betheiligten Landesregierungen.

In gleicher Weise kann ferner widerruflich gestattet werden, daß zeitweilig verfügbare baare Bestände auch in anderer als der durch §§ 1807 und 1808 des Bürgerlichen Gesetzbuchs bezeichneten Weise vorübergehend angelegt werden.

Die Versicherungsanstalten können mit Genehmigung der Aufsichtsbehörde einen Theil ihres Vermögens in anderer als der nach Abs. 1 zulässigen Weise, insbesondere in Grundstücken anlegen. Wollen die Versicherungsanstalten mehr als den vierten Theil ihres Vermögens in dieser Weise anlegen, so bedürfen sie dazu außerdem der Genehmigung des Kommunalverbandes beziehungsweise der Zentralbehörde des Bundesstaats, für welchen sie errichtet sind, und sofern mehrere Landes-Zentralbehörden betheiligt sind, eine Verständigung unter denselben aber nicht erzielt wird, der Genehmignng des Bundesraths. Eine solche Anlage ist jedoch nur in Werthpapieren oder für die Zwecke der Verwaltung, zur Vermeidung von Vermögensverlusten für die Versicherungsanstalt, oder für solche Veranstaltungen zulässig, welche ausschließlich oder überwiegend der versicherungspflichtigen Bevölkerung zu gute kommen. Mehr als die Hälfte ihres Vermögens darf jedoch eine Versicherungsanstalt in der bezeichneten Weise nicht anlegen.

1. Die §§ 1807, 1808 des Bürgerlichen Gesetzbuchs lauten:

§ 1807. Die im § 1806 vorgeschriebene Anlegung von Mündelgeld soll nur erfolgen:

1. in Forderungen, fur die eine sichere Hypothek an einem inländischen Grundstück besteht, oder in sicheren Grundschulden oder Rentenschulden an inländischen Grundstücken.
2. in verbrieften Forderungen gegen das Reich oder einen Bundesstaat sowie in Forderungen, die in das Reichsschuldbuch oder in das Staatsschuldbuch eines Bundesstaates eingetragen sind.
3. in verbrieften Forderungen, deren Verzinsung von dem Reiche, oder einem Bundesstaate gewährleistet ist.
4. in Werthpapieren, insbesondere Pfandbriefen, sowie in verbrieften Forderungen jeder Art gegen eine inländische kommunale Körperschaft oder die Kreditanstalt einer solchen Körperschaft, sofern die Werthpapiere oder die Forderungen von dem Bundesrathe zur Anlegung von Mündelgeldern für geeignet erklärt sind.

5. bei einer inländischen öffentlichen Sparkasse, wenn sie von der zuständigen Behörde des Bundesstaats, in welchem sie ihren Sitz hat, zur Anlegung von Mündelgeld für geeignet erklärt ist.

Die Landesgesetze können für die innerhalb ihres Geltungsbereichs belegenen Grundstücke die Grundsätze bestimmen, nach denen die Sicherheit einer Hypothek, einer Grundschuld oder einer Rentenschuld festzustellen ist.

§ 1808. Kann die Anlegung den Umständen nach nicht in der im § 1807 bezeichneten Weise erfolgen, so ist das Geld bei der Reichsbank, bei einer Staatsbank oder bei einer anderen durch das Landesgesetz dazu für geeignet erklärten inländischen Bank oder bei einer Hinterlegungsstelle anzulegen.

2. In Gemäßheit des § 1807 Abs 2 sind durch die Preußischen Ausführungsgesetze Art. 73 Bestimmungen getroffen worden. Ebendaselbst Art. 74 sind in Gemäßheit des Art. 212 des Einführungsgesetzes zum Bürgerlichen Gesetzbuch bestimmte Werthpapiere zur Anlegung von Mündelgeldern für geeignet erklärt worden. Vgl ferner daselbst Art. 75 und 76, betreffend die Anlegung von Mündelgeldern bei öffentlichen Sparkassen und Banken.

3. Mit Genehmigung der Landes-Zentralbehörde können die Bestände auch in Darlehen an Gemeinden und weitere Kommunalverbände gegen einfache Schuldurkunde angelegt werden.

4. Durch den Abs. 2 soll den Versicherungsanstalten die im Interesse des Geschäftsverkehrs wünschenswerthe freie Bewegung bei einstweiliger Unterbringung der jederzeit verfügbar zu haltenden und deshalb zu dauernder Anlegung nicht geeigneten baaren Bestände, insbesondere durch Eingehung eines Kontokurrentverkehrs mit zuverlässigen Geschäftsleuten, gewährt werden (Motive 348).

Auf Antrag der Landes-Versicherungsanstalt Berlin hat demgemäß der preußische Minister für Handel und Gewerbe genehmigt, daß zeitweilig verfügbare baare Bestände der Anstalt bei einer Reihe bestimmt bezeichneter Bankhäuser auf Depositenkonto vorübergehend angelegt oder zum Ankauf von Diskonten verwendet werden.

5 Während bisher nur $^1/_4$ des Vermögens mit Genehmigung des Garantieverbandes in nicht mündelsicherer Weise angelegt werden konnte, kann nach der neuen Bestimmung des Abs. 3 eine solche Anlage bis zur Hälfte des Vermögens erfolgen und zwar ein Viertel mit Genehmigung der Aufsichtsbehörde; das zweite Viertel nur, wenn außerdem der weitere Kommunalverband bezw die Landes-Zentralbehörde zustimmt.

Der Abs. 3, wie überhaupt der § 164, handelt nur von Vermögens-Anlagen und bezieht sich nicht auf die Verwendung von Geldern, welche von den Versicherungsanstalten in Ausführung des Gesetzes und in Erfüllung der ihnen gesetzlich zugewiesenen Aufgaben z. B. für Zwecke der Verwaltung, der Uebernahme des Heilverfahrens, der Unterbringung in Invalidenhäusern, gemacht werden müssen. Insbesondere ist daher der Ankauf von Grundstücken zum Zwecke der Errichtung von Verwaltungsgebäuden, Heilstätten und Invalidenhäusern bezw. die Verwendung von Geldern für den Bau dieser Einrichtungen von der Genehmigung des R. V. A. nicht abhängig. Eine solche Genehmigung war unter der Herrschaft des bisherigen Invaliditäts- und Altersversicherungsgesetzes unbestritten nicht nothwendig und in diesem Zustande ist eine Aenderung durch die neue Fassung des § 164 nicht eingetreten. Die Aenderung des § 164 Abs. 3 sollte vielmehr, wie dies auch das R. V. A. in dem Rundschreiben vom 5. Februar 1900 (Amtl. Nachr. S. 390) ausführt, lediglich bewirken, daß nunmehr statt eines Viertels die Hälfte des Vermögens nicht mündelsicher angelegt werden kann, und daß für bei Anlegung innerhalb des ersten

Viertels statt der bisherigen Genehmigung des Garantie-Verbandes die Genehmigung durch das R. V. A. treten sollte. In dem Erforderniß der Genehmigung für die Erbauung von Verwaltungsgebäuden und Heilstätten würde eine so starke Einschränkung der Selbstverwaltung der Versicherungsanstalten liegen, wie sie für keine andere öffentliche Behörde besteht. Eine solche Einschränkung war allerdings in dem ersten Entwurfe der Novelle beabsichtigt und deshalb eine ausdrücklich hierauf bezügliche Bestimmung (§ 134a) aufgenommen worden, diese Bestimmung ist aber, wohl mit Rücksicht auf den starken und allseitigen Widerspruch, welchen jede Einschränkung der Selbstverwaltung der Versicherungsanstalten bei der Berathung des ersten Entwurfs im Reichstage gefunden hatte, in dem zweiten Entwurfe fallen gelassen worden, und in der Begründung finden sich keinerlei Ausführungen, welche darauf hindeuten, daß etwa die Bestimmung des ersten Entwurfs in der neuen Fassung des § 164 Abs. 3 aufgehen sollte.

Das R. V. A. vertritt allerdings einen abweichenden Standpunkt und erklärt z. B. die Erbauung von Verwaltungsgebäuden ohne Einholung der Genehmigung für gesetzlich unzulässig. Bei dieser Sachlage wird nothgedrungen der Reichstag zu dieser Frage Stellung nehmen müssen, denn es handelt sich hier um die vitalsten Interessen der Versicherungsanstalten.

§ 165.

Die Versicherungsanstalten sind verpflichtet, dem Reichs-Versicherungsamte nach näherer Anweisung desselben und in den von ihm vorzuschreibenden Fristen Uebersichten über ihre Geschäfts- und Rechnungsergebnisse einzureichen.

Die Art und Form der Rechnungsführung bei den Versicherungsanstalten wird durch das Reichs-Versicherungsamt geregelt.

Das Rechnungsjahr ist das Kalenderjahr.

Die Vorschriften über die Art und Form der Rechnungsführung sind vom R. V. A. unterm 1. Dezember 1899 erlassen und in den Amtl. Nachr. 1900 Nr. 1a S. 219 ff. abgedruckt.

IV. Schluß-, Straf- und Uebergangsbestimmungen.

§ 166. Krankenkassen.

Als Krankenkassen im Sinne dieses Gesetzes gelten **vorbehaltlich der Bestimmung in den §§ 20, 62 Abs. 1, § 82 Abs. 2** die Orts-, Betriebs- (Fabrik-), Bau- und Innungs-Krankenkassen, die Knappschaftskassen sowie die Gemeinde-Krankenversicherung und landesrechtliche Einrichtungen ähnlicher Art.

Im Sinne der §§ 20, 62 Abs. 1, 82 Abs. 2 gelten auch die freien Hilfskassen als Krankenkassen.

§ 167. Besondere Bestimmungen für Seeleute.

Seeleute (§ 1 Abs. 1 Ziffer 1 des Gesetzes vom 13. Juli 1887, Reichs-Gesetzbl. S. 329) sind bei derjenigen Versicherungsanstalt zu versichern, in deren Bezirk sich der Heimathshafen des Schiffes befindet.

Die für Seeleute zu entrichtenden Beiträge dürfen nach näherer Bestimmung der Versicherungsanstalten nach dem für die Unfallversicherung der Seeleute abgeschätzten Bedarf an Besatzungs-

mannschaften der einzelnen Schiffe von den Rhedern entrichtet werden. Ueber das Verfahren bei Entrichtung der Beiträge können durch den Bundesrath von den Vorschriften dieses Gesetzes abweichende Bestimmungen getroffen werden.

Für Seeleute, welche sich außerhalb Europas aufhalten, beträgt die Frist zur Einlegung von Rechtsmitteln drei Monate. Die Frist kann von derjenigen Behörde, gegen deren Bescheid das Rechtsmittel stattfindet, weiter erstreckt werden.

Die Obliegenheiten der unteren Verwaltungsbehörde **können, soweit es sich um Seeleute handelt, durch den Bundesrath den Seemannsämtern übertragen werden.**

1. Durch die Abänderung im Abs. 2 soll einem vielfach ausgesprochenen Wunsche der Rheder entsprochen werden, wonach die von ihnen zu entrichtenden Beiträge im Anschluß an die Vorschriften des See-Unfallversicherungsgesetzes nicht für jeden einzelnen auf dem Schiffe zeitweise beschäftigten Seemann, sondern nach dem, einen Durchschnitt darstellenden, abgeschätzten Bedarf an Mannschaft, abgeführt werden (vgl Motive 349).

2. Während früher das Seemannsamt allgemein an Stelle der unteren Verwaltungsbehörde trat, ist jetzt diese Substituirung dem Bundesrath überlassen.

§ 168. Beitreibung.

Rückstände sowie die in die Kasse der Versicherungsanstalt fließenden Strafen werden in derselben Weise beigetrieben wie Gemeindeabgaben. Rückstände haben das Vorzugsrecht des **§ 61 Ziffer 1** der Konkursordnung **in der Fassung der Bekanntmachung vom 20. Mai 1898** (Reichs-Gesetzbl. S. 369) und verjähren binnen **zwei** Jahren nach der Fälligkeit.

Die Herabsetzung der Verjährungsfrist von vier auf zwei Jahre hängt zusammen mit der im § 146 für die nachträgliche Entrichtung von Beiträgen festgesetzten Frist von zwei Jahren.

§ 169. Zuständige Landesbehörden.

Die Zentralbehörden der Bundesstaaten bestimmen, welche Verbände als weitere Kommunalverbände anzusehen, und von welchen Staats- oder Gemeindebehörden beziehungsweise Vertretungen die in diesem Gesetze den Staats- und Gemeindeorganen sowie den Vertretungen der weiteren Kommunalverbände zugewiesenen Verrichtungen wahrzunehmen sind.

Die von den Zentralbehörden der Bundesstaaten in Gemäßheit vorstehender Vorschrift erlassenen Bestimmungen sind durch den Reichsanzeiger bekannt zu machen.

Vgl. die in Anl. **XV** abgedruckte Uebersicht über die gemäß § 169 von den Zentralbehörden der Bundesstaaten bestimmten zuständigen Landesbehörden.

§ 170. Zustellungen.

Zustellungen, welche den Lauf von Fristen bedingen, können durch die Post mittelst eingeschriebenen Briefes erfolgen. **Posteinlieferungsscheine begründen nach Ablauf von zwei Jahren seit**

ihrer Ausstellung die Vermuthung für die in der ordnungsmäßigen Frist nach der Einlieferung erfolgte Zustellung.

Personen, welche nicht im Inlande wohnen, können von den zustellenden Behörden aufgefordert werden, einen Zustellungsbevollmächtigten zu bestellen. Wird ein solcher innerhalb der gesetzten Frist nicht bestellt, so kann die Zustellung durch öffentlichen Aushang während einer Woche in den Geschäftsräumen der zustellenden Behörde oder der Organe der Versicherungsanstalten ersetzt werden. **Das Gleiche gilt, wenn** der Aufenthalt **des Empfängers** unbekannt ist.

1. Seitens der Post werden die Ablieferungsscheine über Einschreibebriefe nach Ablauf von zwei Jahren vernichtet. In der Praxis sind neuerdings wiederholt Fälle vorgekommen, in welchen gegen Bescheide der Versicherungsanstalten Berufung beim Schiedsgericht erst nach mehr als zwei Jahren seit der Zeit eingelegt worden ist, wo ausweislich des allein bei den Akten der Anstalt befindlichen Posteinlieferungsscheines der den Bescheid enthaltene Einschreibebrief zur Post gegeben worden ist. Das Reichs-Versicherungsamt hat in dem Posteinlieferungsscheine nach der gegenwärtigen Gesetzeslage gegenüber der Behauptung des Klägers, den Bescheid seiner Zeit nicht erhalten zu haben, einen genügenden Nachweis für die erfolgte Zustellung nicht erblicken können und deshalb das Rechtsmittel nicht als verspätet behandelt. In der Revisionsentscheidung 648 (Amtliche Nachrichten des Reichs-Versicherungsamts 1898, S. 322) ist in gleicher Weise bezüglich der Revisionsfrist entschieden worden. Da nun die vereinfachte Zustellung nach § 170 wesentlich im Interesse der Versicherungsanstalten liegt, andererseits in Folge dieser Praxis der Spruchbehörden sich der Mißbrauch häufen kann, daß, wenn eine Rechtsmittelfrist versäumt ist, zwei Jahre abgewartet werden, um dann von Neuem mit dem Anspruche hervorzutreten, so ist durch die neue Bestimmung im Abs. 1 hiergegen Vorkehrung getroffen (Motive 350).

2. Durch die Abänderung in Abs. 2 soll klar gestellt werden, daß die Zustellung durch öffentlichen Aushang immer zulässig ist, sobald der Aufenthalt dessen, an den zugestellt werden soll, unbekannt ist (Motive 350).

3. Darüber, daß die allgemeinen Grundsätze der Wiedereinsetzung in den vorigen Stand Anwendung finden, wenn der Empfänger ohne sein Verschulden von der Zustellung keine oder verspätete Kenntniß erhalten hat, bestehen in der Praxis keine Zweifel mehr. Ebensowenig darüber, daß bei der Annahmeverweigerung eines auf die Rentenfestsetzung bezüglichen eingeschriebenen Briefes die Fristen von dem Tage an laufen, an welchem die Annahme der Zustellung verweigert worden ist (Mot. 350).

§ 171. Gebühren- und Stempelfreiheit.

Alle zur Begründung und Abwickelung der Rechtsverhältnisse zwischen den Versicherungsanstalten einerseits und den Arbeitgebern oder Versicherten andererseits erforderlichen schiedsrichterlichen und außergerichtlichen Verhandlungen und Urkunden sind gebühren- und stempelfrei. Dasselbe gilt für privatschriftliche Vollmachten und amtliche Bescheinigungen, welche auf Grund dieses Gesetzes zur Legitimation oder zur Führung von Nachweisen erforderlich werden.

Zu den außergerichtlichen Verhandlungen im Sinne des § 171 gehören auch die Verhandlungen vor den Rentenstellen (Motive 351).

§ 172. Rechtshülfe.

Die öffentlichen Behörden sind verpflichtet, den im Vollzuge dieses Gesetzes an sie ergehenden Ersuchen des Reichs-Versicherungsamts, der Landes-Versicherungsämter, der Schiedsgerichte, der Organe der Versicherungsanstalten und anderer öffentlicher Behörden zu entsprechen und **den Organen der Versicherungsanstalten** auch unaufgefordert alle Mittheilungen zukommen zu lassen, welche für deren Geschäftsbetrieb von Wichtigkeit sind. Die gleiche Verpflichtung liegt den Organen der Versicherungsanstalten unter einander sowie den Organen der Berufsgenossenschaften und der Krankenkassen ob.

Die durch die Erfüllung dieser Verpflichtungen entstehenden Kosten sind von den Versicherungsanstalten als eigene Verwaltungskosten insoweit zu erstatten, als sie in Tagegeldern und Reisekosten sowie in Gebühren für Zeugen und Sachverständige oder in sonstigen baaren Auslagen bestehen.

Zu den Organen der Versicherungsanstalten gehören insbesondere auch die Rentenstellen.

§ 173. Besondere Kasseneinrichtungen.

Die Bestimmungen der §§ **18 bis 23, 33, 47 bis 52, 54, 55, 99, 100 bis 102, 113, 115 bis 119, 123 bis 127, 128 Abs. 3, 6, §§ 156, 165 Abs. 1, §§ 171, 172** finden auch auf die nach §§ 8, 10, 11 zugelassenen Kasseneinrichtungen entsprechende Anwendung.

Die Haftung für die der Kasseneinrichtung obliegenden Leistungen (§§ 68, 127) liegt, sofern die Kasseneinrichtung für Betriebe des Reichs oder eines Kommunalverbandes errichtet ist, dem Reiche oder dem Kommunalverband, im Uebrigen demjenigen Bundesstaat ob, in dem der Betrieb, für welchen die Kasseneinrichtung errichtet ist, seinen Sitz hat. Ist die Kasseneinrichtung für mehrere, in verschiedenen Bundesstaaten belegene Betriebe errichtet, so haften die Bundesstaaten nach der Zahl der bei der Kasseneinrichtung versicherten Personen, welche in den betheiligten Betrieben am Schlusse des letzten Rechnungsjahres beschäftigt waren. Diese Bestimmung findet in den Fällen des § 101 entsprechende Anwendung.

1. Das Citat der §§ 18 bis 23 ist erforderlich, um denjenigen Kasseneinrichtungen, welche ein vorbeugendes Heilverfahren nach Maßgabe dieser Bestimmungen statutarisch einführen, die hierbei erforderliche Mitwirkung der Krankenkassen zu gewährleisten. Das Citat von § 33 ist eine Folge des auch für die Kasseneinrichtungen geltenden neuen Vertheilungsverfahrens. Die §§ 47, 48 waren zu allegiren, weil das Reich und die übrigen Versicherungsträger, die an den von den Kasseneinrichtungen in der reichsgesetzlichen Höhe bewilligten Renten betheiligt sind, ein Interesse daran haben, daß auch seitens der Kasseneinrichtungen die Invalidenrenten entzogen und die Rentenzahlungen in solchen Fällen eingestellt werden, in welchen dies von den Versicherungsanstalten gemäß §§ 47, 48 zu geschehen hat. Durch das Allegat des § 47 wird auch dann, wenn die Kasseneinrichtungen statutarisch ein dem § 47 Abs. 2 entsprechendes Heilverfahren zugelassen haben, die hierfür gebotene Betheiligung der Krankenkassen sichergestellt. Bei

der begriffsmäßig höchst subsidiären Bedeutung der Armenpflege, welche ausgeschlossen sein soll, sobald und soweit anderweite Existenzmittel vorhanden sind, ohne Rücksicht darauf, welchen Charakter sie tragen, erscheint es gerechtfertigt, den Gemeinden und Armenverbänden und den diesen im § 51 gleichgestellten Betriebsunternehmern und Kassen den ihnen in §§ 49, 50 gegebenen Ersatzanspruch auch hinsichtlich der von besonderen Kasseneinrichtungen in der reichsgesetzlichen Höhe bewilligten Invaliden- oder Altersrenten einzuräumen. Durch § 52 ist den Zuschußkassen die Ermächtigung ertheilt, unter gewissen Voraussetzungen die reichsgesetzlichen Leistungen auf die statutarisch zu gewährenden Leistungen in Anrechnung zu bringen, allerdings der Regel nach nur dann, wenn die statutarischen Beiträge entsprechend herabgesetzt worden sind. Dieselben Gesichtspunkte, welche diese Bestimmungen bei den Zuschußkassen räthlich erscheinen ließen, treffen auch für diejenigen Kasseneinrichtungen zu, die zur selbständigen Durchführung der Invaliditäts- und Altersversicherung zugelassen worden sind. Insbesondere gilt dies für die Knappschaftskassen. Nachdem nun in der Praxis Zweifel darüber entstanden sind, ob auf diese letzteren Kassen die Bestimmungen des § 52 gleichfalls anzuwenden sind, ist dies hier durch Anziehung des § 52 klargestellt. Die für § 54 maßgebende Erwägung, daß dem Berechtigten derjenige Betrag, den er auf Grund des Gesetzes in Gestalt von Invalidenrente erhält, nicht noch einmal von dem civilrechtlich zum Schadenersatze Verpflichteten, also nicht doppelt zu gewähren ist, trifft in gleicher Weise zu, wenn nicht eine Versicherungsanstalt, sondern eine Kasseneinrichtung die Invalidenrente zu gewähren hat. Bei Berathung des Entwurfs von 1888 ist schon anerkannt worden, daß die Vorrechte aus § 55 auch auf die von den besonderen Kasseneinrichtungen innerhalb des reichsgesetzlichen Anspruchs zugebilligten Renten Anwendung zu finden haben; es ist deshalb diese Absicht ausdrücklich im Gesetz ausgesprochen. Daß die §§ 100 bis 102 auf das Ausscheiden und die Veränderungen der besonderen Kasseneinrichtungen Anwendung zu finden haben, ist schon im § 69 des bestehenden Gesetzes bestimmt; nachdem § 69 gestrichen, ist auf die §§ 100 bis 102 hier hingewiesen. In Bezug auf die Geltendmachung von Ansprüchen der Mitglieder der Kasseneinrichtungen auf Gewährung der Invaliditäts- und Altersfürsorge bleibt es bei dem bisherigen Verfahren. Der § 113 verfolgt den Zweck, den Versicherten, welcher erwerbsunfähig geworden ist, mit thunlichster Beschleunigung in den Besitz einer Rente zu setzen, und andererseits die Versicherungsanstalt, welche die Invalidenrente angewiesen hat, in Höhe der auf Grund der Unfallversicherung eintretenden Leistungen der Berufsgenossenschaften zu entlasten. Auch in dieser Richtung ist eine verschiedene Behandlung bezüglich der bei Versicherungsanstalten und bei besonderen Kasseneinrichtungen versicherten Personen nicht gerechtfertigt. Die Entscheidung von Streitigkeiten zwischen Kasseneinrichtungen und Berufsgenossenschaften gemäß Abs. 2 des fortan auch für erstere geltenden § 113 wird ebenfalls dem Reichs- (beziehungsweise Landes-) Versicherungsamt übertragen (§ 113 Abs. 5). Wenn die Kasseneinrichtungen auch im Allgemeinen besonderen staatlichen Aufsichtsbehörden unterstellt sind, so hat sich gleichwohl eine solche Regelung um deswillen empfohlen, weil es sich bei diesen Streitigkeiten ausschließlich um Ansprüche handelt, die aus den Arbeiterversicherungsgesetzen herrühren. Sofern eine Kasseneinrichtung statutarisch die Erstattung von Beiträgen vorsieht, muß, wie in den Vorschriften der §§ 8, 9 über die Berechnung der Wartezeit und der Rente, auch bezüglich des Anspruchs auf Erstattung von Beiträgen die Betheiligung bei einer Kasseneinrichtung der Versicherung in einer Versicherungsanstalt gleichgeachtet werden und müssen auch die Versicherungsanstalten und Kasseneinrichtungen sich für die zurückerstatteten Beiträge gemäß § 128 Abs. 6 gegenseitig Ersatz leisten. Auch hat die Bestimmung im § 128 Abs. 3 alsdann entsprechend Anwendung zu finden. Ebenso wie zwischen den Organen verschiedener Versicherungsanstalten, können auch zwischen Versicherungsanstalten und besonderen Kasseneinrichtungen Streitigkeiten über die Frage entstehen, zu welcher derselben für bestimmte Personen Beiträge zu entrichten sind. In den bisherigen Bestimmungen fehlt es für diesen Fall an einer ausdrücklichen Vorschrift. Die Einfügung des § 156 in den § 173 soll diese Lücke ausfüllen. Die Geschäfts- und Rechnungsergebnisse der besonderen Kasseneinrichtungen wurden bisher durch die Aufsichtsbehörden dem Reichskanzler (Reichsamt des Innern) eingereicht und von diesem an das Reichs-Versicherungsamt abgegeben. Im Interesse der Vereinfachung des Geschäftsganges hat es sich empfohlen, durch Einfügung des § 165 Abs. 1 in den § 173 in dieser Richtung ein für alle Träger der Versicherung gleichmäßiges Verfahren herbeizuführen. Die Hervorhebung des § 171 ist durch die grundsätzliche Gleichstellung der zugelassenen Kasseneinrichtungen mit den Versicherungsanstalten gerechtfertigt. Die entsprechende Anwendung der Vorschriften des § 172 über die Rechtshülfe auf die besonderen Kasseneinrichtungen soweit es sich um die auf Grund ihrer Zulassung ihnen obliegenden Aufgaben handelt, war schon im bisherigen Abs. 3 des § 173 ausdrücklich vorgesehen; der Fortfall dieses Absatzes und das Citat des § 172 im neuen § 173 haben deshalb nur redaktionelle Bedeutung (Motive 352ff.).

2. Die Frage, wer als Garant der besonderen Kasseneinrichtungen haftet und als solcher auch bei Auflösung einer Kasseneinrichtung deren Verpflichtungen in der reichsgesetzlichen Höhe zu übernehmen hat, war bisher in dem Gesetze nicht hinreichend klargestellt. Es ist deshalb im Abs. 2 hierüber besondere Bestimmung getroffen.

§ 174.

Für die Feststellung der von den Kasseneinrichtungen dem Gemeinvermögen nach dem Inkrafttreten des Gesetzes zufließenden Beitragseinnahmen sowie für die Vertheilung der Altersrenten sind die nach § 32 Abs. 5 zur Erhebung kommenden Beiträge maßgebend. Eine Vertheilung der von den Kasseneinrichtungen festgestellten Renten erfolgt **nur dann und insoweit**, als ein Anspruch auf dieselben auch nach den Vorschriften dieses Gesetzes bestehen würde und soweit dieselben das Maß des reichsgesetzlichen Anspruchs nicht übersteigen.

Soweit diese Kasseneinrichtungen die von ihnen festgesetzten Renten ohne Vermittelung der Postanstalten selbst auszahlen, wird ihnen der Reichszuschuß am Schlusse eines jeden Rechnungsjahrs direkt überwiesen.

§ 175. Strafbestimmungen.

Arbeitgeber, welche in die von ihnen auf Grund gesetzlicher oder von der Versicherungsanstalt erlassener Bestimmung aufzustellenden Nachweisungen oder Anzeigen Eintragungen aufnehmen, deren Unrichtigkeit **sie kannten** oder **den Umständen nach annehmen mußten**, können **von der unteren Verwaltungsbehörde und da, wo Rentenstellen**

bestehen, von dem Vorsitzenden derselben mit Geldstrafe bis zu einhundertundfünfzig Mark, von dem Vorstande der Versicherungsanstalt mit Geldstrafe bis zu fünfhundert Mark belegt werden.

Neben den Anstaltsvorständen sind jetzt auch die unteren Verwaltungsbehörden bezw. Vorsitzenden der Rentenstellen zur Strafverfügung befugt.

§ 176.

Arbeitgeber, welche es unterlassen, für die von ihnen beschäftigten, dem Versicherungszwang unterliegenden Personen Marken in zureichender Höhe und in vorschriftsmäßiger Beschaffenheit rechtzeitig (§ 141) zu verwenden **oder die Versicherungsbeiträge rechtzeitig abzuführen (§§ 148, 149),** können von dem Vorstande der Versicherungsanstalt **und da, wo die Beitragskontrole Rentenstellen übertragen ist, von dem Vorsitzenden derselben** mit Geldstrafe belegt werden, **und zwar von dem Vorstande** bis zu dreihundert Mark, **von dem Vorsitzenden der Rentenstelle bis zu einhundertundfünfzig Mark.** Eine Bestrafung findet nicht statt, wenn die rechtzeitige Verwendung der Marken von einem anderen Arbeitgeber oder Betriebsleiter (§ 177) oder im Falle des § 144 von dem Versicherten bewirkt worden ist.

Die vorstehenden Bestimmungen finden auf Arbeitgeber, welche die ihnen gemäß § 4 Abs. 2 obliegenden Verpflichtungen nicht erfüllen, entsprechende Anwendung.

Bestreitet der Arbeitgeber seine Beitragspflicht, so ist diese auf dem im § 155 bezeichneten Wege festzustellen.

Der neue Abs. 3 soll klarstellen, daß, wenn der Streit über die Beitragspflicht einen Inzidenzpunkt in dem Strafbeschwerdeverfahren bildet, die Erledigung des Streits in Gemäßheit der Bestimmungen des § 155 stattzufinden hat.

§ 177.

Der Arbeitgeber ist befugt, die Aufstellung der nach gesetzlicher oder statutarischer Vorschrift erforderlichen Nachweisungen oder Anzeigen sowie die Verwendung von Marken auf bevollmächtigte Leiter seines Betriebs zu übertragen.

Name und Wohnort von solchen bevollmächtigten Betriebsleitern sind dem Vorstande der Versicherungsanstalt **und da, wo die Beitragskontrole Rentenstellen übertragen ist, dem Vorsitzenden derselben sowie beim Einzugsverfahren der Einzugsstelle** mitzutheilen. Begeht ein derartiger Bevollmächtigter eine in den §§ 175, 176, 179 mit Strafe bedrohte Handlung, so finden auf ihn die **dort** vorgesehenen Strafen Anwendung.

§ 178.

Gegen Straffestsetzungen, die auf Grund dieses Gesetzes **oder der zu dessen Ausführung ergangenen Anordnungen** oder auf Grund der Statuten von den Organen der Versicherungsanstalten oder den Schiedsgerichtsvorsitzenden **getroffen sind,** findet die Beschwerde statt. **Ueber dieselbe entscheidet, wenn die Straffestsetzung auf Grund des § 176 oder wenn sie in anderen Fällen von dem**

Vorsitzenden der Rentenstelle oder von dem Vorsitzenden des Schiedsgerichts getroffen war, die höhere Verwaltungsbehörde, in deren Bezirk sich der Sitz der Versicherungsanstalt, der Rentenstelle oder des Schiedsgerichts befindet, im Uebrigen das Reichs-Versicherungsamt. Die Beschwerde ist binnen zwei Wochen nach der Zustellung **der Strafverfügung bei der zur Entscheidung zuständigen Stelle einzulegen; deren Entscheidung ist endgültig.**

Die von den vorbezeichneten **Stellen** sowie von den Verwaltungsbehörden auf Grund dieses Gesetzes festgesetzten Strafen fließen, soweit nicht in diesem Gesetz abweichende Bestimmungen getroffen sind, in die Kasse der Versicherungsanstalt.

Während früher für die Beschwerden gegen Straffestsetzungen der Anstaltsvorstände gegen Arbeitgeber wegen nicht ordnungsmäßiger Markenverwendung das Reichsversicherungsamt zuständig war, ist jetzt die höhere Verwaltungsbehörde zuständig; dieselbe Behörde ist allgemein für Beschwerden gegen Straffestsetzung der Vorsitzenden der Schiedsgerichte und der Rentenstellen zuständig.

§ 179.

Wer der ihm nach § 148 obliegenden Verpflichtung zur An- und Abmeldung nicht nachkommt, wird mit Geldstrafe bis zu zwanzig Mark bestraft. Hatte die Meldung für eine Krankenkasse zu erfolgen, so fließen dieser die Geldstrafen zu.

Gegenüber Zweifeln, die in der Praxis entstanden sind, will die neue Fassung des § 179 klarstellen, daß es sich, wie in der verwandten Bestimmung des § 81 des Krankenversicherungsgesetzes, um eine strafrechtliche Bestimmung handelt, die Strafe also nicht von der Aufsichtsbehörde, sondern durch Vermittelung des Amtsanwalts von dem Schöffengerichte (§ 27 des Gerichtsverfassungsgesetzes) festzusetzen ist. Es kann jedoch auch zunächst ein schriftlicher Strafbefehl des Amtsrichters (§ 447 der Strafprozeßordnung) oder nach Landesrecht gemäß §§ 453ff. der Strafprozeßordnung eine vorläufige Straffestsetzung durch die Polizeibehörde erfolgen, welche rechtskräftig werden, sobald sie nicht rechtzeitig angefochten werden. Die dem § 82c des Krankenversicherungsgesetzes in der Fassung der Novelle vom 10. April 1892 nachgebildete Bestimmung, daß die verhängten Geldstrafen, sofern die Meldung für eine Krankenkasse zu erfolgen hatte, der Krankenkasse zufließen sollen, gilt auch für den Fall, daß die Strafe durch die Polizeibehörde festgestellt ist. Abweichende landesrechtliche Bestimmungen treten insoweit außer Kraft (Motive 357).

§ 180.

Den Arbeitgebern und ihren Angestellten ist untersagt, durch Uebereinkunft oder mittelst Arbeitsordnungen die Anwendung der Bestimmungen dieses Gesetzes zum Nachtheile der Versicherten ganz oder theilweise auszuschließen oder dieselben in der Uebernahme oder Ausübung eines in Gemäßheit dieses Gesetzes ihnen übertragenen Ehrenamts zu beschränken. Vertragsbestimmungen, welche diesem Verbote zuwiderlaufen, haben keine rechtliche Wirkung.

Arbeitgeber oder deren Angestellte, welche **gegen die vorstehende Bestimmung verstoßen,** werden, sofern nicht nach anderen gesetzlichen

Vorschriften eine härtere Strafe eintritt, mit Geldstrafe bis zu dreihundert Mark oder mit Haft bestraft.

Wenn auch gemäß § 144 die Versicherten befugt sind, die Beiträge selbst zu entrichten, so ist doch eine Vereinbarung, durch welche sich die Versicherten verpflichten, diese Befugniß auszuüben, unzulässig. (Vgl. Mot. 357.)

§ 181.

Die gleiche Strafe (§ 180) trifft, **sofern nicht nach anderen Gesetzen eine höhere Strafe verwirkt ist,**

1. Arbeitgeber, welche den von ihnen beschäftigten, dem Versicherungszwang unterliegenden Personen, **an Beiträgen in rechtswidriger Absicht** mehr bei der Lohnzahlung in Anrechnung bringen, **als nach § 34 Abs. 4, § 142 zulässig ist, oder welche es unterlassen, entgegen der Vorschrift des § 142 Abs. 4 die dort gebotenen Lohnabzüge zu machen, oder den bei Anwendung des § 52a des Krankenversicherungsgesetzes auf die Beiträge zur Invalidenversicherung sich ergebenden Verpflichtungen nachzukommen;**
2. Angestellte, welche einen solchen größeren Abzug **in rechtswidriger Absicht** bewirken;
3. **Versicherte, welche die Beiträge selbst entrichten, wenn sie dabei von dem Arbeitgeber in rechtswidriger Absicht mehr erstattet verlangen, als nach § 34 Abs. 4, §§ 144, 145 zulässig ist, oder wenn sie für die gleiche Beitragswoche die Erstattung des vollen Beitragsantheils von mehr als einem Arbeitgeber in Anspruch nehmen oder es unterlassen, den vom Arbeitgeber erhobenen Beitragsantheil zur Entrichtung des Beitrags zu verwenden;**
4. Personen, welche dem Berechtigten eine Quittungskarte widerrechtlich vorenthalten.

§ 182.

Arbeitgeber, welche **den von ihnen beschäftigten Personen auf Grund des § 142 Lohnbeträge in Abzug bringen, die abgezogenen Beträge aber nicht zu Zwecken der Versicherung verwenden, werden, falls nicht nach anderen Gesetzen eine höhere Strafe verwirkt ist, mit Geldstrafe bis zu dreihundert Mark oder mit Haft bestraft.**

Wurde die Verwendung in der Absicht unterlassen, sich oder einem Dritten einen rechtswidrigen Vermögensvortheil zu verschaffen oder die Versicherungsanstalt oder die Versicherten zu schädigen, so tritt Gefängnißstrafe ein, neben welcher auf Geldstrafe bis zu dreitausend Mark sowie auf Verlust der bürgerlichen Ehrenrechte erkannt werden kann. Sind mildernde Umstände vorhanden, so darf ausschließlich auf Geldstrafe erkannt werden.

Die neue Bestimmung des § 182 ist der Bestimmung des § 82b des Krankenversicherungsgesetzes nachgebildet.

§ 183.

Die Strafbestimmungen der §§ 175, 176, 179 bis 182 finden auch auf die gesetzlichen Vertreter handlungsunfähiger Arbeitgeber, desgleichen auf die Mitglieder des Vorstandes einer Aktiengesellschaft, Innung oder eingetragenen Genossenschaft, sowie auf Liquidatoren einer Handelsgesellschaft, Innung oder eingetragenen Genossenschaft Anwendung.

§ 184.

Wer in Quittungskarten Eintragungen oder Vermerke macht, welche nach § 139 unzulässig sind, **oder wer in Quittungskarten den Vordruck oder die zur Ausfüllung des Vordrucks eingetragenen Worte oder Zahlen verfälscht oder wissentlich von einer derart verfälschten Karte Gebrauch macht, kann von der unteren Verwaltungsbehörde und da, wo Rentenstellen die Beitragskontrole übertragen ist, von dem Vorsitzenden derselben mit Geldstrafe bis zu zwanzig Mark belegt werden.**

Sind die Eintragungen, Vermerke oder Veränderungen in der Absicht gemacht worden, den Inhaber der Quittungskarte anderen Arbeitgebern gegenüber zu kennzeichnen, so tritt Geldstrafe bis zu zweitausend Mark oder Gefängniß bis zu sechs **Monaten ein.** Sind mildernde Umstände vorhanden, so kann statt der Gefängnißstrafe auf Haft erkannt werden.

Eine Verfolgung wegen Urkundenfälschung (§§ 267, 268 des Reichs-Strafgesetzbuchs) tritt nur ein, wenn die Fälschung in der Absicht begangen wurde, sich oder einem Anderen einen Vermögensvortheil zu verschaffen oder einem Anderen Schaden zuzufügen.

Die Strafbestimmungen des § 184 haben für solche Fälle eine Milderung erfahren, in denen die unzulässigen Eintragungen in die Quittungskarte eine dem Versicherten irgendwie nachtheilige Absicht nicht erkennen lassen. Die jetzigen Bestimmungen führen zu vielfachen Härten und Ungerechtigkeiten gegen Personen, bei denen nicht die geringste Absicht besteht, die Quittungskarten in einer für den Arbeiter nachtheiligen Weise zu mißbrauchen. So ist dem Reichs-Versicherungsamte bekannt geworden, daß gegen den Buchhalter eines größeren kaufmännischen Unternehmens, der die Quittungskarten der dort beschäftigten Versicherten behufs leichterer Auffindbarkeit mit unauffälligen Ziffern versehen hatte, ferner gegen den Arzt eines Krankenhauses, der auf dringendes Verlangen des Versicherten dessen Krankheitszeit in die Quittungskarte eingetragen hatte, das Strafverfahren eingeleitet worden ist. Der Absicht des Gesetzes entspricht die Bestrafung in solchen Fällen nicht, vielmehr kann die Bestrafung dann nur dazu dienen, Unzufriedenheit hervorzurufen. Allen betheiligten Interessen wird ausreichend genügt, wenn. wie das im Abs. 1 geschehen, nur die Zulässigkeit, nicht die Nothwendigkeit des Erlasses von Ordnungsstrafen wegen unzulässiger Eintragungen in Quittungskarten ausgesprochen und die Handhabung der Strafbefugniß hierbei nicht dem Strafrichter, sondern dem pflichtmäßigen Ermessen der Verwaltungsbehörde überlassen wird.

Aenderungen im Vordrucke der Quittungskarte oder in den zur Ausfüllung des Vordrucks eingetragenen Worten oder

Zahlen sind der Eintragung besonderer Vermerke gleichgestellt worden. Es soll auch in dieser Beziehung ungerechtfertigten Härten entgegengetreten werden, welche sich aus der Eigenschaft der Quittungskarte als einer öffentlichen Urkunde ergeben möchten. Es geht zu weit, wenn solche unter Umständen geringfügige und zuweilen in gutem Glauben vorgenommene Aenderungen in allen Fällen als Urkundenfälschungen angesehen werden sollen. Auch der wissentliche Gebrauch einer derart gefälschten Quittungskarte soll der Verfolgung nach §§ 267, 268 des Strafgesetzbuchs entzogen werden.

Anders liegen die Dinge dann, wenn einer unzulässigen Eintragung in Quittungskarten „die Absicht" zu Grunde liegt, „den Versicherten zu kennzeichnen." Eine solche, die Absicht des Gesetzes vereitelnde Handlung muß allerdings strafrechtlich geahndet werden, und es ist nur angemessen, für solche Fälle die hohe Strafandrohung des alten § 151 lediglich aufrecht zu erhalten. Wann jene Voraussetzung gegeben ist, bleibt im Einzelfalle zu prüfen, wobei naturgemäß auch Eintragungen, in denen die erwähnte Absicht nicht ausdrücklich, sondern nur indirekt und versteckt enthalten ist, dem Strafricher nicht entzogen werden dürfen. Endlich ist für diejenigen Fälle, in welcher die Fälschung der Quittungskarte in der Absicht begangen wurde, sich oder einem Anderen einen Vermögensvortheil zu verschaffen oder einem Anderen Schaden zuzufügen, die Zulässigkeit einer Verfolgung wegen Urkundenfälschung (§§ 267, 268 des Strafgesetzbuchs) vorbehalten. Im Uebrigen ist die Anwendung der Bestimmungen des Strafgesetzbuchs über Urkundenfälschung durch die neue Fassung des § 184 ausgeschlossen worden (Mot. 359).

§ 185.

Die Mitglieder der Vorstände und sonstiger Organe der Versicherungsanstalten sowie die das Aufsichtsrecht über dieselben ausübenden Beamten werden, wenn sie unbefugt Betriebsgeheimnisse offenbaren, welche kraft ihres Amtes zu ihrer Kenntniß gelangt sind, mit Geldstrafe bis zu eintausendfünfhundert Mark oder mit Gefängniß bis zu drei Monaten bestraft.

Die Verfolgung tritt nur auf Antrag des Betriebsunternehmers ein.

§ 186.

Die in § 185 bezeichneten Personen werden mit Gefängniß, neben welchem auf Verlust der bürgerlichen Ehrenrechte erkannt werden kann, bestraft, wenn sie absichtlich zum Nachtheile der Betriebsunternehmer Betriebsgeheimnisse, welche kraft ihres Amtes zu ihrer Kenntniß gelangt waren, offenbaren, oder wenn sie geheim gehaltene Betriebseinrichtungen oder Betriebsweisen, welche kraft ihres Amtes zu ihrer Kenntniß gelangt sind, solange als diese Betriebsgeheimnisse sind, nachahmen.

Thun sie dies, um sich oder einem Anderen einen Vermögensvortheil zu verschaffen, so kann neben der Gefängnißstrafe auf Geldstrafe bis zu dreitausend Mark erkannt werden.

§ 187.

Mit Gefängniß nicht unter drei Monaten, neben welchem auf Verlust der bürgerlichen Ehrenrechte erkannt werden kann, wird bestraft, wer unechte Marken in der Absicht anfertigt, sie als echt zu verwenden, oder echte Marken in der Absicht verfälscht, sie zu einem höheren Werthe zu verwenden, oder wissentlich von falschen oder verfälschten Marken Gebrauch macht.

Dieselbe Strafe trifft denjenigen, welcher Marken verwendet, veräußert oder feilhält, **obwohl er weiß oder den Umständen nach annehmen muß, daß die Marken bereits einmal verwendet worden sind.** Sind mildernde Umstände vorhanden, so kann auf Geldstrafe bis zu dreihundert Mark oder Haft erkannt werden.

Zugleich ist auf Einziehung der Marken zu erkennen, ohne Unterschied, ob sie dem Verurtheilten gehören oder nicht. Auf diese Einziehung ist auch dann zu erkennen, wenn die Verfolgung oder Verurtheilung einer bestimmten Person nicht stattfindet.

Nach der bisherigen Fassung des § 187 Abs. 2 wird derjenige stets bestraft, der wissentlich schon verwendete Marken abermals in Quittungskarten verwendet; derjenige aber, welcher solche Marken veräußert oder feil hält, unterliegt nur dann der Bestrafung, wenn er etwaige auf die Marken gesetzte Entwerthungszeichen ganz oder theilweise vorher entfernt, bleibt aber unbestraft, wenn er benutzte Marken ohne Entwerthungszeichen veräußert oder feilhält. Dieser Rechtszustand ist, wie die Motive S. 360 hervorheben, nur einem Redaktionsversehen zuzuschreiben. Die neue Fassung beseitigt dieses Versehen und giebt schlechtweg die Möglichkeit, denjenigen strafrechtlich zu verfolgen, welcher Marken verwendet, veräußert oder feilhält, obwohl er weiß oder den Umständen nach annehmen muß, daß die Marken bereits einmal verwendet worden sind.

§ 188.

Mit Geldstrafe bis zu einhundertundfünfzig Mark oder mit Haft wird bestraft, wer ohne schriftlichen Auftrag einer Versicherungsanstalt oder einer Behörde

1. Stempel, Siegel, Stiche, Platten oder andere Formen, welche zur Anfertigung von Marken dienen können, anfertigt oder an einen Anderen als die Versicherungsanstalt beziehungsweise die Behörde verabfolgt,
2. den Abdruck der in Ziffer 1 genannten Stempel, Siegel, Stiche, Platten oder Formen unternimmt oder Abdrücke an einen Anderen als die Versicherungsanstalt beziehungsweise die Behörde verabfolgt.

Neben der Geldstrafe oder Haft kann auf Einziehung der Stempel, Siegel, Stiche, Platten oder Formen erkannt werden, ohne Unterschied, ob sie dem Verurtheilten gehören oder nicht.

§ 189. Uebergangsbestimmungen.

Bei Versicherten, welche **innerhalb** der ersten fünf Jahre, **nachdem die Versicherungspflicht für ihren Berufszweig in Kraft getreten ist,** erwerbsunfähig werden, **wird auf die Wartezeit für die Invalidenrente (§ 29 Abs. 1 Ziffer 1) die Dauer einer früheren Beschäftigung angerechnet, für welche die Versicherungspflicht bestand oder inzwischen eingeführt worden ist. Die Anrechnung erfolgt aber nur, insoweit die frühere Beschäftigung in die letzten** fünf Jahre vor Eintritt der Erwerbsunfähigkeit **entfällt, und nur dann, wenn nach dem Zeitpunkte, mit welchem die Versicherungspflicht für den betreffenden Berufszweig in Kraft getreten ist, eine die Versicherungspflicht begründende Beschäftigung für die Dauer von mindestens vierzig Wochen bestanden hat.**

1. Die Uebergangsbestimmungen für die Invalidenrente haben, nachdem inzwischen 8 Jahre seit Inkrafttreten des Gesetzes verstrichen sind, nur noch für diejenigen Personenkreise Bedeutung, auf welche die Versicherungspflicht gemäß § 2 nachträglich erstreckt worden ist oder erstreckt werden wird, oder welche in Folge der Abänderung des § 1 Ziffer 2 vom 1. Januar 1900 an versicherungspflichtig werden.

2 Voraussetzung für die Anwendung der Uebergangsbestimmungen bleibt, daß der Versicherte innerhalb der ersten fünf Jahre, nachdem die Versicherungspflicht für seinen Berufszweig in Kraft getreten ist, erwerbsunfähig wird. Alsdann wird auf die Wartezeit auch eine vorgesetzliche Beschäftigungszeit angerechnet. Hierbei werden durch die neue Fassung im Abs. 1 die Zweifel in der bisherigen Praxis über die Berechnung der vorgesetzlichen Wartezeit für Versicherte aus nachträglich in die Versicherung einbezogenen Berufsgruppen in Uebereinstimmung mit der Rechtsprechung des Reichs-Versicherungsamts (zu vergleichen Revisionsentscheidung 455, Amtliche Nachrichten des Reichs-Versicherungsamts, Invaliditäts- und Altersversicherung, 1895, S. 246) dahin entschieden, daß auf die vorgesetzliche Wartezeit derartiger Versicherter neben der nachträglich für versicherungspflichtig erklärten Beschäftigung auch die bisher schon nach §§ 1 und 2 der Versicherungspflicht unterliegende Thätigkeit anrechnungsfähig sein soll.

3. Die Dauer der für die Zeit nach dem Inkrafttreten des Gesetzes nachzuweisenden Beitragszeit ist entsprechend der Herabminderung der Wartezeit (§ 29) von 47 auf 40 Wochen ermäßigt worden. Dabei ist das Wort „Kalenderjahre" im Abs. 1 durch „Jahre" ersetzt worden. Ersteres war für das Invaliditäts- und Altersversicherungsgesetz zutreffend, da dieses gerade am 1. Januar 1891 in Kraft trat. Bei Ausdehnung der Versicherungspflicht auf neue Berufszweige fällt aber der Beginn dieser Ausdehnung nicht nothwendig mit dem des Kalenderjahres zusammen (Mot. 861).

4. Aus der Fassung des Abs. 1: „Bei Versicherten, welche innerhalb der ersten fünf Jahre, nachdem die Versicherungspflicht . . . . . . in Kraft getreten ist", folgt, daß die Vortheile der Uebergangsbestimmung auf Selbstversicherung sich nicht erstrecken (vgl. Motive 861).

5. Die Wartezeit für die Invalidenrente beträgt jetzt nur 200 Wochen (vgl. § 29). Die im Gesetzestext enthaltene Bezugnahme auf Ziffer 1 des § 29 Abs. 1 soll lediglich auf die Wartezeit von 200 Wochen hinweisen; es ist nicht etwa erforderlich, daß 100 pflichtige Beiträge geleistet sein müssen. Diese Auffassung ergiebt sich aus der ratio und der Entstehungsgeschichte des Gesetzes.

§ 190.

Bei Versicherten, welche zu der Zeit, **als die Versicherungspflicht für ihren Berufszweig in Kraft trat,** das vierzigste Lebensjahr vollendet haben, werden auf die Wartezeit für die Altersrente (§ 29 Abs. 1 Ziffer 2) für jedes **volle** Jahr, um welches ihr Lebensalter **zu diesem Zeitpunkte** das vollendete vierzigste Jahr überstiegen **hat, vierzig Wochen und für den überschießenden Theil eines solchen Jahres die weiteren Wochen, jedoch nicht mehr als vierzig, angerechnet.**

Die Anrechnung erfolgt aber nur dann, wenn solche Personen während der dem Inkrafttreten unmittelbar vorangegangenen drei Jahre **berufsmäßig, wenn auch nicht ununterbrochen, eine Beschäftigung gehabt haben, für welche die Versicherungspflicht bestand oder inzwischen eingeführt worden ist. Dieser Nachweis wird erlassen, wenn innerhalb der ersten fünf Jahre, nachdem die Versicherungspflicht für den betreffenden Berufszweig in Kraft getreten ist, eine die Versicherungspflicht begründende Beschäftigung für die Dauer von mindestens zweihundert Wochen bestanden hat.**

1. Im Gegensatz zu § 189 haben die Uebergangsbestimmungen für die Altersrente auch für die bisher schon unter § 1 fallenden Personen noch für lange Jahre hindurch einen erheblichen Werth.

2. Statt der bisherigen 47 Wochen werden für jedes vollendete Lebensjahr 40 Wochen in Ansatz gebracht. Für die Berechnung der Mindestzahl der von den Altersrentenanwärtern nachzuweisenden Beitragswochen hat das R. V. A. Tabellen aufstellen lassen, welche in den Amtl. Nachr. 1900 Nr. 1a S. 203 ff. abgedruckt sind.

3. Für den Nachweis der vorgesetzlichen Wartezeit ist durch die abgeänderten Bestimmungen des Abs. 2 eine bedeutende Erleichterung geschaffen. Während bisher der Nachweis erfordert wurde, daß die betreffende Person während der vorgesetzlichen drei Jahre mindestens 141 Wochen in einem die Versicherungspflicht begründenden Arbeits- oder Dienstverhältniß gestanden hat, genügt es jetzt, daß die betreffende Person in den drei vorgesetzlichen Jahren berufsmäßig, wenn auch nicht ununterbrochen eine jetzt versicherungspflichtige Beschäftigung ausgeübt hat oder, wie es die Motive S 362 umschreiben, daß die betreffende Person ihren Lebensunterhalt regelmäßig durch eine, wenn auch nicht ununterbrochen geleistete Lohnarbeit erworben hat. Dabei wird, wie die Motive a. a. O. hervorheben, eine verständige Praxis den individuellen Verhältnissen des Rentenbewerbers gebührend Rechnung tragen können. Die zulässigen Unterbrechungen der Berufsarbeit sind aber nicht etwa auf die im § 191 hervorgehobenen besonderen Fälle zu beschränken.

Aber auch dieser erleichterte Nachweis der vorgesetzlichen Beschäftigung wird ganz erlassen, wenn während der ersten fünf Jahre, nachdem die Versicherungspflicht für den betreffenden Berufszweig in Kraft getreten ist, eine versicherungspflichtige Beschäftigung von mindestens 200 Wochen stattgefunden hat.

4. Die Wartezeit für die Altersrente beträgt jetzt nur 1200 Wochen (vgl. § 29).

§ 191.

In den Fällen der §§ 189, 190 wird für die in Anrechnung **zu bringende Zeit vor der Begründung der Versicherungspflicht** eine unter § 30 Abs. 2 fallende Krankheit oder militärische Dienstleistung **sowie die Zeit des früheren Bezugs einer Invalidenrente (§ 47 Abs. 4)** einem Arbeits- oder Dienstverhältnisse gleich geachtet.

Dasselbe gilt für den Zeitraum von höchstens vier Monaten während eines Kalenderjahrs

1. von **Zeiten vorübergehender** Unterbrechung **eines ständigen Arbeits-** oder **Dienstverhältnisses zu einem bestimmten Arbeitgeber;**

2. **von Zeiten vorübergehender Unterbrechung einer berufsmäßigen Beschäftigung, soweit es sich um eine Beschäftigung handelt, die nach ihrer Natur alljährlich für einige Zeit vorübergehend unterbrochen zu werden pflegt** (Saisonarbeit);

3. **von einer zu Zwecken des Verdienstes unternommenen Beschäftigung mit Spinnen, Stricken oder ähnlichen leichten häuslichen Arbeiten, wie sie landesüblich von alternden oder schwächlichen Leuten geleistet zu werden pflegen.**

1. Einer besonderen Berücksichtigung der vorübergehenden Unterbrechung ständiger Arbeitsverhältnisse bedarf es für die Zeit nach dem Inkrafttreten der Versicherungspflicht nicht mehr, weil die Zusatzmarke, die während dieser Zeit nicht beigebracht zu werden brauchte (§ 119 in der früheren Fassung), fortab allgemein in Fortfall kommt. Dagegen müssen diese Unterbrechungszeiten, soweit sie in der Zeit vor dem Inkrafttreten der Versicherungspflicht schon nach den bisherigen Bestimmungen anrechnungsfähig waren, auch für die Folgezeit berücksichtigt werden, um einer Schlechterstellung der in Betracht kommenden Personen vorzubeugen. Dabei ist die im § 47 Abs. 4 vorgesehene Gleichstellung der Zeit eines früheren Invalidenrentenbezugs mit einer anrechnungsfähigen Krankheitszeit auch hier zugelassen Es kann dies praktische Bedeutung für den Fall haben, daß ein Versicherter, welcher auf Grund der bisherigen Bestimmungen eine später entzogene Invalidenrente genossen hat, demnächst seinen Beruf wechselt und auf Grund der für den neuen Berufszweig nachträglich in Kraft getretenen Versicherungspflicht neuerdings Invaliden- oder Altersrente begehrt. Die Beschränkung des § 30 Abs. 5 findet auch in diesem Falle keine Anwendung, was durch das Allegat des § 47 Abs. 4 klargestellt worden ist (Motive 363).

2. Mehrfach ist es als eine unbegründete Härte empfunden worden, daß die Anrechnung einer nicht durch Arbeit ausgefüllten Zeit vorübergehender Unterbrechung eines Arbeitsverhältnisses auf die bei einem bestimmten Arbeitgeber ständig beschäftigten Personen beschränkt worden ist, während die unständigen Saisonarbeiter, namentlich die zahlreichen Bauhandwerker, die während der Wintermonate in ihrem Beruf in der Regel nicht thätig sein können, von jener Vergünstigung ausgeschlossen waren. Zur Abhülfe soll die neue Bestimmung der Ziffer 2 dienen (Motive 363).

3. Zahlreiche zur Klasse der Berufsarbeiter gehörende Personen suchen beim Mangel der gewohnten Beschäftigung, häufig in Folge des Nachlassens ihrer körperlichen Arbeitsfähigkeit, zeitweise durch landesübliche sonstige Arbeiten, etwa durch Spinnen oder dergleichen, also durch eine leichte Thätigkeit in selbständigem Betriebe, sei es auf Bestellung, sei es auf Vorrath zum Verkauf, ihren Lebensunterhalt zu erwerben. Solche Personen finden sich insbesondere in Landstädten und Dörfern; oft sind es Personen, die berufsmäßig in der Land- oder Forstwirthschaft zu arbeiten pflegen, sobald sich dort für sie geeignete Arbeit findet. Sie leben in der Regel in dürftigen Verhältnissen und sind zu denjenigen zu rechnen, denen die Wohlthaten des Gesetzes zugedacht sind. Um diesen Personen die Erlangung einer Altersrente zu ermöglichen, ist in Ziffer 3 bestimmt, daß ihnen diese Beschäftigung, soweit sie in die vorgesetzliche Zeit entfällt, als Lohnarbeit angerechnet werden soll. Wäre das Gesetz auf diese Personen schon während der Dauer einer solchen selbstständigen Beschäftigung anwendbar gewesen, so hätten sie während der letzteren freiwillig Beiträge entrichten und dadurch für die Fortdauer der Versicherung

Sorge tragen können. Dies war ihnen aber unmöglich, da sie die Spinnarbeit u. s. w. zu einer Zeit unternahmen, in welcher das Gesetz noch nicht galt. Es wäre also unbillig, wenn man ihnen lediglich wegen der Art dieser Beschäftigung die Wohlthaten der Uebergangsbestimmungen vorenthalten wollte (Motive 363).

§ 192.

Sind bei den auf Grund des § 190 zu gewährenden Altersrenten weniger als vierhundert Beitragswochen nachgewiesen, so werden für die fehlenden Wochen Beiträge derjenigen Lohnklasse, welche dem durchschnittlichen Jahresarbeitsverdienste des Versicherten während der im § 190 Abs. 2 Satz 1 bezeichneten drei Jahre entspricht, mindestens aber Beiträge der ersten Lohnklasse in Ansatz gebracht. Sind mehr als vierhundert Beitragswochen nachgewiesen, so kommen die Bestimmungen des § 37 ohne Weiteres in Anwendung.

1. Die bisherigen Bestimmungen über die Berechnung der Altersrente in der Uebergangszeit mußten wegen der neuen Bestimmungen im § 37, betr. die Berechnung der Altersrente, in Wegfall kommen. Sind mindestens 400 Wochen nachgewiesen, so kommen die Bestimmungen des § 37 ohne Weiteres zur Anwendung; sind weniger als 400 Wochen nachgewiesen, so wird das Minus in Gemäßheit der Bestimmung des § 192 ergänzt und alsdann die Rente gemäß § 37 berechnet.

2. Die bisherigen Bestimmungen über die Berücksichtigung vorgesetzlicher Beschäftigung bei Vertheilung von Uebergangsrenten sind in Wegfall gekommen.

§ 193.

Ansprüche auf Renten oder Beitragserstattungen, über welche zur Zeit des Inkrafttretens dieses Gesetzes das Feststellungsverfahren noch schwebt, unterliegen den Bestimmungen dieses Gesetzes, sofern letzteres für die Berechtigten günstiger ist. Die Nichtanwendung dieser günstigeren Bestimmungen bildet einen Revisionsgrund im Sinne des § 116 Abs. 3.

Auf die zur Zeit des Inkrafttretens der Novelle laufenden Invaliden- und Altersrenten, welche unter der Herrschaft des bisherigen Gesetzes rechtskräftig bewilligt worden sind, finden die neuen, für die Versicherten günstigeren Bestimmungen keine Anwendung (Motive 364).

Dagegen finden diese günstigeren Bestimmungen auf diejenigen Fälle Anwendung, in denen zur Zeit des Inkrafttreten des Gesetzes das Feststellungsverfahren noch schwebt. Das Feststellungsverfahren wird solange als schwebend angesehen werden müssen, als der Feststellungsbescheid nicht rechtskräftig geworden ist. Mit dieser Ansicht scheint auch der Wortlaut der oben citirten Motive übereinzustimmen. Dieser Ansicht hat sich auch das R. V. A. angeschlossen und im Einzelnen folgende Grundsätze ausgesprochen:

I. (Rev. Entsch. Nr. 790):

a) Der § 193 findet auch dann Anwendung, wenn das Verfahren bereits bis zur Entscheidung des Schiedsgerichts gediehen und am 1. Januar 1900 nur noch die Revision anhängig war.

b) Das Revisionsgericht ist zur Aufhebung eines jeden Schiedsgerichtsurtheils ermächtigt, welches unter der Herrschaft des neuen Gesetzes für den Berechtigten hätte günstiger ausfallen müssen.

c) Wenn einmal das Invalidenversicherungsgesetz gemäß § 193 zur Anwendung kommt, so gelangt es in allen seinen Theilen zur Durchführung, selbst insoweit es im Einzelnen ungünstiger wirkt. Denjenigen Personen, deren Streitigkeiten am 1. Januar 1900 noch nicht endgültig abgeurtheilt waren, soll dieselbe Rechtsstellung zu Theil werden, welche sich für die erst nach jenem Zeitpunkt ihren Anspruch Anmeldenden aus der allgemeinen Anwendung des Invalidenversicherungsgesetzes von selbst ergiebt. (Vgl. hierzu die folgenden Rev. Entsch 792.)

II. (Rev. Entsch. Nr. 792):

Durch die Vorschrift des § 146 Invalidenversicherungsgesetzes wird die Gültigkeit solcher Beitragsmarken, die vor dem 1. Januar 1900 erst nachträglich wirksam verwendet worden sind, und ebenso durch die Vorschrift des § 46 Invalidenversicherungsgesetzes eine bis 31. Dezember 1899 erhaltene Anwartschaft selbst dann nicht in Frage gestellt, wenn in einer am 1. Januar 1900 schwebenden Sache das Invalidenversicherungsgesetz gemäß § 193 daselbst zur Anwendung kommt.

III. (Rev. Entsch. Nr. 793):

Am 1. Januar 1900 rückständige Pflichtmarken können in schwebenden Sachen ohne zeitliche Beschränkung wirksam nachgebracht werden, sofern gemäß § 193 lediglich das bisherige Recht zur Anwendung kommt.

IV. (Rev. Entsch. Nr. 794):

Eine vor dem 1. Januar 1900 liegende vorübergehende Erwerbsunfähigkeit von sechsundzwanzigwöchiger Dauer begründet im Falle des § 193 des Invalidenversicherungsgesetzes die Anwendung des § 16 ebenda. Die Zeit des Rentenbezuges für vorübergehende Erwerbsunfähigkeit ist gemäß § 47 Absatz 4 a. a. O. bei der Festsetzung der Invalidenrente wegen dauernder Erwerbsunfähigkeit anzurechnen, auch wenn diese sich an jene Zeit anschließt, und der letzteren eine versicherungspflichtige Beschäftigung nicht unmittelbar vorangegangen ist.

V. (Rev. Entsch. Nr. 795):

Der § 193 findet an sich auch dann Anwendung, wenn das Schiedsgericht die Berufung wegen Versäumung der Berufungsfrist zurückgewiesen hat und die hiergegen eingelegte Revision am 1. Januar 1900 noch schwebt.

VI. (Rev. Entsch. Nr. 796):

a) Das Feststellungsverfahren gilt nicht als schwebend im Sinne des § 193 des Invalidenversicherungsgesetzes, wenn bei der Versicherungsanstalt seiner Zeit weder die Absicht noch die Pflicht bestand, einen berufungsfähigen Bescheid zu ertheilen.

b) Ebensowenig ist gemäß § 193 a. a. O. die Wiederaufnahme des Verfahrens zulässig, wenn es sich um die Auffindung einer Urkunde (Quittungskarte) handelt, die zwar nicht nach altem, wohl aber nach neuem Recht für den Rentenanspruch von Erheblichkeit ist.

VII. (Rev. Entsch Nr. 797):

Die Vorschrift des § 193 des Invalidenversicherungsgesetzes findet zu Gunsten der Versicherten auch in denjenigen Fällen Anwendung, in welchen die Revision nur seitens der Versicherungsanstalt eingelegt ist, jedoch mit der Maßgabe, daß eine reformatio in pejus ausgeschlossen bleibt.

VIII. (ungedruckter Rev. Entsch vom 10. Februar 1900):

Als „Berechtigte“ im Sinne des § 193, denen das günstigere neue Recht zum Vortheil gereicht, sind auch die Rechtsnachfolger eines bereits vor dem 1. Januar 1900 verstorbenen Versicherten anzuerkennen.

§ 194. Gesetzeskraft.

Die vorstehenden Bestimmungen treten, soweit sie sich auf die Herstellung oder **Veränderung** der zur Durchführung der Invalidenversicherung erforderlichen Einrichtungen beziehen, mit dem Tage der Verkündung, im Uebrigen mit dem **1. Januar 1900** in Kraft.

Sofern bis zu letzterem Zeitpunkte die Statuten einer Versicherungsanstalt oder einer auf Grund der §§ 5, 7 des Gesetzes vom 22. Juni 1889 zugelassenen besonderen Kasseneinrichtung die nach dem gegenwärtigen Gesetz erforderlichen Aenderungen nicht rechtzeitig erfahren sollten, werden diese Abänderungen durch die Aufsichtsbehörde mit rechtsverbindlicher Wirkung von Aufsichtswegen vollzogen.

Soweit in Reichsgesetzen oder in Landesgesetzen auf Vorschriften des Gesetzes vom 22. Juni 1889 verwiesen ist, treten die entsprechenden Vorschriften dieses Textes an ihre Stelle.

Das Reichsversicherungsamt hat aus Anlaß einer Beschwerde eines Staatskommissars entschieden, daß die Einrichtung des Staatskommissars noch bis zum 1. Januar 1900 besteht. Vom 1. Januar 1900 an fällt die Einrichtung des Staatskommissars fort, sodaß der Staatskommissar nicht mehr in der Lage ist, Berufungen oder Revisionen, welche er vor dem 1. Januar 1900 eingelegt hat und die bis zu diesem Termin noch nicht erledigt sind, weiter zu betreiben.

Anlage I.

Anleitung,

betreffend den Kreis der nach dem Invalidenversicherungsgesetz vom 13. Juli 1899 (Reichs-Gesetzblatt S. 463) versicherten Personen.

Vom 19. Dezember 1899.

Inhaltsübersicht.

(Ausführliches Sach- und Berufsverzeichniß s. Anm. zu § 1.)

Ziffer	Zu §. Absatz, Satz, Ziffer des Gesetzes
24. Lehrer und Erzieher	5 A. 1. 3
25. Unterscheidung zwischen höherer, mehr geistiger und anderer Thätigkeit	.
26. Sonstige gemeinsame Gesichtspunkte für die Klassen des § 1 Z. 2 (Verdienstgrenze)	1 Z. 2
27. Schiffsbesatzung	1 Z. 3
Unselbständigkeit.	
28. Allgemeines	.
29. Verhältniß zum bürgerlichen Recht	.
30 Fortsetzung (Form der Pacht und dgl.)	.
31. Fortsetzung (Akkordanten)	.
32. Fortsetzung (mittelbare Arbeitsverhältnisse)	.
33. Lohnarbeit und Hausgewerbe	2 Z. 2
34. Lohnarbeit und selbstständige Erwerbsthätigkeit	.
35. Lohnarbeit und Mitunternehmerschaft	.

Uebersicht, betreffend die Unterscheidung zwischen Lohnarbeit und selbstständiger Erwerbsthätigkeit, nach Berufsgruppen.

Ziffer	Zu §. Absatz, Satz, Ziffer des Gesetzes
A. Landwirthschaft u. verwandte Erwerbszweige.	
36. Landwirthschaft im Allgemeinen	.
37. Gärtnerei	.
38. Forstwirthschaft	.
39. Thierzucht	.
40. Fischerei	.
B. Bergbau, Hüttenwesen, Industrie und Bauwesen.	
41. Zugehörigkeit zu gewerblichen Betrieben oder Selbständigkeit	.
42. Handwerker im Verhältniß zu ihren Kunden	.
43. Bauhandwerker	.
44 Wäscherinnen, Plätterinnen, Schneiderinnen, Näherinnen u. s. w.	.
C. Handel und Verkehr.	
45. Makler, Agenten, Handlungsgehülfen	.
46. Waarenausträger	.
47. Beherbergung und Erquickung	.
48. Hülfsgewerbe des Handels (Wäger u. s. w.)	.
49. Leistung von Fuhren	.
50. Schiffahrt	.
51. Boten, Dienstmänner, Lohndiener u. s. w.	.
52. Begräbnißwesen	.
D. Häusliche Dienste.	
53. Kochfrauen, Aufwärterinnen, Lohndiener u. s. w.	.
E. Oeffentlicher Dienst u. freie Berufsarten.	
54. Allgemeines	.
55. Gesundheitspflege und Krankendienst	.
56. Kunstausübung und Schaustellungen	.
II. Versicherungsrecht.	
57. Allgemeines	14
58. Selbstversicherung	14 A. 1
59. Weiterversicherung	14 A. 2

Abkürzungen.

a. a. O. = am angegebenen Orte, Abs. = Absatz. a. E. = am Ende, A. N. = Amtliche Nachrichten des Reichs-Versicherungsamts, A. N. J. u. A. V. = Sonderausgabe der Amtlichen Nachrichten für Invaliditäts- und Altersversicherung (1891 bis 1895). Besch. = Bescheid, das. = daselbst, dgl. = dergleichen, ff. = folgende, J. V. G. = Invalidenversicherungsgesetz vom 13. Juli

1899, J. u A. V. G. = Invaliditäts- und Altersversicherungsgesetz vom 22. Juni 1889, K. V. G = Krankenversicherungsgesetz. Rek. E. = Rekursentscheidung, Rev. E. = Revisionsentscheidung. R. G. B. = Reichsgesetzblatt, S = Seite, s. = siehe. u. A. = unter Anderem. u. s. w. = und so weiter, u. U. = unter Umständen. U. V. G = Unfallversicherungsgesetz, Z = Ziffer, vgl. = vergleiche, z. B. = zum Beispiel, zu vgl. = zu vergleichen.

I. Versicherungspflicht.

Einleitung. 1. Im Vergleich mit den Reichsgesetzen über Kranken- und Unfallversicherung ist die Versicherungspflicht nach dem Invalidenversicherungsgesetz die weit umfassendere. Sie knüpft nicht an die Zugehörigkeit zu bestimmten Betrieben an und beschränkt sich nicht auf sachlich abgegrenzte Gebiete menschlicher Thätigkeit, sondern sie ergreift die arbeitende Bevölkerung sämmtlicher Berufszweige, und zwar neben einigen kleineren Gruppen geistiger Arbeiter im Allgemeinen alle Personen, die in der Landwirthschaft, der Industrie, dem Handel, in der Hauswirthschaft, im Reichs-, Staats-, Gemeinde-, Kirchen- oder Schuldienst u. s. w. ihre Arbeitskraft in untergeordneter, abhängiger Stellung verwerthen. Nach dem Aufbau des Gesetzes kommt es jedoch zur Begründung der Versicherungspflicht nicht darauf an, ob Jemand im Allgemeinen denjenigen Bevölkerungsklassen angehört, denen die gesetzliche Fürsorge zugewendet werden soll, sondern jedenfalls zunächst nur darauf, ob er in einem einzelnen Beschäftigungsverhältniß bestimmter Art steht (zu vergl. aber auch Z. 11 und 34m). Ob aber ein Beschäftigungsverhältniß die Versicherungspflicht, welche übrigens nicht etwa auf einem Vertrage beruht (Rev. E. 418 und 625, A. N. J. u. A. V. A. 1895 S. 135, 1898 S. 160), hervorzurufen geeignet ist, dies hängt, abgesehen davon, daß es räumlich unter die Herrschaft des Gesetzes fallen muß, von persönlichen Umständen des Beschäftigten, von der Gewährung eines Entgelts gewisser Art, von dem Gegenstande der Beschäftigung, sowie davon ab, ob die Arbeit sich als eine unselbständig geleistete darstellt.

Räumlicher Bereich. Allgemeines. 2. Der Versicherungszwang ergreift grundsätzlich alle im Inlande — Kolonieen und Schutzgebiete sind hierbei Ausland — verrichteten Arbeiten ohne Rücksicht darauf, ob sie mit einem ausländischen Betriebe zusammenhängen (z. B. auf Fahrzeugen eines ausländischen Schifffahrtsbetriebes geleistet werden, zu vgl. § 65 Abs. 4 des Gesetzes*), oder ob die im Inland (z. B. in einer an der Grenze belegenen Fabrik) thätigen Arbeiter im Ausland wohnen. Jedoch gelten fremde Kriegsschiffe oder unter der Flagge ihres Staatsoberhauptes fahrende sonstige fremde Seeschiffe auch bei ihrem Aufenthalt in deutschen Häfen völkerrechtlich nicht als Inland (Rev. E. 587 A. N. 1879 S. 380).

Da der Versicherungszwang begrifflich an den Grenzen der inländischen Staatsgewalt seine Schranke findet, unterliegen im Ausland beschäftigte Personen grundsätzlich der Versicherungspflicht nicht, ohne Unterschied, ob sie selbst Inländer oder Ausländer, ob sie bei Inländern (Ausnahme s. Z. 3) oder bei Ausländern bedienstet sind, sowie ob der Beschäftigungsort etwa zu den in § 48 Z. 4 des Gesetzes bezeichneten Grenzbezirken gehört (Rev. E. 137 und 576, A. N. J. u. A. V. 1892 S. 48, 1897 S. 333).

Eine Einschränkung erleidet der vorstehende Satz, entsprechend der Rechtsübung in Unfallversicherungssachen (Handbuch der Unfallversicherung Anm. 1 zu § 1 U. V. G., zu vgl. auch § 65 letzter Satz des Gesetzes), insoweit, als

*) Mit „Gesetz" ohne Zusatz ist überall das Invalidenversicherungsgesetz gemeint.

eine im Ausland stattfindende Thätigkeit nach Lage des besonderen Falles als Theil, Zubehör, Fortsetzung oder Ausstrahlung eines inländischen Betriebes, die beschäftigte Person somit gewissermaßen als im Inland beschäftigt angesehen werden kann (Rev. E. 137 a. a. O., Rev. E. 777 A N. 1899 S. 655. Beispiele: im Ausland belegene Grenzstation eines inländischen Eisenbahnunternehmens; Herstellung von Bauten im Auslande von einem inländischen Betriebe aus mit dazu ausgesandten Arbeitskräften).

Aehnliches gilt, wenn persönliche Bedienstete ihren Dienstherrn bei einem vorübergehenden Aufenthalt im Auslande begleiten.

3 Zwischen den betheiligten Verwaltungen hat eine Verständigung dahin stattgefunden, daß deutsche Bedienstete nicht nur der im Ausland befindlichen diplomatischen Vertreter des Reiches oder eines Bundesstaats, sondern auch der sonst im Ausland verwendeten deutschen Beamten (Berufskonsuln, Offiziere, Zollbeamte, Gouverneure in den Kolonieen und Schutzgebieten, Postbeamte u. s. w.) der Versicherungspflicht unterworfen sein sollen. Bedienstete deutscher Beamten im Auslande.

4. Während die Grundsätze der Z. 2 auch auf die Binnenschifffahrt Anwendung finden, unterliegt die Seeschifffahrt einer abweichenden Regelung, indem hier nach § 1 Z. 3 des Gesetzes lediglich die Staatszugehörigkeit des Fahrzeuges entscheidet. Die deutschen Seeschiffe gelten gewissermaßen, wo sie sich auch befinden, als deutscher Boden, die Thätigkeit der Mannschaft (der Inländer wie der Ausländer) als Thätigkeit im Inlande (zu vgl. auch Besch. 1711 A. N. 1898 S. 265). Ebenso ist umgekehrt die Besatzung (s. darüber Z. 27) fremder Seefahrzeuge auch in deutschen Gewässern von der Versicherung frei (Rev. E. 587 A. N. 1897 S. 380). Seeschifffahrt.

5. Abweichend von der Unfallversicherung läßt das Invalidenversicherungsgesetz den Versicherungszwang erst mit dem ersten Tage des 17. Lebensjahres beginnen. Persönliche Umstände.

Eine Altersgrenze nach oben ist nur in der Gestalt vorgesehen, daß der § 6 Abs. 1 des Gesetzes Personen, die das siebenzigste Lebensjahr vollendet haben, gestattet, sich durch einen Beschluß der unteren Verwaltungsbehörde ihres Beschäftigungsortes von der Versicherungspflicht befreien zu lassen. Ohne solche Befreiung bleiben sie (wie bisher stets, zu vgl. Besch. 27 A. N. J. u. A. 1891 S. 148) versicherungspflichtig, und zwar auch wenn sie Altersrente beziehen. Alter.

6. Keinen Unterschied macht grundsätzlich das Geschlecht oder der Familienstand. Das Gesetz findet Anwendung ebensowohl auf Arbeiter wie auf Arbeiterinnen u. s. w., auf Verheirathete wie auf Ledige, auf Hauskinder wie auf Gewaltfreie. War insbesondere für eine Ehefrau die Anwartschaft durch Beitragserstattung gemäß § 42 des Gesetzes erloschen, so tritt doch bei einer Wiederaufnahme der Lohnarbeit die Versicherungspflicht abermals ein. Geschlecht, Familienstand.

Dies hindert jedoch nicht, daß gegebenenfalls die herkömmliche Stellung des weiblichen Geschlechts im Wirthschaftsleben oder der Ehefrau in der Familie dazu führt, eine von einer weiblichen Person ausgeübte Thätigkeit anders zu beurtheilen, als eine äußerlich gleiche Beschäftigung von Männern, sowie daß das zwischen zwei Personen vorhandene Familienband das Bestehen eines Arbeitsverhältnisses zwischen ihnen ausschließt oder unwahrscheinlich macht (Z. 18 b. c. und Z. 44).

7. Wird ein Arbeitsverhältniß gemäß Z. 2 bis 4 durch das Gesetz räumlich erfaßt, so ist es im Uebrigen ohne Belang, ob der Beschäftigende oder der Beschäftigte oder Beide deutscher oder fremder Staatsangehörigkeit sind (s. aber auch Z. 3). Namentlich sind die im Inland beschäftigten Ausländer grundsätzlich versicherungspflichtig, wenn sie auch demnächst in das Ausland Staatsangehörigkeit.

zurückzukehren beabsichtigen und daher keine Aussicht auf Erfüllung der Wartezeit oder den Bezug einer Rente haben. Ausnahmen kann der Bundesrath gemäß § 4 Abs. 1 oder 2 des Gesetzes vorschreiben.

Erwerbsfähigkeit. 8. Dem Gedanken, daß eine Versicherung nicht mehr Platz greifen kann, wenn der Versicherungsfall bereits eingetreten ist, entspringt die Vorschrift des § 5 Abs. 4 des Gesetzes. Sie schließt alle Personen, welche in dem zum Bezug einer Invalidenrente aus § 15 des Gesetzes berechtigenden Umfange erwerbsunfähig sind, von der Versicherungspflicht aus und zwar, in Uebereinstimmung mit der bisherigen Rechtsprechung (Rev. E. 146, 147, A. N. J. u. A. V. 1892 S. 55, 58), sowohl von der Fortsetzung eines bestehenden als auch von der Begründung eines neuen Versicherungsverhältnisses. Zu dieser nur die dauernd Erwerbsunfähigen betreffenden Vorschrift tritt ergänzend diejenige des § 5 Abs. 3 a. E. des Gesetzes, nach der jeder Empfänger einer reichsgesetzlichen Invalidenrente (auch wegen nur vorübergehender Erwerbsunfähigkeit, § 16 des Gesetzes) für die Zeit des Rentenbezuges aus der Versicherung ausscheidet. Ueber die Anwendung desselben Grundsatzes bei der freiwilligen Versicherung s. Z. 57.

Für die Prüfung, ob der Fall des § 5 Abs. 4 des Gesetzes vorliegt, ist der thatsächliche Erwerb weder nach der einen noch nach der anderen Seite unbedingt maßgebend (Rev. E. 54 A. N. J u. A. V. 1891 S. 162 — Erwerbsfähigkeit trotz eines hinter dem Mindestbetrage zurückbleibenden Verdienstes, Rev. E. 197 a. a. O. 1892 S. 140 — Erwerbsunfähigkeit eines Bureaubeamten, der trotz geringer Leistungsfähigkeit aus besonderer Rücksichtnahme mit dem alten Gehalt weiter beschäftigt wird), jedoch genügt regelmäßig der thatsächliche Erwerb, um die Erwerbsfähigkeit glaubhaft zu machen (Rev. E. 94 a. a. O. 1892 S. 6). Dabei ist auch der freie Unterhalt (§ 3 Abs. 2 des Gesetzes) anzurechnen, indessen auch nur der persönliche, nicht der auf die Mithülfe von Angehörigen oder sonstigen Dritten entfallende Lohnerwerb, welcher letztere nöthigenfalls schätzungsweise auszuscheiden ist (Rev. E. 94 a. a. O., Rev. E. 518 A. N. 1896 S. 309).

Der gesetzliche Mindestverdienst ist künftig nicht mehr aus festen Beträgen zu berechnen, sondern nur zu schätzen; auch kommt für die Bemessung der vorhandenen Erwerbsfähigkeit nicht mehr allein die Möglichkeit eines Erwerbes durch „Lohnarbeit“, sondern durch „Arbeit“ im Allgemeinen in Betracht.

Anderweite Sicherstellung. 9. In den §§ 5 Abs. 1 und 2, 6 Abs. 1, 7 des Gesetzes wird ferner eine Reihe von Ausnahmen von der Versicherungspflicht geregelt, die auf dem gemeinsamen Grundgedanken beruhen, daß die Versicherung für solche Personen entbehrlich ist, welche bereits auf anderem Wege einer der durch das J. V. G. geschaffenen gleichwerthigen Fürsorge theilhaftig werden. Die Befreiung tritt zum Theil von selbst, zum Theil nur auf Antrag des einzelnen Beschäftigten, also nach seiner Wahl ein.

a. Befreiung kraft Gesetzes. a. Kraft Gesetzes unterliegen der Versicherungspflicht nicht Beamte des Reichs, der Bundesstaaten und der Kommunalverbände, sofern ihnen eine Anwartschaft auf Ruhegehalt im Mindestbetrage der Invalidenrente nach den Sätzen der ersten Lohnklasse (116 Mark) gewährleistet ist. Ob eine im Reichs-, Staats- oder Kommunaldienst beschäftigte Person „Beamter“ ist, bestimmt sich nach den für seine dienstliche Stellung maßgebenden gesetzlichen oder Verwaltungsvorschriften (Dienstpragmatik; zu vgl. Rev. E. 717, 719, 751, 752 A. N. 1899 S. 433, 435, 586, 588 und die dortigen Verweisungen; die Befreiung ist also insbesondere nicht etwa auf Beamtenehefrauen, die eine Anwartschaft auf Wittwengeld haben, auszudehnen — vgl. aber auch Z. 10 Abs. 2). Auch für Reichs- und Staatsbeamte bildet im Gegensatz zum bisherigen Recht ihre Eigenschaft als Beamte nicht mehr die einzige Voraussetzung der Befreiung. Hinzutreten muß vielmehr, ebenso wie bei den Kommunalbeamten, der Besitz der Ruhegehaltsanwartschaft. Dieses Erforderniß ist jedoch ein abgeschwächtes im Vergleich mit dem bisherigen der „Pensionsberechtigung" bei Kommunalbeamten (zu vgl. Rev. E. 151 und 239 A. N. J. u. A. B. 1892 S. 82, 1893 S. 86); befreit ist nicht nur ein Beamter, der im Falle seiner Dienstuntauglichkeit sofort ein Ruhegehalt zu fordern haben würde, der also allen sonstigen Anforderungen, insbesondere hinsichtlich der vorgeschriebenen Dienstzeit, bereits genügt hat, sondern jedenfalls auch ein Beamter, der in eine an sich mit Ruhegehaltsberechtigung ausgestattete Stelle eingerückt ist, wenngleich er den gesicherten Anspruch auf Ruhegehalt erst durch Zurücklegung einer längeren Dienstzeit erwerben muß. Aber auch vor der Erlangung einer solchen (also im Allgemeinen einer etatsmäßigen) Stelle wird ein Beamter eine Anwartschaft im Sinne des Gesetzes regelmäßig bereits dann besitzen, wenn ihm nach dem Abschluß seiner Ausbildung — wozu u. U. auch eine sogenannte Probezeit gerechnet werden kann — eine Stellung (z. B. als Diätar) übertragen wird, die nach den bestehenden Verwaltungsgrundsätzen den allgemein üblichen Uebergang zu einer Anstellung mit späterer Ruhegehaltsberechtigung bildet. Wollte man dies nicht annehmen, so würde sich zwischen die kraft Gesetzes versicherungsfreie Ausbildungszeit und die ebenso versicherungsfreie Dienstzeit in einer etatsmäßigen Stelle in zahlreichen Fällen eine Zeit der Versicherungspflicht einschieben, was augenscheinlich zweckwidrig sein würde und daher nicht wohl beabsichtigt sein kann. Für diese Auffassung spricht es auch, daß eine Uebergangszeit der bezeichneten Art sehr häufig bei der Prüfung der Ruhegehaltsberechtigung und der Berechnung des Ruhegehaltsbetrages mit als Dienstzeit in Ansatz kommt.

Dagegen reicht es freilich zur Annahme einer Anwartschaft nicht aus, wenn nur eine unbestimmte Hoffnung auf die dereinstige Erlangung einer mit Ruhegehaltsrecht verbundenen Stelle vorhanden ist, wenn sich also noch nicht übersehen läßt, wie sich die Laufbahn eines jungen Beamten voraussichtlich gestalten wird (z. B. Jemand ist nur zur Aushülfe beschäftigt, es kommt aber vor, daß die Anstellungsbehörde Beamte dieser Klasse dauernd übernimmt).

Im Uebrigen liegt sowohl in den Ausdrücken „Anwartschaft" und „gewährleistet" als auch, nach der bisherigen Spruchübung des Reichs-Versicherungsamts, in dem Pensionsbegriff — zumal hier nicht „ähnliche Bezüge" der Pension gleichgestellt sind — das Erforderniß, daß es sich um rechtlich geregelte Bezüge handeln muß. Die Versicherungspflicht wird also da nicht ausgeschlossen, wo es lediglich in dem, wenn auch durch Rücksichten auf Bedürftigkeit und Würdigkeit bestimmten Ermessen der vorgesetzten Dienstbehörde steht, ob ein Ruhegehalt gewährt oder ein bewilligtes weitergezahlt wird (zu vgl. die — zunächst zur Auslegung des § 34 Ziffer 2 des J. und A. B. G. ergangenen — Rev. E. 34, 256, 615 A. N. J. u. A. B. 1891 S. 150, 1893 S. 103, 1897 S. 589). Nicht nothwendig ist es, daß das Ruhegehalt unmittelbar vom Reich u. s. w. zu leisten ist; jedoch bedarf es andernfalls der Prüfung, ob der Anspruch (z. B. wenn es sich um eine besondere Beamtenpensionskasse handelt) „gewährleistet" ist.

Die Befreiung beschränkt sich nicht unbedingt auf die dienstliche Thätigkeit, sie erstreckt sich jedenfalls dann, wenn diese den Kern der wirthschaftlichen Stellung des Beamten im Ganzen ausmacht, auch auf nebenhergehende andere Beschäftigungsverhältnisse (Rev. E. 237 A. N. J. u. A. B. 1893 S. 85).

Alles Vorstehende gilt entsprechend für Lehrer und Erzieher an öffentlichen Schulen oder Anstalten.

Den eigentlichen Beamten stellt ferner § 5 Abs. 2 des Gesetzes die hier ebenfalls als Beamte bezeichneten Angestellten der Versicherungsanstalten und zugelassenen Kasseneinrichtungen gleich. Ueber weitere Ausdehnungen der gesetzlichen Befreiung aus § 5 Abs. 1 hat nach § 7 des Gesetzes der Bundesrath auf Antrag zu beschließen.

Beamte, die lediglich zur Ausbildung für ihren zukünftigen Beruf (wenn auch selbstverständlich gegen Entgelt — sonst käme § 1 überhaupt nicht zur Anwendung —) beschäftigt werden, gelangen im gewöhnlichen Lauf der Dinge in Aemter oder sonstige Stellungen, deren Inhaber ohne Weiteres der Versicherungspflicht entzogen sind. Für diese Personen ist daher nach § 5 Abs. 1 des Gesetzes gleichfalls die Versicherungspflicht ausgeschlossen.

b. Befreiung auf Antrag.

10 b. Die Befreiung ist durch die untere Verwaltungsbehörde (§ 169 des Gesetzes) solchen Personen auf ihren Antrag zu gewähren, welche durch einen bereits verwirklichten Anspruch auf Bezüge der in § 6 Abs 1 des Gesetzes bezeichneten Art sichergestellt sind. Der Ausdruck „Personen" ergiebt, daß es sich, neben den früheren Lehrern und Erziehern, nicht nur um gewesene Beamte im Sinne des § 5 des Gesetzes handelt (zu vgl. die Rev. E. 162, 309, 534, 754 A N. J. u. A. B. 1892 S. 116, 1893 S. 163, 1896 S. 429, 1897 S. 590 betreffend erst nachträglich vom Staat übernommene Ruhegehälter); ferner besagt der Ausdruck „ähnliche Bezüge", daß beispielsweise auch als „Unterstützungen" und dgl. bezeichnete oder nicht unmittelbar vom Reich u. s. w. geschuldete Leistungen nach Lage der Umstände als einem eigentlichen Ruhegehalt gleichwerthig gelten dürfen. Der über den Befreiungsantrag befindenden Behörde liegt es ob, im einzelnen Falle zu prüfen, ob ein solcher Bezug hinsichtlich der Bedingungen seiner Fortdauer sowie in Ansehung der Sicherstellung die nöthige Gewähr bietet (zu vgl. Besch. 40 A. N. J. u. A. B. 1891 S. 153 — Gnadenunterstützung aus dem Kaiserlichen Dispositionsfonds keine Pension —, sowie die Fälle der Rev. E. 103, 586, 754, 755, A. N. J. u. A. B. 1892 S. 18, A. N. 1897 S. 355, 1899 S. 590, 591, welche künftig nicht durchweg in derselben Weise zu entscheiden sein würden).

Zu den „Pensionen" oder „ähnlichen Bezügen" gehört auch das Wittwengeld der Beamtenwittwen (Rev. E. 756 A. N. 1899 S. 592).

Dem Ruhegehaltsbezug ist der Bezug einer Rente auf Grund der reichsgesetzlichen Unfallversicherung, also auch einer Hinterbliebenenrente, gleichgestellt Auf die auf dem Rechtsgedanken des Schadensersatzes beruhenden Haftpflichtrenten darf diese Bestimmung nicht ausgedehnt werden, auch nicht, wenn der Stadt Haftpflichtschuldner ist (Besch. 30 A. N. J. u. A. B. 1891 S. 148, Rev. E 753 A. N. 1899 S. 589).

Eine erweiterte Geltung des § 6 Abs. 1 kann der Bundesrath nach § 7 des Gesetzes auf Antrag beschließen.

Voraussetzung der Befreiung ist nur, daß die bezeichneten Bezüge „bewilligt" sind; die Befreiung ist oder wird daher nicht unzulässig, wenn der bewilligte Bezug, etwa wegen anderweiter Beschäftignng des Berechtigten im Staatsdienste, ruht. Die Befreiung beginnt im Zweifel, insbesondere sofern die Verwaltungsbehörde nichts Anderes bestimmt, mit dem Zeitpunkt der Antragstellung. Sie erlischt, abgesehen von einem Wegfall des Befreiungsgrundes, auch durch Zurücknahme des Antrages.

Sonstige Erwerbsverhältnisse (vorübergehende Dienstleistungen)

11. Da der Versicherungszwang grundsätzlich nicht, etwa wie in der Krankenversicherung, von einer Mindestdauer des Beschäftigungsverhältnisses abhängt, ferner das einzelne Beschäftigungsverhältniß als solches ohne Rücksicht darauf erfaßt, ob der Beschäftigte im Allgemeinen zur Klasse der Lohnarbeiter u s. w. gehört (Z 1), überläßt es der § 4 Abs. 1 des Gesetzes

dem Bundesrath, in der Billigkeit liegende Ausnahmen für solche Fälle vorzusehen, in denen die an sich versicherungspflichtigen Dienstleistungen sich als nur „vorübergehende“ darstellen. Hierher gehören auch die in § 6 Abs. 2 des Gesetzes besonders geregelten Verhältnisse.

Ausführungsverordnungen des Bundesraths zu diesen Vorschriften des neuen Gesetzes sind zur Zeit noch nicht ergangen.

Mit der Auslegung der bisherigen einschlägigen Beschlüsse des Bundesraths vom $\frac{\text{27. November 1890}}{\text{22. Dezember 1891}}$ und $\frac{\text{24. Januar 1893}}{\text{31. Dezember 1894}}$ (A. N. J. u. A. V. 1891 S. 19, 1892 S. 9, 1893 S. 46, 1895 S. 33) beschäftigen sich namentlich:

Besch. 4 A. N. J. u. A. V. 1891 S. 54 (geringfügiges Entgelt),
„ 21 „ „ 1891 „ 128 (höhere und niedrige Dienste gemischt),
Rev. E. 36 „ „ 1891 „ 152 (Aufwärterin),
„ 68 „ „ 1891 „ 173 (häusliche Dienste),
„ 89 „ „ 1892 „ 3 (nebenher Maulwurffänger),
„ 90 „ „ 1892 „ 3 (Lohnarbeit; freier Unterhalt),
„ 130 „ „ 1892 „ 43 (Aufwärterin),
„ 364 „ „ 1894 „ 137 (nebenher, berufsmäßige Lohnarbeit — Heuerling)
„ 365 „ „ 1894 „ 138 (Aufwärterin),
„ 387 „ „ 1894 „ 157 (nebenher — Flurwächter),
„ 447 „ „ 1895 „ 239 (Arbeiterkolonie),
„ 448 „ „ 1895 „ 240 (nebenher — Kehrfrau),
„ 480 „ 1896 „ 173 (nebenher — Kleemeister),
„ 578 „ 1897 „ 335 (berufsmäßige Lohnarbeit),
„ 618 „ 1897 „ 591 (berufsmäßige Lohnarbeit — Hausweber),
„ 683 „ 1898 „ 564 (nebenher in I A. 2 des Beschlusses von 1890/91),
„ 766 „ 1898 „ 637 (berufsmäßige Lohnarbeit).

12. Das durch Lohnarbeit entstehende Versicherungsverhältniß knüpft sich unlösbar an die Person des Arbeitenden. Beispielsweise sind also, wenn ein Heuerling sich bei den übernommenen Arbeiten durch einen Angehörigen oder Knecht vertreten läßt, die entsprechenden Beitragsmarken nicht etwa für den Heuerling, sondern für die thatsächlich beschäftigte Person zu verwenden (zu vgl. auch der Fall der Rev. E. 759 A. N. 1899 S. 625). Unübertragbarkeit.

13 Abweichend von den Vorschriften der Unfallversicherungsgesetze beschränkt sich die Invalidenversicherung auf Personen, welche gegen Entgelt thätig sind, sie verlangt eine Beschäftigung gegen „Lohn oder Gehalt“. „Lohn“, als der weitere Begriff, umfaßt jede Leistung von Vermögenswerth, die als Arbeitsentgelt gewährt wird. Ob eine Vergütung als Gehalt oder als Lohn schlechtweg zu bezeichnen ist, macht keinen Unterschied. Unerheblich ist ferner der Gegenstand der Leistung, sofern sie nur Vermögenswerth besitzt. Neben der Hingabe von Geld oder Naturalien kommt beispielsweise als Lohn in Betracht: Einkauf eines Bediensteten in eine Versorgungsanstalt, Befreiung von einer Geldschuld (Rev. E 677 A. N. 1898 S. 397), Gewährung der Gelegenheit zu einem lohnenden Nebengewerbe (Rev. E. 71, 412 A. N. J u. A V. 1891 S. 176, 1895 S 108, Verleihung von Operngläsern und Verkauf von Theaterzetteln auf eigene Rechnung durch einen Logenschließer, Vertrieb von Cigarren und dgl. in derselben Weise durch einen Kellner, Lieferung von Grabpfählen und -Steinen durch einen Begräbnißkommissar). Lohn oder Gehalt. Allgemeines. Lohnformen.

Das Gesetz unterscheidet auch nicht nach der Form und dem Maßstab des Lohnes. Grundsätzlich kann also versicherungspflichtige Arbeit vorliegen, gleichviel, ob der Lohn als Zeit-, namentlich Tagelohn, oder als Akkordlohn, Stücklohn bemessen ist oder in noch anderer Weise bestimmt wird. Beispiele: Drescherlohn in Gestalt des so und sovielten Scheffels vom Erdrusch (Rev E. 74 A. N. J. u. A B. 1891 S. 178), Hirtenlohn nach der Stückzahl des geweideten Viehs (Rev. E. 117 a. a. O. 1892 S. 29), Provision vom Hundert des Betrages der zu Stande gebrachten Geschäftsabschlüsse (Rev. E 293 a a. O. 1893 S. 147), Steinbrechen gegen einem nach dem Gewicht der abgefahrenen Massen berechneten Betrag (Rev. E. 370 a. a. O. 1894 S. 144), Sammellohn nach der Menge der abgelieferten Kiefernzapfen (Rev. E 563 A N. 1897 S. 289), Heuernten gegen Ueberlassung von einem Drittel des geworbenen Heues (Rev. E. 564 A. N 1897 S. 289), Fischerdienst gegen ein Drittel des Fangerlöses (Rev. E. 221 A. N J. u. A B. 1893 S. 66).

Mit dem Lohnbegriff ist es vereinbar, daß die gewährte Vergütung nicht allein das Entgelt für die Thätigkeit des Empfängers, sondern auch die Mittel zur Besoldung der von ihm beschafften Hülfskräfte und zur Bestreitung anderer Ausgaben enthält, daß also die Höhe des ihm Verbleibenden in gewissem Grade von der eigenen Entschließung und geschäftlichen Tüchtigkeit des Empfängers abhängt, z. B. bei einem Ziegler im Akkord, der die Hülfskräfte stellt (Rev. E 124 A. N. J. u. A. B. 1892 S 35), bei einem mit der gleichen Maßgabe beschäftigten Winzer (Rev E. 125 das. S. 36), oder Straßenbauakkordanten (Rev. E. 248 a. a O. 1893 S. 94), bei einem Schiffsführer, der den Schiffsmann annimmt und die Abgaben bezahlt (Rev. E. 220 a. a. O. 1893 S. 65).

Tantieme, Naturalbezüge. 14. Von besonderen Arten des Lohnes handelt § 3 des Gesetzes. Tantieme bezeichnet im weiteren Sinne jeden Antheil am Arbeitsertrag, im engeren einen nach festem Satz zu berechnenden Antheil am Reingewinn eines Geschäftsbetriebes. In welcher Bedeutung § 3 des Gesetzes das Wort nimmt, ist ohne sachlichen Belang, wenn man den Lohnbegriff weit genug faßt (zu vgl Z. 13 und die Fälle der Rev. E. 221, 244, 532 A. N. J u A. B. 1893 S. 66, 91, 1896 S. 42-).

„Naturalbezüge" umfaßt Alles, was als Gegenstand menschlichen Gebrauches oder Verbrauches verwendbar oder verwerthbar ist, also nicht nur Wohnung, Kleidung, Nahrungsmittel, Feuerung und dgl., sondern auch z B. Landnutzung, Viehfutter, Aussaat, Erlaubniß zur Einstellung von Schafen in die Heerde des Dienstherrn, so daß sie an Futter und Weide Theil nehmen, während die Nutzungen dem Schäfer zufallen (Rev. E. 296 A. N. J. u. A. B. 1893 S. 150), Leistung von Spanndiensten, freie ärztliche Behandlung.

Die Vorschrift des § 3 Abs. 1 des Gesetzes bezieht sich nicht nur auf Naturalleistungen neben Geldlohn, sondern auch auf einen ausschließlich in Naturalbezügen bestehenden Lohn (Rev. E. 74, 166 A. N. J. u. A. B. 1891 S. 178, 1892 S. 120).

Für Tantiemen und Naturalbezüge ist eine Werthfestsetzung (von Bedeutung für die Anwendung der §§ 1 Z. 2, 34 des Gesetzes) nach dem Durchschnitt seitens der unteren Verwaltungsbehörde vorgesehen Diese Werthfestsetzung ist für das Rentenstreitverfahren bindend, nöthigenfalls in dessen Verlauf herbeizuführen (zu vgl. Rev. E 676 A. N. 1898 S. 396), sie gilt jedoch nur für die wirkliche Versicherung, nicht für die vorgesetzliche Zeit (Fall des § 192 des Gesetzes, Rev. E 45, 163 A. N. J. u A. B. 1891 S. 157, 1892 S. 118).

15 Der „freie Unterhalt“ erfüllt an sich den Lohnbegriff. § 3 Abs. 2 des Gesetzes nimmt dem freien Unterhalt diese Eigenschaft nicht, begründet vielmehr nur eine Ausnahme hinsichtlich des Eintritts der Versicherungspflicht (zu vgl. die Rev. E. 90, 687, A. N. J. u. A. V. 1892 S. 3, 1898 S. 627). Freier Unterhalt, insbesondere:

Freier Unterhalt ist dasjenige Maß von wirthschaftlichen Gütern, welches zur unmittelbaren Befriedigung der nothwendigen Lebensbedürfnisse des Arbeitnehmers erforderlich ist; hierzu gehören jedoch nicht nur Unterkunft, Beköstigung, Kleidung u. dgl., sondern auch mancherlei kleinere, je nach dem Alter, dem Geschlecht und den Lebensgewohnheiten verschiedene Leistungen, welche auch bei geringen Ansprüchen an Behaglichkeit nicht wohl entbehrt werden können (zu vgl. die Rev. E. 75, 76, A. N. J. u A. V. 1891 S. 179, 180).

Im Einzelnen ist Folgendes zu bemerken:

a. Grundsätzlich kommen nach der vorstehenden Begriffsbestimmung nur Naturalleistungen in Betracht. Wer nur Geldzahlungen empfängt, mögen sie auch den unbedingt zum Lebensunterhalt erforderlichen Betrag nicht übersteigen oder nicht einmal erreichen, fällt nicht unter § 3 Abs. 2 des Gesetzes (zu vgl. Besch. 5 A. N. J. u. A. V. 1891 S 54, Rev. E. 503 A. N. 1896 S. 271 — Kostgeld der Lehrlinge). Andernfalls würde man zu dem unhaltbaren Ergebniß kommen, daß eine Arbeit schon deshalb von der Versicherung frei wäre, weil sie gering gelohnt wird. a. Natural-nicht Geldlohn.

Der Umstand dagegen, daß der Arbeitgeber seinerseits bestimmte Geldaufwendungen macht, um sich die Naturalleistungen zu verschaffen, z. B. den Arbeitnehmer bei einem Dritten in Kost giebt oder einmiethet, macht das Arbeitsentgelt nicht zu einem Geldlohn. Dies kann auch so vorkommen, daß der Dienstherr in jedem Bedarfsfalle dem Bediensteten selbst den zur Anschaffung des erforderlichen Gegenstandes (z. B. von Kleidungsstücken) nothwendigen Geldbetrag giebt (zu vgl. Rev. E 194 A N. J. u. A. V. 1892 S. 139). Ferner trifft die Vorschrift des § 3 Abs. 2 des Gesetzes im Allgemeinen auch dann zu, wenn zwar ursprünglich Geldlohn verabredet war, dieser aber demnächst nicht gezahlt, sondern auf den thatsächlich gewährten Unterhalt verrechnet wird.

b. Neben dem vollständigen oder theilweisen Unterhalt gewährte unerhebliche Baarlohnzahlungen (z. B. sogenanntes Taschengeld), die den Empfänger in den Stand setzen sollen, gewisse geringfügige Lebensbedürfnisse zu befriedigen, haben häufig, auch wenn sie nicht lediglich freigebige Zuwendungen und dann überhaupt nicht „Lohn“ sind, keine selbständige rechtliche Bedeutung, nehmen vielmehr als nebensächliches Zubehör das Wesen der Hauptleistung, nämlich der Unterhaltsgewährung an (zu vgl die Rev E. 42, 126, 165, 503 A N J. u. A. V 1891 S. 155, 1892 S. 36, 120, 1896 S. 271). Ob dies zutrifft, läßt sich nicht allgemein, sondern nur nach Lage des einzelnen Falles unter Berücksichtigung der Lebensumstände der Betheiligten entscheiden. Derselbe Geldbetrag kann in einfachen Verhältnissen oder für einen Arbeiter der untersten Stufe von wesentlichem Werthe, hingegen anderwärts im Vergleich zu höheren Unterhaltskosten oder für Angehörige der besser gestellten Klassen nur ein Taschengeld sein (zu vgl. außer den bereits angeführten Entscheidungen Besch. 39 und die Rev. E. 43, 91, 244 A. N. J. u. A. V. 1891 S. 153, 156, 1892 S. 4, 1893 S. 91). Auch ist nicht unwichtig, ob ein vereinbarter Betrag in festen Zeitabschnitten gezahlt, oder ob nur dem jeweiligen Bedarf — für Tabak, Wirthshausbesuch, Festlichkeiten u. s. w. — durch Geldgaben von wechselnder Höhe und ohne Abrechnung genügt wird. b. Nebensächliche Geldleistungen.

Ein bloßes, dauernd nicht ausgeführtes Versprechen der Baarlöhnung neben freiem Unterhalt genügt im Allgemeinen nicht, um die Anwendung des § 3 Abs. 2 auszuschließen, insbesondere dann nicht, wenn aus den Umständen ein thatsächlicher, wenn auch vielleicht nach bürgerlichem Recht nicht bindender Verzicht auf den Geldlohn zu folgern ist (Rev. E 222 A. N. J u. A. V. 1893 S. 67). Andererseits hindert es den Eintritt der Versicherungspflicht nicht, daß ein Baarlohn neben dem Unterhalt in der bewußten Absicht geleistet wird, die Versicherungspflicht herbeizuführen, sofern nicht etwa ein Scheingeschäft vorliegt (Rev. E. 758 A. N. 1899 S. 624).

Als Geldlohn neben freiem Unterhalt kommt nicht nur baar hingegebenes Geld in Betracht (zu vgl. Rev. E. 677 A. N 1898 S. 397 — Aufrechnung des Geldlohnes gegen eine Schuld des Arbeitnehmers).

c. Art und Maß der Naturalleistungen.

c. Damit § 3 Abs. 2 anwendbar wird, müssen die dargebotenen Naturalbezüge nach Art und Maß zur Bestreitung des Unterhalts geeignet und bestimmt sein. Eine Reihe von Naturalbezügen scheidet für den Abs. 2 des § 3 schon damit aus, daß sie nicht zur unmittelbaren Befriedigung der Lebensbedürfnisse dienen (Landnutzung, Weide, Gespannvorhaltung und dgl.). Aber auch Lebensmittel u. s. w. brauchen nicht unter den Begriff des Unterhalts zu fallen; dies thun sie vielmehr nur dann, wenn sie nach dem Umfang und der Art des jeweiligen Bedarfs unmittelbar zum Ver- oder Gebrauch, nicht aber nach vorbestimmtem Maß zu beliebiger Verfügung gegeben werden. Der Unterschied ist freilich ein flüssiger, nur für den einzelnen Fall nachweisbarer. Ein Beispiel für Naturallöhnungen, die nicht nach § 3 Abs. 2, sondern lediglich nach § 3 Abs. 1 des Gesetzes zu beurtheilen sind, bieten die versicherungspflichtigen Arbeitsverhältnisse der Deputatempfänger, der Drescher um den Scheffel und anderer, namentlich landwirthschaftlicher Arbeiter (zu vgl. die Rev. E. 74 und 166 A. N. J. und A. V. 1891 S. 178, 1892 S. 120).

Ferner liegt Gewährung nur des freien Unterhalts dann nicht mehr vor, wenn das Maß des persönlichen Bedarfs wesentlich überschritten wird, wenn also beispielsweise neben Wohnung, Kost, Kleidung u. s. w. noch weitere Naturalien in erheblicher Menge dem Arbeitnehmer zur freien Verfügung überlassen werden, oder wenn der freie Unterhalt nicht nur für die Dienstdauer, sondern für erheblich größere Zeiträume, insbesondere lebenslänglich gewährt wird. Geringfügige Mehrleistungen (z. B. zeitweise Gewährung der Unterkunft auch für dritte Personen, Verwandte u. s. w.) kommen hier ebensowenig in Anschlag, wie das Taschengeld nach den unter b erörterten Gesichtspunkten.

Was vom vollständigen freien Unterhalt gilt, trifft auch für einzelne dazu gehörige Leistungen zu, wie Wohnung, Beköstigung (zu vgl. Rev. E. 74 a. a. O.). Aber auch hierbei ist zu prüfen, ob nur der persönliche Bedarf gedeckt oder darüber hinaus eine Leistung von selbständigem Vermögenswerth verabreicht wird (Rev. E 75 A. N. J. u. A. V. 1891 S. 179 — Pförtnerin, die eine aus drei heizbaren Zimmern und Küche bestehende Wohnung benutzen und verwerthen darf, versicherungspflichtig.)

Löhnung durch Dritte oder an Dritte.

16. Ohne daß es darum an einem Beschäftigtwerden gegen Lohn gebräche, kann es vorkommen, daß das Arbeitsentgelt nicht von dem eigentlichen Arbeitgeber, sondern von Dritten, gewissermaßen für Rechnung des Arbeitgebers hergegeben wird, oder daß nicht der Arbeitnehmer, sondern eine dritte Mittelsperson die Vergütung von dem Arbeitgeber empfängt.

Unter dem ersteren Gesichtspunkt sind die an Kellner und andere Bedienstete gegebenen Trinkgelder (s. auch Z. 17), sowie die Gebühren, auf welche manche Arten von Angestellten anstatt fester Besoldung angewiesen zu werden pflegen, als „Lohn“ im gesetzlichen Sinne anzusehen (zu vgl. Besch. 48, Rev. E. 117, 120, 159, 254, 276, 412 A. N. J. u. A. V. 1891 S. 158, 1892 S. 29, 32, 114, 1893 S. 102, 128, 1895 S. 108). Unter den zweiten Gesichtspunkt gehören Fälle, wie der des Scharwerkers, der vom Instmann zur Hofarbeit gestellt wird, während der Gutsherr den entsprechenden Lohn lediglich an den Instmann entrichtet (Besch. 14 und Rev. E. 223 A. N. J. u. A. V. 1891 S. 124, 1893 S. 68), oder der einer Ehefrau, die durch den Dienstherrn ihres Ehemanns mit einem Theile der von diesem übernommenen Arbeiten ohne gesonderte Bezahlung beschäftigt wird (Rev. E. 411 und 759 A. N. J. u. A. V. 1895 S. 108, 1899 S. 625), oder der von einem Kleinakkordanten angenommenen Hülfskräfte, deren Lohn in der dem Ersteren gewährten Gesammtvergütung mitenthalten ist (Rev. E. 124, 125, 248, 457 A. N. J. u. A. V. 1892 S. 35, 36, 1893 S. 94, 1895 S. 249).

Leistungen ohne Rechtszwang, Gratifikationen, Trinkgelder).

17. Bei der Prüfung, ob eine Beschäftigung „gegen Lohn“ vorliegt, ist wie auch sonst bei der Auslegung der Arbeiterversicherungsgesetze der Nachdruck weniger auf die hergebrachte Benennung als auf den wirklichen Thatbestand, weniger auf die rechtliche Erscheinungsform als auf den wirthschaftlichen Inhalt des Geschäfts zu legen.

Demgemäß ist weder erforderlich, daß ein klagbarer Anspruch auf das Entgelt bestehe, noch auch nur, daß im Voraus die Absicht, gegen Entgelt zu arbeiten oder ein solches zu gewähren, erklärt worden sei, es genügt vielmehr, wenn thatsächlich eine Zuwendung erfolgt, die der Beschäftigte nach den Umständen des Falles als ein Entgelt für seine Thätigkeit ansehen kann (zu vgl. Besch 25 — Näheres Z. 18e —, Rev. E. 254, 503 A. N J. u. A. V. 1891 S. 137, 1893 S. 102, 1896 S. 271).

Zum Lohn gehören daher weiter auch sogenannte Weihnachtsgratifikationen und ähnliche Leistungen, welche ohne Vertragszwang in gewisser Höhe ortsüblich gegeben zu werden pflegen (Rev. E. 482 A. N. 1896 S. 174), ferner Trinkgelder (auch von Dritten), auf die gerechnet werden konnte, und die bei Vereinbarung der Lohnbedingungen, wenn auch nur stillschweigend, berücksichtigt worden sind (Rev. E. 120 A. N. J. u. A. V. 1892 S. 32). Ebenso können Beiträge, die als „Aushülfe“, „Gnadengehalt“ und dergl. bezeichnet werden, trotzdem u. U. sehr wohl „Lohn“ im gesetzlichen Sinne sein, auch bleibt ein wirkliches Arbeitsentgelt selbst insoweit Lohn, als es aus besonderen Gründen, wie Dankbarkeit für langjährige Dienste, verhältnißmäßig hoch bemessen ist.

Wie ein thatsächlich gegebenes, wenn auch rechtlich nicht zu beanspruchendes Entgelt als Lohn zu behandeln ist, so kommt andererseits ein zwar verbindliches, aber dauernd nicht ausgeführtes Löhnungsversprechen nicht in Betracht (Rev. E. 222 A. N. J. u. A. V. 1893 S. 67).

Verhältnisse nicht geschäftlicher Art:

18. Von den Fällen unter 17, in denen Freigebigkeit und ähnliche Rücksichten nur in rechtlich unerheblicher Weise mitwirken, sind solche Beziehungen wohl zu unterscheiden, die zwar äußerlich zur Leistung von Arbeiten auf der einen und zur Gewährung von Vermögenswerthen auf der anderen Seite den Anlaß geben, aber doch eine wesentlich andere Grundlage haben als die Absicht des freien wirthschaftlichen Austausches von Arbeit und Lohn. Derartige Lebensverhältnisse begründen die Versicherungspflicht nicht. Im Einzelnen sind hier zu nennen:

a. Militärdienst.

a. Militärdienst. Nach § 5 Abs. 3 des Gesetzes unterliegen Personen des Soldatenstandes, welche dienstlich als Arbeiter beschäftigt werden, der Versicherungspflicht nicht. Bei außerdienstlicher Beschäftigung gegen Lohn tritt die Versicherungspflicht grundsätzlich wieder ein (Besch. 13 A. N. J. u.

A. N. 1891 S. 124 — Soldaten, die in der Ernte Aushülfe leisten, Militärmusiker, die für Private gegen Entgelt spielen).

b. Ehe. **b. Ehe.** Zwischen Ehegatten kann ein versicherungspflichtiges Arbeitsverhältniß wegen der sittlichen Grundlagen ihrer allgemeinen Lebensgemeinschaft nicht bestehen (Rev. E 380, 411, 561 A. N. J. u. A. N. 1894 S. 152, 1895 S. 108, 1897 S. 287). Zu vgl. aber auch Z 32

c. Verwandtschaft. **c. Verwandtschaft.** Sie hindert an sich das Zustandekommen eines eigentlichen Lohnarbeitsverhältnisses nicht. Jedoch bedarf es in jedem einzelnen Falle der Prüfung, ob die Arbeit und der vorgebliche Lohn in der That in dem Verhältniß von Leistung und Gegenleistung zu einander stehen, oder ob nicht vielmehr nur ein familienhaftes Gemeinschaftsleben, eine unverbindliche Hülfeleistung unter wirthschaftlich und sozial Gleichgestellten aus sittlichen oder Anstandsrücksichten, eine auf der Unterhaltspflicht beruhende Darreichung der Lebensnothdurft vorliegt. Diese Frage, von deren Beantwortung — von der häufig schwierigen Beweiswürdigung und der Anwendbarkeit des § 3 Abs. 2 des Gesetzes abgesehen — das Schicksal zahlreicher Ansprüche solcher Personen abhängt, die bei ihren Kindern im Altentheil (als Altsitzer, Laichsitzer, Altgedinger, Auszügler, Austrägler u. s w.) oder im Hause der Eltern oder sonstigen Verwandten leben, kann naturgemäß nur nach Lage der jeweiligen Umstände zutreffend entschieden werden, wobei unter Anderem erheblich wird, ob der angebliche Arbeitnehmer eine verwerthbare Arbeitskraft besitzt, anderweit Lohnarbeiten bei Fremden ausgeführt hat, insbesondere etwa zu den Berufsarbeitern zählt, ob der angebliche Dienstherr einer gelohnten Hülfskraft bedurfte, auch sonst eine solche zu halten pflegte, ob eine bestimmte Vergütung vereinbart ist und regelmäßig gewährt wird, ob sie den Leistungen angemessen ist, ob nicht nur nach Befinden und Belieben, sondern mit einer gewissen Ständigkeit bestimmte Arbeiten verrichtet worden sind u. s. w. (zu vgl. die Rev. E. 43, 244, 326, 636, 758 A. N. J. u. A. N. 1891 S. 156, 1893 S. 91, 1894 S. 37, 1898 S. 269, 1899 S 624).

d. Unfreiheit. **d. Unfreiheit.** Das Gesetz gilt nur für freie Arbeiter; Strafgefangene, Insassen von Arbeitshäusern und Besserungsanstalten werden zwar auch beschäftigt und erhalten Geld oder Geldeswerth, dem liegt aber kein freier wirthschaftlicher Austausch von Arbeit und Lohn, wenn auch nicht immer unmittelbarer obrigkeitlicher Zwang zu Grunde (zu vgl. Rev. E. 263 A. N J. u. A. N. 1893 S. 111).

Dies gilt an sich auch für jugendliche Personen, die durch den Strafrichter oder die Vormundschaftsbehörde der öffentlichen Zwangserziehung überwiesen worden sind; sie werden jedoch versicherungspflichtig, wenn man sie unter Fortdauer der Zwangserziehung außerhalb der Anstalt in ein im Uebrigen den Voraussetzungen des § 1 des Gesetzes entsprechendes Beschäftigungsverhältniß, z. B. als Lehrling oder Knecht, eintreten läßt (Besch. 739 A. N. 1899 S. 532).

e. Freigebigkeit 2c. **e. Freigebigkeit, Wohlthätigkeit.** Reine Schenkungen sind kein Lohn, die etwa den Anlaß dazu bietende Thätigkeit des Beschenkten ist keine Lohnarbeit (Rev. E 503 A. N. 1896 S. 271).

Anstalten, die der öffentlichen oder privaten Armenpflege dienen, wie Verpflegungsstationen, Armenhäuser, ferner Idioten-, Blinden-, Irrenanstalten u. s. w. stehen zwar den Arbeitshäusern nicht gleich, so daß die in ihnen Beschäftigten an sich versicherungspflichtig sein können Wohl aber kann ungeachtet der von den Insassen solcher Anstalten geleisteten Arbeiten der Gedanke der einseitigen Fürsorge nach Lage der Umstände so sehr in den Vordergrund treten, daß nur ein Unterstützungsverhältniß vorliegt (zu vgl. die Rev. E. 310, 311 A. N. J. u. A. N. 1893 S. 164, 165). Bezüglich der sogenannten Arbeiterkolonieen ist zu beachten, daß sie gerade bezwecken, den Aufgenommenen das Bewußtsein eines ehrlich erworbenen Arbeitsverdienstes zurückzugeben. Mag daher auch der für die Anstaltsarbeit gutgeschriebene Betrag als „Gabe der Barmherzigkeit“ oder ähnlich bezeichnet, und ein Rechtsanspruch darauf nicht zugestanden werden, so bleibt er doch regelmäßig Lohn im Sinne des Gesetzes und begründet, soweit nicht § 3 Abs. 2 des Gesetzes zutrifft, die Versicherungspflicht (zu vgl. Besch. 25 und Rev. E. 447 A. N. J. u. A. V. 1891 S 137, 1895 S. 239).

f. Ausübung religiöser und ähnlicher Pflichten. Ein gänzliches Zurücktreten der Beziehung auf eine als Lohn zu bezeichnende Gegenleistung kommt auch bei der Krankenpflege und anderen gemeinnützigen Thätigkeiten vor, insbesondere soweit sie von Mitgliedern religiöser Verbände ausgehen (Diakonissen, Schulschwestern, Gemeindepflegerinnen, zu vgl. Besch. 39 A. N. J. u. A. V. 1891 S. 153). Jedoch bedarf es stets genauerer Feststellung, ob in der That ausschließlich eine uneigennützige, namentlich auf religiöser Grundlage beruhende Bethätigung der Nächstenliebe vorliegt, oder die Uebernahme einer Arbeit im Hinblick auf den dadurch gesicherten Lebensunterhalt, womit das Obwalten sittlicher und religiöser Beweggründe auf Seiten des Auftraggebers oder der Pflegerin sehr wohl vereinbar ist (zu vgl. Rev E. 635 A. N. 1898 S. 268) Im ersteren Falle werden sich die Bezüge der beschäftigten Person regelmäßig innerhalb der Grenzen des freien Unterhalts bewegen, so daß die Versicherungspflicht schon nach § 3 Abs. 2 des Gesetzes ausgeschlossen ist (Besch. 39). f. Ausübung sittlicher Pflichten.

g. Ehrenamt. Für Verbände mancher Art, namentlich solche öffentlichen Rechts, besteht verfassungsmäßig die Pflicht jedes Mitgliedes, nach gewisser Reihenfolge Verwaltungsgeschäfte zu übernehmen, für die wegen des unvermeidlichen Aufwandes an Zeit, Mühe und kleinen Ausgaben eine entsprechende mäßige Entschädigung ausgeworfen ist. Es ist nicht ausgeschlossen, daß nach Lage des einzelnen Falles mit Rücksicht auf die zu Grunde liegende Rechtspflicht bei dem Verwalter eines solchen Ehrenamts die Versicherungspflicht verneint werden muß. g. Ehrenamt.

19. Arbeiter im engeren Sinne — an manchen Stellen des Gesetzes, z. B. §§ 30, 46, wird der Ausdruck Arbeits- oder Dienstverhältniß auch derart gebraucht, daß damit alle Beschäftigungsverhältnisse, die unter § 1 fallen, gemeint sind — sind Personen, die einem Anderen als lediglich ausführende Hülfskräfte hauptsächlich ihre körperliche Leistungsfähigkeit zur Verfügung stellen. Im einzelnen Falle kann dabei die Arbeitsleistung nicht unerhebliche Kenntnisse und selbst geistige Thätigkeit erfordern, z. B. bei Druckern, Präzisionsmechanikern und dgl. (Rev. E. 243, 481, A. N. J. u. A. V. 1893 S. 90, 1896 S. 174). Als Arbeit müssen andererseits auch Leistungen einfachster Art, wie z. B. die eines Modellstehers (Rev. E. 67, A. N. J. u. A. V. 1891 S. 172) oder eines Almoseneinsammlers für fremde Rechnung, des Begleiters eines Drehorgelspielers (Rev. E. 638 A. N. 1898 S. 270) anerkannt werden. Die einzelnen Klassen Versicherungspflichtiger, insbesondere hinsichtlich der Art ihrer Thätigkeit. Arbeiter, Gehülfen, Gesellen, Lehrlinge, Dienstboten.

Der Begriff des Gehülfen ist nicht nur in dem Sinne des Gewerbegehülfen (z. B. Kellner, Kontroleur eines Vergnügungslokals, Bademeister, Maurerpolier), sondern in der weiteren Bedeutung eines Arbeitsgehülfen im Allgemeinen zu verstehen, er umfaßt alle Hülfspersonen eines Arbeitgebers, deren Thätigkeit in wirthschaftlicher und sozialer Hinsicht derjenigen des Arbeiters, Gesellen oder Dienstboten im Wesentlichen gleichwerthig ist. Die Abgrenzung dieses Personenkreises nach oben ist gegenüber dem bisherigen Rechtszustande zum Theil dadurch geändert worden, daß der Gesetzgeber für zahlreiche Bedienstete mittlerer Stufe, auch soweit auf sie bisher der Gehülfenbegriff des J. u. A. V. G. angewendet werden mußte, eine besondere Klasse Versicherter, die der „Angestellten" geschaffen hat (s. Z. 23).

Der Versicherungspflicht als Gehülfen unterliegen hiernach zunächst — vorbehaltlich Z. 9 und 10 — die bei Reichs-, Staats-, Gemeinde- und sonstigen Behörden oder in büreaumäßig gestalteten Geschäftsbetrieben — der Rechtsanwälte, Notare, Patentanwälte, Gerichtsvollzieher, Auktionatoren, Berufsgenossenschaften u. s. w. — thätigen niederen Bediensteten, also z. B. Schreiber, Kanzlisten, Kassenboten, Kanzleidiener, Polizeidiener, Gefangenenaufseher (Rev. E. 62 A. N. J. u A. V 1891 S. 168), Gemeindediener (Rev. E. 239 a. a. O. 1893 S. 86), Nachtwächter (Rev. E. 89, 715 bis 717 A. N. J. u. A. V. 1892 S. 3, 1899 S 430 ff.), Flur- und Feldhüter (Rev. E. 90 A. N. J. u A. V. 1892 S. 3), Feuerwehrleute, Meß- und Marktwächter und dgl. mehr. Indessen ist die Anwendung des Gehülfenbegriffs nicht auf das Gebiet der unteren Beamtenschaft im öffentlichen oder privaten Dienst beschränkt. Beispielsweise sind ferner Gehülfen: die niederen Kirchenbediensteten (Kirchendiener, Kirchenschweizer, Läuter, Kalkanten), Zeitungsberichterstatter niederen Ranges (d. h. solche, die lediglich allerhand Nachrichten für Anzeige- und dgl. Blätter sammeln, ohne daß dabei selbständige geistige Leistungen in Frage kämen (Rev. E. 481 A. N. 1896 S. 174), Logenschließer eines Theaters (Rev. E. 71 A N. J u. A. V. 1891 S. 176), ferner, soweit sie nicht selbständige Gewerbetreibende sind, die Kochfrauen (Rev. E 327 A. N. J. u. A. V. 1894 S. 38), die Kranken- und Wochenpflegerinnen (Rev. E. 635 und 763 A. N. 1898 S. 268 und 1899 S 629), die bei Schaustellungen oder Musikaufführungen ohne höheres Kunstinteresse Mitwirkenden (Rev. E. 149 und 385 A. N. J u. A. V. 1892 S. 80, 1894 S. 162, zu vgl Z 25).

Wesentlich ist aber, daß die Selbständigkeit fehlt, daß nur Hülfe unter fremder Leitung geleistet wird. Danach gehören, von der Abgrenzung gegenüber den selbständigen Gewerbetreibenden vorerst abgesehen, zu den Gehülfen solche Personen nicht, denen durch Rechtsvorschrift ein bestimmter Wirkungskreis zugewiesen ist, innerhalb dessen sie in der Hauptsache nach eigenem Ermessen und auf eigene Verantwortung zu handeln haben, also beispielsweise Aichamtsvorsteher oder Aichmeister (Rev. E. 152 und 551 A. N. J. u. A. V. 1892 S. 83, 1897 S. 271), Verwalter der im Bezirk der V. A. Mecklenburg für die Ausstellung von Quittungskarten u. s. w. errichteten Amtsstellen (Rev. E. 771 A. N. 1899 S. 648). Inwieweit die Anwendung des Gehülfenbegriffs bei Beschäftigungen höherer, mehr geistiger, wissenschaftlicher oder künstlerischer Art ausgeschlossen ist, s. in Z. 25.

Gesellen sind die in einem Handwerksbetriebe in abhängiger Stellung beschäftigten, fachgemäß vorgebildeten Personen.

Ob ein Versicherter Lehrling ist, hat unter Umständen insofern Wichtigkeit, als § 8 des K. V. G. für Lehrlinge schlechthin den für „junge Leute" (von 14 bis 16 Jahren) festgesetzten Durchschnittstagelohn maßgebend sein läßt, der letztere aber die Lohnklasse und weiterhin die Höhe der Rente beeinflußt (§§ 34, 36, 37 des Gesetzes, zu vgl. Besch. 20 A. N. J. u. A V. 1891 S. 128). Der Lehrlingsbegriff ist nur im Gebiete des Gewerbes, einschließlich des Handelsgewerbes, sowie etwa noch der Landwirthschaft anwendbar. Hier wird als Lehrling bezeichnet Jemand, der zum Zweck seiner Fachausbildung in ein Arbeitsverhältniß getreten ist. Wer sich also beispielsweise im niederen Büreaudienst ausbildet, ist nicht Lehrling im gesetzlichen Sinne.

Zu den Dienstboten im Sinne des Gesetzes gehören die gegen Kost und Lohn oder auch nur gegen Lohn zu niederen häuslichen Diensten angenommenen Personen, sowie die in der Landwirthschaft des Dienstherrn beschäftigten, in seinem Hausstande lebenden Arbeiter (Haus- und Wirthschaftsgesinde). Hülfspersonen im Haushalt mit einer den Dienstboten übergeordneten Stellung fallen im Allgemeinen unter den Begriff der Angestellten (zu vgl. Z. 23).

Bei den unter Z. 1 des § 1 des Gesetzes fallenden Personen ist die Höhe des Arbeitsverdienstes grundsätzlich ohne Belang. Jedoch kommt in Zweifelsfällen auch die Höhe des Jahresarbeitsverdienstes als Merkmal dafür in Betracht, ob Jemand zu einer der unter Z. 1 oder der unter Z. 2 des § 1 des Gesetzes aufgeführten Personenklassen zu zählen ist, so daß u. U. bei einem 2000 Mark übersteigenden Arbeitsverdienst vermöge Anwendung der Z. 2 die Versicherungspflicht entfällt.

Ein weiteres gemeinsames Erforderniß ist, daß die in Z. 1 bezeichneten Personen als Arbeiter u. s. w. „beschäftigt" sein müssen (s. auch die §§ 30, 140 des Gesetzes). Darin liegt unter Anderem, daß sie thatsächlich Arbeit leisten, nicht nur auf Ansuchen solche leisten müßten. Demgemäß ist die zur Hofarbeit verpflichtete Ehefrau eines Gutsarbeiters nur für die Wochen, in denen sie zur Arbeit kommt, zu versichern (Rev. E. 109 A. N. J. u. A. V. 1892 S. 23). Jedoch steht eine ständige Dienstbereitschaft, die auch für die Pausen Unfreiheit mit sich bringt, der wirklichen Arbeit gleich, so daß z. B. ein Dienstbote oder auch ein Wäger, der täglich während gewisser Stunden an der Börse anwesend sein muß, auch während derjenigen Wochen der Versicherung unterliegen, in denen sie eigentlich nicht arbeiten (Rev. E. 773, A. N. 1899 S. 651).

20. Der Begriff des **Betriebsbeamten** erfordert das Vorhandensein eines Betriebes und eine gewisse Stellung innerhalb dieses Betriebes. Betriebsbeamte.

Ein Betrieb ist ein Inbegriff fortdauernder wirthschaftlicher Thätigkeiten; unter wirthschaftlichen sind dabei die auf Erwerb, d. h. die Erzeugung von Gütern gerichteten Thätigkeiten zu verstehen (Rev. E. 63 und 100 A. N. J. u. A. V. 1891 S. 169, 1892 S. 15). Der Verwendungszweck des erzielten Gewinns ist grundsätzlich ohne Belang (Rev. E. 193 a. a. O. 1892 S. 139 — ein Drittel des Ueberschusses kam gemeinnützigen Aufgaben zu gut). Der Stellung des Betriebsbeamten im Betriebe ist eigenthümlich ein Zurücktreten der persönlichen Mitwirkung bei den Herstellungs- und Gewinnungsvorgängen, eine gewisse Betheiligung bei der Leitung, eine Aufsichtsstellung gegenüber den nur ausführenden Arbeitern, Gesellen und Gehülfen; ein Betriebsbeamter ist demnach eine in dem Betriebe mit einer über die Thätigkeit des Arbeiters oder Gehülfen hinausgehenden, leitenden oder beaufsichtigenden Stellung betraute Person (Rev. E. 104, 193, 326, 582 A. N. J. u. A. V. 1892 S. 20, 139, 1894 S. 37, 1897 S. 352, zu vgl. § 133a der Gewerbeordnung).

Gegenüber der Unfallversicherung ergiebt sich eine erweiterte Anwendung dieses Begriffs von selbst dadurch, daß die Invalidenversicherung über den Bereich der auf Erzeugung, Be- und Verarbeitung, Bewegung oder Erhaltung körperlicher Gegenstände gerichteten Unternehmungen hinaus sich auch auf nicht technische Berufszweige erstreckt. Demgemäß sind als Betriebe beispielsweise angesehen worden die Geschäfte eines Rechtsanwaltsbüreaus (Rev. E. 100 A. N. J. u. A. V. 1892 S. 15), einer Privatsparkasse (Rev. E. 193 das. S. 139), von eingetragenen Genossenschaften, insbesondere soweit sie als Vorschußvereine, Darlehnskassen, Volksbanken dem Geld- und Kreditverkehr gewidmet sind (Rev. E. 772 A. N. 1899 S. 649).

Dagegen bilden die Geschäfte eines Einzelhaushalts keinen Betrieb, auch nicht die Bewirthschaftung eines Haus- und Ziergartens (Rev. E. 530 A. N.

1896 S. 397). Wohl aber kann die Wirthschaftsführung eines Pensionats und ähnlicher Anstalten den Betriebsbegriff erfüllen (zu vgl. Rev. E. 634 A. N. 1898 S. 267). Dasselbe gilt, wenn mit der Hauswirthschaft ein gewerbliches Unternehmen — Landwirthschaft — verbunden ist (Rev. E. 106, 303 A. N. J. u. A. V. 1892 S. 22, 1894 S. 154, zu vgl. auch Rev. E. 1643 A. N. 1897 S. 462).

Um wirthschaftliche Thätigkeiten handelt es sich nicht bei Ausübung obrigkeitlicher Befugnisse. Demgemäß sind lediglich bei den sogenannten regiminellen Aufgaben der Kommunalverwaltung beschäftigten Personen nicht Betriebsbeamte (Rev. E. 63, 104, 152, 241, 551 A. N. J. u. A. V. 1891 S. 169, 1892 S. 20, 83, 1893 S. 88, 1897 S. 271), und zwar auch dann nicht, wenn sich ihrer eigentlichen Amtsverwaltung als deren untrennbares Zubehör eine wirthschaftliche Thätigkeit z. B. auf dem Gebiet der Land- oder Forstwirthschaft oder des Bauwesens hinzugesellt (Rev. E. 240 A. N. J. u. A. V 1893 S. 87).

Soweit aber der Staat oder die Kommunalverbände Träger eines besonderen auf Erwerb gerichteten Unternehmens sind, wie bei staatlichen Fabriken, Verkehrsverwaltungen, Berg- und Hüttenwerken, einem Gemeindeschlachthaus, einer städtischen Brauerei, Gasanstalt, bei Gemeindeforsten u. s. w., ist auch ein Betrieb im Sinne des Gesetzes gegeben. Unter diesem Gesichtspunkt ist u. A der Rendant, Kontroleur oder Rechnungsführer einer städtischen Sparkasse als Betriebsbeamter anzusehen (Rev. E. 150 A N. J. u. A. V. 1892 S. 81). Aehnlich liegt der Fall der Rev. E. 325 (A. N. J. u A. V. 1894 S. 37 — Distriktsbautechniker).

Ein Betrieb kommt ferner nicht in Frage bei den Verwaltungen der durch die sozialpolitische Gesetzgebung geschaffenen Verbände, Berufsgenossenschaften, Versicherungsanstalten, Krankenkassen. Der Begriff des „Geschäftsbetriebes" in § 1 Z. 2a des K. V. G. deckt sich nicht mit dem des Betriebes nach dem J. V. G.

Hinsichtlich der Frage, ob die für den Betriebsbeamtenbegriff wesentliche Stellung innerhalb des Betriebes gegeben sei, ist zu verweisen auf die Rev E. 326 (A. N. J. u. A. V 1894 S 37 — Verwalter eines Landgutes), 531 (A. N. 1896 S 427 — Leiter einer zu einem Bergbaubetriebe gehörigen Bergkapelle), 582 (A. N. 1897 S. 352 — Kolorist einer Kattunfabrik, der Aufsichtsbefugnisse gegenüber dem Farbkochmeister und dessen nicht unbedeutenden Personal, sowie auch anderen Arbeitern ausübt) und 676 (A. N. 1898 S. 396 — Privatförster), andererseits 529 (A. N. 1896 S. 397 — Gutsschmied, der meist allein arbeitet und keine leitende Stellung bekleidet, nicht Betriebsbeamter, sondern Gehülfe).

Durch die erweiterte Fassung des § 1 Z 2 des Gesetzes hat die Unterscheidung zwischen Betriebsbeamten und sonstigen Angestellten ihre Bedeutung zum großen Theil verloren.

Werkmeister u. Techniker. 21. Unter „Werkmeister und Techniker" sind dieselben Personenkreise zu verstehen wie nach der vorbildlichen Bestimmung des § 2b des K. V. G. in der Fassung des Reichsgesetzes vom 10 April 1892 (R. G. B. S. 379, — zu vgl. auch die Ueberschrift zu Titel VII und § 133a der Gewerbeordnung in der Fassung des Gesetzes vom 1. Juni 1891 — R. G. B. S. 261, sowie § 2 Abs. 2 des Gesetzes, betreffend die Gewerbegerichte vom 29. Juli 1890 — R. G. B. S. 141). Eine Erweiterung der Versicherungspflicht liegt darin nur bezüglich derjenigen Werkmeister und Techniker, welche bisher weder als Betriebsbeamte, noch als Gehülfen angesehen werden konnten. Zugleich ist mit der neuen Gesetzesfassung, im Wesentlichen im Sinne des Bescheides 603 (A. N. 1897 S. 418), klargestellt, daß die Versicherungspflicht namentlich der Techniker künftig nur noch von dem Betrage ihres Jahresarbeitsverdienstes, nicht aber von der schwierigen Unterscheidung abhängt, ob die Art ihrer Thätigkeit und ihre Lebensstellung eine geringere oder höhere ist. Insbesondere ist hierbei nach einer in dem Bericht der Reichstagskommission (Drucksachen des Reichstags, 10. Legislatur-Periode, I. Session 1898/99 Nr. 270 S. 6) niedergelegten Erläuterung anzunehmen, daß ein Unterschied zwischen Technikern mit und ohne Hochschulbildung oder zwischen solchen, die eine bestimmte Prüfung — Diplomprüfung, Prüfung zur Erlangung der Würde als Doktor oder Doktor-Ingenieur — abgelegt haben, und den übrigen nicht zu machen ist. Mit dieser Maßgabe gehören zu den Technikern beispielsweise Zeichner, namentlich Bauzeichner, Architekten in Baubetrieben, Ingenieure, Konstrukteure, Elektriker, Chemiker u. s. w.

Unbedenklich ist dabei mit Rücksicht auf die Einreihung der Techniker zwischen Betriebsbeamte, Werkmeister und sonstige Angestellte, sowie mit Rücksicht auf das in den Worten „sofern sie Lohn oder Gehalt beziehen" liegende Erforderniß, daß nur die in abhängiger Stellung beschäftigten Techniker versicherungspflichtig sein sollen, nicht auch solche, die als selbständige Gewerbetreibende für einen nicht geschlossenen Kreis von Auftraggebern je nach Angebot und freiem Ermessen thätig sind.

22. Handlungsgehülfen sind nach § 59 des Handelsgesetzbuchs vom 10. Mai 1897 (R. G. B. S. 219) Personen, die „in einem Handelsgewerbe zur Leistung kaufmännischer Dienste angestellt" sind. Zu den Handlungsgehülfen gehören hiernach weder die in gesindeähnlicher Stellung beschäftigten Hülfspersonen wie Hausdiener, Ausläufer, Wächter, noch auch die bei den gewerblich-technischen Aufgaben eines Betriebes mitwirkenden Arbeitskräfte, wie Gesellen, Fabrikarbeiter, Packer, Rollkutscher, Koch oder Kellner eines Gastwirths, Zuschneider, wohl aber z. B. Verkäufer, Kassirer, Reisende, Korrespondenten, Buchhalter (zu vgl. auch Rev. E. 297 A. N. J. u. A. V. 1893 S. 151 — Expeditionsgehülfe einer Zeitung). Was als „Handelsgewerbe" anzusehen sei, wird sich künftig nach den gegenüber dem bisherigen Rechtszustand erheblich weitergreifenden Vorschriften der §§ 1 bis 3 des Handelsgesetzbuches vom 10. Mai 1897 bestimmen. Handlungsgehülfen und Lehrlinge.

Ueber „Lehrlinge" s. Z. 19. Ausgenommen sind die in Apotheken beschäftigten Gehülfen und Lehrlinge.

23. Die Klasse „sonstige Angestellte, deren dienstliche Beschäftigung ihren Hauptberuf bildet", ist nach der Entstehungsgeschichte des Gesetzes hinzugefügt worden, um Ungleichheiten zu beseitigen, welche dadurch erwuchsen, daß Personen in zwar abhängiger, aber doch die der eigentlichen Arbeiter u. s. w. überragender Stellung versicherungsrechtlich verschieden beurtheilt werden mußten, je nachdem, ob sie einem „Betriebe" in dem unter Z. 20 erörterten Sinne angehörten oder nicht. Der Grund hiervon aber lag wesentlich darin, daß für den Begriff des Betriebes das Merkmal der Richtung auf den Erwerb aufzustellen war. Beachtet man ferner den namentlich auf das Wort „Betrieb" zurückweisenden Zusatz „sonstige" zu „Angestellte" (ein früherer Vorschlag lautete: Betriebs-, Haus- und sonstige Beamte), sowie den herkömmlichen Sinn des Ausdrucks „dienstlich", so gelangt man zu dem Ergebniß, daß als Angestellter nicht etwa zu gelten hat Jeder, der eine „Anstellung" irgend welcher Art besitzt — also z. B. ein Geistlicher, ein Syndikus, ein Anstaltsarzt, ein Kreisthierarzt, ein Assistent an einer wissenschaftlichen Anstalt, ein Schauspieler oder Sänger, eine Bezirkshebamme u. s. w. —, sondern daß nur solche Personen getroffen werden sollen, die innerhalb eines nicht unter die Bezeichnung „Betrieb" fallenden Sonstige Angestellte.

aber ähnlichgearteten Inbegriffs von Geschäften eine von dessen Leitung abhängige und durch sie näher bestimmte Stellung einnehmen, gleichwohl nach der Art ihrer Thätigkeit nicht mehr zur Klasse der niederen, lediglich ausführenden Hülfsarbeiter gezählt werden können. Hierher gehören somit hauptsächlich die Beamten mittlerer Stufe in öffentlichen oder privaten Verwaltungen und Geschäftsbetrieben jeder Art, sowie im Haushalt, also in ersterer Beziehung das eigentliche Büreaupersonal (Expedienten, Registratoren, Kalkulatoren), die Gemeindeschreiber, Gemeinderechner, Kirchenrechner, Küster, Kassenbeamten, Erheber, Fleischbeschauer in einem städtischen Fleischschauamt, Sekretäre u. s. w. der Berufsgenossenschaften, Krankenkassen, Versicherungsanstalten, der Rechtsanwälte und Notare, Verwalter bei gemeinnützigen Stiftungen, Hausväter an Wohlthätigkeitsanstalten, Rettungshäusern u. s. w., in letzterer Beziehung (s. auch § 622 des Bürgerlichen Gesetzbuchs) Privatsekretäre, Gesellschafterinnen, Repräsentantinnen, Hausdamen u. s. w. Diese und ähnlich beschäftigte Personen werden insbesondere auch dann künftig als „Angestellte" zu behandeln sein, wenn sie bisher als „Gehülfen" für versicherungspflichtig erachtet worden sind (zu vgl. oben Z 19 und Rev. E. 64 A. N. J. u. V. A 1891 S. 170 — Stadtschreiber, Rev E. 384 a. a. O. 1894 S. 155 — Gemeindeschreiber, Rev E. 95 a. a. O. 1892 S. 11 — Stadtrechner, Rev. E. 243 a. a. O. 1893 S. 90 — Hofrechnungsführer, Rev. E. 242 a. a. O. 1893 S. 89 — Hülfsarbeiter eines statistischen Bureaus, Rev. E. 241 a. a. O. 1893 S. 88 — Fleischbeschauer an einem städtischen Fleischschauamt, Besch. 3 sowie Rev. E. 54 und 153 a. a. O. 1891 S. 53, 162, 1892 S. 84 — Küster, Rev. E. 72 a. a. O. 1891 S. 177 — Landrathsgehülfe ohne Beamteneigenschaft).

Durch die Beifügung der Worte „deren dienstliche Beschäftigung ihren Hauptberuf bildet" soll die Anwendung des Gesetzes in weiterem Umfange, als es vermöge der Bundesrathsvorschriften über vorübergehende Dienstleistungen geschehen könnte, für solche Angestellte ausgeschlossen werden, die ihre Stellung nur nebenamtlich versehen (z. B. Gewerbetreibende, die nebenbei die Geschäfte des Gemeindeschreibers wahrnehmen). Inwieweit bei Angestellten, die Beamte sind, die Ruhegehaltsanwartschaft die Versicherungspflicht beseitigt, s. unter Z. 9.

Lehrer und Erzieher. 24. „Lehrer und Erzieher". Nach der Entstehungsgeschichte soll hiermit nicht jede irgendwie geartete Lehrthätigkeit in die Versicherung einbezogen werden, sondern in erster Linie nur die Ertheilung eines der geistigen Entwickelung auf dem Gebiet der Wissenschaften und schönen Künste dienenden Unterrichts, sowie die auf Bildung des Charakters und des Gemüths gerichtete Erzieherthätigkeit. Zu der letzteren muß jedoch in gewissem Umfange auch die Unterweisung in mancherlei körperlichen Uebungen und Fertigkeiten (Turnen, Schwimmen, Reiten, Zeichnen, Handarbeiten, Kochen u. s. w.) gerechnet werden, soweit sie dem Erziehungszweck untergeordnet wird. Dies ist namentlich da anzunehmen, wo dergleichen Unterrichtsgegenstände in den Lehrplan einer Erziehungsanstalt aufgenommen worden sind.

Dagegen gehört der von dem Erziehungszweck losgelöste und überwiegend nach gewerblichen Gesichtspunkten betriebene Unterricht in allerhand körperlichen und mechanischen Fertigkeiten nicht hierher. Einen gesetzlichen Anhalt für diese — freilich im Einzelnen schwierige — Unterscheidung bietet die Gewerbeordnung, indem sie im § 6 die Erziehung von Kindern gegen Entgelt und das Unterrichtswesen dem Geltungsbereich des Gewerberechts entzieht, dagegen im § 35 „die Ertheilung von Tanz-, Turn- und Schwimmunterricht als Gewerbe" regelt. Zu den in das rein gewerbliche Gebiet fallenden Unterrichtszweigen werden ebenso z. B. der als Gewerbe betriebene Reit-, Fecht-, Radfahrunterricht und Aehnliches gerechnet werden müssen, ferner aber auch der von einer Schneiderin oder von einem Traiteur ertheilte Schneider- oder Kochunterricht und dgl mehr.

Hiernach unterliegt eine an einer Schule oder Lehranstalt mit der Ertheilung des Turn- oder Schwimm- oder Tanz- u. s. w. Unterrichts beschäftigte Person als Lehrer oder Erzieher der Versicherungspflicht, während ein selbständiger Tanzlehrer überhaupt nicht, der Schwimmlehrer einer Badeanstalt, der Stallmeister einer Reitschule nur als Gehülfe, vielleicht u. U. als „Angestellter" versicherungspflichtig sein würden.

Im Uebrigen tritt die Versicherungspflicht für Lehrer und Erzieher in gleicher Weise ein, ob sie Unerwachsene oder Erwachsene unterrichten, ob sie Lehrgegenstände der allgemeinen Bildung oder der Fachbildung behandeln (Lehrer an einer Handelsschule, Baugewerkschule, Ackerbauschule, an einem Militärpädagogium, Technikum u. s. w.), sowie ohne Unterschied hinsichtlich des Umfanges ihrer wissenschaftlichen und sonstigen Vorbildung und Befähigung. Endlich ergreift der Versicherungszwang nicht nur angestellte Lehrer an öffentlichen oder privaten Schulen u. s. w. oder Hauslehrer, sondern (nach der im Lauf der Verhandlungen ohne Widerspruch gebliebenen Begründung des Gesetzentwurfs — Drucksachen des Reichstags, 10. Legislatur-Periode, I. Session 1898/99 Nr. 93 S. 242) auch solche Personen, die aus dem Stundengeben bei wechselnden Auftraggebern ein Gewerbe machen (selbständige Musiklehrer, Sprachlehrer u. s. w.) und zwar nicht nur dann, wenn sie in die Häuser gehen, sondern auch, soweit sie den Unterricht in der eigenen Wohnung ertheilen. Das Gesetz will in diesen Fällen das sogenannte Honorar als Lohn, denjenigen, der die Leistungen des Lehrers in Anspruch nimmt, als den Arbeitgeber behandelt wissen, wenn auch theoretisch ein solcher Lehrer als selbständig erwerbsthätig zu erachten sein mag.

Dagegen schließt die in § 1 Z. 2 des Gesetzes enthaltene Beschränkung, „soweit sie Lohn oder Gehalt beziehen", solche Lehrer und Erzieher, welche Inhaber einer Lehranstalt sind (Privatschulvorsteher), bezüglich des an ihrer eigenen Anstalt ertheilten Unterrichts vom Versicherungszwange aus. Der für sie von dem erhobenen Schulgelde nach Abzug aller Unkosten verbleibende Betrag läßt sich nicht als Lohn oder Gehalt bezeichnen. Ob Personen, die noch nicht schulpflichtigen oder geistig zurückgebliebenen Kindern Unterweisung in mehr äußerlicher Weise zu Theil werden lassen, als Lehrer oder Erzieher im Sinne der Z. 2 oder als Angestellte oder lediglich als Gehülfen im Sinne der Z 1 (die Unterscheidung kann für die Bestimmung der Lohnklasse wichtig werden, § 34 des Gesetzes Abs. 2 a. E.) zu gelten haben, ist nur nach Lage der jeweiligen Umstände zu entscheiden; jedenfalls wird ein Theil derjenigen Personen, welche schon bisher, weil es sich nicht um einen eigentlichen planmäßigen Unterricht handelte, als Gehülfen für versicherungspflichtig erachtet wurden, künftig den Lehrern und Erziehern zugerechnet werden müssen (zu vgl. Rev. E. 106, 478 A. N. J. u. A. V. 1892 S. 22, 1895 S. 286 — Hausvater eines Rettungshauses, Lehrer an einer Anstalt für fallsüchtige Kinder).

Durch die Sondervorschriften des § 5 Abs. 1 und 3 sind von der Versicherung ausgenommen Personen, welche an öffentlichen Schulen oder Anstalten lediglich zur Ausbildung für ihren zukünftigen Beruf als Lehrer oder Erzieher beschäftigt werden, oder welche während der wissenschaftlichen Ausbildung für ihren künftigen Lebensberuf Unterricht ertheilen, also insbesondere Studirende aller Fächer, nicht nur des Lehrfachs. Inwieweit der Besitz einer Ruhegehaltsanwartschaft die Befreiung begründet, s. unter Z. 9.

Unterscheidung zwischen höherer, mehr geistiger und anderer Thätigkeit.

25. Der für die Auslegung des J. u. A. V. G. leitend gewesene Satz, daß diejenigen Personen von der Zwangsversicherung frei bleiben, welche nicht mit ausführenden Arbeiten vorwiegend materieller Art, sondern mit einer ihrer Natur nach höheren mehr geistigen (wissenschaftlichen, künstlerischen u. s. w.) Thätigkeit beschäftigt sind und durch ihre Lebensstellung sich über den Personenkreis erheben, der nach dem gewöhnlichen Sprachgebrauch und vom Standpunkt wirthschaftlicher Auffassung dem Arbeiter- oder niederen Betriebsbeamtenstande angehört, ist durch die Vorschriften des neuen Gesetzes mehrfach durchbrochen und eingeschränkt worden. Durchbrochen wird jener Grundsatz zunächst insoweit, als die in die Klasse der Techniker oder die Klasse der Lehrer und Erzieher gehörigen Personen nach der klaren Absicht des Gesetzes ohne Rücksicht auf die vielleicht rein geistige und wissenschaftliche Art ihrer Leistungen und ohne Rücksicht auf ihre Vorbildung schlechthin der Versicherung unterworfen sind (Z. 21 und 24). Eine weitere Einschränkung jenes Grundsatzes ergiebt sich daraus, daß zahlreiche Beschäftigte, für die bisher nur der Gehülfenbegriff mit seiner vergleichsweise engen Abgrenzung anwendbar war, nunmehr als „Angestellte“ allgemein für versicherungspflichtig erklärt sind, somit künftig nur bei einem 2000 Mark übersteigenden Jahresarbeitsverdienst sich über den Kreis der Versicherten erheben. Dabei ist jedoch andererseits zu beachten, einmal, daß nach Z. 23 der Angestelltenbegriff nur gewisse mittlere Schichten von Beschäftigten umfaßt und ferner, daß dieser Begriff nicht auf allen Gebieten anwendbar ist. Es bleiben hiernach, von den Technikern, Lehrern und Erziehern abgesehen, auch künftig von der Zwangsversicherung frei diejenigen Personen, welche nach der Art ihrer Stellung nicht zu ausführender, sondern zu selbständiger wissenschaftlicher oder gleichwerthiger Thätigkeit berufen sind, dazu übrigens regelmäßig mit einer entsprechenden, insbesondere einer auf Hochschulen erworbenen Vorbildung ausgestattet sein müssen. Unter anderem läßt sich nicht voraussetzen, daß die Zwangsversicherung habe auf Hausgeistliche, ihrem Bildungsgange gemäß beschäftigte Assessoren (z. B. im Dienst von Anwälten, Bankgeschäften), Krankenhausärzte, Assistenten bei wissenschaftlichen Sammlungen und dgl. ausgedehnt werden sollen. Dasselbe gilt für Personen in leitender Stellung mit selbständiger Verantwortlichkeit, z. B. Bürgermeister, Magistratsmitglieder, Gemeindevorsteher, oder in ähnlicher Weise bei ihrer Dienstführung unabhängige Einzelbeamte, z. B. Standesbeamte, kommissarische Amtsvorsteher und dgl. Ferner verbleibt es bei der von der bisherigen Rechtsübung herausgebildeten Unterscheidung auch künftig auf den Gebieten, für welche nicht der Angestellten-, sondern nur der Gehülfenbegriff in Betracht kommt. Beispielsweise würde es nicht angängig sein, jüdische Kultusbeamte kleiner Gemeinden bei einem hinter 2000 Mark zurückbleibenden Diensteinkommen als Angestellte für versicherungspflichtig zu erklären, sie bleiben vielmehr wie bisher versicherungsfrei, wenn sie als Leiter des Gottesdienstes, Vorbeter, Vorsänger eine über die Gehülfendienste hervorragende Thätigkeit ausüben (zu vgl. Rev. E. 251, 382 A. N. J. u. A. V. 1893 S. 100, 1894 S. 153). Ebenso würde der Verwalter einer wissenschaftlichen Beobachtungsstelle von der Art des in der Rev. E. 381 (A. N. J. u. A. V. 1894 S. 153) behandelten Signalisten der Seewarte auch nach dem J. V. G. nicht versicherungspflichtig sein. Aehnlich verhält es sich mit gewissen freien Berufen, namentlich der Thätigkeit von Musikern und Bühnenkünstlern. Hier bewendet es bei der durch die bisherige Spruchübung gebilligten Anwendung der auf dem Gebiet der Gewerbepolizei erheblichen Unterscheidung zwischen Vorstellungen, bei denen ein höheres Interesse der Kunst oder Wissenschaft obwaltet, und der rein gewerblichen Berufsausübung (zu vgl. §§ 32, 33a, 33b, 55 Z. 4 der Gewerbeordnung und die Rev. E. 149, 249, 385, 492, 531 A. N. J. u. A. V. 1892 S. 80, 1893 S. 94, 1894

S. 155, 1896 S. 252, 427). Dabei entscheidet lediglich das Gesammtwesen des Unternehmens, nicht die Vorbildung und Leistungsfähigkeit des einzelnen künstlerisch Mitwirkenden (Orchestermitgliedes, Schauspielers, Sängers, Tänzers u. s. w). Hiernach ist der Chorsänger einer größeren Oper versicherungsfrei (Rev. E. 249), ein Schauspieler an einem sogenannten Rauchtheater versicherungspflichtig (Rev. E. 385).

Sonstige gemeinsame Gesichtspunkte für die Klassen des § 1 Z. 2 (Verdienstgrenze).

26. Für die Auslegung der Z. 2 des § 1 ist nicht ohne Bedeutung, daß die Fassung nicht wie in Z. 1 lautet: Personen, welche als Betriebsbeamte u s. w. beschäftigt werden, sondern: Betriebsbeamte u. s. w. Nach dem Wortlaut kämen also nur Personen in Betracht, welche der Thätigkeit als Betriebsbeamter, Techniker, Lehrer u. s. w. berufsmäßig obliegen, so daß z. B. ein Vorarbeiter, der vorübergehend den Werkmeister vertritt, ein Mechaniker, dem eine einzelne technische Aufgabe höherer Art übertragen wird, ein Künstler, der gelegentlich Stunden giebt, nicht unter Z. 2 fallen würden. Indessen ist andererseits zu beachten, daß nur für die „Angestellten“ eine ausdrückliche Beschränkung dahin vorgesehen ist, daß die dienstliche Beschäftigung den Hauptberuf bilden müsse.

Gemeinsam für alle unter Z. 2 des § 1 aufgeführten Klassen von Versicherten gilt ferner die Beschränkung, daß der „regelmäßige“ Jahresarbeitsverdienst nicht mehr als 2000 Mark betragen darf, wenn die Zwangsversicherung Platz greifen soll. Wie schon bisher bezüglich der Betriebsbeamten, Handlungsgehilfen und Lehrlinge (zu vgl Rev. E. 150 A. N. J. u. A. V. 1892 S. 81 und Besch. 603 A. N. 1897 S. 418) kommt neben dieser Abgrenzung nach dem Arbeitsverdienst eine weitere Unterscheidung nach der höheren oder geringeren Art der Beschäftigung nicht in Frage (s. Z 25).

Wegen der Begriffe „Lohn“ und „Gehalt“ s. Z. 13 bis 17. Gemäß § 3 Abs. 1 gelangen auch Tantiemen zum Ansatz, die ein Angestellter eine Reihe von Jahren hindurch in einer gewissen gleichmäßigen Höhe bezogen hat, oder auf die er, von besonderen Zufällen abgesehen, mit Bestimmtheit rechnen kann (Besch. 28 A. N. J. u. A. V. 1891 S. 148).

Nicht nach den schwankenden Bezügen eines einzelnen Jahres, sondern möglichst nur nach dem ständigen oder Durchschnittsbetrage soll sich entscheiden, ob Versicherungspflicht vorliegt (Rev. E 492 A. N. 1896 S. 174). Selbstverständlich können dabei, wenn die Versicherungspflicht für einen bestimmten Zeitpunkt geprüft wird, nur die, von da aus gerechnet, in der Vergangenheit liegenden Umstände in Betracht gezogen werden. Dies ist folgerichtig auch dann entsprechend zu beobachten, wenn es sich um die Versicherungspflicht in zurückliegenden Zeiträumen, wie für die Jahre 1888, 1889 und 1890 handelt (Beispiel: Jemand war 1888 als Buchhalter mit 200 Mark Monatsgehalt fest angestellt, wurde aber 1889 plötzlich stellungslos, so daß der Jahresarbeitsverdienst für die 3 vorgesetzlichen Jahre unter 2000 Mark geblieben ist; gleichwohl war jene Stellung keine versicherungspflichtige).

Einkünfte aus anderen Quellen als der Lohnarbeit bleiben bei der Berechnung des Jahresarbeitsverdienstes ohne Berücksichtigung (ein Werkmeister mit 1800 Mark Arbeits- und 300 Mark Zinseinkommen ist versicherungspflichtig). Wohl aber ist eine Zusammenrechnung geboten, wenn dieselbe Person mehrere unter Z. 2 des § 1 fallende Stellen versieht (ein für zwei Firmen beschäftigter Handlungsgehülfe, der aus jeder Anstellung 1200 Mark bezieht, ist nicht versicherungspflichtig).

Schiffsbesatzung.

27. Nach Z. 3 des § 1 unterliegen der Versicherungspflicht die Personen der Schiffsbesatzung deutscher Seefahrzeuge und von Fahrzeugen der Binnenschiffahrt. Abweichend vom See-U. V. G. wird kein Unterschied nach der Größe oder der Zweckbestimmung der Fahrzeuge gemacht.

Bei Seeschiffen werden nach § 481 des Handelsgesetzbuchs zur Schiffsbesatzung gerechnet der Schiffer, die Schiffsmannschaft, sowie alle übrigen auf dem Schiffe angestellten Personen. In § 1 Z. 1. des See-U. V. G. vom 13. Juli 1887 werden aufgeführt: Personen, welche „als Schiffer, Personen der Schiffsmannschaft, Maschinisten, Aufwärter oder in anderer Eigenschaft zur Schiffsbesatzung gehören (Seeleute)". Hiernach ist „Schiffsbesatzung" ein erheblich umfassendere Begriff als „Schiffsmannschaft", worunter lediglich der seemännische Theil der Besatzung mit Ausnahme des Schiffers verstanden wird. Jedoch gehören Personen, welche, ohne für den Schiffsdienst verpflichtet zu sein, nur zu vorübergehenden Verrichtungen an Bord gehen, nicht zur Schiffsbesatzung (zu vgl. Rev. E. 587 A. N. 1897 S. 380 — Handwerker, der zur Vornahme einer Ausbesserung auf ein im Hafen liegendes Schiff gerufen wird, Rek. E. 1742 A. N. 1899 S. 226).

Bei Binnenschiffen gehören nach § 3 Abs. 2 des Reichsgesetzes, betreffend die privatrechtlichen Verhältnisse der Binnenschiffahrt vom $\frac{\text{15. Juni 1895}}{\text{20. Mai 1898}}$ (R. G. B. S. 301/868), zur Schiffsbesatzung der Schiffer die Schiffsmannschaft und alle übrigen auf dem Schiffe angestellten Personen mit Ausnahme der Zwangslootsen. Die Schiffsmannschaft wird nach § 21 gebildet durch die zum Schiffahrtsdienste angestellten Personen der Schiffsbesatzung, mit Ausnahme des Schiffers, insbesondere Steuerleute, Bootsleute, Matrosen, Schiffsknechte, Schiffsjungen, Maschinisten und Heizer.

Einen Unterschied nach der Art der Beschäftigung kennt das Gesetz bei Personen der Schiffsbesatzung nicht, die Versicherungspflicht umfaßt also den Schiffer, die Schiffsoffiziere u. s. w., ebenso wie den Heizer, den Kohlenzieher, den Aufwärter und andere untergeordnete Bedienstete. Jedoch sind Schiffsführer von der Zwangsversicherung frei, wenn ihr regelmäßiger Jahresarbeitsverdienst an Lohn oder Gehalt 2000 Mark übersteigt (zu vgl. Z. 26).

Unselbständigkeit. Allgemeines.

28. Mit einer unter Z 24 erwähnten Ausnahme erstreckt sich die Versicherungspflicht nur auf Beschäftigte in abhängiger Stellung, nicht dagegen auf selbständig Erwerbsthätige. Die wenigen Anhaltspunkte, die das Gesetz selbst für die Tragweite dieses durchgreifenden Gegensatzes bietet, beschränken sich auf den Sinn, den der Sprachgebrauch mit den Bezeichnungen „Arbeiter", „Gehülfen" u. s. w. verbindet, auf die Bedeutung der Worte „Lohn oder Gehalt" im Gegensatz zu Einnahmen anderer Art (Preis, Gewinn), die Bedeutung des Ausdrucks „beschäftigt werden" in § 1 Z. 1 im Vergleich mit einer freien Thätigkeit, sowie auf den Umstand, daß der Gesetzgeber selbst gewisse Gruppen von selbständigen Gewerbetreibenden in § 2 des Gesetzes ausdrücklich als solche anführt, auf die der Versicherungszwang nur ausgedehnt werden kann, also an sich keine Anwendung findet. Eine Begriffsbestimmung hat das Gesetz weder für die Lohnarbeit noch für die selbständige Erwerbsthätigkeit gegeben. Auch läßt sich für den Gegensatz beider eine allgemeine Formel, die allen Erscheinungen des Wirthschaftslebens gerecht würde, nicht wohl auffinden. In allgemeinster Fassung läßt sich nur sagen, daß die Versicherungspflicht eintritt, wo ein Verhältniß wirthschaftlicher und persönlicher Abhängigkeit des Arbeitenden von einem Arbeitgeber nachweisbar ist. Für diese Feststellung kommt eine große Anzahl verschiedener Einzelumstände mehr oder weniger durchgreifend in Betracht, derart, daß die Entscheidung oft nur mittelst eines sorgfältigen Abwägens der verschiedenen Thatbestandsmerkmale gegen einander gewonnen, nicht aber im Wege zwingender Schlußfolgerung aus einer scharfen Begriffsbestimmung abgeleitet werden kann.

29. Ist das eigentliche Wesen der Lohnarbeiterstellung in dem Verhältniß persönlicher und wirthschaftlicher Abhängigkeit zu einem Arbeitgeber zu suchen, so ergeben sich nothwendig in einzelnen Beziehungen Abweichungen von einer rein civilrechtlichen Betrachtungsweise. Verhältniß zum bürgerlichen Recht.

Zunächst bedarf es im Allgemeinen keines im Sinne des bürgerlichen Rechts gültigen und auf gewisse Zeit bindenden Dienst- oder Arbeitsvertrages (zu vgl. Rev. E. 254 A. N. J. u A. B. 1893 S. 102 und Rev. E. 563 A. N. 1897 S. 289 — Kiefernzapfenpflücken auf Grund eines Erlaubnißscheins mit der einzigen Pflicht zur Ablieferung des Gesammelten als Lohnarbeit), also auch nicht voller Verfügungsfähigkeit des Arbeitenden (Rev. E. 76 und 311 A. N. J. u. A. B. 1891 S. 180, 1893 S. 165, zu vgl. auch Entscheidungen des Oberverwaltungsgerichts Band 27 S. 345).

Andererseits erzeugt auch nicht jedes eine Arbeitspflicht einschließende Rechtsverhältniß, insbesondere nicht jedes Anstellungsverhältniß die Versicherungspflicht. Darüber, daß im Allgemeinen nur wirkliche Arbeit, nicht schon das Bestehen der Verpflichtung dazu den Versicherungszwang hervorruft, s. Z. 19 a. E. Ferner giebt es eine nicht kleine Anzahl von Personen, die von Gemeinde- und anderen Behörden zur sachgemäßen Leistung gewisser Dienste öffentlich bestellt und verpflichtet werden, dessen ungeachtet aber als selbständig erwerbsthätig zu bezeichnen sind, weil sie von den Weisungen der sie anstellenden Behörde unabhängig sind und nicht deren Geschäfte besorgen, übrigens auch den privaten Auftraggebern frei gegenüberstehen, wie die öffentlichen Wäger (Rev. E. 158 A. N. J u. A. B. 1892 S. 113), die Hebammen (Rev. E. 73 das. 1891 S. 178), die Fleischbeschauer (Rev. E. 128 und 607 das. 1892 S. 37, 1897 S. 471), die Leichenfrauen (Rev. E. 276 A. N. J u A. B. 1893 S. 128 ff. Fall 2). Dagegen kann eine äußerlich gleichartige Thätigkeit sehr wohl versicherungspflichtig werden, wenn der dazu Bestellte als Glied eines Betriebes, also als ausführende Hülfskraft unter fremder Leitung und Beaufsichtigung beschäftigt ist, somit in persönlicher und wirthschaftlicher Abhängigkeit wirkt, wie ein von der Wägergilde zugezogener Reservewäger oder ein in einem behördlich ausgestalteten Wägeramt beschäftigter Wäger (Rev. E. 449, 773 A N. J. u. A. B. 1895 S. 241, 1899 S. 651), ein Fleischbeschauer in einem städtischen Fleischschauamt (Rev. E 241 A. N. J. u. A. B. 1893 S. 88), die Leichenfrauen in einem von der Stadt unternommenen Beerdigungsbetrieb (Rev. E. 639 A N. 1898 S. 270).

Auch auf rein gewerblichem Gebiete macht sich derselbe Unterschied geltend: ein Gewerbetreibender kann sehr wohl in ein festes Vertragsverhältniß zu einzelnen Auftraggebern treten, sogar ihnen ausschließlich seine Thätigkeit widmen, ohne daß damit ein Verhältniß persönlicher Abhängigkeit zu bestehen braucht (zu vgl. Rundschreiben betreffend die Kommissionsfabrikanten in der Tabakindustrie, A N 1899 S. 633 und Rev. E. 253 A. N. J. u. A. B. 1893 S. 102 — für eine Brandversicherungskammer thätiger Sachverständiger sogenannter Expert, Rev. E. 160 a. a. O. 1892 S. 115 — Goldschmied, der gegen Jahresgehalt von einer Leihanstalt als Schätzer angenommen ist, Rev. E. 192, 386 a. a. O. 1892 S. 138, 1894 S. 157 — Gemeindeschmiede, s. Z. 42); er kann aber auch sich einem fremden Betriebe unter Aufgabe seiner Unabhängigkeit einordnen (Rev. E. 529 A N. 1896 S. 397 — Gutsschmied als Gehülfe).

30. Geschäftliche Beziehungen, die nach ihrer rechtlichen Einkleidung und Benennung sich äußerlich nicht als Arbeitsverhältnisse darstellen, begründen gleichwohl die Versicherungspflicht, wenn unter der gewählten Form sich ein Lohnarbeitsverhältniß in dem vorstehend bezeichneten Sinn verbirgt. Beispiele bieten die Rev. E. 161 A. N. J. u. A. B. 1892 S. 115 (Forstarbeiter, Fortsetzung (Form der Pacht u. dgl.)

dem ein Theil eines ländlichen Anwesens pachtweise überlassen wird, wogegen er verpflichtet ist, mit seinem Zugvieh und unter Hilfe eines Knechts Schlagholz thalwärts zu befördern; die Pacht kommt nur als Mittel für die Durchführung der Waldarbeit in entlegenen Bezirken und für die Gewährung eines angemessenen Endgelts in Betracht), 315 A. N. J. u. A. V 1893 S. 171 (Latrinenwärterin auf einem Bahnhof, deren Verhältniß zur Bahnverwaltung in Form eines Pachtvertrages geordnet, die aber in der That eine Arbeiterin im Betrieb der Eisenbahn ist), 720 A. N 1899 S 437 (Gärtner, dem gegen die Verpflichtung zur Unterhaltung eines herrschaftlichen Gutsgartens und zur Leistung einzelner Wirthschaftsdienste gewisse Gartennutzungen, unter Auferlegung einer Geldzahlung zum Ausgleich, überwiesen worden sind), 220 und 450 A. N. J u. A. V 1893 S. 65, 1895 S. 241 (sogenannte Schiffspächter zu den versicherungspflichtigen Personen der Schiffsbesatzung gehörig — zu vgl. Besch. 209 A. N. 1886 S 230 für das Gebiet der Unfallversicherung, Entscheidungen des preußischen Oberverwaltungsgerichts Band 20 S 382 für das Gebiet der Krankenversicherung), ferner Rek. E 1539 A. N. 1896 S. 385 (Droschkenkutscher, die einen Wagen von dem Fuhrherrn für einen bestimmten Betrag zur Benutzung übernehmen und den verdienten Ueberschuß behalten, gleichwohl nur Lohnarbeiter des Fuhrwerksbesitzers, — zu vgl. Entscheidungen des preußischen Oberverwaltungsgerichts Band 30 S. 360).

Fortsetzung (Akkordanten). 31. In weiterem Umfange als im Sinne des bürgerlichen Rechts ist ferner ein Arbeitsverhältniß zu unterstellen bei den Akkordanten. Unbedenklich ist zunächst die Versicherungspflicht meist da begründet — übrigens auch im Sinne des bürgerlichen Rechts im Allgemeinen lediglich ein Arbeitsvertrag gegeben —, wo der Unterschied gegenüber gewöhnlichen Tagelöhnern im Grunde nur in der Lohnform — Akkordlohn statt Zeitlohn — liegt (Rev E. 272, 370, 371 — A. N J. u. A. V. 1893 S. 118, 1894 S. 144, 145 — Steinklopfer, Steinbrecher, Schlackenschläger im Akkord, die alle allein arbeiteten und nur eine freiere Bewegung bei der Eintheilung der Arbeitszeit und dgl. genossen, weil die Einfachheit der Arbeit und der aus der Rücksicht auf ihren eigenen Vortheil entspringende Antrieb die strenge Ueberwachung der Arbeit entbehrlich machte). Wohl aber sind Zweifel möglich, wenn Jemand von einem Unternehmer einen größeren Theil eines Werks, z. B einer Bauausführung, oder die Arbeiten eines einzelnen Betriebszweiges, z. B. einer Gutsziegelei, insbesondere gegen einen Pauschbetrag übertragen erhält, die übernommenen Arbeiten in gewissem Umfange selbst leitet und zu ihrer Ausführung seinerseits bezahlte Hülfskräfte heranzieht. Derartige Personen stehen den selbstständigen Gewerbetreibenden jedenfalls nahe, und es läßt sich nur nach den Umständen des einzelnen Falles entscheiden, ob noch ein versicherungspflichtiges Arbeitsverhältniß angenommen werden darf. Für diese Entscheidung, welche durch die auf dem Gebiete der Unfallversicherung bereits bestehende Rechtsübung vielfach erleichtert wird, kommt namentlich in Betracht, ob die von dem Akkordanten übernommenen Arbeiten unlösbar zu einem fremden Betriebe gehören, oder ob er für eigene Rechnung thätig ist, ob ihm nach den getroffenen Vereinbarungen eine geringere oder größere Selbständigkeit bezüglich der Leitung, der Arbeitsausführung sowie der Verwerthung etwaiger Betriebserzeugnisse zukommt, welches Maß eigener Verantwortlichkeit und geschäftlicher Gefahr er trägt, ob er ferner selbst mitarbeitet, nur eine dem üblichen Arbeitslohn entsprechende Vergütung bezieht oder einen Unternehmergewinn zu erzielen in der Lage ist, welche Lebensstellung er sonst einnimmt und dgl. mehr (zu vgl. die Rev. E. 124 A. N J. u A. V 1892 S. 35 — Ziegler, der für je tausend fertige Ziegel einen festen Betrag erhält, die Hülfskräfte selbst beschafft, 247 A. N. J. u. A. V. 1893 S. 94 — berufsmäßiger Lohnarbeiter, der zeitweilig einen kleineren Straßenbau unter Heranziehung der nöthigen Hülfskräfte, jedoch unter Oberleitung der auftraggebenden Behörde ausführt, 457 a. a. O. 1895 S. 249 — landwirthschaftlicher Arbeiter, der ohne fachmäßige Vorbildung Kulturarbeiten geringeren Umfanges im Akkord übernimmt und die Mitarbeiter auf eigene Rechnung stellt. In allen drei Fällen war die Versicherungspflicht anzuerkennen). Es entspräche nicht den Absichten der Versicherungsgesetzgebung, wenn es dem größeren und wirthschaftlich kräftigeren Unternehmer freistände, die Lasten der Versicherung mittels vertragsmäßiger Einräumung einer scheinbaren Selbständigkeit willkürlich auf schwächere Schultern abzuwälzen

32. Das Schwergewicht der wirthschaftlichen und thatsächlichen gegenüber den civilrechtlichen und formalen Gesichtspunkten macht sich endlich auch bei der Beantwortung der Frage geltend, wer als Arbeitgeber anzusehen sei Es handelt sich dabei nicht nur um die weitere Durchführung der Versicherung, namentlich die Beitragslast, sondern u. U. auch um die Versicherungspflicht selbst. Fortsetzung (mittelbare Arbeitsverhältnisse).

Als der Arbeitgeber der sogenannten Hofgänger (Scharwerker), die von dem sie zunächst annehmenden Instmann (Kathenmann, Beikossäthen, Freimann) kraft der in dem Vertrage mit dem Gutsherrn begründeten Verpflichtung zur Gutsarbeit gestellt werden, und für die der Instmann den Lohn als Theil des seinigen mitempfängt, ist der Gutsherr anzusehen, in dessen Betriebe und nach dessen Weisungen sie beschäftigt werden, und dem das Ergebniß ihrer Thätigkeit zu gute kommt (Besch. 14 und Rev. E. 223 A. N. J. u. A. V. 1891 S. 124, 1893 S. 68). Unter diesem Gesichtspunkt ist die Versicherungspflicht des Hofgängers auch dann gegeben, wenn er von dem Instmann nur den freien Unterhalt bezieht.

Hierher gehören ferner Beschäftigungsverhältnisse, bei denen Dritte, namentlich Familienangehörige des Arbeitnehmers, einen Theil der Arbeiten ausführen — sei es unterstützend, sei es stellvertretend —, ohne daß mit ihnen eine unmittelbare Abmachung getroffen, oder eine besondere Vergütung für ihre Leistungen ausgeworfen wäre. Beispielsweise ist die Versicherungspflicht einer Ehefrau als Gehülfin der Verwaltung eines Rettungshauses anerkannt worden, obwohl ein Vertrag nur mit ihrem als Hausvater derselben Anstalt angenommenen Ehemann abgeschlossen war und das neben dem Unterhalt beider Ehegatten gezahlte Gehalt nur dem Ehemann gewährt wurde (Rev. E. 411 A. N. J. u. A. V. 1895 S. 108, s. auch R. E. 759 A. N. 1899 S. 625). Müßte man in einem derartigen Falle, wie er bei der Beschäftigung von Eheleuten in demselben Betriebe nicht selten vorkommt, die Ehefrau als eine lediglich für Rechnung des Ehemanns thätige Hülfsarbeiterin ansehen, so wäre die Versicherungspflicht zu verneinen (s. Z. 18 b). Indessen stände eine solche Auffassung regelmäßig mit der thatsächlichen Lage der Dinge nicht im Einklang; häufig wird von vornherein, auch ohne ausdrückliche Erklärung, auf die Mitwirkung der Ehefrau gerechnet und der Lohn danach bemessen (z. B. ein Gutsbesitzer sucht einen verheiratheten Verwalter — die Ehefrau soll selbstverständlich die Geschäfte der „Wirthin" besorgen, ein Hauseigenthümer einen verheiratheten Pförtner — es wird als selbstverständlich erwartet, daß die Ehefrau die Hausreinigung übernimmt).

In ähnlicher Art kommen mittelbare Arbeitsverhältnisse vor, wenn solche Akkordanten, die versicherungsrechtlich nicht als Unternehmer, sondern als Arbeiter zu gelten haben (zu vgl. Z. 31), ihrerseits Hülfskräfte beschäftigen, welche äußerlich betrachtet zu dem eigentlichen Betriebsherrn in keiner Beziehung stehen, von dem Akkordanten angenommen, entlassen und gelohnt werden (zu vgl. u. A. die Rev. E 124, 125, 203 a. E. A. N. J. u. A. V. 1892 S. 35, 36, 1893 S. 3).

Lohnarbeit und Hausgewerbe.

33. Eine Mittelstellung zwischen den Lohnarbeitern und selbständigen Gewerbetreibenden im eigentlichen Sinne nehmen die **Hausgewerbetreibenden** ein. Das Gesetz selbst (§ 2 Abs. 1 Z. 2) bezeichnet sie

a) zwar als selbständige Gewerbetreibende, führt sie aber doch wieder als eine besondere Gruppe dieser Klasse auf und fügt als weitere Merkmale hinzu,

b) daß sie in eigenen Betriebsstätten,

c) daß sie im Auftrag und für Rechnung anderer Gewerbetreibenden mit der Herstellung oder Bearbeitung gewerblicher Erzeugnisse beschäftigt werden.

Der Zusatz in Klammern „(Hausgewerbetreibende)" deutet an, daß damit keine strenge Begriffsbestimmung gegeben sein soll. In der That ist die Abgrenzung des Gebietes des Hausgewerbes ebenso nach der Seite des sonstigen selbständigen Gewerbebetriebs wie nach der Seite der Lohnarbeit nicht wohl mittelst einer einfachen, allgemein gültigen Formel zu vollziehen, der Uebergang ist hier wie dort ein unmerklicher, so daß die Unterscheidung nur für den einzelnen Fall mit Sicherheit getroffen werden kann.

Die Anwendbarkeit des Begriffs des Hausgewerbes ist auf das Gebiet der gewerblichen Hervorbringung beschränkt (Rev. E. 502 und 577 A. N. 1896 S. 270, 1897 S 334).

Im Uebrigen ergiebt sich aus den obigen Merkmalen, daß kein Hausgewerbe, sondern ein unabhängiger Gewerbebetrieb vorliegt, wenn Jemand nicht im Auftrage und für Rechnung anderer Gewerbetreibenden, sondern unmittelbar für die Verbraucher, auf Bestellung oder auf Vorrath, Waaren herstellt (Rev. E. 423, 483, 682 A. N J. u. A. V. 1895 S 214, 1896 S. 175, 1898 S. 563). Außerdem treffen die Merkmale des Hausgewerbebegriffs auch im Falle der Waarenerzeugung für bestimmte gewerbliche Unternehmer dann nicht mehr zu, wenn Jemand nicht persönlich mit der eigentlichen Herstellungsarbeit beschäftigt ist, sondern sich ausschließlich oder überwiegend mit der Leitung eines mit entsprechend zahlreichen Hülfskräften und nicht unerheblichem Kapitalaufwand geführten Betriebes befaßt (Annahme und Vertheilung der Aufträge, Aufsicht, Abnahme und Ablieferung der Waaren, zu vgl. Rev. E. 456, 489 A. N. J u. A. V. 1895 S. 247, 1896 S 220). Bezüglich der Abgrenzung gegen die Lohnarbeit aber folgt aus dem Nebeneinanderstellen der beiden Merkmale: „selbständige Gewerbetreibende" und „in eigenen Betriebsstätten", daß das Gesetz in eigener Betriebsstätte für fremde Rechnung beschäftigte Personen kennt, welche nicht selbständige Gewerbetreibende, sondern Lohnarbeiter (Außenarbeiter, Heimarbeiter, detachirte Arbeiter) sind, wie denn auch diese Klasse in § 2 Z. 4 des K. V. G. in der ursprünglichen Fassung ausdrücklich Erwähnung gefunden hatte.

Zwischen diesen beiden letzteren Gruppen, einerseits der Heimarbeiter, andererseits der ausschließlich für bestimmte größere Geschäfte liefernden, aber selbständigen Betriebe mittlerer Stufe stehen die Hausgewerbetreibenden. In der großen Mehrzahl der Fälle läßt sich das eigenthümliche Wesen ihrer Stellung unschwer kenzeichnen (zu vgl. hierüber die Rev E. 77, 133, 525, 545, 616, 768, 769 A. N. J. u. A. V 1891 S. 181, 1892 S. 45, 1896 S. 361, 1897 S. 184, 590, 1899 S 640, 641) Sie haben die wirthschaftliche Abhängigkeit mit dem Lohnarbeiter, die persönliche Selbständigkeit mit dem Gewerbetreibenden gemein. Erstere zeigt sich darin, daß sie von einem anderen Gewerbetreibenden (Kaufmann, Fabrikanten, Fabrikkaufmann u. s w., auch einem Hausgewerbetreibenden nach den Rev. E. 678, 764 A. N. 1898 S. 559, 1899 S. 635) „beschäftigt werden", daß sie auf Rechnung eines Dritten arbeiten, der einerseits die geschäftliche Gefahr trägt, andererseits aber ihnen die

Möglichkeit eigner Verwerthung ihrer Erzeugnisse und damit der Erzielung eines Unternehmergewinns nimmt, ihnen vielmehr nur eine nach dem Stück bemessene Vergütung zahlt, die sich wirthschaftlich wesentlich als Arbeitsentgelt darstellt. Dies Verhältniß verschiebt sich auch dann nur wenig, wenn der Hausgewerbetreibende die Rohstoffe selbst beschafft und in dem für die abgelieferte Waare gezahlten Preise auch den Stoffwerth erstattet erhält (Hausindustrie auf Grundlage des Kaufsystems.) Die Thätigkeit für fremde Rechnung bringt es weiter mit sich, daß der im Allgemeinen wirthschaftlich mächtigere Auftraggeber die Art der Herstellung, die Lieferzeiten und sonstige Bedingungen einseitig vorzuschreiben in die Lage gesetzt wird.

Der hieraus entspringenden, oft recht empfindlichen wirthschaftlichen Abhängigkeit steht jedoch die persönliche Selbständigkeit gegenüber, welche der in der eigenen Betriebsstätte Thätige im Vergleich mit der Stellung des Fabrikarbeiters u. s. w. genießt. In der eigenen Werkstatt ist der Beschäftigte alleiniger Herr, er bestimmt Beginn und Ende, Umfang und Reihenfolge der Arbeit und ist einer Leitung, Disziplin oder Beaufsichtigung nicht unterworfen. Dem Auftraggeber kann es im Allgemeinen gleichgültig sein, wer die Arbeit verrichtet, namentlich im Bereich der gewerblichen Massenherstellung, dem bevorzugten Gebiet des Hausgewerbebetriebs. Demgemäß bleibt dem Hausgewerbetreibenden die Heranziehung von Hülfskräften überlassen. Dieser behält die Geschlossenheit des Familienlebens und damit die Möglichkeit, seine Angehörigen, namentlich auch solche mit beschränkter Arbeitskraft wie Kinder und alte Leute, bei der Ausführung der übernommenen Aufträge zu betheiligen. Auch ist er im Allgemeinen nicht gehindert, Aufträge von verschiedenen Seiten entgegenzunehmen. Ferner sind die Bestellungen in der Regel nur Einzelaufträge, nach ihrer Erledigung ist keine der Geschäftsparteien gehalten, das Verhältniß fortzusetzen oder wieder aufzunehmen, es besteht kein fester Vertrag und keine Kündigungsfrist, wenn sich auch thatsächlich nicht selten dauernde Beziehungen herausbilden.

In dem letztgedachten Punkte zeigt sich ein wichtiger grundsätzlicher Unterschied im Vergleich mit der Stellung eines Akkordaußenarbeiters. Auch bei diesem kann, wenn auch weniger aus Gründen, die im Wesen seines Arbeitsverhältnisses liegen, als wegen zufälliger äußerer Umstände, die Einwirkung des Arbeitgebers hinsichtlich der Arbeitsausführung ähnlich wie bei dem Hausgewerbetreibenden ganz zurücktreten. Gleichwohl bleibt er von seinem Arbeitgeber regelmäßig insofern persönlich abhängig, als dieser gegen ihn den rechtlichen Anspruch auf weitere Arbeitsleistungen, übrigens auch die Befugniß besitzt, jederzeit in die Arbeitsausführung einzugreifen (zu vgl. die angeführte Rev. E. 133).

Für die Abgrenzung gegenüber der unselbständigen Außenarbeit handelt es sich darum, inwieweit alle diese in den Regelfällen gegebenen Umstände die Bedeutung begriffswesentlicher Merkmale haben. Dies läßt sich nicht allgemein bestimmen, immerhin kann es z. B. nicht ausschlaggebend sein, ob thatsächlich Hülfskräfte beschäftigt werden, ob keinerlei Aufsicht stattfindet, ob die hausgewerbliche Beschäftigung in einem einzelnen Gewerbe verbreitet ist und dgl. mehr. Liegen im Uebrigen die gesetzlichen Hauptmerkmale der Thätigkeit in eigner Betriebsstätte und der Beschäftigung für Rechnung eines anderen Gewerbetreibenden vor, so wird der Regel nach auch die persönliche Selbständigkeit gegeben und damit der Begriff des Hausgewerbes erfüllt sein. sein. Hiervon ausgehend hat die Rechtsprechung im Allgemeinen nur für diejenigen Fälle die Annahme eines versicherungspflichtigen Heimarbeitsverhältnisses zugelassen, in denen das Arbeiten in eigener Betriebsstätte auf mehr zufällige und vorübergehende Gründe zurückzuführen war (Raummangel, z. B.

in Folge unerwarteter Ausdehnung des Betriebes, Behinderuug des Arbeiters durch persönliche Umstände wie Krankheit). Beispielsweise wurden als Heimarbeiter für versicherungspflichtig erachtet ein Schlosser, der zeitweise wegen eines Fußleidens zu Haus mit ausnahmsweise von der Fabrik geliefertem Werkzeug arbeiten durfte, vorher und nachher aber Fabrikarbeiter war, und ein Schneider, der von seinem Meister im Tagelohn und nur deshalb zu Haus beschäftigt wurde, weil er nicht mit den jugendlichen Arbeitern des Geschäftsherrn zusammenkommen mochte. Der Umstand, daß der Arbeitgeber sich gelegentlich von dem ordnungsmäßigen Gange der Arbeit überzeugt, oder daß der Beschäftigte ab und zu einzelne Arbeiten, zu denen ihm die Einrichtungen fehlen, bei dem Auftraggeber vornimmt, reicht im Allgemeinen nicht aus, um ein Heimarbeiterverhältniß festzustellen (Rev. E. 761, A. N. 1899 S. 641).

Lohnarbeit und selbständige Erwerbsthätigkeit.

34. Unter den mannigfaltigen Gesichtspunkten, welche je nach Lage des Falles für die Unterscheidung zwischen Lohnarbeit und selbständiger Erwerbsthätigkeit in Betracht kommen, sind namentlich die folgenden von allgemeinerer Bedeutung:

a. Wer sich einem fremden Betrieb, Haushalt u. s. w. derart einordnet, daß er Thätigkeiten verrichtet, die nach der herkömmlichen Auffassung zu den nothwendigen Geschäften jenes Betriebes u. s. w. gehören, ist damit im Allgemeinen unselbständiger Arbeiter; er begiebt sich unvermeidlich seiner Bewegungsfreiheit, unterwirft sich vorhandenen Betriebseinrichtungen, überläßt es Anderen, seine Arbeit zu regeln und über ihr Ergebniß zu verfügen.

Personen, die mit eigenem Gespann Lasten befördern, sind regelmäßig selbständige Gewerbetreibende, gliedern sie sich aber im Einzelfalle vollständig einem fremden Unternehmen, z. B. Bergwerksbetriebe, ein, so kann Versicherungspflicht eintreten (Rev. E. 333 A. N. J. u. A. B. 1894 S. 92). Leichenfrauen sind selbständig, dagegen versichert, wenn sie in einem Beerdigungsbetriebe angestellt sind (Rev. E. 276 A. N. J. u. A. B. 1893 S. 128 Fall 2 und Rev. E. 639 A. N. 1898 S. 270). Dieselbe Erwägung spricht für die Versicherungspflicht der äußerlich ziemlich unabhängigen Winzer, Bauweingärtner, Bauwarte, die einen größeren Theil eines fremden landwirthschaftlichen Betriebes versehen (Rev. E. 125, 203, 269 A. N. J. u. A. B. 1892 S. 36, 1893 S. 3, 116). Dagegen besorgen z. B. Viehschneider — Rev. E. 271 A. N. J. u. A. B. 1892 S. 118 —, Viehwäscher — Rev. E. 640 A. N. 1898 S. 272 —, kleine Handwerker auf dem Lande — Rev. E. 96, 236 A. N. J. u. A. B. 1892 S. 12, 1893 S. 81 —, einzelne abgegrenzte Leistungen besonderer Art, die nicht eigentlich zur Wirthschaft des Kunden gehören, sondern im Allgemeinen als Gegenstand eines selbständigen Gewerbebetriebes angesehen werden.

b. Besteht die übernommene Leistung nicht nur in der Verrichtung von Arbeiten, sondern zu einem erheblichen Theile zugleich in einer Lieferung, deren Beschaffung nach eigenem Ermessen dem Beschäftigten obliegt, oder wenigstens in der Verhaltung werthvollerer Gegenstände oder Einrichtungen (z. B. Baugerüste, Brunnengestänge und Rohre, Fuhrwerk), so liegt regelmäßig nicht mehr Lohnarbeit, sondern ein mit Kapital ausgestatteter selbständiger Betrieb vor, die Vergütung ist dann nicht bloß Lohn, sondern enthält auch Kapitalersatz, Zins und Unternehmergewinn. Während also eine Frau, die als Gutsarbeiterin von dem Dienstherrn über Tag mit der Beaufsichtigung der Kinder der auf Arbeit abwesenden Gutsleute beauftragt worden ist, als Lohnarbeiterin der Versicherungspflicht unterliegt (Rev. E. 760 A. N. 1899 S. 625), hat eine Frau, die gegen feste Vergütung die völlige Verpflegung von Ortsarmen in ihrem Hauswesen besorgt, als Unternehmerin zu gelten

(Rev. E. 118 A. N. J. u. A. V. 1892 S. 30). Weitere Anwendungsfälle unter Z. 36 (Baumwart), 37 (Gärtner), 47 (Kasinowirthin), 53 (Kochfrauen).

c. Auch außerhalb des Gebietes des Hausgewerbes (Z. 33) kommt dem Umstande, ob Jemand in eigener Betriebsstätte oder Wohnung, also äußerlich losgelöst von dem Betriebe oder der Wirthschaft des Auftraggebers, unbeengt durch unmittelbare Einwirkung, mit der Möglichkeit freier Regelung der Dauer, Reihenfolge und Eintheilung der Arbeiten, oder aber bei dem Auftraggeber unter dessen Augen thätig ist, Bedeutung für die Entscheidung der Frage zu, ob ein Verhältniß persönlicher Abhängigkeit gegeben ist. Namentlich gilt dies bei Thätigkeiten, die nicht (wie z. B. bauliche Ausbesserungen, Andrehen am Webstuhl) örtlich gebunden sind, vielmehr an sich ebensowohl bei dem Besteller wie bei dem Uebernehmer stattfinden können (zu vgl. Rev. E. 236 A. N. J. u. A. V. 1893 S. 81 — Wäscherinnen, Plätterinnen, Näherinnen versicherungspflichtig hinsichtlich der Arbeit bei den Kunden, dagegen Unternehmer hinsichtlich häuslicher Beschäftigung, R. E. 78 a. a. O. 1891 S 183 — Spinnen in eigener Behausung nicht versicherungspflichtig, insbesondere für wechselnde Arbeitgeber). Immerhin bedarf es, zumal eine ausdrückliche gesetzliche Grundlage für die Betonung des Arbeitsortes fehlt, im einzelnen Fall der Prüfung, ob nicht trotz der häuslichen Beschäftigung eine persönliche Gebundenheit obwaltet (Rev. E. 502 A. N. 1896 S. 270 — Schreiberin eines Notars versicherungspflichtig trotz Beschäftigung in der eigenen Wohnung, weitere Fälle Z. 39, 44 a. E.).

d. Einen besonders sichtbaren Ausdruck findet die persönliche Abhängigkeit da, wo der Auftraggeber bei der Arbeitsausführung im Einzelnen mit leitenden Weisungen, Ueberwachung, Regelung der Arbeitszeit, der Arbeitsfolge, des anzuwendenden Verfahrens unmittelbar eingreift. Trifft Derartiges zu, so wird demgemäß fast stets Lohnarbeit festzustellen sein. Indessen ist zweierlei zu beachten. Einmal dürfen nähere Bedingungen, wie sie der Besteller einer gewerblichen Leistung auch mit unzweifelhaft selbständigen Unternehmern vereinbart, nicht mit Anordnungen verwechselt werden, die der Dienst- oder Arbeitsherr kraft dieser seiner Stellung einseitig ertheilt (zu vgl. Rev. E. 681 A. N. 1898 S. 562). Sodann aber darf die persönliche Abhängigkeit auch nicht etwa deshalb allein verneint werden, weil eine so augenfällige Unterordnung fehlt, wie sie vermöge dauernder persönlicher Berührung bei einem Dienstboten, einem in der Werkstatt thätigen Gesellen, einem Unterbeamten zu Tage tritt. Vielmehr kann u. U., namentlich durch räumliche Trennung, die Möglichkeit der persönlichen Einwirkung auf ein äußerst geringes Maß herabgesetzt werden; dies sind jedoch mehr zufällige Umstände, die das Wesen der Sache nicht beeinträchtigen (zu vgl. die Rev. E. 125 A. N. J. u. A. V. 1892 S. 36 — Winzer eines abwesenden Weinbergbesitzers versicherungspflichtig, 296 a. a. O. 1893 S. 150 — Aufsichtsmann in der Marsch, der die Vieh- und Weidewirthschaft eines entfernt wohnenden Besitzers leitet, als Gehülfe, 293 a. a. O. 1893 S. 147 — Handlungsreisender, 220 a. a. O. 1893 S. 65 — Schiffsführer).

e. Hiermit hängt zusammen, daß es für die Frage nach der Versicherungspflicht wichtig wird, ob eine Beschäftigung besondere Kenntnisse und Fertigkeiten erfordert oder nicht Während gemeine Handarbeiten, die nur Körperkraft erheischen, von Jedermann beaufsichtigt werden können, demnach regelmäßig in der Form der abhängigen Lohnarbeit erscheinen (zu vgl. Rev E. 68, 272, 370 A N. J u. A V. 1891 S. 173, 1893 S. 118, 1894 S 144 Straßenkehrer, Steinklopfer, Steinbrecher), entzieht sich die Leistung des Facharbeiters, wenn er nicht im Betriebe eines Gewerbeunternehmers, sondern für private Kunden arbeitet, mehr oder weniger der Beaufsichtigung und Einwirkung des Auftraggebers. Er kann daher wesentlich nur einen Arbeitserfolg vertreten, während die Ausführung des Auftrages im Einzelnen seinem Ermessen auf eigene Verantwortung überlassen bleibt. Diese Erwägung spricht namentlich für die Verneinung der Versicherungspflicht der Kleinmeister im Handwerk, die zwar keine Rohstoffe liefern, keine Gehülfen halten, häufig keine Werkstatt besitzen und ganz oder überwiegend bei den Kunden auf Tagelohn arbeiten, aber gleichwohl in dem bezeichneten Punkte sich wesentlich von den Lohnarbeitern unterscheiden (Rev. E. 96, 236. 681, 774 A. N. J. u. A. V. 1892 S. 12, 1893 S. 81, 1898 S. 562, 1899 S. 652, Näheres s. Z. 42, 43).

f. Obwohl ein bindendes Vertragsverhältniß nicht unerläßlich ist (Z. 29), spricht es doch unter sonst gleichen Umständen mehr für Unselbständigkeit, wenn eine feste Vereinbarung mit zeitlicher Erstreckung in irgend welcher Art vorliegt, dagegen für Unternehmerstellung, wenn das Gegentheil der Fall ist, insbesondere nur eine Kette einzelner Aufträge nachweisbar ist. Beispielsweise ist es bei der Beurtheilung der Stellung von Brotausträgerinnen, Geschäftsreisenden und ähnlichen Hülfspersonen von Bedeutung, ob sie mit Kündigung angenommen, oder ihre Beziehungen jederzeit lösbar sind (Rev. E. 282, 294 A. N. J. u. A. V. 1893 S. 135, 148).

g. Im Vergleich mit der Stellung desjenigen, der seine Dienste ausschließlich einer Person zur Verfügung stellt, ergiebt sich naturgemäß eine gewisse Unabhängigkeit, die Möglichkeit der Ausübung eines eignen Ermessens, sobald Jemand zugleich für eine Mehrzahl von Auftraggebern thätig wird, wenn also die mehreren Beschäftigungsverhältnisse nebeneinander herlaufen, und es der freien Entschließung des Beschäftigten anheimgestellt werden muß, wie er den verschiedenen Ansprüchen hinsichtlich der Eintheilung seiner Zeit u. s. w. am besten genügt. Beispielsweise ist eine Botenfrau, die von Haus zu Haus Aufträge für Gänge nach anderen Ortschaften sammelt, selbständige Unternehmerin (Rev. E. 69 A. N. J. u. A. V. 1891 S. 173), dagegen eine Person, die ausschließlich oder überwiegend nur für einen oder zwei Auftraggeber Botengänge besorgt, versicherungspflichtig (Rev. E. 316 a. a. O. 1893 S. 172). Aehnlich ist ein Kommis und Geschäftsreisender, der zu derselben Zeit immer nur für eine Firma thätig ist und daneben nicht für andere Geschäfte wirken darf, ein versicherungspflichtiger Handlungsgehülfe, dagegen ein gleichzeitig für eine ganze Anzahl von Kaufleuten beschäftigter Stadtreisender selbständiger Agent (Rev. E. 293 A. N. J. u. A. V. 1893 S. 147). Weitere Beispiele in Z. 37 (Grabpflegerin), Z. 49 (Leistung von Fuhren), Z. 36 (Aufsichtsmänner) u. s. w.

Andererseits kommt jedoch, namentlich bei gewöhnlichen Handarbeitern, dem Umstande allein, daß die Arbeitsstelle häufig gewechselt wird, also nacheinander, nicht nebeneinander, eine größere Zahl von Auftraggebern vorhanden ist, im Allgemeinen eine wesentliche Bedeutung für die Frage der Versicherungspflicht nicht zu (Rev. E. 68 A. N. J. u. A. V. 1891 S. 172 — Straßenkehrer für eine Anzahl von Hausbesitzern, 448 a. a. O. 1895 S. 240 — Kehrfrau, 233 a. a. O. 1893 S. 79 Fall 1 — Weißen, Ofenreinigen u. s. w. für wechselnde Arbeitgeber). Dies gilt u. A. insbesondere für unständige landwirthschaftliche Arbeiter, Hafenarbeiter und dgl.

h. Wer die übernommenen Arbeiten nicht persönlich zu verrichten braucht, also mehr den wirthschaftlichen Erfolg zu vertreten als eigene Leistungen herzugeben hat, wird eher als Unternehmer wie als Lohnarbeiter zu gelten haben (Rev. E. 296 A. N. J. u. A. V. 1893 S. 150 — Aufsichtsmänner mit größerem Betrieb, s. Z. 36, Rev. E. 446 a. a. O. 1895 S. 238 — Kasinowirthin bezüglich der von ihr übernommenen gewöhnlichen Arbeiten).

i. Art und Bemessung der Vergütung sind für die Unterscheidung zwischen Lohnarbeit und selbständiger Erwerbsthätigkeit grundsätzlich nicht ausschlaggebend (Z. 13, 14), es giebt Gewerbetreibende, die Tagelohn erhalten (Rev. E. 88, 96, 236 A. N. J. u. A. V. 1892 S. 2, 12, 1893 S. 81), und Lohnarbeiter, deren Verdienst äußerlich dem eines Unternehmers ähnlich sieht (Rev. E. 71, 220, 221, 412, 480, 532 A. N. J. u. A. V. 1891 S. 176, 1893 S. 65, 66 1895 S. 108, 1896 S. 173, 428). Immerhin steht auch die Form des Entgelts mit dem Wesen des Beschäftigungsverhältnisses in einem gewissen inneren Zusammenhange, so daß in sonst zweifelhaften Fällen der Umstand, daß Zeitlohn gewährt wird, für die Versicherungspflicht, der Umstand, daß eine dem Unternehmergewinn sich nähernde Art der Bezahlung gewählt worden ist, entgegengesetzt verwerthet werden darf. In letzterer Beziehung ist namentlich wichtig, ob der Betrag der Gegenleistung sich innerhalb fester, dem üblichen Arbeitslohn entsprechender Grenzen hält oder einem Schwanken nach der Lage des Marktes und dgl. ausgesetzt ist, ob also der Beschäftigte einerseits eine Gefahr trägt, andererseits die Möglichkeit eines Gewinnes hat. Z. B. ist ein Schiffsführer, der zwar in Gestalt eines Frachtantheils, aus dem er Löhne und Abgaben bestreiten muß, bezahlt wird, aber davon im gewöhnlichen Lauf der Dinge nur einen den üblichen Tagelohn kaum übersteigenden Betrag erübrigt, versicherungspflichtig (Rev. E. 220 a. a. O. s. Z 50), nicht aber ein Roder, der das gerodete Landstück auf Lebenszeit zur Nutzung für eigene Rechnung überkommt (Rev. E. 369 A. N. J. u. A. V. 1894 S. 143 Fall 2), oder ein Faktor, der den Unterschied zwischen den ihm von der Fabrik bewilligten und den von ihm selbständig mit den einzelnen Webern vereinbarten Preisen verdient und die Gefahr für die Güte der Arbeit trägt (Rev. E. 337 a. a O. 1894 S 90).

k. Wer regelmäßig gelohnte Hülfskräfte beschäftigt, demgemäß über gewisse Betriebsmittel, häufig auch ständige Betriebseinrichtungen verfügen muß, ferner wenigstens einen Theil seiner eigenen Arbeitskraft den Geschäften der Leitung zu widmen genöthigt wird, steht damit unter sonst gleichen Umständen der Klasse der selbständigen Gewerbetreibenden wesentlich näher als derjenige, der nur allein arbeitet (zu vgl. u. A. Z. 36 — Baumwart, Z. 44 — Näherinnen u. s. w.).

l. Personen, die als unparteiische Sachverständige zur Schlichtung oder Verhütung von Streitfällen mitzuwirken haben, können im Allgemeinen als abhängige Gehülfen der Betheiligten nicht angesehen werden (Rev. E. 253 und 550 A. N. J. u. A. V. 1893 S. 102, 1897 S. 271 — Expert einer Brandversicherungsanstalt, Kreistaxator nicht versicherungspflichtig). Hierher gehören in gewissem Sinne auch die in § 36 der Gewerbeordnung bezeichneten Wäger, Messer u. s. w. (s. Z. 48).

m. Einheitliche Beschäftigungsverhältnisse dürfen aus rechtlichen und praktischen Gründen, soweit irgend thunlich, auch bezüglich der Versicherungspflicht nur einheitlich behandelt werden. Während beispielsweise das berufsmäßige Maulwurffangen eine selbständige Erwerbsthätigkeit ist, unterliegt ein landwirthschaftlicher Tagelöhner, der den Fang nur gelegentlich und im Anschluß an seine Lohnarbeit betreibt, auch insoweit der Versicherungspflicht (Rev. E. 89 und 247 A. N. J. u. A. V. 1892 S. 3, 1893 S. 93); während die gewerbsmäßige Gräberpflege der Versicherungspflicht nicht unterfällt (Rev. E. 88 A. N. J. u. A. V. 1892 S. 2), ist es nicht angängig, bei einem Todtengräber, der im Anschluß an seine Hauptbeschäftigung die Pflege von Gräbern für Private übernimmt, diesen Theil seiner Thätigkeit als nicht versicherungspflichtig auszuscheiden (Rev. E. 280 A. N. J. u. A. V. 1893 S. 132). Umgekehrt ist ein Vieh- und Getreidemakler durchweg als Gewerbetreibender anzusehen, wenn er auch für seine Auftraggeber gewöhnliche Dienstleistungen, wie den Abtrieb des Viehs, die Leitung der Versendung, das Ausbessern von Säcken mit übernimmt (Rev. E. 295 a. a. O. 1893 S. 149).

Derselbe Gesichtspunkt führt aber in weitergehender Anwendung auch dazu, daß u. U. andere Beschäftigungsverhältnisse derselben Person herangezogen werden. Wenn auch die grundsätzliche Verknüpfung der Versicherungspflicht mit den einzelnen Arbeitsverhältnissen als solchen unvermeidlich zur Folge hat, daß dieselbe Person je nach dem Wechsel ihrer Thätigkeit bald der Zwangsversicherung untersteht, bald nicht, so läßt sich doch nicht verkennen, daß zahlreiche Thätigkeiten, die ebensowohl in der Form der Lohnarbeit wie in der eines Unternehmens ausgeübt werden können, ein verschiedenes Wesen annehmen, je nachdem ob ein berufsmäßiger Lohnarbeiter oder ein sonst gewerblich Selbständiger in Betracht kommt. Dieser Erwägung gemäß hat die Praxis vielfach in sonst zweifelhaften Fällen Gewicht darauf gelegt, welche Lebens- und wirthschaftliche Stellung der Arbeitende im Uebrigen einnahm (zu vgl. die Rev. E. 235, 269, 296, A. N. J. u. A. V. 1893 S. 81, 116, 150 — selbständige Landwirthe meist auch als Handwerker, Baumwarte, Aufsichtsmänner nicht versicherungspflichtig; andererseits Rev. E. 248 a. a. O. 1893 S. 94 — Tagelöhner als Straßenbauakkordant, 369 a. a. O. 1894 S. 143 — Roder, sonst landwirthschaftlicher Tagelöhner, 457 a. a. O. 1895 S. 249 — Uebernehmer von Kulturarbeiten, sonst Tagelöhner, 532 A. N. 1896 S. 428 — Tabakpflanzerin, im Winter Fabrikarbeiterin, 564 A. N. 1897 S. 289 — Forstarbeiter als Wildheuer, sämmtlich versichert).

Lohnarbeit und Mitunternehmerschaft. 35. Als Gegensatz zu der dem Lohnarbeitsverhältniß eigenthümlichen Unterordnung kommt nicht nur der Fall in Betracht, daß mehrere Personen als gleichberechtigt einander gegenüberstehen, sondern auch der Fall der gemeinsamen Betheiligung bei demselben Unternehmen. Die Grenze zwischen Lohnarbeit und Mitunternehmerschaft ist jedoch nicht selten verwischt. Im Fall der Rev. E. 149 (A. N. J. u. A. V. 1892 S. 80, ähnlich Rev. E. 492 A. N. 1896 S. 252) handelte es sich um eine genossenschaftlich gestaltete städtische Musikkapelle. In rein musikalischen Angelegenheiten entschied der Direktor allein, in geschäftlichen der Direktor und drei gewählte Mitglieder als Kollegium; es wurde auf Theilung gespielt, jedoch der Direktor bei der Theilung bevorzugt; es bestand eine Generalversammlung, die u. A. die Auflösung beschließen konnte. Hiernach konnten die Mitglieder nicht als Gehülfen des Direktors, sondern nur als gleichberechtigte Mitunternehmer angesehen werden, so daß die Versicherungspflicht nicht Platz griff. Aehnlich verhielt es sich mit der Kornmesser-Kompagnie der Rev. E. 299 (A. N. J. u. A. V. 1893 S. 153), der Wägergenossenschaft der Rev. E. 300 (das. S. 155), dem Dienstmännerverein der Rev. E. 637 (A. N. 1898 S. 269), wo überall nur ein geschäftlicher Leiter gewisse Vorrechte zum Vortheil einer ordnungsmäßigen Erledigung der gemeinsamen Angelegenheiten ausübte, jedoch nicht der Arbeitgeber, sondern nur der Erste unter Gleichen war.

In einer anderen Richtung können Zweifel entstehen, wenn Jemand, der bei einem Gesammtunternehmen betheiligt ist, für eben dies Unternehmen Arbeiten verrichtet, so daß eine theilweise Personeneinheit zwischen Arbeitgeber und Arbeitnehmer vorzuliegen scheint. Rechtlich steht in solchen Fällen der Feststellung eines versicherungspflichtigen Arbeitsverhältnisses nichts entgegen, weil eben nicht das einzelne Mitglied, sondern die Gesammtheit als solche, zusammengefaßt als besonderes Rechtssubjekt, Träger der Arbeitgeberschaft ist (Rev. E. 572 A. N. 1897 S. 318 — Gewerke als Häuer für seine Gewerkschaft, Rev. E. 193 A. N. J. u. A. V. 1892 S. 139 — Direktionsmitglied einer Privatsparkasse Betriebsbeamter, obwohl zugleich Garant, zu vgl. auch

Rek. E. 1555 A. N. 1896 S. 464, wo jedoch nach Lage der Umstände die Umwandlung eines privaten Unternehmens in eine Aktiengesellschaft als eine an dem thatsächlichen Sachverhalt nichts ändernde, daher versicherungsrechtlich gleichgültige Form erachtet würde, ferner in Betreff der Möglichkeit, daß ein Mitrheder auf einem seiner Rhederei gehörigen Schiff als Person der Schiffsbesatzung — Schiffer — fährt, Rek. E. 1512 A. N 1896 S. 286) Insbesondere wird die rechtliche Möglichkeit eines solchen Beschäftigungsverhältnisses auch dadurch nicht ausgeschlossen, daß der Beschäftigte zugleich Vorstandsmitglied ist, wie z. B. der Kassirer einer eingetragenen Genossenschaft, der Mitglied des Vorstandes ist. Er ist dann zwar nicht als gesetzlicher Vertreter und Mitleiter versicherungspflichtig, kann dies aber als ausführender Betriebsbeamter oder Angestellter sein (Rev. E. 772 A N. 1899 S. 649).

Unbedenklich ist endlich, daß Jemand dadurch noch nicht zum Mitunternehmer wird, daß er an dem Ertrage seiner Thätigkeit mitbetheiligt ist (zu vgl. § 3 Abs. 1 des Gesetzes und Z. 13, 14).

Uebersicht, betreffend die Unterscheidung zwischen Lohnarbeit und selbständiger Erwerbsthätigkeit.

A. Landwirthschaft und verwandt. Erwerbszweige. Landwirthschaft im Allgemeinen.

36. Landwirthschaft im Allgemeinen (alphabetische Ordnung)

Ackerbestellung mit eigenem Gespann. Personen, die für wechselnde Auftraggeber mit eigenem Gespann landwirthschaftliche Arbeiten verrichten, sind regelmäßig selbständige Gewerbetreibende, ebenso wie Fuhrunternehmer (Z. 49), insbesondere wenn sie sonst selbständige Landwirthe sind oder auch Fuhren anderer Art ausführen.

Administrator s. Verwalter.

Aufsichtsmänner. Ein Aufsichtsmann in Schleswig-Holstein, der seit einer Reihe von Jahren für denselben Hof thätig war, und dessen Aufgabe darin bestand, als Weide benutzte Marschländereien in gutem Zustande zu erhalten, das aufgetriebene Vieh zu beaufsichtigen, Gräben und Hecken zu bessern, Maulwurfshügel einzuebnen, Disteln zu mähen, Dünger zu breiten, Tränkstellen zu versehen u. s. w., ist für versicherungspflichtig erachtet worden, Rev. E. 296 A. N. J u. A. B. 1893 S. 150. Dabei ist jedoch offen gelassen, daß andere derartige Aufsichtsmänner, insbesondere wenn sie selbst sonst nicht dem Arbeiterstande angehören, sondern ansässig sind, die niederen Arbeiten nicht selbst versehen, für eine größere Anzahl von Auftraggebern nur die Oberaufsicht führen, als selbständige Unternehmer gelten müßten.

Baumwart. Ein Baumwart (in Württemberg), der für mehrere ländliche Besitzer die jährlich wiederkehrenden Arbeiten in ihren Obstgärten ausführt, also nur in fremden Betrieben als Hülfsarbeiter thätig ist, der keine eigene Wirthschaft besitzt, keine Rohstoffe u. s. w. liefert, keine Gehülfen hält, und sonst landwirthschaftliche Tagelohnarbeiten verrichtet, ist versicherungspflichtig, Rev E. 269 A. N J u. A. B. 1893 S. 116.

Bauweingärtner (Winzer). Ein Bauweingärtner in Württemberg, dessen Beschäftigung in fremden Weingärten in entsprechender Weise wie die des ebenerwähnten Baumwarts stattfand, ist ebenso beurtheilt worden in der Rev. E. 203 A. N. J u. A. B. 1893 S. 3. S. auch Winzer.

Gärtner s. Z. 37.

Cichorienbrenner, die, theils in eigener Wohnung, theils bei den Auftraggebern im Umherziehen mit eigenem Ofen arbeitend, aus dem Brennen von Cichorien ein Gewerbe machen, sind im Allgemeinen selbständig und nicht versicherungspflichtig.

Hamsterfänger wie Maulwurffänger.

Heuerlinge. Das Heuerlingsverhältniß, wie es sich namentlich in gewissen Bezirken der preußischen Provinz Hannover, aber auch in Gegenden Westfalens und Oldenburgs entwickelt hat, besteht im Allgemeinen darin, daß der eine Theil, Heuermann, Heuerling, von dem andern Theil, Kolon oder Heuerherrn, durch längeren, regelmäßig vom Vater auf den Sohn übergehenden Vertrag Grundstücke mit Wohnhaus und Zubehör zur Nutzung (häufig mit Anspruch auf Leistung von Spanndiensten durch den Heuerherrn) erhält, mit der Verpflichtung, jährlich eine mäßige Pachtsumme baar zu entrichten und ferner in gewissem Umfange für den Betrieb des Kolonen landwirthschaftliche Arbeiten zu einem meist unter dem üblichen Satze bleibenden Tagelohn zu leisten, wobei dann eine Verrechnung der gegenseitigen Geldverpflichtungen stattfindet. Die Heuerlinge sind hinsichtlich der dem Kolon zu leistenden Lohnarbeit an sich versicherungspflichtig (Rev. E. 394 A. N. J. u. A. V. 1894 S. 137). Die Vergütung für ihre Arbeiten ist außer in dem Tagelohn auch u. A. darin zu finden, daß der Pachtzins ausnahmsweise niedrig bemessen ist, und die Leistung von Spanndiensten seitens des Kolonen zu besonders günstigen Bedingungen erfolgt. Die Versicherungspflicht greift aber nur für die dem Kolon in dessen Landwirthschaft geleisteten Dienste Platz, nicht für die Bearbeitung des überlassenen Grundstücks (Rev. E. 364). Die Versicherungspflicht besteht auch nicht ständig wie bei dem Gesinde, sondern nur für die Wochen, in denen thatsächlich gearbeitet wird, so daß nicht selten nur vorübergehende Dienstleistungen im Sinne des § 4 Abs. 1 des Gesetzes vorliegen.

Hirten s. Z. 39.

Küfer. In der Rev. E. 626 A. N. 1898 S. 180 handelte es sich um einen kleinen sogenannten Küfer, der in einer weinbautreibenden Gegend bei einer großen Anzahl von ländlichen Besitzern im Tagelohn die Behandlung des von ihnen gewonnenen Weines (hauptsächlich Umfüllen) besorgte, Gefäße dazu herrichtete und ausbesserte, auch kleinere — meist bei den Arbeitgebern — anfertigte, eine eigene Werkstatt, Gehülfen oder Lehrlinge nicht besaß, zudem vielfach für dieselben Arbeitgeber landwirthschaftliche Tagelohnarbeiten verrichtete. Er ist für versicherungspflichtig erachtet worden, namentlich unter Hinweis darauf, daß er innerhalb fremder Betriebe unter Leitung des Betriebsherrn einzelne dem Erzeugungshergange angehörige Verrichtungen übernehme und daher in persönlicher Abhängigkeit thätig sei. S auch Z. 42.

Kulturarbeiter. Bei einem Wiesenarbeiter, der, ohne eine Vorbildung als Feldmesser zu besitzen, Kulturarbeiten geringeren Umfanges einschließlich Beschaffung der nöthigen Hülfskräfte im Akkord übernahm, in gleicher Weise wie die übrigen Arbeiter mit Hand anlegte, einen Unternehmergewinn nicht erzielte, Materialien nicht lieferte und im Uebrigen landwirthschaftliche Tagelohnarbeit verrichtete, ist in der Rev. E. 457 A. N. J. u. A. V. 1895 S. 249 die Versicherungspflicht bejaht worden.

Maulwurffänger. Ein berufsmäßiger Maulwurffänger, der gegen eine Pauschsumme für eine Anzahl von Gemeinden die Vertilgung der Maulwürfe übernommen hat, ist vermöge seiner unabhängigen Stellung bei der Arbeitsausführung selbständiger Gewerbetreibender, Rev. E. 89, A. N. J. u. A. V. 1892 S. 3. Anders ist die Fangthätigkeit zu beurtheilen, wenn sie von einem berufsmäßigen landwirthschaftlichen Tagelöhner nur gelegentlich der gewöhnlichen Arbeit betrieben wird, Rev. E. 247 A. N. J. u. A. V. 1893 S. 93.

Roder. Personen, die das Roden eines Landstückes für den Besitzer übernehmen, stehen nach der Natur der Leistung bei der Ausführung der Arbeit häufig so unabhängig da, daß die Feststellung einer unselbständigen

Beschäftigung nicht mehr angängig ist. Die Rev. E. 369 A. N. J. u. A. V. 1894 S. 142 behandelt zwei verschiedenartig beurtheilte Fälle. In dem ersten wurde die Versicherungspflicht bejaht, weil der Rober, der im Uebrigen dem Stande der ländlichen Tagelöhner angehörte, keine weitergehende Unabhängigkeit als jeder Akkordarbeiter genoß, lediglich das Holz und einen nach der Fläche berechneten Akkordlohn bezog, also keinen Unternehmergewinn erzielen konnte, und das freigelegte Grundstück selbst alsbald wieder dem Eigenthümer überlassen mußte. In dem zweiten Fall war dem Kläger das zu rodende Land zugleich zur Nutzung auf Lebenszeit überwiesen, auch sonst, abgesehen von einer Vorschrift, wie tief gerodet werden sollte, keine irgend wesentliche Einschränkung, insbesondere nicht hinsichtlich der Zeit der Arbeitsausführung, gesetzt worden. Hier war die Versicherungspflicht zu verneinen.

Tabakpflanzerin. Eine berufsmäßige Lohnarbeiterin (im Winter Fabrikarbeiterin), die von einem eine ganze Reihe von Pflanzern beschäftigenden Besitzer in Schwedt a. O. im Frühjahr ein bestimmtes Landstück mit der Maßgabe überwiesen erhält, daß sie darauf Tabakpflanzen für den Auftraggeber zu ziehen hat, die dieser dann nach Aberntung in Empfang nimmt, in seinen Speichern verkaufsfertig macht und ohne jede Mitbestimmung der Pflanzer, aber unter Abgabe des halben Erlöses an sie nach seinem Ermessen verwerthet, ist versicherungspflichtig, Rev. E. 532 A. N. 1896 S 428.

Verwalter. Ein Gutsverwalter in Privatdiensten ist in der Rev. E. 326 A. N. J. u. A. V. 1894 S. 37 als Betriebsbeamter angesehen worden. Verwalter in diesem Sinne ist aber selbstverständlich nicht, wer ein Grundstück nur gegen Zahlung der Zinsen und Abgaben auf eigene Rechnung bewirthschaftet. Ein gerichtlicher Grundstücksverwalter ist vermöge seines amtlichen Auftrages derartig unabhängig, von Anordnungen der Betheiligten, daß er nicht zu den versicherungspflichtigen Personen gerechnet werden kann, Rev. E. 550 A. N 1896 S. 271

Wiesenarbeiter s. Kulturarbeiter.

Winzer. Einem Winzer war von der außerhalb wohnenden Besitzerin die Bewirthschaftung mehrerer Weinberge gegen freie Wohnung, Nutzung einiger Landstücke und Baarlohn übertragen. Obwohl eine eingehende Ueberwachung seitens der abwesenden Eigenthümerin nicht ausgeübt werden konnte, wurde unter Hinweis darauf, daß dies nicht im Wesen des Verhältnisses, sondern in mehr zufälligen Umständen seinen Grund hatte, sowie auf die Beurtheilung der Stellung eines Gutsverwalters — zu vgl. Rev. E. 326 A. N. J. u. A. V. 1894 S. 37 — die Versicherungspflicht anerkannt (Rev. E. 125 A. N. J. u A. V. 1892 S. 36). Als versicherungspflichtig ist auch angesehen ein sogenannter „Winzermeister“, der für eine größere Anzahl von Weinbergbesitzern die Instandhaltung ihrer Gärten gegen festen Tagelohn übernahm, die erforderlichen Arbeitskräfte beschaffte, deren Lohn in Rechnung stellte und nicht der Arbeitgeber der herangezogenen Arbeiter, sondern lediglich Mittelsperson und Vorarbeiter war (Rev. E. 203 A. N. J. u. A. V. 1893 S. 3 a. E.).

37. Gärtnerei. Daß die Gärtnerei, sofern sie von einer gewerblich selbständigen Person, zumal mit Hülfskräften, unter Uebernahme eines Risikos für das Gedeihen der Pflanzen und insbesondere unter Lieferung der Erzeugnisse eines besonderen Betriebes auf eigenem oder erpachtetem Boden, ausgeübt wird, ein dem Versicherungszwange nicht unterliegendes Unternehmen bildet, ist auch insoweit unbedenklich, als dazu eine Thätigkeit in fremdem Betriebe oder fremdem Wirthschaftskreise, z. B. bei der Instandhaltung von Gärten gehört (zu vgl. die Gründe der Rev. E. 203 A. N J. u. A. V. 1893 S. 3, sowie Rek. E. 1767 A. N. 1899 S. 583). Dagegen war der Gärtnerei.

bereits in Z 30 erwähnte Gärtner eines Rittergutes (Rev. E. 720 A. N. 1899 S. 437), obwohl er gewisse Nutzungen des Schloßgartens zog und dafür eine pachtähnliche Abgabe zahlte, lediglich Arbeiter oder Gehülfe in einem fremden Großbetriebe, wirthschaftlich oder persönlich von dem Gutsherrn abhängig und deshalb versicherungspflichtig.

Dem eigentlichen Gärtnerberufe sehr nahe steht die Thätigkeit der in der Rev E. 88 A. N. J u. A. V. 1892 S. 2 (s. a. Rev. E. 280 a. a. O. 1893 S. 132) behandelten, für nicht versicherungspflichtig erachteten Grabpflegerin. Sie übernahm gegen einen festen Betrag für eine größere Anzahl von Auftraggebern die gärtnerische Pflege (Begießen, Unkrautroden, Versetzen von Pflanzen, Schutz gegen Frost und dgl.) von Gräbern. Wenn sie auch nichts lieferte, keinen Gehülfen hatte und eine im Allgemeinen einfachere Arbeit verrichtete, so war sie doch bei ihrer Thätigkeit selbst einer Beaufsichtigung und Anweisung seitens der Auftraggeber entzogen, die Eintheilung ihrer Zeit, die Reihenfolge der Besorgungen u. s. w. ihrem eigenen Ermessen überlassen.

Das Sammeln von Feldblumen und dgl. (z. B. Rosenwildlinge für Gärtner) zum Verkauf ist keine Lohnarbeit.

Forstwirthschaft. 38. Forstwirthschaft. Bei gewissen forstwirthschaftlichen Aberntungsthätigkeiten tritt die Einwirkung des Betriebsleiters so wenig durch Aufsicht und dgl. äußerlich in die Erscheinung, daß Zweifel entstehen können, ob nicht eine selbständige Erwerbsthätigkeit vorliegt. Die Rechtsprechung hat jedoch im Allgemeinen die Versicherungspflicht dann anerkannt, wenn Arbeiten der bezeichneten Art unmittelbar aus Rücksichten der Waldwirthschaft veranlaßt, also innerhalb des Forstbetriebes vorgenommen wurden, und sich demgemäß eine wenn auch nur geringe Gebundenheit des Arbeitenden nachweisen ließ, zu vgl. die Rev. E. 563 A. N 1897 S. 289 (Kiefernzapfensammler mit Erlaubnißschein, aber die Verpflichtung zur Ablieferung des Gesammelten gegen Lohn -- s. auch Rek. E. 853 A. N. 1890 S. 492, andererseits Rek. E. 1699 A. N. 1898 S. 244, wo das Zapfensammeln zum Zwecke eigenen Erwerbes und Handels als selbständige Beschäftigung angesehen worden ist) und 564 A. N. 1897 S. 289 (Wildheuer, d. h. berufsmäßige Forstarbeiter, die während einer bestimmten Zeit von der Forstverwaltung zur Einerntung des im Walde wild wachsenden Grases verwendet und mit einem Antheil an dem gewonnenen Heu gelöhnt werden).

Die mit eigenem Gespann betriebene Holzabfuhr ist, auch wenn sie überwiegend nur für einen oder wenige Auftraggeber vorgenommen wird, im Allgemeinen als nicht versicherungspflichtiger Gewerbebetrieb anzusehen (Rev. E. 333 A. N. J. u. A. V. 1894 S. 82). Ueber den anders zu beurtheilenden eigenarten Fall der Rev. E. 161 vgl oben Z 30.

Thierzucht. 39. Thierzucht. Die Beschäftigung eines Hirten ist ihrer Natur nach eine untergeordnete und abhängige, daher allgemein versicherungspflichtig. Wo die Gemeinde als solche das Hütewesen als gemeinsame Angelegenheit in eigene Verwaltung nimmt, kommt ein versicherungspflichtiges Dienstverhältniß zwischen der Gemeinde und dem Hirten in Betracht, Rev. E. 117 A. N J. u A. V. 1891 S. 29. Hier hatte die Gemeinde den gemeinsamen Weideplatz angekauft, den Hirten angestellt, seinen Dienst angeordnet und überwacht, die von den Gemeindemitgliedern unmittelbar an den Hirten zu gewährende Vergütung festgesetzt.

Ein landwirthschaftlicher Tagelöhner und Bienenpfleger ist auch hinsichtlich der letzteren Thätigkeit, die im Betriebe der Auftraggeber und unter ihrer Aufsicht verrichtet wird, versicherungspflichtig, Rev. E. 270 A. N. J. u. A. V. 1893 S. 117. Die Versicherungspflicht erstreckt sich auch auf das

Anfertigen von Geräthen für die Bienenpflege in der eigenen Behausung, da diese Beschäftigung von dem sonstigen Arbeitsverhältniß nicht losgelöst werden kann.

Der Grenze zum Gebiete der gewerblichen Thätigkeit im engeren Sinne nahe stehen die Hausschlächter, Wollkämmer und Wollspinner auf dem Lande. Die Versicherungspflicht derartiger Personen ist im Allgemeinen dann zu bejahen, wenn sie verhältnißmäßig einfache Vorrichtungen besorgen, die zur Verarbeitung landwirthschaftlicher Erzeugnisse gehören und sich noch auf der landwirthschaftlichen Betriebsstätte vollziehen, und wenn sie für die Zeit ihrer Thätigkeit in die Hausgemeinschaft des Auftraggebers eintreten, zudem sonst Lohnarbeiten leisten, Rev. E. 364 A. N. J. u. A. V. 1894 S. 37 Fall 2 (Hausschlächter und Tagelöhner), Rev. E. 476 das. 1895 S. 285 (Wollkämmer und Hausschlächter). Dagegen ist z. B. ein berufsmäßiger Schlächter, der einen Laden hält, auch insoweit nicht versicherungspflichtig, als er bei Landwirthen u. s. w. schlachtet.

Als selbständige Gewerbetreibende sind angesehen worden die Viehkastrirer, weil sie bei ihrer Thätigkeit, die von ihnen mit freier Wahl bezüglich der Arbeitszeit und des Arbeitsorts ausgeübt wird und gewisse besondere Kenntnisse und Fertigkeiten erfordert, den Anordnungen und der Aufsicht der Auftraggeber nicht unterstehen. Rev. E. 271 A. N. J. u. A. V. 1893 S. 118, ferner Personen, die aus der Behandlung erkrankten oder trächtigen Viehs ein Gewerbe machen (jedoch sind Ausnahmen, aus ähnlichen Rücksichten wie bei den Maulwurffängern (Z. 36) nicht ausgeschlossen, zu vgl. Rek. E. 1769 A. N. 1899 S. 585). Dieselbe Beurtheilung wurde einem Viehwäscher zu Theil, der gegen Entgelt für beliebige Auftraggeber Vieh mit scharfen Mitteln behandelte, deren Anwendung Erfahrung und sachverständige Kenntniß voraussetzte, zum großen Theil auch (Arsenik) von der Behörde verbindlich geregelt war, Rev. E 640 A. N. 1898 S. 672.

40. Fischerei. Ein mecklenburgischer Fischermaat, der weder an der Fischereiberechtigung, noch an dem Fahrzeug oder an dem Geräth einen Antheil hat, jedoch nach altem Herkommen ein Drittel des aus dem jeweiligen Fang erzielten Erlöses erhält, ist nach der Rev. E. 221 A. N. J. u. A. V. 1893 S 66 mit Rücksicht auf das im Uebrigen nachweisbare Verhältniß persönlicher Unterordnung versicherungspflichtiger Lohnarbeiter des Fischers; ebenso ist beurtheilt die Stellung eines Part- (Antheils-) Fischers in Ostpreußen. Fischerei.

41. Bergbau und Hüttenwesen, Industrie, Bauwesen. Auf diesem Gebiete erwachsen Zweifel hinsichtlich der Unterscheidung zwischen abhängiger und selbständiger Thätigkeit theils darüber, ob eigenes Unternehmen oder Arbeit in dem gewerblichen Betriebe eines Anderen vorliegt, theils darüber, wieweit Jemand, der nicht Gewerbegehülfe und dgl. ist, Lohnarbeiter seiner einzelnen Auftraggeber wird. In ersterer Beziehung sind zu erwähnen: B. Bergbau, Hüttenwesen, Industrie u. Bauwesen. Zugehörigkeit zu gewerblichen Betrieben oder Selbständigkeit.

Rev. E. 370 A. N. J. u. A. V. 1894 S. 144: Ein ehemaliger Feldhüter hatte von der Gemeinde das Brechen und Verkaufen der Steine aus einem ihr gehörigen Steinbruch gegen einen nach dem Gewicht der abgefahrenen Steine bemessenen Akkordlohn übernommen. Die Versicherungspflicht wurde anerkannt.

Rev. E. 272 A N. J u. A. 1893 S. 118: Ein Steinklopfer arbeitete für verschiedene Personen im Akkord wobei er einer Aufsicht nur in geringem Maße ausgesetzt, an bestimmte Arbeitszeiten nicht gebunden war. Er führte jedoch keine Lieferungen aus, konnte keinen Unternehmergewinn erzielen und befand sich auch sonst nicht in einer die Lohnarbeiterschaft überragenden Stellung, war daher versicherungspflichtig.

Rev. E. 371 A. N. J. u. A. B. 1894 S. 145: Ebenso wurde die Versicherungspflicht anerkannt bei einem Schlackenschläger, früheren Hüttenarbeiter derselben Hütte, der das Zerkleinern und den Absatz der nicht für Betrieb verwendeten Schlacke gegen einen nach der verausgabten Menge sich bestimmenden Lohn besorgte. Aehnlich lag der Fall einer Kokesucherin; sie wurde in einem großen Fabrikbetriebe damit beschäftigt, daß sie aus der ausgefahrenen Asche noch brauchbare Kokestückchen auszulesen und zwecks abermaliger Verfeuerung zu sammeln hatte, wofür sie nach der Menge des Gesammelten bezahlt wurde. Im Falle großen Bedarfs wurden auch Lehrlinge der Fabrik zu derselben Arbeit verwendet Die Versicherungspflicht ist anerkannt worden

Rev. E 244 A. N. J. u. A. 1893 S. 91: Ein Schmiedegeselle, der bei gutem Geschäftsgang zu seinem festen Lohne eine entsprechende wechselnde Zulage erhält, ist gleichwohl nur Gewerbegehülfe, nicht Mitunternehmer.

Rev. E. 610 und 681 A N. 1897 S. 515, 1898 S. 562: Andreher, d. h. Personen, die das Verbinden der Fäden einer neuen Kette mit den noch auf dem Webstuhl befindlichen Restfäden der aufgebrauchten Kette für wechselnde Arbeitgeber (Hausweber) in deren Betriebsstätten ausführen, sind selbständige Gewerbetreibende (wie Handwerker).

Ueber einen Ziegler im Akkord (Rev. E. 124) vgl. Z. 32

Kommissionswerkmeister oder Kommissionsfabrikanten in der Tabakindustrie, die in eigenen Betriebsräumen für Rechnung eines größeren Unternehmens Cigarren fertigen lassen, sind nach den Ausführungen des Rundschreibens vom 5. Juli 1899 (A. N. 1899 S. 633) regelmäßig nicht Beamte in einem fremden Betrieb, sondern selbständige Gewerbetreibende oder doch Hausgewerbetreibende.

Handwerker im Verhältniß zu ihren Kunden.

42. **Kleinmeister im Handwerk.** Zu denjenigen gewerblich thätigen Personen, bei denen nicht ein Arbeitsverhältniß zu einem gewerblichen Unternehmer als Grundlage der Versicherungspflicht in Betracht kommt, sondern nur die Beziehungen zu ihren einzelnen privaten Auftraggebern, gehören die Kleinmeister im Handwerk und verwandten Gewerbezweigen. Die versicherungsrechtlich zweifelhaften Fälle ergeben sich hier bei den mannigfachen Uebergangsstufen, die das gewerbliche Leben zwischen dem in eigener Werkstatt thätigen und unbedenklich nicht versicherungspflichtigen Meister und dem Ausbesserungen einfachster Art bei dem Auftraggeber gegen Tagelohn ausführenden Handarbeiter zeigt Die Entscheidung kann häufig nur für den einzelnen Fall nach seinen besonderen Umständen getroffen werden. Die Praxis in Revisionssachen hat in erster Linie darauf Gewicht gelegt, ob die Thätigkeit des Handwerkers, was zunächst von der Bedeutsamkeit der Aufgaben abhängt, ein solches Maß von besonderer Sachkenntniß und berufsmäßiger Schulung erfordert, daß er dem Auftraggeber nur für einen bestimmten Erfolg verantwortlich sein kann, bei der Arbeit selbst aber nur nach eigenem sachverständigen Ermessen zu verfahren hat. Die maßgebenden Grundsätze, die auch für alle anderen Facharbeiter derselben Klasse (z. B. Binder, Böttcher, Drechsler, Glaser, Kahnbauer, Kesselflicker, Klempner, Korbflechter, Küfer, Mühlärzte — Rev. E. 774 A. N. 1899 S 652 —, Riemer, Sattler, Schuhmacher, Stellmacher, Tapezierer, Uhrmacher, Wagner u. s. w) entsprechend Anwendung finden, sind in den folgenden Rev. E. aufgestellt worden:

Pumpenmacher (Brunnenbauer). Bei einem Pumpenmacher, der im Besitze eines Gewerbepatents an seinem Wohnort und in benachbarten Gemeinden ohne Gehülfen hauptsächlich Ausbesserungen vornahm, meist Tagelohn empfing und die Materialien nicht lieferte, ist gleichwohl unter Hinweis auf die technischen Kenntnisse und die handwerksmäßige Fertigkeit, die seine Arbeiten voraussetzten, die Versicherungspflicht verneint worden, Rev. E. 96 A. N. J. u. A. V. 1892 S. 12.

Schmied. Schmiedearbeit muß naturgemäß im Allgemeinen in der Werkstatt verrichtet werden und kennzeichnet sich schon damit als selbständige Handwerksthätigkeit. Zweifel sind jedoch darüber möglich, ob Gemeindeschmiede etwa in einem Arbeitsverhältniß zur politischen Gemeinde oder der Gemeinschaft der Besitzer stehen. Dies wird in den Rev. E. 192 und 386 A. N. J. u. A. V. 1892 S. 138, 1894 S. 157 im Allgemeinen verneint. In dem ersteren Falle war der Schmied vermöge einer auf seinem Grundstück haftenden Last den ländlichen Besitzern gegen ein festes Entgelt zur Leistung aller in sein Fach schlagenden Ausbesserungen verpflichtet. Er war aber auch befugt, für beliebige Auftraggeber zu arbeiten, und bei der Arbeitsausführung selbst unabhängig. In dem zweiten Falle hatte der Schmied die Gemeindeschmiede gepachtet und vertragsmäßig eine ähnliche Verpflichtung übernommen, wie sie in dem ersten Fall bestand. Dagegen ist ein Gutsschmied abhängiger Gehülfe (Rev. E 529 A. N. 1896 S. 379).

Schneider. Sie sind auch, wenn sie nicht ganz oder überwiegend in eigener Betriebsstätte arbeiten, sondern als sogenannte Hausschneider von einem Kunden zum andern gehen (auf der Stör arbeiten), in der grundlegenden Rev. E. 236 A. N. J. u A. V. 1893 S. 81 für nicht versicherungspflichtig erklärt worden, jedoch unter Beschränkung auf männliche Gewerbetreibende dieser Art (wegen der Schneiderinnen und Näherinnen vgl. Z. 44). Der entscheidende Grund ist auch hier, daß die Arbeit des Schneiders, sei er auch überwiegend nur Flickschneider, nach der herkömmlichen Auffassung nicht eine Hülfsthätigkeit in der Hauswirthschaft des Auftraggebers, sondern eine eigenartige gewerbliche Leistung darstellt, die Fachkenntnisse voraussetzt und sich einer Einwirkung der Auftraggeber im Einzelnen entzieht. Als eigentliche handwerksmäßige Leistung gilt dabei im Allgemeinen auch schon z. B das Herstellen von Kinderkleidern aus getragenen Sachen Erwachsener. Ausnahmen sind nur vereinzelt da zugelassen worden, wo der Uebergang in die gewöhnliche Handarbeit völlig verwischt war, wie beispielsweise bei einem Flickschneider, der für dieselben Auftraggeber je nach deren Begehr durcheinander Schneiderarbeit einfachster Art und Tagelöhnerdienste in der Landwirthschaft leistet.

Tischler. Ein Tischler und Maurer, der einen großen Theil des Jahres in eigener Betriebsstätte arbeitete und während des Sommers gegen Tagelohn einfache Ausbesserungen an Geräthen und Gebäuden und zwar, wie dies vielfach durch die Natur der Arbeit von selbst geboten war, an Ort und Stelle besorgte, ist auch insoweit als selbständiger Gewerbetreibender angesehen worden, Rev. E 235 A. N. J. u. A. V. 1893 S. 81. Es ist aber auch nicht ausgeschlossen, daß ein Tischler, z. B. wenn er ohne eigene Werkstatt nur in den Häusern der Kunden mit unbedeutenden, eine eigentliche Fachbildung nicht erfordernden Ausbesserungsarbeiten beschäftigt wird und auch gewöhnliche Lohnarbeiten verrichtet, der Versicherungspflicht unterliegt.

43. Bauhandwerker und Bauarbeiter. Bauhandwerker.

Auf dem Gebiete des Baugewerbes handelt es sich zum Theil, nämlich soweit über die Zugehörigkeit einer Person zu einem gewerbsmäßigen Baubetriebe zu entscheiden ist, im Wesentlichen um dieselben Fragen, welche bezüglich der Akkordanten und dgl. in Z 31 erörtert worden sind. Anders hinsichtlich des Verhältnisses zu privaten Auftraggebern. Diese nehmen, sofern sie Bauarbeiten nicht unter Dazwischentritt eines gewerbsmäßigen Bauunterunternehmers, sondern unmittelbar auf eigene Rechnung ausführen lassen, nach hergebrachter Anschauung, die auch in dem B. U. V. G. vom 11 Juli 1887 (§§ 1 Abs. 4, 3 Z. 2, 4 Z. 4) Ausdruck gefunden hat, in gewissem Umfange gegenüber den von ihnen Beschäftigten dieselbe Stellung ein, wie ein Unternehmer gegenüber den Angehörigen seines Betriebes. Das Bedürfniß, auch hier die rechtliche Beurtheilung bezüglich der Unfallversicherung und der Invaliditäts- und Altersversicherung möglichst in Einklang zu halten, hat zu Verhandlungen zwischen den betheiligten Dienststellen und weiterhin zur Aufstellung gemeinsamer Unterscheidungsmerkmale zwischen selbständigen Baugewerbetreibenden und Bauarbeitern für beide Rechtsgebiete geführt. Die einschlägige Aufstellung, die durch Rundschreiben des R. V. A. vom 29. Juni 1895 — A. N. J. u. A. V. 1895 S. 226/7 — bekannt gegeben worden ist, lautet dahin:

„Als unselbständige versicherungspflichtige Bauarbeiter im Sinne des § 1 des B. U. V. G. und des § 1 des J. u. A. V. G. sind im Zweifel anzusehen:

1. die im Bauhandwerk beschäftigten Gesellen und Gehülfen, sowie die sonstigen ständigen Arbeiter, welche regelmäßig in Betrieben gewerbsmäßiger Bauunternehmer beschäftigt werden;

2. die in der Regel in Betrieben gewerbsmäßiger Bauunternehmer, in anderen (landwirthschaftlichen u. s. w.) Betrieben oder sonstwie berufsmäßig als Lohnarbeiter beschäftigten Personen, auch soweit sie nebenher gelegentlich oder in regelmäßiger Wiederkehr Bauarbeiten unmittelbar für die Bauherrn ausführen;

3. die das ganze Jahr oder den größten Theil des Jahres hindurch mit Bauarbeiten für nicht gewerbsmäßige Bauunternehmer (Bauherrn) beschäftigten Personen, sofern sie in der Regel

a. nur geringfügige, eine besondere handwerksmäßige Vorbildung nicht erfordernde Bauarbeiten, insbesondere Ausbesserungs- (Flick-) Arbeiten ausführen und

b ohne eigentliches Betriebskapital gegen einen den Lohn eines Bauarbeiters nicht oder nicht erheblich übersteigenden Lohn arbeiten. Ein Betriebskapital wird insbesondere als vorhanden anzunehmen sein bei Verwendung größerer Betriebsgeräthe (Werkstattseinrichtungen, Gerüste u. s. w.) oder bei Lieferung von Baumaterialien oder bei regelmäßiger Gestellung anderer Arbeiter.“

Die übrigen bei Bauten beschäftigten Personen sollen, vorbehaltlich von Ausnahmen, insbesondere bei Akkordanten, im Allgemeinen als selbständige Baugewerbetreibende gelten. Im Uebrigen ergiebt die allgemeinen Gesichtspunkte namentlich die Rev. E. 233 A. N. J. u. A. V. 1893 S. 79.

In den beiden Fällen der Rev E. 233 wurde die Versicherungspflicht bejaht. In dem ersten handelte es sich um einen früher als Geselle thätigen Maurer, der nicht größere Bauten, sondern nur Ausbesserungen im Hause, Weißen, Ofenreinigen und dgl besorgte, in dem zweiten um einen Zimmermann, der überwiegend Zäune, Hofthore u. s. w. in Stand setzte, dafür einen den Verdienst gewöhnlicher Handarbeiter nur wenig übersteigenden Lohn empfing, bestimmte Arbeitsstunden einhielt und für dieselben Arbeitgeber auch landwirthschaftliche Dienste verrichtete. Aehnlich ist beurtheilt worden ein berufsmäßiger Lohnarbeiter, der im Sommer auf dem Lande als Anstreicher (Tüncher) Arbeiten einfachster Art ausführte.

Dagegen ist ein fachmäßig vorgebildeter Zimmermann, der zwar die Materialien von den Kunden erhält und meist im Tagelohn arbeitet, jedoch nicht nur einfache Ausbesserungen an Häusern, Ställen und Brücken, sondern auch ganze Brunnenleitungen, Holzbrücken, Dachstühle und andere Neubauten ausführt, ferner zu einem erheblichen Theil in eigener Werkstatt mit eigenem Geräth, Tröge, Mulden, Tische, Stühle, Särge u. s. w. anfertigt, endlich einen Sohn als Lehrling bezw. Gehülfen beschäftigt, selbständiger Handwerker.

In der Rev. E. 234 A. N. J u. A. V. 1893 S. 80 ist das von einem Käthner ausgeführte Decken von Strohdächern in ländlichen Ortschaften für versicherungspflichtig erklärt worden. Es wird erwogen, daß diese Arbeit, bei der es sich nur noch selten um völlige Neudeckungen zu handeln pflege, eine verhältnißmäßig einfache gewesen sei, besondere technische Fähigkeiten und Kenntnisse nicht erfordere und vielfach von den Besitzern und ihren Leuten allein ausgeführt werde, so daß es auch an einer Leitung und Ueberwachung der Arbeit im Einzelnen nicht fehle.

Dagegen ist die Ausübung des eigentlichen Dachdeckerhandwerks (Schiefer- und Ziegeldachdecker) regelmäßig als nicht versicherungspflichtig anerkannt worden.

Ueber eine für versicherungspflichtig erachtete kleinere Straßenbauausführung im Akkord (Rev. E. 248 A. N. J. u. A. V. 1893 S. 94) vgl. Z. 31. In einem andern Falle hatte ein früherer land- und forstwirthschaftlicher Tagelöhner im Wege des Submissionsverfahrens die Verrichtungen als Gemeindestraßenwärter übernommen. Da er an feste Vorschriften gebunden, der Aufsicht von Gemeindebeamten unterstellt war, keinen Unternehmergewinn erzielte, sondern nur den Durchschnittswerth seiner Arbeit erhielt, auch ausschließlich persönlich thätig war, wurde Lohnarbeit angenommen. Versicherungspflichtig ist ferner laut Rev. E. 103 A. N. J. u. A. V. 1892 S. 29 ein Distriktsstraßenwärter in Bayern. Aehnliche Verhältnisse kommen bei der Verdingung von Deichbauarbeiten vor. Zu vgl. ferner auf dem Gebiet der Unfallversicherung Rek. E. 1302 A. N. 1893 S. 448 (Straßenunterhaltung für einen Einheitssatz übernommen; verschiedene Beurtheilung des Verhältnisses, wenn ein Wegewärter oder ein Rittergutsbesitzer akkordirt), Rek. E. 1303 A. N. 1893 S. 449 (Kleinakkordant von Erdausschachtungsarbeiten).

44. **Wäscherinnen, Plätterinnen, Schneiderinnen, Näherinnen u. s. w.** Unter dem 27. November 1890 hat der Bundesrath beschlossen, die Bundesregierungen zu ersuchen, ihre Behörden anzuweisen, *Wäscherinnen, Plätterinnen, Schneiderinnen, Näherinnen u. s. w.*

1. daß solche Personen, welche als Wäscherinnen oder Plätterinnen (Büglerinnen), Schneiderinnen oder Näherinnen Wäsche oder Kleidungsstücke bearbeiten oder herstellen, sofern sie diese Arbeiten in den Wohnungen ihrer Kunden verrichten und nicht regelmäßig wenigstens einen Lohnarbeiter beschäftigen, als versicherungspflichtig behandelt werden;
2. daß die selbständigen Dienstmänner, Kofferträger, Fremdenführer, Stiefelputzer und ähnliche Gewerbetreibende, so wie selbständige Wäscherinnen, Plätterinnen (Büglerinnen), Schneiderinnen und ähnliche Personen, soweit sie nicht unter Z. 1 fallen, als Betriebsunternehmer behandelt werden.

Ueber Dienstmänner u. s. w. s. unter Z. 51. Was die Wäscherinnen, Plätterinnen, Schneiderinnen und Näherinnen anbetrifft, so sind die von dem Bundesrath aufgestellten Grundsätze im Allgemeinen auch vom Reichs-Versicherungsamt als zutreffend anerkannt worden, zu vgl. Rev. E. 236 A. N. J. u. A. V. 1893 S. 81, Rev. E. 688 A. N. 1898 S. 628. Bei ihrer Anwendung im Einzelnen ist jedoch zu beachten, einmal, daß sie nur von weiblichen, nicht auch von männlichen Beschäftigten der in Rede stehenden Art handeln (Rev. E. 236 a. a. O., von Haus zu Haus gehende Schneider grundsätzlich nicht versicherungspflichtig, s. Z. 42), und zweitens, daß danach weder die in eigener Häuslichkeit oder Betriebsstätte thätigen Wäscherinnen u. s. w. unter allen Umständen nicht versicherungspflichtig, noch auch die bei den Kunden arbeitenden Frauen unter allen Umständen versicherungspflichtig sind. Es kommt vielmehr auch noch darauf an, ob gewerbliche „Selbständigkeit" vorhanden ist

Daß selbständige Erwerbsthätigkeit vorliegt, wenn für wechselnde Kunden nur in eigener Wohnung Näh- und Flickarbeit verrichtet wird, ist unbedenklich (zu vgl Rev. E. 78 A. N. J. u. A. V. 1891 S. 183).

Das regelmäßige Beschäftigen eines Lohnarbeiters kann auch darin bestehen, daß Lehrlinge oder Lehrmädchen gehalten werden. Solche sind auch dann, wenn sie nur den freien Unterhalt (ohne Zahlung eines entsprechenden Lehrgeldes) empfangen, Lohnarbeiter im Sinne des Gesetzes und des Ersuchens des Bundesraths, Rev. E. 687 und 688 A. N. 1898 S. 627, 628.

Im Wesentlichen die gleichen Grundsätze wie für die Näherinnen, Wäscherinnen u. s. w. gelten auch für eine Reihe anderer einfacher Verrichtungen, die keine eigentliche Fachbildung voraussetzen und keinem der herkömmlichen abgegrenzten Handwerkszweige angehören.

Den praktisch besonders wichtigen Fall des Spinnens in eigener Behausung, wie es in großem Umfange in ländlichen Gegenden während des Winters betrieben wird, behandelt Rev E. 78 A. N J. u. A. V. 1891 S. 183. In diesem Fall kam neben der persönlichen Unabhängigkeit — keine Gebundenheit bezüglich Beginn und Ende der Arbeit, keine Beschränkung auf einen Arbeitgeber, keine Aufsicht bei der Arbeitsausführung, Möglichkeit der Heranziehung Dritter zur Vertretung oder Mithülfe — auch noch in Betracht, daß das Spinnen in dieser Weise längere Zeit hindurch für wechselnde Auftraggeber betrieben worden war, womit die gewerbliche Selbständigkeit außer Zweifel gestellt wurde. Im Allgemeinen genügt aber auch schon das Arbeiten zu Haus allein (also auch für einzelne bestimmte Auftraggeber), um die Versicherungspflicht auszuschließen Aehnliche Arbeiten sind z B Stricken, Federreißen, Flachshecheln, Flechten von Körben und Kiepen, Besenbinden und Topfbinden u. s. w. (zu vgl. aber auch für die Uebergangszeit § 191 Z. 3 des Gesetzes).

Als Ausnahmefälle, in denen trotz häuslicher Arbeit die persönliche Abhängigkeit vom Arbeitgeber festgestellt werden konnte, demnach Versicherungspflicht bestand, sind zu nennen der der Rev. E. 246 A N. J. u. A. V. 1893 S. 93, wo ein ständiger Gutsarbeiter im Rahmen dieses festen Verhältnisses zum Ersatz für andere Arbeit mit dem Binden von Besen beschäftigt wurde, und der der Rev. E. 577 A. N. 1897 S 334, wo eine Deputantenfrau an Stelle der früheren Haus- und Gartenarbeit das Flicken der Säcke für das Mühlengut der Herrschaft gegen Stücklohn übertragen erhielt und diese Arbeit im Insthause besorgte.

C. Handel und Verkehr. Makler, Agenten, Handlungsgehülfen.

45. Makler, Agenten, Handlungsgehülfen. Makler und Agenten sind selbständige Gewerbetreibende. Den Unterschied beider findet die Rev. E. 295 A. N. J u A. V. 1893 S. 149 darin, daß die Makler beim Geschäftsabschluß unparteiisch für beide Betheiligte wirken, während die Agenten dabei nur für einen bestimmten Auftraggeber thätig sind. Die Agenten ihrerseits unterscheiden sich von den Handlungsgehülfen dadurch, daß sie zu dem Geschäftsherrn nur in einem freien Vertragsverhältnisse, nicht wie die Handlungsgehülfen in einem Dienstverhältnisse, stehen (zu vgl. §§ 59 ff., 84 ff., 93 ff. des Handelsgesetzbuchs).

In der angeführten Rev. E. 295 handelte es sich um einen Vieh- und Getreidemakler in Schleswig-Holstein. Er brachte für Landwirthe Vieheinstellungen zum Abschluß, wobei er von beiden Seiten Aufträge annahm und

Vergütungen empfing, übrigens auch den Zu- und Abtrieb bewirkte und die Ueberwachung während der Einstellung besorgte. Ferner führte er im Auftrage von Landwirthen und Gewerbetreibenden Ankäufe von Vieh und Getreide aus, indem er die Verträge für Rechnung der Auftraggeber abschloß. Für eine der betheiligten Firmen übernahm er zugleich Verladung, Zahlung, Säckeflicken und Vertheilung der Säcke. Es wurde theils Makler-, theils Agententhätigkeit angenommen, hinsichtlich letzterer Gewicht darauf gelegt, daß der Kläger für eine ganze Reihe von Personen, aber stets nur auf Grund besonderen Auftrages, nicht vermöge dauernder Anstellung in Wirksamkeit trat; die Vereinbarung einer Kündigung stand dabei der Feststellung gewerblicher Selbständigkeit nicht entgegen. Als selbständiger Vermittler von Handelsgeschäften war auch anzusehen der Torfmakler der Rev. E. 97 A. N. J. u. A. V. 1892 S. 12, der, in einer Seestadt angestellt, an Dienstanweisung und Gebührentarif gebunden ist und gewerbsmäßig Verkäufe von Torf zwischen den Torfschiffern und dem Publikum zu Stande bringt, sowie ein für Privatkundschaft arbeitender Zuschneider, der für ein Garderobengeschäft nach Belieben mit Stoffproben ausgeht, um Waarenbestellungen aufzusuchen, ohne daß eine bestimmte Dauer oder eine Kündigung für dieses Verhältniß vereinbart ist (Rev. E. 294 A. N. J. u. A. V. 1893 S. 148).

Dagegen würde z. B. versicherungspflichtig sein ein für ein bestimmtes Geschäft thätiger Viehaufkäufer, der für andere Firmen keine Abschlüsse machen darf, die Bedingungen vorgeschrieben erhält und regelmäßig Rechnung legt.

Ueber die versicherungsrechtliche Stellung von Provisionsreisenden spricht sich die Rev. E. 293 A. N. J. u. A. V. 1893 S. 147 dahin aus, daß die Art der Thätigkeit und die Form der Löhnung mittelst Provision der Annahme eines versicherungspflichtigen Dienstverhältnisses nicht entgegenstehe, daß es aber immerhin auf die Gestaltung der Vertragsbeziehungen im Einzelnen ankomme, damit entschieden werden könne, ob der Reisende Agent beziehungsweise Kommissionär oder Handlungsgehülfe sei. In dem Falle der Rev. E. 293 war der Kläger stets nur bei einer Firma zu derselben Zeit thätig gewesen, ohne jemals für eigene Rechnung Handelsgeschäfte zu betreiben; er wurde für versicherungspflichtig erachtet und zwar auch in Betreff einer Zeit, während deren er nur ungarantirte Provision, kein festes Gehalt bezogen hatte.

In anderen Fällen ist namentlich Gewicht darauf gelegt worden, ob die Preise und sonstige Bedingungen vorgeschrieben sind, ob regelmäßige Berichterstattung und Abrechnung zu erfolgen hat. Selbständiger Gewerbebetrieb ist festgestellt bei einem Stadtreisenden, der von 7 Firmen gleichzeitig gegen Provision beschäftigt wurde und weitgehende Freiheiten bezüglich des Aufsuchens von Abnehmern und der Bestimmung des Preises genoß, Rev. E. 293 a. a. O. Fall 2.

Unteragenten von Versicherungsunternehmungen unterliegen gleichfalls einer verschiedenen Beurtheilung je nach der Gestaltung ihrer Beziehungen zu der sie beschäftigenden Gesellschaft. Im Falle der Rev. E. 291 A. N. J. u. A. V. 1894 S. 145 wurde die Versicherungspflicht anerkannt und dabei Gewicht darauf gelegt, daß der Agent, der früher Malergehülfe gewesen war und nebenher Zeitungen austrug, vertragsmäßig verpflichtet war, die vereinnahmten Gelder stets gesondert vorräthig zu halten und nach Vorschrift der Hauptagentur abzuliefern, auch sich jederzeit einer Revision zu unterwerfen, daß er ferner keinerlei gleichartige Versicherungsgeschäfte für eigene oder fremde Rechnung besorgen, noch Versicherungsagenturen ohne Erlaubniß annehmen durfte, übrigens ohne selbst Verträge abzuschließen nur untergeordnete Geschäfte zu versehen hatte. Dagegen erklärt die Rev. E. 292 a. a. O. S. 147 einen Agenten, der für mehrere Versicherungsgesellschaften und ein

Auswanderungsunternehmen thätig war, und mit Ausnahme von Konkurrenzgeschäften auch anderen beliebigen Auftraggebern sich widmen durfte, für gewerblich selbständig.

Agenturartige Verhältnisse kommen auch bei den sogenannten Faktoren vor. So ist der Faktor einer Weberei, der von dieser jeweilig eine bestimmte Anzahl von Ketten in's Haus erhielt, um sie von beliebigen Hauswebern weiter verarbeiten zu lassen, und lediglich dafür zu sorgen hatte, daß die Webstücke zu bestimmter Zeit fehlerfrei an die Fabrik zurückgelangten, wobei sein Verdienst in dem Unterschied zwischen dem ihm bewilligten und den von ihm gezahlten Preise bestand, als ein selbständiger Vermittler und demgemäß als nicht versicherungspflichtig angesehen worden, Rev. E. 337 A. N. J. u. A. V. 1894 S. 90. In dem Falle der Rev. E. 491 A. N 1896 S. 222 wurde dagegen versicherungspflichtige Gehülfenthätigkeit angenommen, weil der Kläger als Faktor keine Gefahr trug und keinen Unternehmergewinn erzielen konnte, die Löhne aus Vorschüssen zahlte, übrigens auf Geheiß des Fabrikanten jederzeit sich bei diesem einfinden mußte, um Weisungen entgegen zu nehmen und Geschäftsgänge auszuführen.

Waarenausträger. 46. Backwaarenausträger und dgl. (z. B. Fleischausträger, Verkäufer von Gartenfrüchten, von Wild und Fischen mittelst Hausirens). Ob diese Personen Gewerbegehülfen oder selbst (Hausir-) Gewerbetreibende sind, ist nur nach Lage des Einzelfalles zu entscheiden.

Ueber die Backwaarenausträger enthalten die unter Z. 282 A. N. J. u. A. V. 1893 S. 135 veröffentlichten vier Rev. E. eine Reihe von Gesichtspunkten, welche in fast allen derartigen Fällen in Betracht kommen. Danach spricht es für das Vorliegen eines versicherungspflichtigen Arbeitsverhältnisses, wenn eine Gebundenheit an Weisungen des Auftraggebers, insbesondere bezüglich der zu besuchenden Kunden, der Zeit und Reihenfolge der Gänge, des Preises der Waare besteht, wenn eine Ueberwachung stattfindet, die Annahme von Hülfspersonen nicht dem Belieben des Austrägers überlassen ist, wenn eine Rücknahmepflicht hinsichtlich des nicht Verkauften Platz greift, das Eigenthum der Waare dem Bäckermeister verbleibt, ihn auch die Gefahr für Verluste trifft, wenn seine Beförderungsmittel (Handwagen, Körbe, Tücher) benutzt werden, von dem Austräger gewöhnliche Lohnarbeit, insbesondere für den ihn beschäftigenden Bäckermeister verrichtet, wenn ein festes Vertragsverhältniß auf bestimmte Zeit oder mit Kündigungsvorbehalt eingegangen, die Thätigkeit für Andere untersagt wird, und dem Austräger die Stellung eines Vertreters in Behinderungsfällen obliegt (nicht nur thatsächlich aus dem eigenen Interesse des Austrägers heraus üblich ist). Selbständiger Gewerbebetrieb ist dagegen anzunehmen, wenn der Austräger frei von Aufsicht und Leitung sich seinen Kundenkreis, obwohl vielleicht in vereinbarter Beschränkung auf einen bestimmten Bezirk, selbst bildet, hinsichtlich der Zeit und Reihenfolge der Gänge unabhängig ist, die Preise selbst bestimmt, nicht verkaufte Waare selbst verwerthen muß, ebenso für Verluste, insbesondere durch Stundung des Preises, selbst aufkommt, also Käufer für eigene Rechnung ist, eigene Körbe, Tücher und dgl. mehr benutzt, jederzeit die Beschäftigung abbrechen darf.

Daneben ist es selbstverständlich auch von Werth, festzustellen, ob der Austräger zur Gewerbesteuer veranlagt, und ob er zur Krankenversicherung herangezogen worden ist. Unter den aufgezählten Umständen kann als hervorragend wichtig bezeichnet werden, ob eine Verpflichtung zur Zurücknahme nicht abgesetzter Waare festzustellen ist. Indessen ist auch dies Merkmal allein nicht unbedingt ausschlaggebend, überdies ist zu prüfen, ob die thatsächlich erfolgte Zurücknahme auf einer rechtlichen Verpflichtung beruht oder nur aus geschäftlichen oder Billigkeitsrücksichten freiwillig zugestanden wird.

47. Beherbergung und Erquickung. Im Falle der Rev. E. 445 A. N. J. u. A. V. 1895 S. 238 hatte der Kläger die einem Brauereibesitzer gehörige Wirthschaft nebst Einrichtung pachtweise zur eigenen Nutzung übernommen, wobei er das Bier von dem Verpächter zu beziehen verpflichtet war. Da er im Uebrigen unabhängig war, ein geschäftliches Risiko trug, andererseits der Aussicht auf Unternehmergewinn durch Verkauf von Speisen, Cigarren u. s. w. hatte, lag ein selbständiger Gewerbebetrieb auf eigne Rechnung vor. Aehnlich war die Stellung einer Kasinowirthin, Rev. E. 446 a. a. O., die auf Grund eines mit der Kasinogesellschaft geschlossenen Vertrages die Wirthschaft in den Kasinoräumen führte, dabei Speisen und Getränke lieferte und Festessen für einen Gesammtpreis besorgte. Wenn sie auch vertragliche Reinigung und Instandhaltung der Räume, Aufwartung und Botendienste zu leisten hatte, so war sie doch weder dabei unselbständig thätig, noch auch nur gehalten, diese Verrichtungen persönlich auszuführen. Sie hatte jene Leistungen nur auf ihre Kosten unter eigener Verantwortung zu beschaffen, wofür sie einen festen Betrag von der Gesellschaft empfing. Selbständig ist auch eine Frau, die in ihrer Wohnung einen Kosttisch für eine Anzahl wechselnder Theilnehmer derart hält, daß sie die Mahlzeiten bereitet, Geschirr, Feuerung und gewisse Küchenvorräthe (Gemüse und dgl.) liefert, während sonst die Eßwaaren auf Kosten der Gäste beschafft werden (Rev. E. 761 A. N. 1899 S. 626). *Beherbergung und Erquickung.*

Darüber, daß Kellner und ähnliche Angestellte, wenn sie auch lediglich auf Trinkgelder angewiesen sind, doch Lohnarbeiter des Wirths bleiben, vgl. Z. 16. Dasselbe gilt auch insoweit, als sie mit Genehmigung des Geschäftsinhabers Cigarren, Photographien und dgl. auf eigene Rechnung verkaufen, Rev. E. 71 A. N. J. u. A. V. 1891 S. 176 (in den Gründen).

Dem gewerbsmäßigen Gasthausbetriebe verwandt ist die Erwerbsthätigkeit derjenigen, die gegen Entgelt Ortsarmen oder Waisenkindern Unterkunft und Verpflegung auf Grund eines mit der Armenverwaltung oder den Behörden der Waisenpflege geschlossenen Vertrages gewähren. Regelmäßig ist auch hier keine Versicherungspflicht begründet, weil die Vergütung nicht nur Arbeitslohn, sondern auch Unternehmergewinn darstellt, überdies die Arbeitsthätigkeit sich in der eigenen Hauswirthschaft nach freiem Ermessen vollzieht (Rev. E. 118 A. N. J. u. A. V. 1892 S. 30). Dasselbe gilt im Allgemeinen auch von der Uebernahme der Pflege von Kindern oder Kranken gegenüber privaten Auftraggebern.

48. Hülfsgewerbe des Handels. Hierher gehören namentlich die in § 36 der Reichs-Gewerbeordnung bezeichneten Personen, welche im Allgemeinen als selbständige Unternehmer anzusehen sind, und zwar auch dann, wenn sie hauptsächlich von einer oder wenigen Firmen beschäftigt werden. Im Einzelnen sind zu nennen: *Hülfsgewerbe des Handels (Wäger u. s. w.)*

Fruchtmesser in Bayern, von der Gemeinde bestellt und vereidigt, Rev. E. 53 A. N. J. u. A. V. 1891 S. 161;

Holzarker, von der Gemeinde eidlich verpflichtet, um das geschlagene Holz ordnungsmäßig und maßgebend aufzusetzen und abzumessen (Bayern);

Kornmesser, beeidet und Mitglieder einer Kornmesser-Kompagnie in einer Stadt in Hannover, Rev. E. 299 A. N. J. u. A. V. 1893 S. 153 (vgl. Z. 35);

Tallymänner (in Hamburg), die die Löschung oder Beladung von Schiffen übernehmen bezw. beaufsichtigen und dabei über Art, Gewicht, Menge und Verpackung der Waaren Buch führen, Rev. E. 301 A. N. J. u. A. V. 1893 S. 155. Ohne Belang ist dabei, ob die Tallymänner das ganze Geschäft gegen eine feste Summe besorgen oder Tagelohn (in dem entschiedenen Falle übrigens daneben eine „Provision" von den angenommenen Arbeitern) erhalten. Zu vgl. fur das Gebiet der Unfallversicherung Handbuch der Unfallversicherung Anm. 2 zu § 1 des See-Unfallversicherungsgesetzes.

Taxatoren. Der Taxator eines Leihhauses gegen jährliches Gehalt, der im Uebrigen das Gewerbe als Goldschmied betreibt, ist nicht versicherungspflichtig, Rev. E. 160 A. N. J. u. A. B. 1892 S. 115; zu vgl. auch Rev. E. 550 A. N. 1896 S. 271 (Taxator von Grundstücken) und Rev. E. 253 A. N. J. u. A. B. 1893 S. 102 (Taxator für Feuerversicherung) und Z. 341.

Wäger. In der Rev. E. 158 A. N. J. u. A. B. 1892 S. 113 handelte es sich um einen angestellten und beeideten Wäger in Oldenburg, der bei dem Umsatz von Waaren als unparteiischer Sachverständiger zur Verhütung oder Schlichtung von Streitigkeiten mitzuwirken hatte; seine Selbständigkeit wurde anerkannt, obwohl er fast ausschließlich für ein Handlungshaus, dessen Arbeiter er gewesen, in dessen Räumen und mit dessen Geräthen und Hülfskräften thätig war, für diese Firma auch Speicherarbeiten gewöhnlicher Art in geringem Umfange ausführte. Aehnlich war die Stellung eines Hülfswägers in Kiel, Rev. E. 300 A. N. J. u. A B. 1893 S 155, anders aber war ein sogenannter Reservewäger ebendaselbst zu beurtheilen, Rev. E. 449 A. N. J. u. A. B. 1895 S. 241, der nicht zu der aus dem Stadtwäger und sieben Hülfswägern bestehenden Wägergilde gehörte, daher auch an ihren Einnahmen keinen Antheil hatte, sondern aus der Kasse nach Vereinbarung gelohnt wurde, so oft seine Heranziehung zur Aushülfe erforderlich war. Er wurde als versicherungspflichtiger Gehülfe der Genossenschaft angesehen. Ebenso ist versicherungspflichtig ein in dem Wägeramt einer kaufmännischen Körperkraft in abhängiger Stellung beschäftigter Wäger (Rev. E. 773 A. N. 1899 S. 651).

Leistung von Fuhren.

49. Leistung von Fuhren. Bei der Beförderung von Lasten tritt neben der persönlichen Arbeitsleistung die Vorhaltung der Zugkraft und des Beförderungsgeräthes (Wagen u. s. w.) in den Vordergrund; die selbständige Leistung von Fuhren gegen Entgelt überschreitet daher regelmäßig den Begriff der Lohnarbeit Insbesondere sind Lohnfuhrwerker, die für wechselnde Auftraggeber Fuhren besorgen, selbständige Gewerbetreibende (zu vgl. § 425 des Handelsgesetzbuchs, § 37 der Gewerbeordnung, § 1 Z. 3 des Gesetzes über die Ausdehnung der Unfall- und Krankenversicherung vom 28. Mai 1885), und zwar auch, wenn sie nach Zeit, bezw im Tagelohn bezahlt werden, Rev. E. 333 A. N. J. u. A. B. 1894 S. 82 Fall 1. Dasselbe ist in dem zweiten der unter Z. 333 abgedruckten Urtheile angenommen bei einem Lohnfuhrmann, der zwar hauptsächlich nur für vier Unternehmer zufolge festen Vertrages Fuhren leistete, aber auch befugt war, für beliebige Andere thätig zu sein. Hier wurde betont, daß von dem Kläger nicht eigene Arbeitsleistung, sondern nur die Hergabe von Fuhrwerk und Fuhrmann verlangt wurde, der Kläger auch einen Knecht hielt, durch den er sich mehr und mehr vertreten ließ. Jedoch ist es nicht ausgeschlossen, daß im einzelnen Falle gleichwohl ein Verhältniß persönlicher Abhängigkeit zwischen dem Fuhrmann und bestimmten Auftraggebern besteht und demnach versicherungspflichtige Lohnarbeit vorliegt (Rev E. 333 Fall 3, Rek. E. 1740 A. N. 1899 S. 224). Zu vgl. auch Rev E. 161 A. N. J. u. A. B. 1892 S. 115 (Näheres Z. 30).

Ueber Ackerbestellung mit eigenem Gespann s. Z 36, über Droschenkutscher, die für den Betrieb eines Droschkenbesitzers arbeiten und einen bestimmten Betrag für die Benutzung des Gespanns abliefern müssen, Z. 30.

Schiffahrt.

50. Schiffahrt. Ein Mitrheder kann trotz seiner Betheiligung an der Unternehmerschaft auf einem Schiffe seiner Rhederei in versicherungspflichtiger Weise, insbesondere als Schiffer beschäftigt werden, Rek E. 1512 A. N. 1896 S. 286, vgl. Z. 35. Seelootsen unterliegen der Versicherungs-

pflicht nicht, sondern sind im Allgemeinen, soweit sie nicht als Beamte unter § 5 Abs 1 des Gesetzes fallen, als selbständige Gewerbetreibende anzusehen. Dasselbe ist unter Uebertragung der auf dem Gebiete der Unfallversicherung angenommenen Grundsätze — Besch. 401 A. N 1887 S. 213 — auch für Binnenlootsen (Rittmänner, Haupter) bezüglich der Invaliditäts- und Altersversicherung ausgesprochen worden, Rev. E. 191 A. N J u. A B 1892 S 138.

Bei einem Angestellten des Schiffseigners wird die Versicherungspflicht dadurch nicht beseitigt, daß Ersterer in Gestalt eines Antheils von der verdienten Fracht bezahlt wird, davon auch den Lohn von Mannschaften, die Abgaben und dgl. bestreiten muß, insbesondere sind auch die sogenannten Schiffspächter im Allgemeinen nicht als selbständige Gewerbetreibende anzusehen, Rev E 220 und 450 A. N. J. u A. B. 1893 S 65, 1895 S 241. Im ersteren Falle machte es nichts aus, daß der Lohn nach Maßgabe der Menge der beförderten Güter berechnet wurde, der Schiffer also am Gewinn betheiligt war, und daß er Leute zur Unterstützung selbständig annahm und lohnte, dagegen war entscheidend, daß der Kläger nur auf fremdem Fahrzeug nach den Anweisungen des Eigners thätig war; auch konnte festgestellt werden, daß der Verdienst den üblichen Tagelohn kaum überstieg, ein Unternehmergewinn bei dem im Wesentlichen unveränderlichen Betrage der Ausgaben nicht in Frage kam, der Kläger auch gewöhnliche Tagelöhnerdienste neben der Schiffahrt verrichtet hatte. In dem zweiten Falle handelte es sich um einen Schiffspächter, der noch wesentlich freier dastand, Frachtverträge abschloß, die nöthigen Schiffsknechte annahm und lohnte, seine Vergütung in Form eines Gewinnantheils bezog. Gleichwohl ist auch hier unter Bezugnahme auf die Praxis in Unfallversicherungssachen — Besch. 209 A. N. 1886 S. 230 — und in Krankenversicherungssachen — Urtheil des preußischen Oberverwaltungsgericht vom 27. November 1890, Entsch. Band XX S. 382 — der wirthschaftlichen Sachlage gemäß nicht der Pächter, sondern der Schiffseigenthümer als der Unternehmer des Betriebes angesehen worden.

51. In das Gebiet der Verkehrsgewerbe gehören ferner die Beschäftigungen der **Boten, Dienstmänner, Lohndiener, Fremdenführer, Kofferträger** und ähnlicher Personen (Boten, Dienstmänner, Lohndiener u. s. w.)

Auf Boten beziehen sich folgende Urtheile: Rev. E. 69 A. N. J. u. A. B 1891 S 173: Eine Botenfrau, die an zwei Wochentagen von Haus zu Haus Aufträge einsammelt, um diese bei ihrem nächsten Gange nach der Stadt auszuführen, die also ihre Arbeitskraft allgemein dem Publikum zur Verfügung stellt, ist eine selbständige Gewerbetreibende. Rev E. 157 A. N. J. u. A. B. 1892 S. 112: Der Kläger verrichtete Botendienste für sechs verschiedene Vereine, nahm auch sonst Aufträge mancherlei Art an (Gefangenen-Transporte, Austragung von Einladungen für Künstlertruppen, Musterkoffertragen für Handlungsreisende); die Versicherungspflicht wurde ebenfalls verneint. Rev. E. 254 A. N. J. u. A B. 1893 S. 102: Ein früherer Streckenarbeiter wurde von der Bahnverwaltung ständig, wenn auch ohne festen Vertrag, zum Austragen von Benachrichtigungsschreiben über angekommene Güter verwendet, wofür er das Entgelt von den Empfängern zu fordern hatte; hier wurde angenommen, daß der Kläger im Betriebe der Eisenbahnverwaltung eine dieser obliegende Thätigkeit verrichte und auch ohne vertragsmäßige Verpflichtung zu fortdauernden Dienstleistungen versicherungspflichtig sei. Rev. E. 316 A. N. J. u. A. B. 1893 S. 172: Der Kläger verrichtete seit Jahren für zwei bestimmte Personen regelmäßig an zwei Wochentagen im Tagelohn Botendienste; die Versicherungspflicht wurde bejaht.

Dienstmänner sind nicht versicherungspflichtig, wenn sie nicht als Angestellte eines Unternehmers, sondern selbständig thätig sind. Einen Fall der

Versicherungspflicht (Dienstmannsinstitut auf Rechnung eines Unternehmers) behandelt die Rev. E. 159 A. N. J. u A V. 1892 S. 114, einen Fall der Selbständigkeit, die auch durch Einordnung in eine genossenschaftliche Vereinigung nicht beseitigt wurde, die Rev. E. 637 A N 1898 S. 269 (vgl. auch Z. 35). In dem ersteren Falle waren die Dienstmänner des Instituts an die Anweisungen des Inhabers bezüglich des Standplatzes u. s. w. gebunden; er gab die Ausrüstung her und haftete den Auftraggebern für etwaige Verluste, wie er auch den Gewinn bezog.

Selbständige Kofferträger, Lohndiener, Fremdenführer sind nicht versicherungspflichtig.

Botendienste thun auch Zeitungsausträger. Im Dienste eines bestimmten Unternehmers sind sie grundsätzlich versicherungspflichtig, vorbehaltlich § 4 Abs. 1 des Gesetzes.

Begräbnißwesen. 52. Begräbnißwesen. Eine Gruppe in der Berufsabtheilung des Verkehrs bildet schließlich das Begräbnißwesen. Die große Verschiedenheit der für die Zwecke der Bestattung in den einzelnen Bundesstaaten oder Provinzen vorhandenen Einrichtungen und Verwaltungsvorschriften macht es schwer, über die versicherungsrechtliche Beurtheilung der vom Tode bis zur Beisetzung in ausführender Stellung thätigen Personen allgemeingültige Sätze aufzustellen. Am einfachsten gestaltet sich das Verhältniß dort, wo eine politische oder kirchliche Gemeinde das gesammte Beerdigungswesen einer Ortschaft oder religiösen Gemeinschaft in eigenen Betrieb übernommen hat und alle dazu gehörigen Arbeiten auf ihre Rechnung durch Angestellte besorgen läßt. So war es im Falle der Rev. E. 412 A. N. J u. A. V. 1895 S. 108, wo die Gemeinde die Leichenwagen u. s. w. stellte und das ganze Begräbnißwesen gegen bestimmte, für jede vorkommende Handlung besonders festgesetzte Gebühr durch das von ihr angenommene Personal versah. Ein Begräbnißkommissar hatte die Beerdigungen zu leiten und alle Vorbereitungen auf Veranlassung der Hinterbliebenen zu treffen, er wies die Grabstellen zu, führte die erforderlichen Listen und zog die Gebühren ein, deren Festsetzung der Nachprüfung des Magistrats unterlag. Der Begräbnißkommissar war als Gehülfe der Staatsverwaltung versicherungspflichtig Auch im Falle der Rev. E. 279 A. N. J. u. A V. 1893 S. 131 hatte die Stadtgemeinde in Westfalen, von der die Klägerin als vereidete Leichenbitterin angenommen war, hinsichtlich der städtischen Friedhöfe einen gemeindlichen Betrieb für die Beerdigungsgeschäfte eingerichtet. Auch hier wurde die Klägerin als Gehülfin der Stadtverwaltung angesehen. Der Stellung dieser Leichenbitterin ganz gleichartig war diejenige einer „Leichenfrau“ (früher „Leichensägerin“) in einer württembergischen Stadt, welche ebenfalls die Beerdigungen gewerbsmäßig mit einem dazu angestellten Hülfspersonal und eigenem Inventar (Wagen, Bahrtüchern, Kreuzen u. s. w.) gegen ein für allemal festgesetzte Gebühren besorgte; die Rev. E 639 A. N. 1898 S 270 hat die Versicherungspflicht einer in diesem Betriebe in persönlicher Abhängigkeit von der Stadtverwaltung beschäftigten Leichenfrau anerkannt.

Wesentlich unter demselben Gesichtspunkte wird in der Rev. E 280 A. N. J. u A. V. 1893 S. 132 ein von der Gemeinde bestellter, wenn auch auf Gebühren angewiesener Todtengräber für versicherungspflichtig erachtet

Nicht als Glied eines wirthschaftlichen Betriebes, sondern als Gehülfe bei den obrigkeitlichen Aufgaben der Gemeinde war dagegen versicherungspflichtig ein Leichenschauer in Württemberg, mit dem sich der Fall 1 der Rev. E. 276 A. N. J. u. A. V. 1893 S. 128 beschäftigt. Die Leichenschauer erhalten zwar auch neben festem Gehalt Gebühren vom Publikum, werden aber nicht auf Anrufen und für die Zwecke von Privaten, sondern von Amtswegen aus

Gründen der Sicherheits- und Gesundheitspolizei thätig, haben insbesondere für die Rettung Scheintodter, die Entdeckung von Todesfällen durch Verbrechen oder Selbstmord, die Verhütung einer Verbreitung ansteckender Krankheiten und dgl. Sorge zu tragen. Sie sind daher als Gemeindebeamten versicherungspflichtig.

Soweit die bisher erörterten Gesichtspunkte nicht zutreffen, werden die bei Beerdigungen gegen Lohn mitwirkenden Personen, wenn sie nicht etwa im Dienste eines Beerdigungsunternehmers stehen, als selbständig erwerbsthätig anzusehen sein. Daran ändert es insbesondere nichts, daß sie behördlich bestellt und verpflichtet werden, manchmal auch leichenpolizeiliche Aufgaben haben, einer gewissen Dienstaufsicht unterliegen, auch ihre Bezüge durch Gebührentarife geregelt sind (zu vgl. Rev. E. 276 A. N. J. u. A. V. 1893 S. 128 Fall 2 — Leichenfrau in Württemberg, Rev. E. 277 daselbst S. 130 — Leichenfrau in Sachsen, Rev. E. 278 daselbst S. 130 — Seelnonne in Bayern).

53. Häusliche Dienste. Bei Hülfspersonen, die in einem fremden Haushalt beschäftigt werden, wird sich im Allgemeinen selten ein Zweifel erheben, ob eine selbständige Erwerbsthätigkeit vorliegt. D. Häusliche Dienste, Kochfrauen, Aufwärterinnen, Lohndiener u. s. w.

Eine solche ist hinsichtlich der Köche und Kochfrauen verneint worden, wenn sie, wie es in der Regel der Fall ist, gegen eine tageweise oder nach dem Umfange der Arbeit festgesetzte Vergütung die Besorgung von Mahlzeiten in der Wohnung der Auftraggeber übernehmen (Rev. E. 327, 537 A. N. J. u. A. V. 1894 S. 38, 1896 S. 472). Sie sind also versicherungspflichtig. Dagegen müssen nach den in der Rev. E. 327 ausgesprochenen Grundsätzen als selbständige Gewerbetreibende diejenigen Köche und Kochfrauen gelten, die nicht lediglich Arbeit leisten, sondern ein gewisses Risiko tragen und einen Unternehmergewinn erzielen, indem sie beispielsweise — ähnlich wie die Traiteure in großen Städten — für eigene Rechnung Geschirr oder Hülfspersonen stellen oder die Lieferung der Speisen oder der dazu nöthigen Waaren übernehmen (s. auch Z. 47).

Der Versicherungspflicht unterliegen grundsätzlich auch diejenigen Personen, die in dauerndem Dienstverhältniß zu einem oder mehreren Arbeitgebern in deren Haushalt zu gewissen Zeiten Aufwartedienste verrichten (Aufwärter, Aufwarte-, Reinmache-, Scheuerfrauen, Ausgeherinnen, Zugeherinnen, Morgenfrauen, Stundenfrauen, zu vgl. Rev. E. 36, 130, 365, A. N. J. u. A. V. 1891 S. 152, 1892 S. 43, 1894 S. 138). Personen, welche solche Dienste zwar regelmäßig, aber bei unbestimmt vielen Arbeitgebern je nach Bedarf und Nachfrage verrichten, werden als gewerbliche Unternehmer in Betracht kommen können.

Ueber Näherinnen, Plätterinnen, Wäscherinnen s. Z. 44, über Abreiber und dergl. Z. 55.

Als gewerbliche Unternehmer sind im Allgemeinen die Lohndiener und Tafeldecker zu behandeln, sowie Personen, die aus dem Zutragen von Wasser für eine nicht geschlossene Anzahl von Haushaltungen ein Gewerbe machen.

Die Kammerjäger sind nach der Rev. E. 89 A. N. J. u. A. V. 1892 S. 3 (in den Gründen) selbständige Gewerbetreibende.

Ueber Wochenpflegerinnen, die in Verbindung mit der Pflege der Wöchnerin und des Neugeborenen auch hauswirthschaftliche Geschäfte übernehmen, s. Z. 55.

54. Auf dem Gebiete der behördlichen Verwaltung des kirchlichen und bürgerlichen Beamtendienstes und der sogenannten freien Berufsarten treten naturgemäß Zweifel hinsichtlich der Selbständigkeit oder Unselbständigkeit selten zu Tage. Die bezüglich öffentlicher Angestellten etwa E. Oeffentlicher Dienst und freie Berufsarten. Allgemeines.

hier in Betracht kommenden Fälle finden bei den Berufszweigen Erwähnung, zu denen sie nach der Art der Beschäftigung gehören (Wäger, Messer u. s. w. in Z. 48, Leichenschauer und dgl. in Z. 52, Hebammen, Fleischbeschauer, Kleemeister in Z. 55).

Inwieweit Lehrer und Erzieher, auch wenn sie selbständig erwerbsthätig sind, gleichwohl der Versicherungspflicht unterliegen, s unter Z. 24.

Personen, die aus der Besorgung fremder Rechtsangelegenheiten ein Gewerbe machen (Konsulenten, Konzipienten, Preßagenten und dgl.) sind regelmäßig selbständig und nicht versicherungspflichtig.

Gesundheitspflege und Krankendienst.

55. Oeffentliche und private Gesundheitspflege.

Personen, welche sich der Gesundheitspflege und dem Krankendienst widmen, üben in der Regel eine selbständige Erwerbsthätigkeit aus.

Im Einzelnen sind hier folgende Personen herhorzuheben:

Die Fleischbeschauer (Trichinenschauer) sind, auch wenn sie von einer Behörde öffentlich angestellt und verpflichtet sind, regelmäßig als selbständige Unternehmer zu betrachten (Rev E. 128, 607 A. N. J u. A. V. 1892 S. 37, 1897 S. 471). Durch besondere Umstände kann aber die Regel ausgeschlossen werden, insbesondere dann, wenn sie in einem aus Gründen der öffentlichen Gesundheitspflege geschaffenen und von der Polizeibehörde geleiteten und beaufsichtigten Gemeindeschlachthause angestellt sind dergestalt, daß sie in persönlicher und dienstlicher Abhängigkeit zu der Verwaltung des Schlachthauses stehen. In solchen Fällen sind die Fleischbeschauer versicherungspflichtig (Rev. E. 241 A. N. J. u. A. V. 1893 S. 88).

Die von württembergischen Gemeinden angestellten und durch Gewährung eines sogenannten Wartegeldes besoldeten Kleemeister sind nach der Rev. E 480 A. N. 1896 S. 173 regelmäßig als Gehülfen im Dienste der gemeindlichen Gesundheitspolizei versicherungspflichtig. In dem damals zu entscheidenden Falle lagen jedoch nur vorübergehende Dienstleistungen vor.

Selbständige Gewerbetreibende sind grundsätzlich die Abreiber, Kneter, Masseure und dgl. (Rev. E. 762, 763 A. N 1899 S. 627, 629). Die Aufseherin eines von einer Synagogengemeinde für rituelle Bäder der weiblichen Gemeindemitglieder gehaltenen Badehauses ist jedoch für versicherungspflichtig erachtet worden, weil sie zu der Gemeinde in einer den Begriff des selbständigen Gewerbebetriebes ausschließenden, persönlichen und wirthschaftlichen Abhängigkeit stand (Rev. E. 252, A. N. J u. A. V. 1893 S. 101) Als versicherungspflichtiger Lohnarbeiter ist ferner eine Person angesehen worden, welche regelmäßig als Badediener in fester, zweifellos versicherungspflichtiger Stellung war und im Anschluß hieran theils gleichzeitig, theils später eine bestimmte Person gegen ein für allemal festgesetzte Vergütung als Abreiber bediente.

Unabhängige Berufsstellungen nehmen ferner die Personen ein, die sich wie die Hebammen, Heildiener (Heilgehülfen), Wundarzneidiener, Hühneraugenschneider, Blutegelsetzer mit der Ausübung der niederen Heilkunde befassen (Rev. E. 278, 762, 763 A. N. J. u. A. V. 1893 S. 130, 1899 S. 627, 629). Die Thätigkeit der Hebammen verliert auch dann nicht das Wesen des selbständigen Unternehmens, wenn sie als sogenannte Gemeindehebammen gegen eine von der Gemeindeverwaltung zu zahlende Vergütung die Verpflichtung übernommen haben, in dem ihnen zugewiesenen Bezirk ihre Thätigkeit auszuüben und dabei auch den Unbemittelten ihre Hülfe unentgeltlich oder gegen eine hinter den üblichen Satz zurückbleibende Gebühr angedeihen zu lassen. Uebernimmt die Hebamme im Anschluß an die Entbindung auch auf einige Wochen die Wartung der Wöchnerin und des Kindes und wird sie für ihre gesammten Mühewaltungen in einer Summe entschädigt, so muß bei dem engen Zusammenhang der Wochenpflege mit dem Hebammenberuf auch die Beschäftigung als Wartefrau als Ausübung einer selbständigen Erwerbsthätigkeit angesehen werden (Rev. E. 73, 763 A. N. J. u. A. V. 1891 S. 178, 1899 S. 629). In der Rev. E. 762 ist die Versicherungspflicht eines geprüften Wundarzneidieners verneint, der auf Grund fester, mit zwei Gemeinden abgeschlossener Verträge gegen Jahresgehalt den Ortsarmen der Gemeinden Heilgehülfendienste zu leisten hatte, der ferner als Hülfskraft der Aerzte bei Operationen und chirurgischen Hantirungen thätig war.

Endlich gehören hierher die berufsmäßigen Krankenpflegerinnen (Krankenwärter, Warte-, Wachfrauen, Wochenbettpflegerinnen). Diese Personen sind, wenn sie ihr Gewerbe auf eigene Rechnung betreiben und jedwedem ihre Dienste anbieten, der Regel nach gewerbliche Unternehmer. Verrichten sie, wie häufig die Wochenbettpflegerinnen, neben der Pflege bei demselben Auftraggeber zugleich häusliche Dienste, so wird ihre Thätigkeit unter Umständen als Lohnarbeit anzusehen sein. Die bloß gelegentliche, insbesondere freiwillige Betheiligung an den Haushaltungsarbeiten kann ihrer Thätigkeit diese Eigenschaft nicht geben. Wohl aber wird Lohnarbeit anzunehmen sein, wenn die Pflegerin eine besondere Berufsvorbildung nicht besitzt, auch ihren Gewerbebetrieb nicht angemeldet hat und neben der Pflege regelmäßig unter Eintritt in den Haushalt ihrer Arbeitgeber niedere hauswirthschaftliche Verrichtungen (Waschen, Reinmachen, Kochen) oder gar landwirthschaftliche Arbeiten übernimmt. Dies wird namentlich bei Pflegerinnen der Fall sein, die hauptsächlich in einfacheren Verhältnissen thätig sind (Rev. E. 763 A. N. 1899 S. 629). Als Lohnarbeit kennzeichnet sich auch die Thätigkeit solcher Krankenpflegerinnen u. s. w., die zu einzelnen Personen oder gewerblichen Unternehmungen, Vereinen oder Krankenanstalten in einem festen Dienstverhältniß stehen (zu vgl. Besch. 39 A. N. J. u. A. V. 1891 S. 153 a. E. und Rev. E. 635 A. N. 1898 S. 268).

56. Kunstausübung und Schaustellungen. Kunstausübung und Schaustellungen.

Musiker, welche sich zu gewerblichen Aufführungen vereinigen und dabei einem Leiter unterordnen, geben damit noch nicht ihre Selbständigkeit auf (Rev. E. 149 A. N. J. u. A. V. 1892 S. 80 und 492, A. N. 1896 S. 252, zu vgl. Z. 35).

Ein Modellsteher, der von einer großen Anzahl von Künstlern beschäftigt wird, ist gewerblich selbständig, anders verhält es sich mit einem an einer Kunstschule ständig und in einem festen Dienstverhältniß verwendeten Modellsteher (Rev. E. 67 A. N. J. u. A. V. 1891 S. 172).

Sogenannte „Spezialitäten" (Artisten, Gymnastiker u. s. w.) sind regelmäßig selbständige Gewerbetreibende.

II. Versicherungsrecht.

57. Allgemeines. Der Versicherungspflicht steht das Versicherungsrecht gegenüber, das ist die Befugniß zur „freiwilligen Versicherung". Hinsichtlich der Abgrenzung des Kreises der Versicherungsberechtigten gelten zunächst die allgemeinen Grundsätze Z. 6, 7. Eine untere Altersgrenze ist für den Beginn des Versicherungsrechts nicht ausdrücklich vorgeschrieben. Da jedoch eine Bevorzugung der Selbstversicherung gegenüber der Pflichtversicherung nicht wohl beabsichtigt sein kann, ist als selbstverständlich anzunehmen, daß vor der Zurücklegung des 16. Lebensjahres auch eine Selbstversicherung nicht stattfindet. Für die Weiterversicherung erledigt sich die Frage damit, daß sie sich nur an ein früheres Pflichtversicherungsverhältniß anschließen kann. Wie die Versicherungspflicht (Z. 8), so besteht ferner das Versicherungsrecht nur so Allgemeines.

lange, als nicht eine zum Bezuge der Invalidenrente berechtigende Erwerbsunfähigkeit vorhanden ist, zu vgl. § 146 des Gesetzes, wonach freiwillige Beiträge nach eingetretener — dauernder oder vorübergehender — Erwerbsunfähigkeit (§§ 15, 16) nachträglich oder für die fernere Dauer der Erwerbsunfähigkeit nicht entrichtet werden dürfen.

Selbstversicherung. 58. Selbstversicherung. Das Gesetz kennt eine freiwillige Versicherung in zwei verschiedenen Formen. Zunächst wird gewissen Personen während und vermöge einer von ihnen betriebenen Beschäftigung bestimmter Art gestattet, in die Versicherung freiwillig einzutreten, ohne Rücksicht darauf, ob sie der Versicherung bereits angehört haben oder nicht. In diesem Fall spricht das Gesetz von „Selbstversicherung“. Die zu Grunde liegende Beschäftigung muß im Inlande stattfinden. Der im Inlande ausgeübten Thätigkeit steht eine solche, welche im Auslande stattfindet, dann gleich, wenn sie als Ausfluß eines inländischen Betriebes zu erachten ist (zu vgl. Z. 2), ferner kann die auf der Grundlage inländischer Thätigkeit begonnene Selbstversicherung allgemein gemäß § 145 des Gesetzes fortgesetzt werden, wenn der Versicherte sich demnächst in das Ausland begiebt.

Zur Selbstversicherung sind im Einzelnen befugt:

a. Diejenigen Personen, welche § 1 Z. 2 des Gesetzes der Versicherungspflicht unterstellt, ferner Schiffsführer, sämmtlich sofern ihr regelmäßiger Jahresarbeitsverdienst an Lohn oder Gehalt mehr als zweitausend und nicht über dreitausend Mark beträgt (zu vgl. Z. 20—24, 26, 27). Ausgenommen von der Selbstversicherung sind jedoch die Handlungslehrlinge.

b. Gewerbetreibende und sonstige Betriebsunternehmer, welche nicht regelmäßig mehr als zwei versicherungspflichtige Lohnarbeiter beschäftigen, sowie Hausgewerbetreibende, sämmtlich soweit nicht durch Beschluß des Bundesraths (§ 2 Abs. 1) die Versicherungspflicht auf sie erstreckt ist. Von diesen Personen sind bisher nur die Hausgewerbetreibenden bei Tabakfabrikation und gewisse Hausgewerbetreibende der Textilindustrie durch die Beschlüsse des Bundesraths vom 16. Dezember 1891 und $\frac{\text{1. März 1894}}{\text{9. November 1895}}$ (A. N. Z. u. A. B. 1892 S. 7, 1894 S. 87, 1895 S. 263) der Versicherungspflicht unterstellt worden.

Diesen Hausgewerbetreibenden ist also die Befugniß zur Selbstversicherung entzogen. Im Uebrigen kommen hier alle Personen in Betracht, welche selbständig erwerbsthätig sind, nicht etwa auch Personen, die aus anderen Gründen, z. B. als ruhegehaltsberechtigte Beamte oder nur wegen einer höheren, mehr geistigen Beschäftigung von der Versicherungspflicht frei sind. Wegen des Begriffs des Hausgewerbes s. Z 33, wegen der näheren Bestimmung des Personenkreises, der unter die Begriffe Gewerbetreibende und Betriebsunternehmer fällt, s. die Z. 28 bis 35. Ob Jemand im Einzelnen der einen oder der anderen dieser beiden letzteren Gruppen angehört, hat keine rechtliche Bedeutung Im Allgemeinen sind hiernach, abgesehen von den Hausgewerbetreibenden, zur Selbstversicherung befugt Landwirthe, Pächter, Kaufleute, Krämer, Händler, Hausirer, Gast- und Schankwirthe, nicht in fremdem Dienst stehende Handwerker, nicht versicherungspflichtige Schneiderinnen, Näherinnen, Strickerinnen u. s. w., Personen, die aus der Verrichtung von persönlichen Diensten bei wechselnden Auftraggebern ein Gewerbe machen, z. B. selbständige Dienstmänner, Fremdenführer, Boten, Lohndiener, ferner auch Hebammen, selbständige Lootsen, Krankenpflegerinnen, Inhaber von Privatschulen, Wäger, Messer u. s. w. Diese Personen können von der Selbstversicherung Gebrauch machen, wenn sie regelmäßig keinen oder einen oder höchstens zwei versicherungspflichtige Lohnarbeiter beschäftigen. Ihr Selbstversicherungsrecht wird sonach nicht schlechthin durch die Beschäftigung von mehr als zwei Lohnarbeitern ausgeschlossen. Dies ist vielmehr nur dann der Fall, wenn die Beschäftigung regelmäßig erfolgt, also eine ständige ist, und wenn die Lohnarbeiter versicherungspflichtig sind. Das Selbstversicherungsrecht wird dagegen durch eine vorübergehende, gelegentliche, ausnahmsweise Beschäftigung von mehr als zwei versicherungspflichtigen Lohnarbeitern nicht beeinträchtigt. Ferner können Lohnarbeiter, die nicht versicherungspflichtig sind (z. B. gegen freien Unterhalt thätige Angehörige oder Lehrlinge), in unbeschränkter Zahl beschäftigt werden, ohne daß davon das Recht zur Selbstversicherung berührt wird. Hierbei macht es keinen Unterschied, ob die nicht versicherungspflichtigen Lohnarbeiter allein oder ob sie neben versicherungspflichtigen Lohnarbeitern beschäftigt werden (also ist z. B. ein Handwerker, der zwei Gesellen und außerdem mehrere Lehrlinge, diese aber nur gegen freien Unterhalt, beschäftigt, selbstversicherungsberechtigt).

c. Personen, deren Arbeitsverdienst in freiem Unterhalt (s. Z. 15) besteht, sowie diejenigen, welche nur vorübergehende Dienstleistungen (s. Z. 11) verrichten und deshalb nicht der Versicherungspflicht unterliegen. Hier besteht die Besonderheit, daß diese Personen, wenn sie sich freiwillig versichern, von ihren Arbeitgebern die Uebernahme der halben Beiträge, wie im Falle der Versicherungspflicht beanspruchen dürfen (§ 145 Abs. 2 des Gesetzes).

Der Eintritt in die Selbstversicherung ist nur vor der Vollendung des vierzigsten Lebensjahres zulässig, eine rechtzeitig begonnene Selbstversicherung kann auch später fortgesetzt oder erneuert werden.

Alle Personen, die hiernach die Selbstversicherung einmal begonnen, d. h. thatsächlich Beiträge geleistet haben, können bei dem Ausscheiden aus dem die Selbstversicherung begründenden Verhältniß die Selbstversicherung fortsetzen und gemäß § 46 des Gesetzes erneuern, also ohne daß es nunmehr einer irgendwie gearteten Beschäftigung als Unterlage bedürfte.

59. Unter „Weiterversicherung" versteht das Gesetz die freiwillige Fortsetzung oder Erneuerung der Versicherung seitens solcher Personen, die aus einem die Versicherungspflicht begründenden Verhältniß ausgeschieden sind Die Ursache des Ausscheidens ist unerheblich (zu vgl. Rev. E. 614 A. N. 1897 S. 589 Eintritt in den Staatsdienst). Wer zugleich in eine zur Selbstversicherung berechtigende Beschäftigung übergeht, darf sich selbstverständlich auch der Selbstversicherung bedienen, was gemäß § 29 Abs. 2 des Gesetzes für die Erfüllung der Wartezeit für die Invalidenrente von Werth sein kann.

Die Weiterversicherung unterliegt keiner Beschränkung bezüglich des Lebensalters (zu vgl Rev. E. 690 A N 1898 S. 629), sie setzt keine Beschäftigung irgend welcher Art während der Versicherung voraus. Wie die Selbstversicherung kann die Weiterversicherung auch während des Aufenthalts im Auslande bewirkt, sie kann ferner dort auch begonnen werden.

Berlin, den 19. Dezember 1899.

Das Reichs-Versicherungsamt.
Abtheilung für Invaliditäts- und Altersversicherung.
Gaebel.

Anlage II.

Bekanntmachung,

betreffend die Erstreckung der Versicherungspflicht nach dem Invaliditäts- und Altersversicherungsgesetze auf die Hausgewerbetreibenden der Tabakfabrikation. Vom 16. Dezember 1891.

Auf Grund der §§ 2, 109 und 110 des Gesetzes, betreffend die Invaliditäts- und Altersversicherung, vom 22. Juni 1889 (Reichsgesetzbl. S. 97) hat der Bundesrath beschlossen, was folgt:

1. Die Versicherungspflicht nach § 1 des Gesetzes, betreffend die Invaliditäts- und Altersversicherung, vom 22. Juni 1889 (Reichsgesetzbl. S. 97) wird auf solche selbständige Gewerbetreibende (Hausgewerbetreibende) erstreckt, welche in eigenen Betriebsstätten im Auftrage und für Rechnung anderer Gewerbetreibenden (Fabrikanten, Fabrikkaufleute, Handelsleute) mit der Herstellung oder Bearbeitung von Cigarren oder anderen Tabakfabrikaten beschäftigt werden, und zwar auch dann, wenn diese Hausgewerbetreibenden die Roh- oder Hülfsstoffe selbst beschaffen, und auch für die Zeit, während welcher sie vorübergehend für eigene Rechnung arbeiten.

Vorstehende Bestimmung findet keine Anwendung auf solche Hausgewerbetreibende, welche das Geschäft regelmäßig für eigene Rechnung betreiben und nur gelegentlich von anderen Gewerbetreibenden für deren Rechnung beschäftigt werden.

2. Die Versicherung erfolgt bei derjenigen Versicherungsanstalt, in deren Bezirk sich der Betriebsbesitz des Hausgewerbetreibenden befindet. Die Lohnklasse, in welcher die Versicherung erfolgt, bestimmt sich nach den Vorschriften des § 22 des Gesetzes. Dies gilt auch für diejenige Zeit, während welcher die Hausgewerbetreibenden für eigene Rechnung arbeiten.

3. Die Hausgewerbetreibenden haben die Beiträge für ihre eigene Versicherung selbst dadurch zu entrichten, daß sie die den schuldigen Beiträgen entsprechenden Marken in ihre Quittungskarten einkleben.

Für jede volle oder angefangene Kalenderwoche sind die Beiträge spätestens an demjenigen Tage zu entrichten, an welchem die Abrechnung mit dem Fabrikanten oder, wenn die Beschäftigung für mehrere Fabrikanten stattfindet, mit einem derselben erfolgt.

Die Hausgewerbetreibenden, welche es unterlassen, die Beiträge für ihre Versicherung gemäß vorstehender Vorschrift zu entrichten, unterliegen der Strafbestimmung des § 143 des Gesetzes.

Die versicherungspflichtigen Hausgewerbetreibenden haben auch für diejenige Zeit, während welcher sie das Geschäft auf eigene Rechnung betreiben, für ihre eigene Versicherung Zusatzmarken nicht beizubringen.

Bezüglich der Beiträge der Hausgewerbetreibenden für ihr Hülfspersonal (Gesellen, Gehülfen, Lehrlinge) hat es bei den bestehenden allgemeinen Vorschriften sein Bewenden.

4. Die von den Hausgewerbetreibenden für sich und ihr Hülfspersonal verwendeten Marken sind sofort nach erfolgter Einklebung nach den hierfür geltenden allgemeinen Bestimmungen zu entwerthen.

5. Auf dem im § 112 des Gesetzes vorgesehenen Wege kann angeordnet werden, daß die Beiträge für die Hausgewerbetreibenden von diesen zum Einzug gebracht werden. In diesem Falle finden die Bestimmungen der Ziffer 3 Absatz 1 bis 3 keine Anwendung.

6. Die Hausgewerbetreibenden sind verpflichtet, über die von ihnen im Gewerbebetriebe beschäftigten versicherungspflichtigen Hülfspersonen Verzeichnisse zu führen, aus welchen sich insbesondere die Dauer der Beschäftigung der letzteren ergiebt Sie haben diese Verzeichnisse den sie beschäftigenden Fabrikanten ꝛc auf Verlangen zur Prüfung vorzulegen. Die für den Betriebssitz des Hausgewerbetreibenden zuständige untere Verwaltungsbehörde ist befugt, Vorschriften über die Führung dieser Verzeichnisse zu erlassen und die ordnungsmäßige Führung sowie die Vorlegung der Verzeichnisse durch Geldstrafen bis zu fünfzig Mark zu erzwingen.

7. Die Fabrikanten ꝛc. sind verpflichtet, den für ihre Rechnung arbeitenden Hausgewerbetreibenden bei der Abrechnung die Hälfte derjenigen Beiträge zu erstatten, welche die letzteren für sich und für die von ihnen beschäftigten versicherungspflichtigen Hülfspersonen entrichtet haben.

Sind die Beiträge ohne Zustimmung des Fabrikanten in einer höheren als der gesetzlich vorgeschriebenen Lohnklasse entrichtet, so bemißt sich der Erstattungsanspruch nur nach letzterer Lohnklasse. Der Anspruch erstreckt sich höchstens auf die für die beiden letzten Abrechnungsperioden entrichteten beziehungsweise fällig gewordenen Beiträge.

Für die Dauer vorübergehender Beschäftigung für eigene Rechnung hat der Hausgewerbetreibende den vollen Beitrag für seine Person, beziehungsweise den halben Beitrag für seine Hülfspersonen selbst zu tragen.

Die Vorschriften der §§ 147 und 148 des Gesetzes finden auf die Fabrikanten ꝛc. in ihrem Verhältniß zu den Hausgewerbetreibenden entsprechende Anwendung.

8. Waren die Hausgewerbetreibenden während der Beitragsperiode für mehrere Fabrikanten ꝛc. oder für eigene Rechnung nnd einen oder mehrere Fabrikanten beschäftigt, so ist die dem Arbeitgeber zur Last fallende Hälfte der Beiträge vorbehaltlich anderweiter Vereinbarung auf die sämmtlichen betheiligten Fabrikanten oder zutreffendenfalls auf diese und den Hausgewerbetreibenden nach Verhältniß der für die Herstellung oder Bearbeitung der Fabrikate erforderlich gewesenen oder für erforderlich zu erachtenden Zeit zu vertheilen.

9. Die Fabrikanten ꝛc. sind berechtigt, die Verpflichtungen des Arbeitgebers für ihre Hausgewerbetreibenden und deren Hülfspersonen ganz oder zum Theil selbst zu übernehmen.

Von der erfolgten Uebernahme hat der Fabrikant der unteren Verwaltungsbehörde Kenntniß zu geben, welche dem zuständigen Organe der Versicherungsanstalt und in den Fällen des § 112 des Gesetzes den mit der Einziehung der Beiträge und der Entgegennahme der Meldungen betrauten Stellen Nachricht giebt.

Soweit es sich um die Entrichtung der Beiträge für die Hausgewerbetreibenden selbst handelt, können den Fabrikanten die Verpflichtungen der Arbeitgeber von der für ihren Betriebssitz zuständigen unteren Verwaltungsbehörde auferlegt werden. Sofern letzteres geschieht, findet binnen zwei Wochen nach der Zustellung der die Verpflichtung aussprechenden Verfügung die Beschwerde an die höhere Verwaltungsbehörde statt; dieselbe entscheidet endgültig.

10. Streitigkeiten, welche aus Anlaß vorstehender Bestimmungen zwischen den Organen der Versicherungsanstalten einerseits und den Fabrikanten, Hausgewerbetreibenden oder deren Hülfspersonen andererseits oder zwischen den Fabrikanten und den Hausgewerbetreibenden darüber, ob und welche Beiträge zu entrichten sind, entstehen, werden nach § 122, Streitigkeiten über Berechnung und Anrechnung der für Hausgewerbetreibende oder deren Hülfspersonen zu entrichtenden Beiträge nach § 124 des Gesetzes entschieden.

11. Soweit im Vorstehenden keine besonderen Bestimmungen getroffen sind, erfolgt die Erhebung der Beiträge für die Hausgewerbetreibenden nach den für die Durchführung der Invaliditäts- und Altersversicherung erlassenen allgemeinen Vorschriften.

12. Die vorstehenden Bestimmungen treten am 4. Januar 1892 in Kraft.

Berlin, den 16. Dezember 1891.

Der Reichskanzler. J. Vertr. von Boetticher.

Anlage III.

a. Bekanntmachung,

betreffend die Invaliditäts- und Altersversicherung von Hausgewerbetreibenden der Textilindustrie. Vom 1. März 1894.

Auf Grund der §§ 2, 109, 110 des Gesetzes, betreffend die Invaliditäts- und Altersversicherung, vom 22. Juni 1889 (Reichs-Gesetzb. S 97) hat der Bundesrath nachstehende Vorschriften über die Invaliditäts- und Altersversicherung von Hausgewerbetreibenden der Textilindustrie beschlossen:

1. Die Versicherungspflicht nach § 1 des Gesetzes, betreffend die Invaliditäts- und Altersversicherung, vom 22. Juni 1889 (Reichs-Gesetzblatt S. 97) wird auf solche selbständige Gewerbetreibende (Hausgewerbetreibende) erstreckt, welche in eigenen Betriebsstätten im Auftrage und für Rechnung anderer Gewerbetreibenden (Fabrikanten, Fabrikkaufleute, Handelsleute) mit Weberei und Wirkerei beschäftigt werden, und zwar auch dann, wenn diese Hausgewerbetreibenden die Roh- oder Hülfsstoffe selbst beschaffen, und auch für die Zeit, während welcher sie vorübergehend für eigene Rechnung arbeiten. Zur Wirkerei gehört auch die Maschinenstrickerei.

Die Versicherungspflicht erstreckt sich auch

a)*) auf die zur Herstellung der Gewebe und Wirkwaaren erforderlichen Nebenarbeiten — Spulerei (Treiberei), Scheererei, Schlichterei u. s. w. —, sowie

b) auf die weitere Bearbeitung oder Verarbeitung — Appretirung, Konfektion u. s. w. — der Gewebe und Wirkwaaren, soweit diese Arbeiten in den Betriebsstätten der Hausweber oder Hauswirker nebenher ausgeführt werden.

Vorstehende Bestimmungen finden keine Anwendung

a) auf Personen, welche das Geschäft regelmäßig für eigene Rechnung betreiben und nur gelegentlich von anderen Gewerbetreibenden für deren Rechnung beschäftigt werden;

b) auf Personen, welche in dem Betriebe des Hausgewerbes nur gelegentlich, oder zwar in regelmäßiger Wiederkehr, aber nur nebenher und in so geringem Umfange thätig sind, daß der hieraus erzielte Verdienst zum Lebensunterhalt nicht ausreicht und zu den Versicherungsbeiträgen nicht in entsprechendem Verhältniß steht;

c) auf Personen, welche in einem anderen, die Versicherungspflicht begründenden regelmäßigen Arbeits- oder Dienstverhältniß zu bestimmten Arbeitgebern stehen und, ohne dieses Verhältniß zu unterbrechen, das Hausgewerbe nur nebenher, sei es regelmäßig, sei es nur gelegentlich, betreiben.

---

*) Abgeändert durch die in der folgenden Anlage IV abgedruckte Bekanntmachung vom 9. November 1895.

2. Die Versicherung erfolgt bei derjenigen Versicherungsanstalt, in deren Bezirk sich der Betriebssitz des Hausgewerbetreibenden befindet. Die Lohnklasse, in welcher die Versicherung erfolgt, bestimmt sich nach den Vorschriften des § 22 des Gesetzes. Dies gilt auch für diejenige Zeit, während welcher der Hausgewerbetreibende für eigene Rechnung arbeitet.

3. Die Hausgewerbetreibenden haben die Beiträge für ihre eigene Versicherung selbst dadurch zu entrichten, daß sie die den schuldigen Beiträgen entsprechenden Marken in ihre Quittungskarten einkleben.

Für jede volle oder angefangene Kalenderwoche, in welcher der Hausgewerbetreibende für eigene oder fremde Rechnung beschäftigt war, sind die Beiträge spätestens an demjenigen Tage zu entrichten, an welchem die nächste Abrechnung mit dem Fabrikanten oder, wenn die Beschäftigung für mehrere Fabrikanten stattfindet, mit einem derselben erfolgt.

Die Hausgewerbetreibenden, welche es unterlassen, die Beiträge für ihre Versicherung gemäß vorstehender Vorschrift zu entrichten, unterliegen der Strafbestimmung des § 143 des Gesetzes.

Die versicherungspflichtigen Hausgewerbetreibenden haben auch für diejenige Zeit, während welcher sie das Geschäft auf eigene Rechnung betreiben, für ihre eigene Versicherung Zusatzmarken nicht beizubringen.

Bezüglich der Beiträge der Hausgewerbetreibenden für ihr Hülfspersonal (Gesellen, Gehülfen, Lehrlinge) hat es bei den bestehenden Vorschriften sein Bewenden.

4. Die von den Hausgewerbetreibenden für sich und ihr Hülfspersonal verwendeten Marken sind sofort nach erfolgter Einklebung dadurch zu entwerthen, daß auf denselben handschriftlich oder mittelst eines Stempels der Entwerthungstag in Zahlen angegeben wird (vgl. Ziffer II Nr. 3a der Bekanntmachung vom 24. Dezember 1891, Reichs-Gesetzbl. S. 401).

5. Auf dem im § 112 des Gesetzes vorgesehenen Wege kann angeordnet werden, daß die Beiträge für die Hausgewerbetreibenden von diesen zum Einzug gebracht werden. In diesem Falle finden die Bestimmungen der Ziffer 3 Absatz 1 bis 3 und der Ziffer 4 keine Anwendung, und sind die den eingezogenen Beiträgen entsprechenden Marken alsbald nach deren Einklebung nach Maßgabe der von der Landes-Zentralbehörde getroffenen Anordnungen zu entwerthen

6. Die Fabrikanten u s. w. sind verpflichtet, den für ihre Rechnung arbeitenden Hausgewerbetreibenden bei der Abrechnung die Hälfte desjenigen Betrages für Beitragsmarken zu erstatten, welcher auf die zur Herstellung der Arbeit durch einen Arbeiter im Durchschnitt annähernd erforderliche Zeitdauer entfällt.

Bei der Berechnung des zu erstattenden Betrages wird die Woche zu sechs Arbeitstagen, und der Arbeitstag, sofern nicht durch die für den Betriebssitz des Hausgewerbetreibenden zuständige untere Verwaltungsbehörde eine andere Zeit als Arbeitsdauer allgemein festgesetzt wird, zu elf Arbeitsstunden gerechnet. Bruchtheile von Pfennigen werden zu Lasten des Fabrikanten auf volle Pfennige nach oben abgerundet.

Die Erstattung erfolgt auch dann nach dem Werth der für den Hausgewerbetreibenden selbst zu verwendenden Marken (§ 22 des Gesetzes), wenn bei der Arbeit versicherungspflichtige Hülfspersonen verwendet worden sind. Eine höhere als die gesetzlich vorgeschriebene Lohnklasse (§ 22 des Gesetzes) ist bei der Erstattung nur dann zu Grunde zu legen, wenn der Fabrikant der Verwendung von Marken der höheren Lohnklasse ausdrücklich zugestimmt hat.

7. Bei Streitigkeiten über die bei der Erstattung (Ziffer 6) in Ansatz zu bringende Arbeitsdauer entscheidet auf Antrag eines Theiles die für den

Betriebssitz des Hausgewerbetreibenden zuständige untere Verwaltungsbehörde endgültig.

Dieselbe ist befugt, einen Sachverständigen zu ernennen, welcher auf Antrag eines Theiles, auch ohne daß ein Streitfall vorliegt, den Zeitbedarf abzuschätzen hat. Die Fabrikanten u. s. w. haben bei der Abrechnung denjenigen Betrag zu erstatten, welcher auf die abgeschätzte Arbeitszeit entfällt. Wird demnächst im Streitfall eine andere durchschnittliche Arbeitsdauer festgestellt, so ist die Differenz nachträglich auszugleichen.

Die Versicherungsanstalt ist befugt, für die Berechnung des vom Fabrikanten u. s. w. zu erstattenden Betrages weitere Bestimmungen zu erlassen. Dieselben bedürfen der Genehmigung des Reichs-(Landes-)Versicherungsamts.

8. Die Hausgewerbetreibenden können mit den Fabrikanten u. s w. vereinbaren, daß letztere bei der Abrechnung die Hälfte desjenigen Betrages zu erstatten haben, welchen die Hausgewerbetreibenden für sich und die von ihnen beschäftigten versicherungspflichtigen Hülfspersonen für Beitragsmarken thatsächlich entrichtet haben. Ist der Hausgewerbetreibende von mehreren Fabrikanten u. s. w. beschäftigt, so hat sich eine solche Vereinbarung auch darauf zu erstrecken, wie der von ihnen zu erstattende Gesammtbetrag auf die einzelnen Fabrikanten u. s. w. zu vertheilen ist.

9. Die Fabrikanten u s. w sind berechtigt, die Verpflichtungen des Arbeitgebers für ihre Hausgewerbetreibenden und die von denselben beschäftigten versicherungspflichtigen Hülfspersonen ganz oder zum Theil selbst zu übernehmen Von der erfolgten Uebernahme hat der Fabrikant der unteren Verwaltungsbehörde Kenntniß zu geben, welche dem zuständigen Organe der Versicherungsanstalt und in den Fällen des § 112 des Gesetzes den mit der Einziehung der Beiträge und der Entgegennahme der Meldungen betrauten Stellen Nachricht giebt.

Soweit es sich um die Entrichtung der Beiträge für die Hausgewerbetreibenden selbst handelt, können den Fabrikanten u s. w. die Verpflichtungen der Arbeitgeber von der für ihren Betriebssitz zuständigen unteren Verwaltungsbehörde auferlegt werden. Gegen eine Anordnung dieser Art findet binnen zwei Wochen nach der Zustellung die Beschwerde an die höhere Verwaltungsbehörde statt; dieselbe entscheidet endgültig

In den Fällen der Absätze 1 und 2 finden die Vorschriften der Ziffern 6 und 7 keine Anwendung. Vielmehr sind alsdann die allgemeinen Vorschriften des Gesetzes hinsichtlich der Beitragsentrichtung durch die Arbeitgeber entsprechend auf die Fabrikanten u. s. w. anzuwenden, und es ist die Hälfte der entrichteten Beiträge von den Versicherten zu erstatten.

10. Die Hausgewerbetreibenden sind in den Fällen der Ziffer 8 und 9 verpflichtet, über die Dauer ihrer Beschäftigung für eigene Rechnung und über die von ihnen im Gewerbebetriebe beschäftigten versicherungspflichtigen Hülfspersonen Verzeichnisse zu führen, aus welchen sich insbesondere die Dauer der Beschäftigung der letzteren ergiebt. Sie haben diese Verzeichnisse den sie beschäftigenden Fabrikanten u. s. w. auf Verlangen zur Prüfung vorzulegen. Die für den Betriebssitz des Hausgewerbetreibenden zuständige untere Verwaltungsbehörde ist befugt, Vorschriften über die Führung dieser Verzeichnisse zu erlassen und die ordnungsmäßige Führung sowie die Vorlegung der Verzeichnisse durch Geldstrafen bis zu fünfzig Mark zu erzwingen.

11. Für die Dauer vorübergehender Beschäftigung für eigene Rechnung haben die Hausgewerbetreibenden den vollen Beitrag für ihre Person, beziehungsweise den halben Beitrag für ihre Hülfspersonen selbst zu tragen.

Die Vorschriften der §§ 147 und 148 des Gesetzes finden auf die Fabrikanten u. s. w. in ihrem Verhältniß zu den Hausgewerbetreibenden entsprechende Anwendung.

Die Einrechnung des von dem Arbeitgeber den Hausgewerbetreibenden zu erstattenden Betrages in den Arbeitsverdienst ist unzulässig und ohne rechtliche Wirkung.

12. Streitigkeiten, welche aus Anlaß vorstehender Bestimmungen zwischen den Organen der Versicherungsanstalten einerseits und den Fabrikanten, Hausgewerbetreibenden oder deren Hülfspersonen andererseits oder zwischen den Fabrikanten und den Hausgewerbetreibenden darüber, ob und welche Beiträge zu entrichten sind, entstehen, werden nach § 122, Streitigkeiten über Berechnung und Anrechnung der für Hausgewerbetreibende oder deren Hülfspersonen zu entrichtenden Beiträge, unbeschadet der Bestimmung in Ziffer 7 nach § 124 des Gesetzes entschieden.

13. Soweit im Vorstehenden keine besonderen Bestimmungen getroffen sind, erfolgt die Erhebung der Beiträge für die Hausgewerbetreibenden nach den für die Durchführung der Invaliditäts- und Altersversicherung erlassenen allgemeinen Vorschriften.

14. Die vorstehenden Bestimmungen treten am 2. Juli 1894 in Kraft. Für Versicherte, welche auf Grund der vorstehenden Bestimmungen der Invaliditäts- und Altersversicherung unterstehen, tritt, wo nach §§ 156, 157 159 und 160 der Zeitpunkt des Inkrafttretens des Gesetzes entscheidend ist, an dessen Stelle der Zeitpunkt des Inkrafttretens dieser Bestimmungen.

Berlin, den 1. März 1894.

Der Reichskanzler. In V. von Boetticher.

b. Bekanntmachung,

betreffend die Invaliditäts- und Altersversicherung von Hausgewerbetreibenden der Textilindustrie. Vom 9. November 1895.

Auf Grund der §§ 2, 109, 110 des Gesetzes, betreffend die Invaliditäts- und Altersversicherung, vom 22. Juni 1889 (Reichs-Gesetzbl. S. 97) hat der Bundesrath beschlossen:

1. Die lit. a in Ziffer 1 Absatz 2 der Bekanntmachung vom 1. März 1894, betreffend die Invaliditäts- und Altersversicherung von Hausgewerbetreibenden der Textilindustrie (Reichs-Gesetzbl. S. 324), erhält folgende Fassung:
   a) „auf die Nebenarbeiten — Spulerei (Treiberei), Scheererei, Schlichterei u. s. w. —, welche zur Herstellung von Geweben, Gewirken und sonstigen Erzeugnissen der Textilindustrie erforderlich sind, sowie"
2. Diese Bestimmung tritt am 1. Januar 1896 in Kraft.
3. Für Versicherte, welche auf Grund dieser Bestimmung der Invaliditäts- und Altersversicherung neu unterstellt werden, tritt, wonach §§ 156, 157, 159 und 160 der Zeitpunkt des Inkrafttretens des Gesetzes entscheidend ist, an dessen Stelle der 1. Januar 1896.

Berlin, den 9. November 1895.

Der Reichskanzler. In V. von Boetticher.

Anlage IV.

Bekanntmachung,

betreffend die Befreiung vorübergehender Dienstleistungen von der Versicherungspflicht gemäß § 4 Absatz 1 des Invalidenversicherungsgesetzes.

Vom 27. Dezember 1899.

Auf Grund des § 4 Absatz 1 des Invalidenversicherungsgesetzes (Reichs-Gesetzblatt Seite 463) hat der Bundesrath beschlossen, daß es bei den unter dem 24. Dezember 1891 (Reichs-Gesetzblatt Seite 399), 24. Januar 1893 (Reichs-Gesetzblatt S. 5) und 31. Dezember 1894 (Reichs-Gesetzblatt S. 543) veröffentlichten Bestimmungen über die Befreiung vorübergehender Dienstleistungen von der Versicherungspflicht mit den aus der nachstehenden Fassung sich ergebenden Veränderungen sein Bewenden behalten soll.

Vorübergehende Dienstleistungen sind danach als eine die Versicherungspflicht begründende Beschäftigung (§ 4 Absatz 1 des Invalidenversicherungsgesetzes) dann nicht anzusehen,

1. wenn sie von solchen Personen, die berufsmäßig Lohnarbeit überhaupt nicht verrichten
   a) nur gelegentlich, insbesondere zu gelegentlicher Aushülfe,
   b) zwar in regelmäßiger Wiederkehr, aber nur nebenher und gegen ein geringfügiges Entgelt, welches für die Dauer der Beschäftigung zum Lebensunterhalte nicht ausreicht und zu den für diese Zeit zu zahlenden Versicherungsbeiträgen nicht in entsprechendem Verhältnisse steht,

   verrichtet werden;
2. wenn sie von solchen Berufsarbeitern, die in einem regelmäßigen, die Versicherungspflicht begründenden Arbeits- oder Dienstverhältnisse zu einem bestimmten Arbeitgeber stehen, ohne Unterbrechung dieses Verhältnisses bei anderen Arbeitgebern nebenher, sei es nur gelegentlich zur Aushülfe, sei es regelmäßig, verrichtet werden.

   Dasselbe gilt
3. für Dienstleistungen zur schleunigen Hülfe bei Unglücksfällen oder Verheerungen durch Naturereignisse oder zur schleunigen Beseitigung von Verkehrs- oder Betriebsstörungen, sofern diese Dienstleistungen nach ihrer Art die Dauer von zwei Arbeitstagen voraussichtlich nicht übersteigen werden;
4. für Dienstleistungen in Verpflegungsstationen oder ähnlichen Einrichtungen, wenn sie gegen eine Geldentschädigung verrichtet werden, welche nicht als Entgelt für die gelieferte Arbeit, sondern als eine Unterstützung zum Zwecke des besseren Fortkommens gewährt wird;
5. für Dienstleistungen von Bediensteten ausländischer Eisenbahnverwaltungen in Eisenbahnbetrieben des Inlandes, soweit diese Bediensteten in letzteren vorübergehend beschäftigt werden;
6. für Dienstleistungen im Inlande von Bediensteten ausländischer Betriebe, soweit diese mit einzelnen Betriebshandlungen vorübergehend in das Inland hinübergreifen;
7. für Dienstleistungen des Personals ausländischer Schiffe, die im Binnenschiffahrtsverkehre deutsche Wasserstraßen befahren, sofern nicht diese Schiffe nach der Entscheidung der unteren Verwaltungsbehörde des Beschäftigungsorts (§ 65 Absatz 4 des Invalidenversicherungsgesetzes) im Inland einen regelmäßigen Verkehr von erheblicher Dauer unterhalten;

8. für Dienstleistungen auf Seeschiffen im Auslande, wenn sie von solchen Personen verrichtet werden, die nicht zur Schiffsbesatzung gehören;
9. für Dienstleistungen von Indiern, Japanern, Chinesen, Malayen, Zanzibariten, Negern und anderen farbigen Seeleuten auf deutschen Seeschiffen bei der Küstenschiffahrt in asiatischen, australischen, ost- oder westafrikanischen Gewässern sowie in dem Verkehre zwischen asiatischen, australischen, ost- und westafrikanischen Häfen oder zwischen diesen und europäischen Häfen, im letzteren Verkehre jedoch nur, wenn es sich um den Dienst in den Kohlen- und Kesselräumen der Dampfschiffe handelt und wenn bei der Anmusterung im Auslande zugleich die Rückfahrt ausbedungen ist.

Die Regierungen der einzelnen Bundesstaaten sind ermächtigt, mit Zustimmung des Reichskanzlers widerruflich anzuordnen, daß und inwieweit vorübergehende Dienstleistungen solcher Ausländer, denen der Aufenthalt in Grenzbezirken des Inlandes auf fest bestimmte kurze Zeit behufs Ausführung vorübergehender Arbeiten behördlich gestattet ist, sowie vorübergehend im Inlande stattfindende Dienstleistungen solcher Ausländer, welche übungsgemäß in Flößereibetrieben beschäftigt werden, im Sinne des Invalidenversicherungsgesetzes als eine versicherungspflichtige Beschäftigung nicht anzusehen sind.

Berlin, den 27. Dezember 1899.

Der Reichskanzler. In V. Graf von Posadowsky.

Anlage V.

Bekanntmachung,

betreffend die Befreiung von der Versicherungspflicht auf Grund des § 6 Absatz 2 des Invalidenversicherungsgesetzes.

Vom 24. Dezember 1899.

Auf Grund des § 6 Absatz 2 des Invalidenversicherungsgesetzes (Reichs-Gesetzblatt Seite 463) hat der Bundesrath über die Befreiung von der Versicherungspflicht nachstehende Bestimmungen erlassen:

1. Ueber Anträge auf Befreiung von der Versicherungspflicht gemäß § 6 Absatz 2 des Invalidenversicherungsgesetzes entscheidet die für den Wohnort des Antragstellers und, sofern dieser im Inlande keinen Wohnort hat, die für seinen dauernden Aufenthaltsort zuständige untere Verwaltungsbehörde.

2. Dem Antrag ist nur stattzugeben, wenn folgende Voraussetzungen zusammentreffen:

a) es muß amtlich bekannt oder glaubhaft nachgewiesen sein, daß der Antragsteller in der Hauptsache seinen Lebensunterhalt als Betriebsunternehmer oder anderweit selbständig erwirbt oder ohne Lohn oder Gehalt thätig ist;

b) es muß feststehen, daß für denselben nicht bereits einhundert Wochenbeiträge entrichtet sind oder zu entrichten gewesen wären, wobei Krankheitswochen oder militärische Dienstleistungen (§ 30 Absatz 2) einzurechnen sind;

c) die untere Verwaltungsbehörde muß unter Berücksichtigung der wirthschaftlichen Lage des Antragstellers und der örtlichen Verhältnisse pflichtmäßig zu der Ueberzeugung gelangt sein, daß der Antragsteller in demjenigen Kalenderjahre, für dessen Dauer die Befreiung von der Versicherungspflicht beantragt wird, entweder nur zu bestimmten Jahreszeiten in nicht mehr als zwölf Wochen, oder zwar zu beliebigen Jahreszeiten, aber insgesammt an nicht mehr als fünfzig einzelnen Tagen Lohnarbeit übernehmen wird.

Minderjährige bedürfen der Genehmigung des Antrags durch ihren gesetzlichen Vertreter.

3. Ueber die Befreiung ist dem Antragsteller eine Versicherungsfreikarte in grüner Farbe in der halben Größe der Quittungskarte nach dem anliegenden Muster auszustellen.*) Für die Ausstellung der Karte kann eine Gebühr von fünf Pfennig erhoben werden.

Die Befreiung gilt für die Dauer des Kalenderjahrs und für den Umfang des Reichs.

Die Versicherungsfreikarte ist dem Arbeitgeber bei der Lohnzahlung, im Falle des Einzugsverfahrens (§ 148) aber binnen der zur Anmeldung bei der Einzugsstelle vorgesehenen Frist, vorzuzeigen. Geschieht dies nicht, so ist der Arbeitgeber verpflichtet, die fälligen Beiträge zu entrichten und der Arbeiter hat sich den entsprechenden Lohnabzug gefallen zu lassen. Dabei finden die Bestimmungen des § 131 Absatz 2 Anwendung.

4. Die Befreiung ist von der Behörde, welche sie bewilligt hat, zurückzunehmen, wenn die befreite Person dies beantragt.

Die Befreiung muß von dieser Behörde (Absatz 1) widerrufen werden, wenn sich ergiebt, daß eine der in Ziffer 2 unter a und b vorgesehenen Voraussetzungen für deren Bewilligung schon bei der Ausstellung der Versicherungsfreikarte gefehlt hat oder daß eine dieser Voraussetzungen nachträglich in Fortfall gekommen ist.

Ergiebt sich, daß die Lohnarbeit des Befreiten während der Geltungsdauer der Versicherungsfreikarte die in Ziffer 2 unter c vorgesehene Dauer wesentlich überschritten hat, so ist die Befreiung für den Rest des Kalenderjahres von der für die Ausstellung der Versicherungsfreikarte oder für den Beschäftigungsort zuständigen unteren Verwaltungsbehörde zu widerrufen. Ergeht der Widerruf von einer anderen als derjenigen Behörde, welche die Versicherungsfreikarte ausgestellt hat, so ist der letzteren Behörde unter Darlegung der für den Widerruf maßgebend gewesenen Thatsachen hiervon Mittheilung zu machen.

Die Versicherungsanstalt ist befugt, den Widerruf der Befreiung zu beantragen.

5. Gegen die Versagung und den Widerruf der Befreiung, sowie gegen die Ablehnung des Antrags auf Widerruf ist Beschwerde an die zunächst vorgesetzte Behörde zulässig, welche endgültig entscheidet.

6. In dem Falle der Zurücknahme oder des Widerrufs der Befreiung ist die Versicherungsfreikarte durch die untere Verwaltungsbehörde des Wohnorts oder dauernden Aufenthaltsorts oder des Beschäftigungsorts wieder einzuziehen.

7. Durch die Landes-Zentralbehörde wird bestimmt, von welchen Staats- oder Gemeindebehörden die in Ziffer 1 bis 4 und 6 den unteren Verwaltungsbehörden zugewiesenen Verrichtungen wahrzunehmen sind.

8. Auf vorübergehende Dienstleistungen, für welche der Bundesrath gemäß § 4 Absatz 1 die Versicherungspflicht allgemein ausgeschlossen hat, finden diese Bestimmungen keine Anwendung.

Berlin, den 24. Dezember 1899.

Der Reichskanzler. In V. Graf von Posadowsky.

---

*) Das Muster ist nicht abgedruckt. Die Formulare zu Versicherungs-Freikarten können durch Carl Heymann's Verlag (Berlin W. Mauerstr. 44) bezogen werden.

Anl. VI.

a. Geschäftsanweisung

für die Vorstände der auf Grund des Invalidenversicherungsgesetzes bestehenden Versicherungsanstalten, betreffend die Auszahlungen durch die Post.

Vom 2. Dezember 1899.

Zur Ausführung der in den §§ 123, 128 und 173 des Invalidenversicherungsgesetzes vom 13. Juli 1899 (Reichs-Gesetzbl. Seite 463) enthaltenen Vorschriften über die Auszahlung der Renten und der zu erstattenden Beiträge durch die Postverwaltungen bestimmt das Reichs-Versicherungsamt, im Einvernehmen mit den Zentral-Postbehörden, was folgt:

§ 1. Die Zahlungsanweisungen sind unter Benutzung der anliegenden Muster*) A 1 und 2, J 1 und 2, K 1 und 2 und E 1 für jeden Zahlungsempfänger besonders auszufertigen.

Für die Altersrenten dient bei der Anweisung fortlaufender Zahlungen das Muster A 1, bei der Anweisung einmaliger Zahlungen das Muster A 2; für die Invalidenrenten dienen bei der Anweisung fortlaufender Zahlungen die Muster J 1 und K 1, bei der Anweisung einmaliger Zahlungen die Muster J 2 und K 2, je nachdem es sich um Renten gemäß § 15 oder gemäß § 16 des Gesetzes handelt; für die Erstattung von Beiträgen dient das Muster E 1.

Die Zahlungen an Gemeinden, Armenverbände zc. gemäß §§ 49 bis 51 des Gesetzes, sowie die Kapitalabfindungen an Ausländer (§ 26 des Gesetzes) sind als Invaliden- oder als Altersrenten zu behandeln, je nachdem ihr Ursprung in der einen oder der anderen Art von Renten zu finden ist.

Sind mehrere fortlaufende oder mehrere einmalige Zahlungen zu Händen desselben Empfängers zu bewirken, so braucht nur eine Anweisung ausgestellt zu werden, auch wenn der Empfänger die Zahlung für mehrere Berechtigte zu erhalten hat.

Der Vordruck in den Zahlungsanweisungen zur Bezeichnung der Postanstalt, welche die Zahlung zu leisten hat, ist von der Versicherungsanstalt nicht auszufüllen, sofern die Zahlung durch die Postanstalt des Wohnorts des Zahlungsempfängers erfolgen soll; andernfalls ist der Name der zahlenden Postanstalt einzutragen.

§ 2. Die Zahlungsanweisungen sind in einer Ausfertigung unter Briefumschlag (ohne Anschreiben) an die Obere Postbehörde, in deren Bezirk die Versicheruugsanstalt ihren Sitz hat, und zwar im Reichs-Postgebiet an die Ober-Postdirektion, in Bayern an das Ober-Postamt, in Württemberg an die Generaldirektion der Posten und Telegraphen zu Stuttgart einzusenden. Diese Behörden werden ihrerseits die Weiterbeförderung der Zahlungsanweisung an die mit der Zahlung beauftragte Postanstalt, erforderlichenfalls durch Vermittelung der anderweit zuständigen Oberen Postbehörde, veranlassen.

§ 3. Quittungen über fortlaufende Zahlungen sind unter Verwendung der anliegenden Muster A 3, J 3, K 3, Quittungen über einmalige Zahlungen unter Verwendung der anliegenden Muster A 4, J 4, K 4 und E 2 auszufertigen. Soll bei einmaligen Zahlungen von der Beglaubigung der Unterschrift des Zahlungsempfängers abgesehen werden, so ist dies durch einen

*) Die Muster sind hier nicht abgedruckt.

besonderen Vermerk („ohne Beglaubigung“, „Beglaubigung erlassen“ 2c.) zum Ausdruck zu bringen. Doch sind in solchem Falle die Postverwaltungen für Irrungen, welche sich aus dem Fortfall der Beglaubigung ergeben, nicht verantwortlich.

Die Vorstände werden die Zahlungsempfänger rechtzeitig in den Besitz der erforderlichen Quittungsmuster setzen.

§ 4 Ist aus irgend einem Grunde die Zahlung der durch eine Zahlungsanweisung angewiesenen Beträge ganz oder theilweise einzustellen, so hat der Vorstand unter Beobachtung der Bestimmungen des § 2 eine Anweisung zur Einstellung der Zahlung (Wegfallanweisung) der Oberen Postbehörde einzusenden. Zu den Wegfallanweisungen sind die anliegenden Muster A 5, J 5 und K 5 zu verwenden.

§ 5. Beantragt der Empfänger aus Anlaß der Verlegung seines Wohnsitzes in den Bezirk einer anderen Postanstalt oder aus sonstigen dringenden Gründen bei der Versicherungsanstalt die Ueberweisung der Auszahlung an die Postanstalt eines anderen Ortes, so hat der Vorstand, wenn die neue Postanstalt im Bezirke derselben Oberen Postbehörde oder einer anderen Oberen Postbehörde desselben Postgebiets (zu vergleichen § 2) liegt, die Obere Postbehörde des bisherigen Zahlungsorts um Veranlassung des Weiteren zu ersuchen, anderenfalls eine Wegfallanweisung für die bisher beauftragte Postanstalt nach § 4 und eine Zahlungsanweisung für die neue Postanstalt nach §§ 1 und 2 der Oberen Postbehörde einzusenden.

Anträge auf künftige Auszahlung einer fortlaufenden Rente durch eine andere Postanstalt können auch bei der Postanstalt, an welche die Anweisung ergangen ist, angebracht werden. Dieselbe legt in solchem Falle die Anweisung mit dem schriftlichen Antrage beziehungsweise einem Vermerk über den mündlichen Antrag der Oberen Postbehörde vor, welche ihrerseits — unter Benachrichtigung der Versicherungsanstalt von der Aenderung — die Anweisung an die neue Postanstalt beziehungsweise an die für die neue Postanstalt zuständige Obere Postbehörde desselben Postgebiets abgiebt, oder wenn die neue Postanstalt im Gebiet einer anderen Zentral-Postbehörde liegt, bei der Versicherungsanstalt eine Wegfallanweisung und eine neue Zahlungsanweisung erwirkt.

§ 6. Treten bei fortlaufenden Zahlungen, abgesehen von den Fällen der §§ 4 und 5, Umstände ein, welche eine Aenderung der Zahlungsanweisung nöthig machen, z. B Erhöhung oder Herabsetzung der Rente im schiedsgerichtlichen Verfahren, Aenderung in der Person des Rentenempfängers 2c., so hat der Vorstand eine Wegfallanweisung bezüglich der bisherigen Zahlungen und gleichzeitig eine neue Zahlungsanweisung der Oberen Postbehörde einzusenden. In der neuen Zahlungsanweisung sind die fortan zu leistenden Zahlungen vollständig anzugeben; eine Bezugnahme auf den Inhalt der früheren Anweisung ist ausgeschlossen.

Ist auf Grund der früheren Anweisung zu viel gezahlt worden, so findet eine Vermittelung der Post bei der Wiedereinziehung des überhobenen Betrages nur im Wege der Kürzung der für die Folge zahlbaren Rente statt. In der neuen Zahlungsanweisung sind zu diesem Zwecke die Monate, für welche eine Kürzung einzutreten hat, die einzubehaltenden und die zahlbar bleibenden Beträge anzugeben

§ 7. Hat der Rentenempfänger in Folge der Wegfallanweisung nichts mehr oder doch weniger, als bisher, zu erheben, so wird die Versicherungsanstalt (außer der an die Post zu erlassenden Wegfallanweisung und etwaigen neuen Zahlungsanweisung) ihm sofort eine Benachrichtigung von der geschehenen Aenderung in der Anweisung an die Post zusenden. Daneben ist eine unmittelbare (erforderlichenfalls telegraphische) Benachrichtigung der Postanstalt, welche bisher die Zahlung geleistet hat, zulässig.

§ 8. Die Muster zu Zahlungsanweisungen, Wegfallanweisungen und Quittungen sind in der Größe eines halben Bogens in dem für die Reichsbehörden festgesetzten Aktenpapier-Format mittelst Buchdrucks herzustellen. Sie müssen hinsichtlich der Art der zur Verwendung gelangenden Typen den dieser Geschäftsanweisung beigefügten Mustern entsprechen.

Zu den Wegfallanweisungen ist rothes, zu den Anweisungen über fortlaufende Zahlungen starkes weißes und zu den übrigen Mustern gewöhnliches weißes Papier zu verwenden.

§ 9. Die Ausfüllung der Muster hat in leserlicher Schrift zu erfolgen. Die Monatsnamen sind auszuschreiben. Im Einzelnen ist Folgendes zu beachten:

Die Person des Zahlungsempfängers ist in der ersten Abtheilung so genau zu bezeichnen, daß jeder Ungewißheit vorgebeugt wird; insbesondere empfiehlt es sich, bei der Angabe des Wohnortes den Verwaltungsbezirk (Kreis, Amt, Regierungsbezirk) und eventuell den Staat, in welchem der Wohnort belegen ist, zu bezeichnen.

Die zu zahlenden Beträge müssen aus der Anweisung zu ersehen sein, ohne daß es hierzu einer Berechnung bedarf.

Die Versicherungsanstalten haben auf der im Kopf unter der Bezeichnung der Versicherungsanstalt vorgesehenen Linie zur Kennzeichnung der Rente oder Beitragserstattung das Rentenzeichen beziehungsweise Erstattungszeichen in kräftiger Schrift anzugeben.

§ 10. Vorstehende Bestimmungen finden auf die gemäß §§ 8 bis 13 des Gesetzes zugelassenen besonderen Kasseneinrichtungen, welche die Auszahlung der von ihnen festgesetzten Alters- und Invalidenrenten, sowie die etwaige Beitragserstattung durch Vermittelung der Postanstalten bewirken lassen, entsprechende Anwendung. Soweit diese Kasseneinrichtungen nicht durch Behörden vertreten werden, haben dieselben die Unterschriften ihrer Mitglieder, welche bei der Vollziehung von Zahlungsanweisungen mitzuwirken befugt sind, bei derjenigen Oberen Postbehörde zu hinterlegen, in deren Bezirk die Kasseneinrichtung ihren Sitz hat.

§ 11. Diese Geschäftsanweisung tritt am 1. Januar 1900 an die Stelle der Geschäftsanweisung vom 29. April 1895 (Amtliche Nachrichten des R. V. A. J. u. A. V. 1895 Seite 117).

Berlin, den 2. Dezember 1899.

Das Reichs-Versicherungsamt.
Abtheilung für Invaliditäts- und Altersversicherung.
Gaebel.

b. Rundschreiben

an die Vorstände der auf Grund des Invalidenversicherungsgesetzes bestehenden Versicherungsanstalten, betreffend die Auszahlungen durch die Post.

Vom 2. Dezember 1899. — II. 10983.

Das Reichs-Versicherungsamt läßt dem Vorstande anbei zwei Abdrücke der im Einvernehmen mit den Zentral-Postbehörden festgestellten Geschäftsanweisung, betreffend die Auszahlungen durch die Post, mit dem ergebensten Ersuchen zugehen, die Vorschriften der Anweisung gefälligst beachten zu wollen. Im Einzelnen wird Folgendes bemerkt:

1. Die neue Geschäftsanweisung weicht von derjenigen vom 29. April 1895 insoweit ab, als dies im Hinblick auf die anderweiten Bestimmungen des Invalidenversicherungsgesetzes vom 13. Juli 1899 geboten ist, und enthält außerdem im Sinne der Resolution 2 des Reichstages zu jenem Gesetz diejenigen Vereinfachungen, welche ohne Beeinträchtigung des allgemeinen Geschäftsverkehrs bei der Post durchführbar gewesen sind.

2. Auf die rechtzeitige Aushändigung der Quittungsmuster an die Rentenberechtigten (§ 3 der Geschäftsanweisung) ist besonderer Werth zu legen. In dieser Beziehung wird das an die Vorstände der Berufsgenossenschaften gerichtete Rundschreiben vom 24. Dezember 1887 Ziffer 2 (Amtliche Nachrichten des R. V. A. 1888 Seite 3) entsprechende Anwendung zu finden haben.

3. Bei der im § 6 der Geschäftsanweisung zugelassenen Wiedereinziehung von überhobenen Rentenbeträgen wird nach den in dem Bescheide 690 (Amtliche Nachrichten des R. V. A. 1889 Seite 167) betonten Gesichtspunkten mit möglichster Schonung des Rentenberechtigten vorzugehen sein.

4. Für diejenigen Versicherungsanstalten, welche von der eigenen Herstellung der Muster absehen wollen, wird ergebenst bemerkt, daß letztere in vorschriftsmäßiger Form und Ausstattung (zu vergleichen § 8 der Geschäftsanweisung) von der Buchhandlung von A. Asher & Co. in Berlin, Unter den Linden Nr. 13, zu Partiepreisen zu beziehen sind.

5. Das in den Mustern auf der linken Seite des Kopfes vorgesehene Renten- bezw. Erstattungszeichen, dessen Zusammensetzung und Bedeutung in den Vorschriften über die Art und Form der Rechnungsführung vom 1. Dezember 1899 erläutert wird, ist in deutlicher und kräftiger Schrift einzutragen, damit die Auffindung des Berechtigten in den Listen nicht erschwert wird.

6. In Spalte IIb der Muster A 1, J 1 und K 1 sind die Rentenberechtigten nur dann aufzuführen, wenn für dieselben eine andere Person (Vormund, Pfleger ꝛc.) die Rente in Empfang nimmt. Ist der Rentenberechtigte zugleich der Empfänger, so genügt in Spalte IIb ein kurzer Hinweis auf den Zahlungsempfänger.

7. In den Mustern A 2, J 2 und K 2 sind die am häufigsten eintretenden Fälle der einmaligen Zahlungen vorgedruckt.

Bemerkt wird noch, daß die gemäß §§ 18 ff. des Invalidenversicherungsgesetzes von den Versicherungsanstalten zu erstattenden Kosten des Heilverfahrens nicht vorschußweise durch die Post gezahlt werden dürfen (zu vergleichen §§ 123, 128 und 173 a. a. O.).

8. Das Rundschreiben vom 29. April 1895 (Amtliche Nachrichten des R. V. A. J. u. A. V. 1895 Seite 115) tritt mit dem 1. Januar 1900 außer Kraft; dagegen behalten der Bescheid vom 3. März 1892, betreffend die Auszahlung von Renten in ausländischen Grenzbezirken (a. a. O. 1892 Seite 42), und das Rundschreiben vom 2. Januar 1895, betreffend die Zahlung von Abfindungssummen an im Auslande lebende Ausländer — R. V. A. $\frac{\text{II. 7 758}}{\text{I. 32 448}}$ —, auch fernerhin Geltung.

Das Reichs-Versicherungsamt.
Abtheilung für Invaliditäts- und Altersversicherung.
Gaebel.

Anlage VII.

Bekanntmachung,

betreffend die für die Invalidenversicherung zu verwendenden Beitragsmarken. Vom 27. Oktober 1899.

Auf Grund des § 130 in Verbindung mit § 194 des Invalidenversicherungsgesetzes vom 13. Juli 1899 (Reichs-Gesetzbl. Seite 463) werden über die zum Zweck der Beitragserhebung von den Versicherungsanstalten auszugebenden Marken folgende Bestimmungen erlassen:

I. Arten und Gültigkeitsdauer.

1. Von jeder Versicherungsanstalt sind in jeder der fünf Lohnklassen Marken für eine Woche, für zwei Wochen und für dreizehn Wochen (letztere in der Regel zur Beitragsleistung für ein Vierteljahr ausreichend) auszugeben.

Der Geldwerth der Marken beträgt hiernach:

	f. 1 Woche	f. 2 Wochen	f. 13 Wochen
in der Lohnklasse I (Jahresarbeitsverdienst bis zu 350 Mark einschließlich)	14 Pfg.	28 Pfg.	1 Mk. 82 Pfg.,
in der Lohnklasse II (Jahresarbeitsverdienst von mehr als 350 bis zu 550 Mark einschließlich)	20 Pfg	40 Pfg.	2 Mk. 60 Pfg.,
in der Lohnklasse III (Jahresarbeitsverdienst von mehr als 550 bis zu 850 Mk. einschließlich)	24 Pfg.	48 Pfg.	3 Mk. 12 Pfg.,
in der Lohnklasse IV (Jahresarbeitsverdienst von mehr als 850 bis zu 1150 Mk. einschließlich)	30 Pfg	60 Pfg.	3 Mk. 90 Pfg.,
in der Lohnklasse V (Jahresarbeitsverdienst von mehr als 1150 Mark)	36 Pfg.	72 Pfg.	4 Mk 68 Pfg.

2. Die auf Grund der Bekanntmachung vom 9 September 1890 (Amtliche Nachrichten des R. V. A. J. u. A. V. 1891 Seite 2) angefertigten einfachen Beitragsmarken bleiben weiter verwendbar. Wegen des Wegfalls der bisherigen mit Zusatzmarken verbundenen Beitragsmarken (Doppelmarken) wird auf die besondere Bekanntmachung vom 27. Oktober 1899 verwiesen.

II. Unterscheidungsmerkmale.

A. Einwochenmarken.

3. Die Marken für eine Woche sind in Form eines Rechtecks auf weißem Papier, und zwar die Marken
der Lohnklasse I in rothem Druck,
der Lohnklasse II in blauem Druck,
der Lohnklasse III in grünem Druck,
der Lohnklasse IV in rothbraunem Druck,
der Lohnklasse V in gelbem Druck
herzustellen.

4. Ihre Breite beträgt 23,5 mm, ihre Höhe 14 mm,

5. Die Lohnklasse wird durch dunkle römische Zahlen auf hellem Grunde, der Geldwerth durch helle arabische Zahlen und helle lateinische Buchstaben auf dunklem Grunde bezeichnet.

6. Die Marken tragen den Reichsadler und enthalten auf einem weißen Streifen, welcher die Marken
der Lohnklasse I in der Mitte,
der Lohnklasse II unten,

der Lohnklasse III von links oben nach rechts unten,
der Lohnklasse IV von links unten nach rechts oben,
der Lohnklasse V oben

durchzieht, die Bezeichnung der ausgebenden Versicherungsanstalt mit lateinischen Buchstaben in schwarzem Druck.

7. Im Uebrigen ist die Form und Zeichnung der Beitragsmarken für eine Woche aus den nachstehenden Mustern, in denen auch der Name der ausgebenden Versicherungsanstalt probeweise abgedruckt ist, ersichtlich:

(Folgen fünf Muster.)

B. Zweiwochenmarken.

8. Die Beitragsmarken für zwei Wochen sind in Form eines Rechtecks auf weißem Papier in den Abmessungen der Marken für eine Woche (zu vergleichen Ziffer 4) anzufertigen.

9. Die Marken bestehen aus zwei Abtheilungen.

Der linksseitige, in der Farbe der Lohnklasse (zu vergleichen Ziffer 3) gedruckte Theil zeigt oben links und unten rechts je ein ungleichseitiges Dreieck, von denen das obere in hellen arabischen Ziffern und hellen lateinischen Buchstaben auf dunklem Grunde die Bezeichnung des Geldwerthes, das untere in dunklen römischen Ziffern auf hellerem Grunde die Bezeichnung der Lohnklasse trägt, während der zwischen beiden Dreiecken befindliche weiße Raum den Namen der ausgebenden Versicherungsanstalt mit lateinischen Buchstaben in schwarzem Druck enthält.

Der rechtsseitige, für alle Lohnklassen in silbergrauer Farbe gedruckte Theil zeigt in seinem oberen Felde den Reichsadler, im unteren Felde die Worte „Zwei Wochen“ in lateinischen Buchstaben.

10. Im Uebrigen ist die Form und Zeichnung der Marke für zwei Wochen aus dem nachstehenden Muster zu ersehen:

(Folgt ein Muster.)

C. Dreizehnwochenmarken.

11. Die Beitragsmarken für dreizehn Wochen sind in Form eines hochgestellten Rechtecks von der dreifachen Größe der Einwochenmarken auf weißem Papier herzustellen. Somit beträgt die Breite 23,5 mm, die Höhe 42 mm.

12. Das Mittelfeld der Marken, welche in den unter 3 bezeichneten Farben der betreffenden Lohnklasse zu drucken sind, besteht aus einem länglichen, durch ein 4 mm breites Band getheilten Sechseck. Der obere größere Theil dieses Mittelfeldes enthält den Reichsadler, der untere kleinere Theil in dunklen lateinischen Buchstaben die Worte „Dreizehn Wochen“. In das Band des Mittelfeldes ist die Bezeichnung des Geldwerthes mit arabischen Ziffern und lateinischen Buchstaben in violetter Farbe eingedruckt. Um das Mittelfeld sind oben und unten in den Ecken je zwei weiße quadratische Felder angebracht, in welche die Nummer der Lohnklasse mit römischen Ziffern in violetter Farbe eingedruckt ist. Unmittelbar unter der oberen Umrahmungslinie durchzieht die Marken in der ganzen Breite ein 3 mm hohes weißes Feld, das den Namen der ausgebenden Versicherungsanstalt in schwarzer Farbe und lateinischen Buchstaben enthält.

13. Im Uebrigen ist die Form und Zeichnung der Marke für dreizehn Wochen aus folgendem Muster ersichtlich:

(Folgt ein Muster.)

III. Sonstige Bestimmungen.

14. Die Bezeichnung der ausgebenden Versicherungsanstalt erfolgt auf sämmtlichen Marken in der nachstehenden abgekürzten Form:

Ostpreußen, Westpreußen, Berlin, Brandenburg, Pommern, Posen, Schlesien, Sachsen-Anhalt, Schleswig-Holstein, Hannover, Westfalen, Hessen-Nassau, Rheinprovinz, Oberbayern, Niederbayern, Pfalz, Oberpfalz, Oberfranken, Mittelfranken, Unterfranken, Schwaben, Kgr. Sachsen, Württemberg, Baden, Großherzogthum Hessen, Mecklenburg, Thüringen, Oldenburg, Braunschweig, Hansestädte, Elsaß-Lothringen

15. Zum Druck sämmtlicher Beitragsmarken ist reines Lumpenpapier zu verwenden, welches fein gemahlen, in der Durchsicht gleichmäßig sein und eine Reißlänge von wenigstens 3000 m, eine Dehnung von mindestens 1,9 vom Hundert und einen Aschengehalt von höchstens 12 vom Hundert haben muß.

16. Das Markenpapier ist mit einem unsichtbaren Aufdruck zu versehen, der die Möglichkeit gewährt, die Echtheit der Marken jederzeit zu prüfen. Die Verwendung eines Wasserzeichens an Stelle des Aufdrucks bedarf der besonderen Genehmigung des Reichs-Versicherungsamts.

17. Die Marken für eine Woche und für zwei Wochen sind in Bogen zu je 100 Stück (je 10 über- und nebeneinander) herzustellen. Die genaue Größe der bedruckten Fläche eines Markenbogens muß in den Durchlochungslinien gemessen 235×140 mm betragen.

Die Marken für dreizehn Wochen sind in Bogen zu je 30 Stück (je 10 Stück neben- und je 3 Stück übereinander) herzustellen. Die genaue Größe eines Markenbogens muß in den Durchlochungslinien gemessen 235×125 mm betragen.

Die Ränder der Marken sind mit Bohrlöchern zu versehen, so daß die Lostrennung der Marken ohne Zuhülfenahme eines Schneidewerkzeugs durch bloßes Abreißen bewirkt werden kann. Auf der Rückseite sind die Markenbogen mit bestem Klebstoff zu versehen.

18. Sofern Beitragsmarken nicht durch die Reichsdruckerei angefertigt sind, müssen dem Reichs-Versicherungsamt vor der Ausgabe Probestücke zur Prüfung vorgelegt werden.

Berlin, den 27. Oktober 1899.

Das Reichs-Versicherungsamt.
Abtheilung der Invaliditäts- und Altersversicherung.
Gaebel.

Anlage VIII.

a. Bekanntmachung,

betreffend die Einrichtung der Quittungskarten für die Invalidenversicherung. Vom 10. November 1899.

Auf Grund des § 132 Absatz 1 und des § 135 Absatz 2 des Invalidenversicherungsgesetzes hat der Bundesrath über die Einrichtung der Quittungskarten für die Invalidenversicherung unter theilweiser Abänderung der geltenden einschlägigen Vorschriften folgende Bestimmungen beschlossen:

1. Für die Selbstversicherung und deren Fortsetzung (§ 14 Absatz 1) sind besondere Quittungskarten von grauer Farbe zu verwenden.

Wer hierfür andere Quittungskarten unbefugt verwendet, kann, sofern nicht nach anderen gesetzlichen Vorschriften eine härtere Strafe eintritt, von der unteren Verwaltungsbehörde und da, wo die Beitragskontrole Rentenstellen übertragen ist, von deren Vorsitzenden mit einer Ordnungsstrafe bis zu zwanzig Mark belegt werden.

2. Die Quittungskarten sind, in Stoff und Format den bisherigen Quittungskarten entsprechend, für die Versicherungspflicht einerseits in gelber Farbe und für die Selbstversicherung andererseits in grauer Farbe nach den anliegenden Formularen A und B herzustellen.

3. Den zur Selbstversicherung oder deren Fortsetzung berechtigten Personen ist vom 1. Januar 1900 ab bei Ertheilung einer neuen Quittungskarte eine solche nach Formular B auszustellen, sofern sie nicht den Nachweis führen, daß für sie früher auf Grund der Versicherungspflicht Beiträge entrichtet worden sind.

4. Die Gültigkeitsdauer der Quittungskarte für versicherungspflichtige Personen (Formular A) kann durch Abstempelung verlängert werden. Die hierzu befugte Stelle wird von der Landes-Zentralbehörde bezeichnet. Die Verlängerung darf nur während der Gültigkeitsdauer der Karte und zwar einmal für ein oder für zwei weitere volle Jahre nach dem Ausstellungstag und nur dann erfolgen, wenn für die Zeit vom Ausstellungstag ab mindestens zwanzig Beitragswochen, einschließlich der denselben gemäß § 46 Absatz 2 gleich zu behandelnden Zeiten, nachgewiesen sind. Der Verlängerungsvermerk ist auf der Innenseite der Karte unter Beifügung des Datums und der Verlängerungsdauer im unmittelbaren Anschluß an die bereits geklebten Marken handschriftlich oder durch Stempel anzubringen.

Karten, deren fortdauernde Gültigkeit auf einer Anerkennung des Vorstandes der Versicherungsanstalt beruht (§ 135 Absatz 1 Satz 2), dürfen nicht verlängert werden.

5. Quittungskarten alten Musters dürfen nach dem 1. Januar 1900 nicht mehr ausgegeben werden.

Die am Schlusse des Jahres 1899 in Benutzung befindlichen Quittungskarten dürfen nach dem 1. Januar 1900, und zwar auch für die Selbstversicherung und deren Fortsetzung, innerhalb zweier Jahre nach dem Tage ihrer Ausstellung (§ 135 Absatz 1) zur Beitragsentrichtung noch verwendet werden. Bei der Aufrechnung dieser Karten ist aber durch die Aufrechnungsstelle nicht die Zahl der Beitragsmarken, sondern die Zahl der durch Marken der einzelnen Lohnklassen nachgewiesenen Beitragswochen, nöthigenfalls unter Hinzufügung einer besonderen Spalte für Lohnklasse V, anzugeben und die hierzu erforderliche Abänderung des Vordrucks handschriftlich vorzunehmen.

Berlin, den 10. November 1899.

Der Reichskanzler. In V. Graf von Posadowsky.

b. Bekanntmachung,

betreffend die nach dem Invalidenversicherungsgesetz für die Selbstversicherung zu verwendenden besonderen Quittungskarten (Formulare B).

Nach Ziffern 1, 2 der Bekanntmachung vom 10. November 1899 (Reichs-Gesetzblatt Seite 667) müssen die auf Grund des Invalidenversicherungsgesetzes für die Selbstversicherung und deren Fortsetzung vom Bundesrath vorgeschriebenen besonderen Quittungskarten (Formular B) in Stoff und Format den bisherigen Quittungskarten entsprechen und grau gefärbt sein.

Jene besonderen Quittungskarten sind demgemäß aus einem Stoff herzustellen, welcher nicht mehr als 50 Prozent Cellulose enthalten darf; der Rest muß aus Leinen und Baumwolle derart zusammengesetzt sein, daß Leinen um mindestens 5 Prozent überwiegt. Der Stoff muß eine mittlere Reißlänge von 4500 m und eine mittlere Dehnung von 4 Prozent haben, bei der Verbrennung einen Aschengehalt von nicht mehr als 4 Prozent zurücklassen und im Quadratmeter ein Gewicht von 277 bis 283, im Durchschnitt 280 g aufweisen.*)

Die graue Färbung ist durch Zutheilen von naturblauer Leinenfaser zum Stoff und Abtönen mit Miloriblau und Chromgelb herzustellen.

Berlin, den 4. Januar 1900.

Der Reichskanzler. Im Auftrage: von Woedtke.

Anlage IX.

Bekanntmachung,

betreffend die Entwerthung und Vernichtung der Marken bei der Invalidenversicherung. Vom 9. November 1899.

Auf Grund der §§ 141, 144, 148, 149, 152, 158, 160, 163 des Invalidenversicherungsgesetzes hat der Bundesrath über die Entwerthung und Vernichtung der Marken bei der Invalidenversicherung nachstehende Vorschriften beschlossen:

1. Arbeitgeber und Versicherte, welche Marken in die Quittungskarten einkleben, sind zur Entwerthung dieser Marken, soweit sie nur für eine Woche gelten, befugt, soweit sie aber für mehr als eine Woche gelten, verpflichtet.

Durch die Landes-Zentralbehörde kann angeordnet werden, daß bei der freiwilligen Versicherung (§§ 14, 145 des Invalidenversicherungsgesetzes) die Versicherten zur Entwerthung auch derjenigen Marken verpflichtet sind, welche nur für eine Woche gelten.

2. Die die Beiträge einziehenden Stellen (Krankenkassen, Knappschaftskassen, Gemeindebehörden und andere von der Landes-Zentralbehörde bezeichnete Stellen, örtliche von der Versicherungsanstalt eingerichtete Hebestellen) sind verpflichtet, die den eingezogenen Beiträgen entsprechenden Marken zu entwerthen.

Die gleiche Verpflichtung liegt denjenigen Beamten, welche im Wege des Berichtigungsverfahrens Marken verwenden, bezüglich dieser Marken ob.

3. Werden Quittungskarten zur Verlängerung ihrer Gültigkeitsdauer vorgelegt, so ist die Verlängerungsstelle verpflichtet, alle darin befindlichen Marken, soweit sie noch nicht entwerthet sind, zu entwerthen und zugleich auf der Innenseite der Karte handschriftlich oder durch Stempel die Gesammtzahl der in der Karte befindlichen Marken zu vermerken.

4. Diejenigen Organe der Versicherungsanstalten, Behörden oder Beamten, welche die Kontrole der Beitragsentrichtung ausüben, sind befugt, alle in den Quittungskarten befindlichen Marken zu entwerthen, welche noch nicht entwerthet sind.

5. Die Entwerthung der Marken liegt in den Fällen zu 1 und 2 demjenigen ob, welcher die Marken einzukleben hat; im Falle der Entwerthungspflicht soll sie alsbald nach der Einklebung erfolgen.

---

*) Diese Vorschriften entsprechen, soweit sie den Stoff der grauen Quittungskarten betreffen, durchweg den für die gelben Quittungskarten erlassenen Bestimmungen, welche für diese bestehen bleiben (zu vgl. Bekanntmachungen des Reichskanzlers vom 13. Juli 1893 — Amtliche Nachrichten des R. V. A. J. u. A. V. 1893 Seite 133 — und vom 8. Juni 1898 — Amtliche Nachrichten a. a. O. 1898 Seite 366 —).

6. Die Entwerthung darf nur in der Weise erfolgen, daß auf den einzelnen Marken handschriftlich oder durch Stempel der Entwerthungstag in Ziffern, z. B. für den 15. März 1900 „15. 3. 00" oder für den 10. Februar 1901 „10. 2. 01", deutlich angegeben wird. Zur Entwerthung ist Tinte oder ein ähnlicher festhaltender Farbstoff zu verwenden.

Für das Einzugsverfahren, das Berichtigungsverfahren, die Verlängerung und die Beitragskontrole kann die Landes-Zentralbehörde eine andere Art der Entwerthung vorschreiben oder zulassen.

Andere Entwerthungszeichen sind unzulässig.

7. Marken, welche nicht bereits anderweit entwerthet worden sind, müssen entwerthet werden, sobald die die Marken enthaltende Quittungskarte zum Umtausch eingereicht ist. Diese Entwerthung liegt den Vorständen der Versicherungsanstalten oder anderen von der Landes-Zentralbehörde bezeichneten Stellen ob; sie ist, sofern sie etwa versäumt sein sollte, von jeder Behörde, an welche die Karte nach dem Umtausche gelangt, nachzuholen. Die Form der Entwerthung bleibt der entwerthenden Stelle überlassen Auf der Außenseite der Karte ist handschriftlich oder durch Stempel der Vermerk „Entwerthet" zu setzen und die entwerthende Stelle zu bezeichnen.

8. Bei der Entwerthung dürfen die Marken nicht unkenntlich gemacht werden, insbesondere müssen der Geldwerth, die Lohnklasse und der Name der Versicherungsanstalt ersichtlich bleiben.

9. Wer den vorstehenden oder den von der Landes-Zentralbehörde gemäß Ziffer 6 Absatz 2 getroffenen Anordnungen zuwiderhandelt, kann für jeden Fall, sofern nicht nach anderen Vorschriften eine höhere Strafe verwirkt ist, von der unteren Verwaltungsbehörde und da, wo die Beitragskontrole Rentenstellen übertragen ist, von deren Vorsitzenden mit einer Ordnungsstrafe bis zu zwanzig Mark belegt werden.

10. Die Bestimmungen über die Verpflichtung der Hausgewerbetreibenden der Tabakfabrikation und der Textilindustrie, die für sich und ihre Hülfspersonen verwendeten Marken zu entwerthen (Bekanntmachungen vom 16. Dezember 1891, 1. März 1894 und 9. November 1895, Reichs-Gesetzblatt Seite 395, 324 und 452), bleiben in Kraft.

Auf Zuwiderhandlungen findet die Strafbestimmung der Ziffer 9 Anwendung.

11. Die Vernichtung der Marken erfolgt dadurch, daß sie durch einen darauf gesetzten Vermerk als ungültig erklärt werden. Dabei ist auf die Außenseite der Quittungskarte handschriftlich oder durch Stempel unter Einrückung der Zahl der vernichteten Marken der Vermerk „. . . . Marken vernichtet" sowie die Bezeichnung der die Vernichtung vornehmenden Stelle zu setzen.

12. Diese Vorschriften treten vom 1. Januar 1900 ab an die Stelle der in der Bekanntmachung vom 24. Dezember 1891 (Reichs-Gesetzblatt Seite 399) veröffentlichten Vorschriften.

Berlin, den 9. November 1899.

Der Reichskanzler.

J. V.: Graf von Posadowsky.

Anlage X.

Anweisung,

betreffend das Verfahren bei der Ausstellung und dem Umtausch, sowie bei der Erneuerung (Ersetzung) und der Berichtigung von Quittungskarten §§ 131 ff., 158, 160 des Invalidenversicherungsgesetzes vom 19. Juli 1899, R.G.Bl. S. 463.)

I. Theil.

Stellen für die Ausstellung, den Umtausch und die Erneuerung von Quittungskarten. Formulare der Quittungskarten.

I. Die Ausstellung und der Umtausch der Quittungskarten (§ 134 des Gesetzes), sowie die Ersetzung verlorener, unbrauchbar gewordener oder zerstörter Quittungskarten durch neue (§ 136 des Gesetzes) erfolgt vorbehaltlich der Vorschrift des § 151 Ziff. 1 des Gesetzes durch die Ortspolizeibehörden. In Ortspolizeibezirken, welche mehrere Gemeinden oder selbständige Gutsbezirke umfassen, sind die Ortspolizeibehörden mit Genehmigung des Regierungspräsidenten befugt, die Wahrnehmung der bezeichneten Obliegenheiten den Gemeindevorständen (Gutsvorstehern) zu übertragen.

Sofern für die Verwaltung der Ortspolizei besondere örtliche Bezirke (Polizeireviere) bestehen, sind die Vorstände dieser Bezirke zur Ausstellung u. s. w. der Quittungskarten verpflichtet.

Bildet der Gemeindevorstand ein Kollegium, so hat er, wenn ihm die Ausstellung u. s. w. der Quittungskarten übertragen ist, hierfür einen Kommissar zu bestellen. Auf Gemeinden, für deren Verwaltung besondere örtliche Bezirke (Distrikte) errichtet sind, findet die Bestimmung des vorhergehenden Absatzes entsprechende Anwendung.

Die Gemeinden (Gutsbesitzer) sowie die Kreisverbände (Oberamtsbezirke) sind befugt, für ihre Bezirke auf ihre Kosten, an Stelle der vorbezeichneten Behörden oder neben denselben, für die Wahrnehmung des Kartengeschäftes besondere Beamte zu bestellen. Der Beschluß bedarf der Genehmigung des Regierungspräsidenten, für den Stadtkreis Berlin des Oberpräsidenten. Diese Beamten sind befugt, ein Siegel zu führen, das den preußischen Adler und die Umschrift: „Ausgabestelle für Quittungskarten in . . . . ." enthält.

II. Verpflichtet zur Ausstellung u. s. w. der Quittungskarten ist diejenige Stelle, in deren Bezirk der Versicherte bei Stellung des Antrags auf Ausstellung u. s. w der Karte beschäftigt ist oder, sofern er eine Beschäftigung nicht hat, die Stelle, in deren Bezirk er wohnt oder sich aufhält. Findet die Beschäftigung vorübergehend im Auslande, aber in einem Betriebe statt, dessen Sitz im Inlande belegen ist, so ist zur Ausstellung der Quittungskarte diejenige Stelle verpflichtet, in deren Bezirk der Sitz des Betriebes gelegen ist. Zur Ausstellung u. s. w. der Quittungskarten für Hausgewerbetreibende, auf welche gemäß § 2 des Gesetzes die Versicherungspflicht durch Beschluß des Bundesraths erstreckt ist, ist diejenige Stelle verpflichtet, in deren Bezirk der Betriebssitz des Hausgewerbetreibenden gelegen ist.

III. Sofern bei Durchführung der Bestimmungen der §§ 135, 163 die Ausstellung, der Umtausch oder die Erneuerung von Quittungskarten erforderlich wird, sind die Vorstände der Versicherungsanstalten und deren Kontrolbeamten befugt, die Ausstellung, den Umtausch und die Erneuerung der Quittungskarten vorzunehmen.

IV. Die Formulare der Quittungskarten sind durch Beschluß des Bundesraths vom 10. November 1899 festgestellt. Quittungskarten in gelber Farbe (Formular A) werden für versicherungspflichtige Personen und solche Personen, welche, nachdem ihre Versicherungspflicht aufgehört hat, die Versicherung freiwillig fortsetzen (Weiterversicherung) ausgestellt. Hiernach sind für Personen, welche en weder zu Anfang oder im Laufe der Versicherung eine gelbe Quittungs'arte nach dem Formular A erhalten haben, für die Folge ohne Rücksicht, ob sie versicherungspflichtig sind oder sich freiwillig weiter versichern, stets gelbe Quittungskarten auszustellen. Quittungskarten in grauer Farbe (Formular B) werden solchen Personen ausgestellt, welche auf Grund des Rechts zur Selbstversicherung freiwillig in die Versicherung eintreten oder diese fortsetzen Wird der Inhaber einer grauen Quittungskarte (Formular B) versicherungspflichtig, so hat er seine Quittungskarte gegen eine gelbe Quittungskarte (Formular A) umzutauschen und für die Folge stets ge be Quittungskarten zu erhalten.

Wer für die Selbstversicherung und deren Fortsetzung unbefugt andere als graue Quittungskarten verwendet, kann, sofern nicht nach anderen gesetzlichen Vorschriften eine härtere Strafe eintritt. von der unteren Verwaltungsbehörde und da, wo die Beitragskontrole Rentenstellen übertragen ist, von deren Vorsitzenden mit einer Ordnungsstrafe bis zu zwanzig Mark belegt werden.

Quittungskarten alten Musters dürfen nach dem 1 Januar 1900 für die Ausstellung, dem Umtausch und die Erneuerung (Ersetzung) von Quittungskarten nicht mehr verwendet werden. Die am Schlusse des Jahres 1899 in Benutzung befindlichen Quittungskarten dürfen nach dem 1. Januar 1900, und zwar auch für die Selbstversicherung und deren Fortsetzung innerhalb zweier Jahre nach dem Tage ihrer Ausstellung (§ 135 Abs. 1) zur Beitragsentrichtung noch verwendet werden. Bei Aufrechnung dieser Karten ist aber durch die Aufrechnungsstelle nicht die Zahl der Beitragsmarken, sondern die Zahl der durch Marken der einzelnen Lohnklassen nachgewiesenen Beitragswochen, nöthigenfalls unter Hinzuziehung einer besonderen Spalte für Lohnklasse V, anzugeben und die hierzu erforderliche Abänderung des Vordrucks handschriftlich vorzunehmen.

Den zur Selbstversicherung oder deren Fortsetzung berechtigten Personen ist vom 1. Januar 1900 ab bei Ertheilung einer neuen Quittungskarte eine solche nach Formular B auszustellen, sofern sie nicht den Nachweis führen, daß für sie früher auf Grund der Versicherungspflicht Beiträge entrichtet worden sind.

II. Theil.

Quittungskarten für die Versicherungspflicht und ihre Fortsetzung.

(Formular A.)

1. Abschnitt. Ausstellung der ersten Quittungskarte. (Formular A.)

V. Die erste Quittungskarte (Formular A) wird solchen Personen ausgestellt, welche auf Grund des Versicherungszwanges (§§ 1, 2 des Gesetzes) neu in die Versicherung eintreten. Für Personen, welche einer zugelassenen Kasseneinrichtung (§§ 8, 10, 11 des Gesetzes) angehören, sowie für angemusterte Seeleute werden Quittungskarten nicht ausgestellt. Die Ausstellung der Quittungskarten erfolgt, sofern nicht in Einzelfällen abweichende Anordnungen ergehen, nur auf Antrag des Versicherten oder seines Arbeitgebers (§ 131 des Gesetzes). Vor der Ausstellung ist zu prüfen, ob die Person, für welche die Karte ausgestellt werden soll, zum Eintritt in die Versicherung verpflichtet ist. Als Anhalt für diese Prüfung dient die Anleitung des Reichs-Versicherungsamts betreffend den Kreis der nach dem Invalidenversicherungsgesetz versicherten Personen.

VI. Thatsachen, welche sich auf das Recht zum Eintritt in die Versicherung und demgemäß zum Empfange einer ersten Quittungskarte beziehen, hat die um Ausstellung der Karte ersuchte Stelle zu berücksichtigen, soweit sie ihr amtlich bekannt sind. Im Uebrigen ist die Stelle zwar berechtigt, aber nicht verpflichtet, von Amtswegen weitere, das Vorhandensein solcher Thatsachen betreffende Ermittelungen anzustellen. Soweit derartige Ermittelungen vorgenommen werden, sind sie auf dem kürzesten Wege unter thunlichster Vermeidung von Weiterungen und Kosten zu veranlassen.

Nach Maßgabe ihrer amtlichen Kenntniß und nach dem Ergebniß der Ermittelungen hat sich die Ausgabestelle darüber schlüssig zu machen, ob sie die Quittungskarte ausstellen oder die Ausstellung ablehnen will. Dabei ist grundsätzlich thunlichstes Entgegenkommen zu bethätigen. Bleibt die Zulässigkeit der Ausstellung zweifelhaft und lassen sich die Zweifel nicht alsbald beseitigen, so hat die Ausgabestelle die für ihren Bezirk zuständige Versicherungsanstalt unter Mittheilung der die Zweifel begründenden Umstände um eine Aeußerung binnen einer kurz bemessenen Frist zu ersuchen. Ist die Versicherungsanstalt mit der Ausstellung der Karte einverstanden oder geht eine Aeußerung von ihr binnen der gesetzten Frist nicht ein, so hat die Ausgabestelle die Karte alsbald auszustellen.

Widerspricht dagegen die Versicherungsanstalt der Ausstellung, so ist die Sache als Streitigkeit im Sinne der §§ 155, 156 des Gesetzes zu behandeln, kurzer Hand an die zur Entscheidung zuständige Verwaltungsbehörde abzugeben und die endgültige Erledigung dieser Streitigkeit abzuwarten. Je nach dem Ergebniß dieses Verfahrens ist die Ausstellung der Quittungskarte, sofern sie noch nicht erfolgt war, vorzunehmen oder endgültig abzulehnen. War die Karte aber bereits ausgestellt, so ist nöthigenfalls die Einziehung der Karte und die Vernichtung der etwa verwendeten Marken nach Maßgabe des § 158 des Gesetzes zu veranlassen.

Wird die Ausstellung der Karte aus anderen Gründen als wegen bestehender Zweifel über die Versicherungspflicht abgelehnt, so steht dem Antragsteller die Beschwerde im Aufsichtswege zu.

VII. Bei der Ausfüllung des Formulars ist in folgender Weise zu verfahren:

Neben dem am Kopf der Karte befindlichen Vermerk „Versicherungsanstalt" ist der Name derjenigen Anstalt einzutragen, in deren Bezirk der Versicherte bei Ausstellung der Karte beschäftigt ist, bei versicherungspflichtigen Hausgewerbetreibenden (§ 2 des Gesetzes) der Name derjenigen Anstalt, in deren Bezirk sich der Betriebssitz des Hausgewerbetreibenden befindet. Bei der Schiffsbesatzung deutscher Seefahrzeuge ist, soweit Quittungskarten überhaupt ausgestellt werden (V), der Name der Versicherungsanstalt einzutragen, in deren Bezirk sich der Heimathshafen des Schiffes befindet. Findet die Beschäftigung vorübergehend im Ausland, aber in einem Betriebe statt, dessen Sitz im Inlande belegen ist, so ist der Name derjenigen Versicherungsanstalt einzutragen, in deren Bezirk der Sitz des Betriebes gelegen ist.

Für das Personal ausländischer Binnenschiffe ist der Name derjenigen Versicherungsanstalt einzutragen, in deren Bezirk das Schiff beim Ueberfahren der Grenze zuerst eintritt. Hiernach kommen in Betracht für den Rhein und die Saar die Versicherungsanstalt Rheinprovinz, für den Rhein—Rhône- und den Rhein-Marne-Kanal die Versicherungsanstalt Elsaß-Lothringen, für die

Elbe die Versicherungsanstalt Königreich Sachsen und für die Weichsel die Versicherungsanstalt Westpreußen.

Sodann ist die Bezeichnung der die Quittungskarte ausstellenden Stelle (z. B „Ausgabestelle in ......", „Amtsvorsteher in .....", „Orts-Krankenkasse in .....") und das Datum, an welchem die Karte ausgestellt wird, einzutragen. Der Unterschrift des ausstellenden Beamten bedarf es nicht. Neben diese Eintragungen ist rechts oben an der durch den Vordruck bezeichneten Stelle das Dienstsiegel der Ausfertigungsstelle in Blau- oder Schwarzdruck abzudrucken.

Der Vermerk für die Eintragung der Listennummern ist da, wo solche Listen über die ausgestellte Karte nicht geführt werden, zu durchstreichen. Eine Verpflichtung zur Führung solcher Listen besteht zwar nicht, doch empfiehlt sich ihre freiwillige Anlegung und Fortführung.

Die Ausfüllung des Vermerks „Verwendbar für die Zeit seit dem . . ten" hat nur zu erfolgen, wenn in die Karte für die Zeit vor ihrer Ausstellung, z. B. bei nachträglicher Feststellung der Versicherungspflicht, oder bei unterbliebener rechtzeitiger Ausstellung der Quittungskarte, Marken einzukleben sind. Die Ausgabestellen haben zur Vermeidung nachträglicher Berichtigungen vor Ausfertigung jeder Quittungskarte den Versicherten zu befragen, ob in die Karte Marken für eine vor dem Ausstellungstage liegende Zeit eingeklebt werden sollen. Im Uebrigen ist bei Ausfüllung des Vermerks mit besonderer Vorsicht zu verfahren, da die Gefahr naheliegt, daß Personen, welche sich nachträglich die Möglichkeit eröffnen wollen, Anspruch auf eine Rente oder auf eine höhere Rente zu erheben, Anträge auf Ausfüllung stellen. Es sind daher die thatsächlichen Verhältnisse sorgfältig zu prüfen und nöthigenfalls die Versicherungsanstalten, die nachträglich belastet werden sollen, zu hören. Ein mehr als vier Jahre zurückliegender Zeitpunkt darf nicht eingetragen werden (§ 146 des Gesetzes).

Der Vermerk ist, sofern er nicht ausgefüllt werden soll, zu durchstreichen; auf die Gültigkeitsdauer der Karte hat er keinen Einfluß, diese richtet sich vielmehr stets nach dem Tage der Ausstellung.

Die Karte erhält die Nummer 1.

Sodann sind Vor- und Zunahme, Berufsstellung, Geburtsort und Geburtszeit sowie der Wohnort nebst Straße, Hausnummer des Inhabers einzutragen Bei Frauen ist nicht der Vorname des Mannes, sondern der Vorname der Frau, ferner der Zuname des Mannes und der Geburtsname der Frau einzutragen, z. B. Ehefrau (Wittwe) Clara Schulz geb. Schäfer. Bei Feststellung der Aufschrift ist zur Unterscheidung des Versicherten von anderen Personen besondere Sorgfalt geboten. Bei Angabe der „Berufsstellung" ist neben der allgemeinen Bezeichnung „Arbeiter", „Gehülfe", „Geselle" u. s. w. thunlichst auch der besondere Berufszweig, in welchem der Versicherte bei Ausstellung der Karte beschäftigt ist, einzutragen, z B. „landwirthschaftlicher Arbeiter", „Schlossergeselle" u. s. w Im Uebrigen ist zu beachten, daß Eintragungen oder Vermerke, welche durch das Gesetz nicht vorgesehen sind, unzulässig und strafbar sind (§§ 139, 184 a. a. O.). Insbesondere darf die Person des Arbeitgebers nicht in die Karte eingetragen werden.

Die Eintragungen sollen handschriftlich erfolgen, doch ist es zulässig, die Bezeichnung der ausstellenden Stelle durch Druck oder durch Verwendung eines Stempels und die Eintragung des Namens der Versicherungsanstalt am Kopfe der Karte durch Verwendung eines Stempels zu bewirken.

VIII Unmittelbar nach der Ausstellung ist die Karte auszuhändigen oder dem Versicherten durch Vermittelung des Arbeitgebers kostenlos zuzustellen.

2. Abschnitt: **Der Umtausch der Quittungskarten.** (Formular A.)

IX. Der Umtausch findet der Regel nach erst dann statt, wenn die für die Einklebung von Marken bestimmten Felder der Quittungskarte gefüllt sind oder die Gültigkeit der Quittungskarte erloschen ist (§§ 134, 135 des Gesetzes). Auf seine Kosten darf jedoch der Versicherte jederzeit die Ausstellung einer neuen Quittungskarte gegen Rückgabe der älteren Karte beanspruchen (§ 131 Absatz 3 des Gesetzes).

Bei dem Umtausch der Quittungskarte sind folgende Geschäfte zu unterscheiden:

A. **die Aufrechnung der alten Karte;**
B. **die Ausstellung der Bescheinigung über die aus der Aufrechnung sich ergebenden Endzahlen;**
C. **die Ausstellung der neuen Karte;**
D. **die Einsendung der aufgerechneten Karten an die zuständige Versicherungsanstalt.**

A. Die Aufrechnung der alten Karte.

X. Die Aufrechnung der alten Karte hat in unmittelbarem Anschluß an deren Rückgabe zu erfolgen.

Die Aufrechnung erfolgt auf der Innenseite der zurückgegebenen Quittungskarte an der durch den Vordruck bezeichneten Stelle; dabei ist Folgendes zu beachten:

1. Die in der aufzurechnenden Karte durch Marken nachgewiesenen Beitragswochen sind ohne Rücksicht darauf, ob die Marken auf verschiedene Versicherungsanstalten lauten, lediglich nach Lohnklassen zusammenzurechnen; das Zahlenergebniß ist für jede Lohnklasse getrennt in die für die betreffende Lohnklasse bestimmte Rubrik der Tabelle einzutragen.
2. An der vorgemerkten Stelle sind die bescheinigten Krankheiten und militärischen Dienstleistungen, welche innerhalb des Zeitraums vom Tage der Ausstellung der Karte bis zur Aufrechnung derselben nachgewiesen werden, nach dem Datum des Beginns und der Beendigung der einzelnen Krankheit oder militärischen Dienstleistung einzutragen.

   Die Einrechnung dieser Zeiten in die Zahl der ordentlichen Beitragswochen sowie die Zusammenrechnung der Dauer der einzelnen Krankheitsfälle oder militärischen Dienstleistungen ist bei Aufrechnung der Karte nicht zulässig. Reicht der Vordruck für Krankheitszeiten nicht aus, weil mehr als fünf Krankheitsfälle einzutragen sind, so können unter entsprechender handschriftlicher Aenderung des Vordrucks auch die für militärische Dienstleistungen bestimmten Rubriken, soweit diese für die letzteren nicht verwendet zu werden brauchen, zur Eintragung von Krankheitsfällen benutzt werden. Dasselbe gilt für den umgekehrten Fall.
3. Zum Nachweise einer Krankheit genügt die Bescheinigung des Vorstandes derjenigen Orts-, Betriebs- (Fabrik-), Bau- oder Innungskrankenkasse, derjenigen Knappschaftskasse, eingeschriebenen oder auf Grund landesrechtlicher Vorschriften errichteten Hülfskasse, beziehungsweise derjenigen Gemeindekrankenversicherung, welcher der Versicherte angehört hat (§§ 31 Absatz 1, 191 des Gesetzes). Für diejenige Zeit, welche über die Dauer der von den betreffenden Kassen zu gewährenden Krankenunterstützung hinausreicht, sowie für diejenigen Personen, welche einer derartigen Kasse nicht angehört haben, genügt die

Bescheinigung der Gemeindebehörde (§ 31 Absatz 1 des Gesetzes). Auch können für die in Reichs- und Staatsbetrieben beschäftigten Personen die Bescheinigungen über die Krankheit durch die vorgesetzte Dienstbehörde ausgestellt werden (§ 131 Absatz 2 des Gesetzes). Die Anerkennung sonstiger Nachweise (z. B ärztlicher Atteste, Zeugnisse von Krankenhäusern über die Krankheit u. s. w) ist jedoch nicht ausgeschlossen.

4. Der Nachweis militärischer Dienstleistungen erfolgt durch Vorlegung der Militärpapiere (§ 31 Abs. 3 des Gesetzes).

5. Für die Eintragung einer Krankheit ist im Einzelnen Folgendes zu beachten:

a) Krankheiten, welche durch Bescheinigungen der Kassenvorstände oder der Gemeindebehörden nachgewiesen werden (Ziff. 3), sind nur dann zu berücksichtigen, wenn sie auf dem durch Anweisung vom 16. Oktober 1899 vorgeschriebenen Formular ausgestellt sind.

Es sind ferner nur solche Krankheiten einzutragen, welche mindestens eine volle Beitragswoche (Montag bis einschließlich Sonntag) gedauert haben.

b) Krankheiten, welche die Erkrankten sich vorsätzlich oder bei Begehung eines durch strafgerichtliches Urtheil festgestellten Verbrechens, durch schuldhafte Betheiligung bei Schlägereien oder Raufhändeln oder durch Trunkfälligkeit zugezogen haben, sind nicht einzutragen, dagegen hat die Eintragung für solche Krankheiten, welche Versicherte sich durch geschlechtliche Ausschweifungen zugezogen haben, zu erfolgen.

c) Krankheiten von Personen, welche, nachdem die Versicherungspflicht fortgefallen ist, sich freiwillig weiterversichern, sind, soweit die Krankheiten in die Zeit der Weiterversicherung fallen, nicht zu berücksichtigen; das Gleiche gilt von Krankheiten bei denjenigen Personen, welche vor Beginn der Krankheit eine die Versicherungspflicht begründende Beschäftigung überhaupt nicht oder nur vorübergehend gehabt haben.

d) Ergiebt sich, daß der Erkrankte durch die Krankheit nicht verhindert gewesen ist, seine die Versicherungspflicht begründende Beschäftigung fortzusetzen, so ist die Eintragung abzulehnen Hierhin gehört auch der Fall, daß für die Dauer der Krankheit wegen Fortsetzung des die Versicherungspflicht begründenden Arbeits- oder Dienstverhältnisses Beitragsmarken entrichtet worden sind.

e) Bei Krankheiten, welche ununterbrochen länger als ein Jahr gedauert haben, ist die über diesen Zeitraum hinausreichende Dauer der Krankheit nicht einzutragen

f) Die an eine Krankheit sich anschließende, mit Erwerbsunfähigkeit verbundene Genesungszeit wird der Krankheit gleichgeachtet. Dasselbe gilt von einem regelmäßig verlaufenden Wochenbette für die Dauer der dadurch veranlaßten Erwerbsunfähigkeit, aber höchstens für sechs Wochen von der Entbindung an gerechnet.

6. Die Eintragung einer militärischen Dienstzeit ist zu versagen:

a) wenn es sich um militärische Dienstleistungen handelt, die nicht zur Erfüllung der Wehrpflicht stattgefunden haben; für die Dauer von Mobilmachungs- oder Kriegszeiten kommen jedoch auch solche Militärdienste in Anrechnung, die nicht zur Erfüllung der Wehrpflicht, sondern freiwillig geleistet worden sind;

b) wenn es sich um militärische Dienstleistungen während der freiwilligen Fortsetzung eines Versicherungsverhältnisses handelt;
c) wenn sich ergiebt, daß der Inhaber der Quittungskarte vor Beginn der militärischen Dienstleistung eine die Versicherungspflicht begründende Beschäftigung überhaupt nicht oder nur vorübergehend gehabt hat.

7. Vor Eintragung der Krankheitszeiten und der militärischen Dienstleistungen ist die Anrechnungsfähigkeit derselben zu prüfen. Ergeben sich hierbei Zweifel, so ist deren Behebung durch Rückfragen oder in sonst geeignet erscheinender Weise, sofern dies ohne besondere Kosten möglich ist, herbeizuführen. Gelingt die Beseitigung der Zweifel nicht, so sind die fraglichen Krankheiten und militärischen Dienstleistungen zu berücksichtigen, jedoch ist der Versicherungsanstalt bei Uebersendung der aufgerechneten Karte oder sogleich von dem obwaltenden Bedenken Mittheilung zu machen.

8. Sofern die aufrechnende Stelle Grund zu der Annahme hat, daß bei der Aufrechnung militärische Dienstleistungen oder Krankheitsfälle zu berücksichtigen sind, so hat sie dem Inhaber der Quittungskarte, sofern derselbe deren Anrechnung nicht selbst beantragt hat, die Beibringung der erforderlichen Nachweise zu empfehlen. Die Aufrechnung kann in diesem Falle nachträglich vervollständigt werden.

9. Unter die Aufrechnung hat die aufrechnende Stelle den Ort und das Datum, sowie ihre dienstliche Bezeichnung (z. B. Magistrat in .....) zu setzen; der Unterschrift des aufrechnenden Beamten bedarf es nicht. Die Bezeichnung des Ortes und Datums sowie der aufrechnenden Stelle kann durch Stempeldruck erfolgen. Neben die Bezeichnung der aufrechnenden Stelle ist deren Siegel abzudrucken.

B. Die Ausstellung der Bescheinigung über die aus der Aufrechnung sich ergebenden Endzahlen.

XI. Ueber das Ergebniß der Aufrechnung ist dem Inhaber der Quittungskarte eine Bescheinigung zu ertheilen, welche die aus der Aufrechnung sich ergebenden Endzahlen wiedergiebt. Für diese Bescheinigung ist das beiliegende Formular, welches der Aufrechnungstabelle in der Quittungskarte entspricht, zu verwenden. Legt der Inhaber der Quittungskarte ein Sammelbuch für Bescheinigungen vor, so ist in dieses das Ergebniß der Aufrechnung einzutragen.

Die Bezeichnung des Orts, Datums und der bescheinigenden Stelle auf der Bescheinigung kann durch Aufdruck eines Stempels erfolgen. Der Unterschrift des bescheinigenden Beamten bedarf es nicht. Die Bescheinigung ist im unmittelbaren Anschluß an die Aufrechnung auszustellen und mit der neuen Quittungskarte auszuhändigen.

XII. Gegen die Aufrechnung der abgegebenen Quittungskarte und gegen den Inhalt der Bescheinigung steht nach § 137 des Gesetzes dem Versicherten binnen zwei Wochen nach Aushändigung der Bescheinigung der Einspruch zu. Der Einspruch ist unter Vorlegung der Bescheinigung bei derjenigen Stelle zu erheben, welche die Quittungskarte aufgerechnet und die Bescheinigung ausgestellt hat; dieselbe Stelle hat auch über den Einspruch zu befinden.

Das Verfahren über den Einspruch ist an besondere Formen nicht gebunden. Wird der Einspruch als begründet anerkannt, so ist die Aufrechnung und die Bescheinigung entsprechend zu berichtigen. Die Zurückweisung des Einspruchs ist dem Einsprechenden mitzutheilen. Dies kann mündlich oder durch Zufertigung eines schriftlichen Bescheides gegen Behändigungsschein geschehen. Sind der Entscheidung förmliche Beweiserhebungen vorangegangen, so ist dem Einsprechenden auf seinen Antrag und seine Kosten Abschrift der Beweisverhandlungen zu ertheilen.

XIII. Gegen die völlige oder theilweise Zurückweisung des Einspruchs findet binnen zwei Wochen nach Mittheilung der Entscheidung unter Vorlegung der Bescheinigung und des auf den Einspruch etwa ertheilten schriftlichen Bescheides Beschwerde an die der bescheinigenden Stelle unmittelbar vorgesetzte Dienstbehörde statt. Die Beschwerde kann sowohl bei dieser als auch bei der Stelle, gegen deren Bescheid sich die Beschwerde richtet, eingelegt werden.

Das Verfahren über die Beschwerde ist an besondere Formen nicht gebunden. Die ergangene Entscheidung ist endgültig (§ 137 des Gesetzes). Wird die Beschwerde als begründet anerkannt, so ist die Aufrechnung und die Bescheinigung nöthigenfalls auf einem besonderen mit derselben zu verbindenden Blatt Papier mit farbiger Tinte entsprechend zu berichtigen. Die Entscheidung ist dem Beschwerdeführer unter Rückgabe der etwa berichtigten Bescheinigung mitzutheilen, die aufgerechnete Quittungskarte aber der aufrechnenden Stelle zurückzugeben

XIV. Aus dem Einspruch und der Beschwerde sollen dem Versicherten in der Regel keine Kosten entstehen, doch ist die über den Einspruch oder die Beschwerde entscheidende Stelle befugt, dem Versicherten die Kosten für solche Anträge zur Last zu legen, deren Unbegründetheit dem Versicherten bekannt waren oder bekannt sein mußten. Zu diesen Kosten gehören auch Portoauslagen. Die Auferlegung der Kosten ist zu begründen.

C. Die Ausstellung der neuen Quittungskarte.

XV. Die Ausstellung der neuen Quittungskarte erfolgt nur gegen Rückgabe der älteren Karte, und Zug um Zug mit dieser Rückgabe.

Die Ausstellung der neuen Karte erfolgt nach den für die Ausstellung der ersten Karte maßgebenden Vorschriften (Ziffer V – VIII), jedoch mit folgenden Aenderungen:

1. Die Ausstellung der neuen Quittungskarte darf in der Regel nicht von einer besonderen Feststellung, ob zur Zeit eine Versicherungspflicht besteht, abhängig gemacht werden. Vielmehr hat im Allgemeinen jeder, welchem eine Quittungskarte einmal ausgestellt worden ist, das Recht, den Umtausch derselben zu verlangen, und nur in solchen Fällen ist der Umtausch ausnahmsweise zu versagen, in denen die Ausgabestelle die pflichtmäßige Ueberzeugung gewinnt, daß die alte Quittungskarte zu Unrecht ausgestellt worden ist.

2. Ferner ist in die Rubrik „Versicherungsanstalt" nicht diejenige Versicherungsanstalt, in deren Bezirk der Versicherte zur Zeit der Ausstellung der neuen Karte beschäftigt ist, sondern diejenige Versicherungsanstalt einzutragen, welche auf der ersten Quittungskarte des Versicherten verzeichnet war. Als diese gilt diejenige Versicherungsanstalt, welche auf der der Nummer nach nächstvorhergehenden Karte, also in der Regel auf der zum Umtausch übergebenen Karte verzeichnet ist, sofern sich als erste Versicherungsanstalt nicht eine bestimmte andere ergiebt (§ 133 des Gesetzes).

3. Die neue Quittungskarte erhält als Nummer diejenige Zahl, welche auf die Zahl der aufgerechneten Karte, soweit dieselbe zu ermitteln ist, folgt. Enthält diese beispielsweise die Zahl 3, so ist die neue Karte mit der Zahl 4 zu bezeichnen. Als „Berufsstellung" ist, wie sich aus dem Vordruck ergiebt, diejenige Berufsstellung einzutragen, welche der Inhaber zur Zeit der Ausstellung der neuen Quittungskarte bekleidet, auch wenn

auf der früheren Quittungskarte eine andere Berufsstellung angegeben war. Solche Verschiedenheiten werden sich z. B. dann ergeben, wenn aus Lehrlingen Gesellen geworden sind, ein anderes Gewerbe begonnen worden ist u. s. w.

D. Die Einsendung der aufgerechneten Karten an die Versicherungsanstalt.

XVI. Die abgegebenen Quittungskarten sind sorgfältig aufzubewahren und spätestens in Zeiträumen von drei zu drei Monaten an die Versicherungsanstalt des Bezirks, in welchem die aufrechnende Stelle ihren Sitz hat, portofrei zu übersenden. Etwaigen Wünschen der Versicherungsanstalt wegen Einhaltung kürzerer Einsendungstermine ist zu entsprechen. Vor Ablauf der Einspruchs- oder Beschwerdefrist, und, sofern Einspruch oder Beschwerde eingelegt ist, vor Erledigung derselben ist die betreffende Karte nicht abzusenden.

XVII. Die Ausgabestellen haben mit der Quittungskarte zugleich die Bescheinigungen über Krankheiten (X Ziff. 3) und zwar auch dann, wenn die Eintragung der Krankheit abgelehnt worden ist (X Ziff. 5. a.), sowie Nachweise über Beschäftigungen, welche in die Zeit vor dem Inkrafttreten der Versicherungspflicht für den Berufszweig des Versicherten fallen, abzunehmen und mit der Quittungskarte an die Versicherungsanstalt des Bezirks behufs Weitersendung und Aufbewahrung bei derjenigen Versicherungsanstalt, an welche die betreffende Quittungskarte abzugeben ist, zu übersenden. Die Krankheitsbescheinigungen und Arbeitsnachweise sind den aufgerechneten Quittungskarten beizufügen.

Das Gleiche gilt in Ansehung derjenigen Bescheinigungen, welche nach § 9 Absatz 2 des Gesetzes solchen Personen auszustellen sind, die aus einer vom Bundesrath zur Durchführung der Invaliditäts- und Altersversicherung zugelassenen besonderen Kasseneinrichtung ausscheiden. Militärpapiere sind nicht abzunehmen, weil dieselben auch zu anderen Zwecken gebraucht werden und aus deren etwaigen Rückforderung aus dem Gewahrsam der Versicherungsanstalten Kosten und Weiterungen entstehen würden.

3. Abschnitt. Die Erneuerung (Ersetzung) von Quittungskarten.
(Formular A.)

XVIII. Hat der Inhaber seine Quittungskarte verloren, oder ist die Quittungskarte ganz oder theilweise zerstört, oder aus einem anderen Grunde als wegen Füllung mit Beitragsmarken zur weiteren Verwendung unbrauchbar geworden, so ist der Inhaber berechtigt, die Ersetzung dieser Quittungskarte durch eine neue Quittungskarte zu beanspruchen (§ 136 des Gesetzes). Hierbei ist in folgender Weise zu verfahren:

1. Die Außenseite erhält genau die Aufschriften der zu erneuernden Karte, soweit dieselben nachweisbar sind, also auch die Bezeichnung der Ausgabestelle und die Nummer der Karte. Ist der Name der Versicherungsanstalt, die Bezeichnung der Ausgabestelle und die Nummer der Karte nicht festzustellen, so erhält die erneuerte Karte den Namen der Versicherungsanstalt, in deren Bezirk der Versicherte zur Zeit der Erneuerung beschäftigt ist, die Bezeichnung der die Erneuerung bewirkenden Ausgabestelle und die Nummer 1. Oben am Kopf der Karte oder an einer anderen, den genügenden Raum darbietenden Stelle ihrer Außenseite ist (handschriftlich oder durch Aufdrücken eines Stempels) der Vermerk „Erneuert" zu setzen; an dem für das Dienstsiegel bestimmten Platze ist das Dienstsiegel derjenigen Stelle

abzudrucken, welche die Erneuerung vornimmt, auch wenn die frühere Karte von einer anderen Stelle ausgestellt gewesen ist.

2. In die Innenseite der Karte ist auf den zur Aufnahme von Marken bestimmten Feldern, in der Regel oben links beginnend, mit thunlichster Raumersparniß einzutragen, für wieviel Beitragswochen Marken in der zu erneuernden Quittungskarte nachweislich für die einzelnen Lohnklassen und Versicherungsanstalten enthalten waren. Der Nachweis des Inhalts der zu erneuernden Karte ist Sache des Inhabers. Ist diese Karte ganz oder theilweise noch vorhanden, so ist deren Inhalt, soweit er erkennbar ist, ohne weitere Prüfung in die neue Karte einzutragen Im Uebrigen bedarf es eines glaubhaften Nachweises. Zu einem glaubhaften Nachweis ist in der Regel die Vorlegung der Lohnlisten des Arbeitgebers oder eine zuverlässige Auskunft des Arbeitgebers oder der Mitarbeiter des Versicherten für ausreichend zu erachten. Wird ein glaubhafter Nachweis darüber, ob und wieviel Beitragsmarken in der zu erneuernden Karte enthalten waren, nicht geführt, so ist von der Markenübertragung abzusehen und in die erneuerte Karte der Vermerk aufzunehmen: „Bei Erneuerung der Karte waren Beitragsmarken nicht zu übertragen." Dieser Vermerk bedarf weder der Unterschrift noch der Beidrückung des Dienstsiegels.

Bei Uebertragung der in der zu erneuernden Karte nachgewiesenen Beiträge ist zu beachten, daß für mehrere Beitragswochen gemeinsam nur eine Marke verwendet werden kann, im Uebrigen soll in der aus dem nachfolgenden Beispiel sich ergebenden Weise verfahren werden:

„Bei Erneuerung der Karte übertragen:

10 W. II. V. A. Königreich Sachsen
13 „ III. „ „ Brandenburg.
8 „ V. „ „ Rheinprovinz.

Halle, den 5. März 1900.

(Name des den Uebertragungs-Vermerk ausstellenden Beamten.)"

(L. S.)

Dabei bedeuten die Abkürzungen W. „Beitragswochen", V. A. „Versicherungsanstalt", die römischen Ziffern I, II, III, IV, V die Lohnklassen, die arabischen Ziffern die Anzahl der Beitragswochen, für welche Marken aus der betreffenden Lohnklasse und Versicherungsanstalt beigebracht waren; z. B. können die oben aufgeführten 13 Wochen III. Versicherungsanstalt Brandenburg aus einer nach dem 1 Januar 1900 verwendeten, für einen Zeitabschnitt von 13 Wochen hergestellten Beitragsmarke III. Lohnklasse der Versicherungsanstalt Brandenburg herrühren. Der Uebertragungsvermerk ist von dem übertragenden Beamten mit Ort und Datum und seiner Namens-Unterschrift zu versehen und durch Beidrückung des Dienstsiegels zu beglaubigen. Eine Entfernung der auf der unbrauchbar gewordenen Quittungskarte vorhandenen Marken und ihre Einklebung in die neue Karte ist unstatthaft.

3. Die erneuerte Karte ist dem Versicherten, seinem Beauftragten oder Vertreter auszuhändigen. War die ältere Karte, welche durch die neue ersetzt ist, ganz oder zum Theil noch vorhanden, so ist dieselbe von der Ausgabestelle einzubehalten und mit dem Vermerk: „Nach Erneuerung einbehalten" oder mit einem ähnlichen Vermerk und dem Dienstsiegel der erneuernden Stelle zu versehen. Die Aushändigung der neuen Karte hat Zug um Zug mit der etwaigen Uebergabe der alten Karte zu geschehen.

XIX. Nach § 137 des Gesetzes ist der Versicherte befugt, binnen zwei Wochen nach Aushändigung der neuen Quittungskarte gegen den Inhalt der Uebertragung Einspruch zu erheben. Auf den Einspruch und das Verfahren finden die Bestimmungen unter XII bis XIV Anwendung. Nach Ablauf der

Einspruchs- und Beschwerdefrist, oder nach Beendigung des Einspruchs- und Beschwerdeverfahrens ist die alte Karte, sofern eine solche eingereicht ist, der für den Bezirk der erneuernden Stelle zuständigen Versicherungsanstalt einzusenden (XVI).

Eine Erneuerung der Karte findet, abgesehen von den Fällen des § 136 des Gesetzes, noch statt:

a) wenn die Karte wegen einer unzulässigen Eintragung seitens einer Behörde angehalten wird (§ 139 Absatz 1 des Gesetzes);
b) wenn im Falle des § 158 die untere Verwaltungsbehörde an Stelle der Vernichtung der irrthümlich beigebrachten Marken die Einziehung der Quittungskarte und die Uebertragung des Inhalts derselben auf eine neue Karte anordnet; s. unten XXV.
c) wenn für den Inhaber einer gelben Quittungskarte (Formular A) eine graue Karte (Formular B) hätte ausgestellt werden müssen (IV).

Ist die Behörde zur Ausstellung von Karten nicht berechtigt, so hat sie wegen Ausstellung der neuen Karte eine zuständige Stelle zu ersuchen.

4. Abschnitt. Berichtigung von Quittungskarten. (Formular A.)

XX. Sind in einer Quittungskarte zu wenig Marken oder Marken einer zu niedrigen Lohnklasse eingeklebt, so hat die untere Verwaltungsbehörde (Landrath, Oberamtmann, Magistrat, Bürgermeister) oder der Vorsitzende der Rentenstelle dem verpflichteten Arbeitgeber das nachträgliche Einkleben der fehlenden Marken oder die Beibringung von Marken der richtigen Lohnklasse aufzugeben. Kommt der Arbeitgeber dieser Anordnung innerhalb der gesetzten Frist nicht nach, so ist das Beitreibungsverfahren gemäß § 168 des Gesetzes einzuleiten. Für den beigetriebenen Beitrag sind die fehlenden oder richtigen Marken anzukaufen, einzukleben und zu entwerthen.

Nach Beibringung der richtigen Marken hat die untere Verwaltungsbehörde (Vorsitzender der Rentenstelle) die zu niedrigen Marken zu vernichten und wegen Rückzahlung des Werthes derselben der Versicherungsanstalt Mittheilung zu machen. Die Auszahlung des Geldbetrages oder die Vertheilung desselben zwischen den bei Ankauf der vernichteten Marken betheiligt gewesenen Arbeitgebern und Versicherten kann dem Empfänger überlassen bleiben.

Uebersendet die Versicherungsanstalt den Betrag durch die Post, so bedarf es der Ausstellung einer besonderen Quittung des Empfängers nicht. Es ist vielmehr Sache der Versicherungsanstalt, durch Postschein oder auf andere Weise einen genügenden Nachweis über die Absendung des Geldbetrages zu ihren Akten zu bringen.

XXI. Können die Beiträge nicht beigetrieben werden, so ist dem Versicherten anheimzustellen, die Beiträge für die fehlenden oder zu niedrigen Marken selbst zu zahlen. Ist der Versicherte hierzu nicht bereit, so ist von dem Berichtigungsverfahren abzusehen, die Karte mit den minderwerthigen Marken aufzurechnen, Aufrechnungsbescheinigung zu ertheilen und dem Versicherten eine neue Karte auszustellen, sofern letzteres nicht bereits geschehen.

Die aufgerechnete Karte ist mit den entstandenen Vorgängen der Versicherungsanstalt einzusenden.

Wo die Einziehung der Beiträge durch Krankenkassen oder besondere Hebestellen erfolgt (§§ 148, 150, 151 des Gesetzes), bleibt diesen die Durchführung des Berichtigungsverfahrens überlassen. Den Werth der nachträglich von ihnen beigebrachten Marken haben diese Stellen, sofern es ihnen nicht rathsam erscheint, eine frühere Erstattung zu fordern, mit dem nächsten regelmäßigen Beitrage einzuziehen.

XXII. Ergiebt sich, daß zu viel Marken beigebracht sind, so hat die untere Verwaltungsbehörde (der Vorsitzende der Rentenstelle) die überschießenden Marken zu vernichten und im Uebrigen nach XX Abs. 2 zu verfahren. Findet das Einziehungsverfahren Anwendung, so ist das Erforderliche auch hier den Krankenkassen und Hebestellen zu überlassen.

XXIII. Ein Berichtigungsverfahren wegen angeblicher Verwendung von Marken einer zu hohen Lohnklasse hat die untere Verwaltungsbehörde (Vorsitzender der Rentenstelle) nur dann einzuleiten, wenn gleichfalls dargethan wird, daß Arbeitgeber und Versicherter sich nicht, sei es ausdrücklich, sei es stillschweigend, über eine Versicherung in der betreffenden höheren Lohnklasse geeinigt haben (§ 34 Abs. 5 des Gesetzes). Wird das Verfahren eingeleitet, so ist gemäß XX Abs. 2 zu verfahren.

XXIV. Sind Marken einer unrichtigen Versicherungsanstalt beigebracht, so ist die nachträgliche Einklebung von Marken der richtigen Versicherungsanstalt zu veranlassen und im Uebrigen nach Ziff. XX Abs. 2 zu verfahren. Die Vertheilung des von der ersteren Versicherungsanstalt zu erstattenden Betrages zwischen dem Arbeitgeber und dem Versicherten bleibt auch hier den Betheiligten überlassen.

XXV. Die unteren Verwaltungsbehörden (die Vorsitzenden der Rentenstellen) sind befugt, an Stelle der Vernichtung von Marken die Erneuerung (Ersetzung) der Quittungskarte (3. Abschnitt) anzuordnen (§ 158 Abs. 3 des Gesetzes). Bei der Uebertragung des Inhalts sind nur die gültigen Eintragungen zu berücksichtigen, die der Vernichtung anheimgefallenen Marken also außer Betracht zu lassen. Die eingezogene Quittungskarte ist nach Ziff. XVIII Nr. 3 zu behandeln.

Sind Marken in bereits aufgerechneten und umgetauschten Quittungskarten vernichtet worden, so bedarf es gleichzeitig der Berichtigung der Aufrechnungen und der von den Inhabern der Quittungskarte zu diesem Zwecke einzuziehenden Bescheinigungen über die Aufrechnungen. Die die Berichtigung der Karte vornehmende Behörde hat die von ihr in die Karte eingeklebten Marken vor Aushändigung der Karte zu entwerthen.

XXVI. Ergiebt sich bei der Aufrechnung oder Erneuerung von Quittungskarten, daß Marken in nicht vorschriftsmäßiger Weise verwendet sind, so hat die Ausgabestelle, sofern die Betheiligten mit der Berichtigung einverstanden sind, die Berichtigung nach Maßgabe der vorstehenden Bestimmungen herbeizuführen.

5. Abschnitt. Verlängerung der Gültigkeitsdauer der Quittungskarten. (Formular A.)

Behandlung ungültiger Quittungskarten. (Formular A.)

XXVII. Die Gültigkeitsdauer der Quittungskarten A. kann nach Bekanntmachung des Reichskanzlers vom 10. November 1899 durch Abstempelung verlängert werden (§ 135 Abs. 2 des Gesetzes). Die Abstempelung erfolgt durch die unter I bis III bezeichneten Stellen. Die Verlängerung darf nur während der Gültigkeitsdauer der Karte und zwar einmal für ein oder zwei weitere volle Jahre nach dem Ausstellungstage und nur dann erfolgen, wenn für die Zeit vom Ausstellungstage ab mindestens zwanzig Beitragswochen einschließlich der denselben gemäß § 46 Abs. 2 des Gesetzes gleich zu behandelnden Zeiten, nachgewiesen sind. Die Entscheidung darüber, ob die Verlängerung für ein oder zwei Jahre erfolgen soll, steht der Ausgabestelle zu. Dabei ist auf die Größe des für Einklebung von Marken noch verfügbaren Raumes Rücksicht zu nehmen. Die Verlängerung erfolgt durch Eintragung des Vermerks „Gültigkeit um .. Jahre verlängert" auf der Innenseite der Quittungskarte unter Beifügung des Datums in unmittelbarem Anschluß an die bereits geklebten Marken. Der Vermerk kann handschriftlich oder durch Verwendung eines Stempels erfolgen; er ist durch Beidruckung des Dienstsiegels zu beglaubigen. Vor Rückgabe der Karte sind die in der Karte befindlichen Marken, soweit sie noch nicht entwerthet sind, zu entwerthen; zugleich ist auf der Innenseite der Karte handschriftlich oder durch Stempel die Gesammtzahl der in der Karte befindlichen Marken zu vermerken.

Karten, deren fortdauernde Gültigkeit auf einer Anerkennung des Vorstandes beruht (XXVIII), dürfen nicht verlängert werden.

XXVIII. Wird eine Quittungskarte zum Umtausch eingereicht, welche, weil seit dem Tage der Ausstellung zwei Jahre verflossen sind, die Gültigkeit verloren hat (§ 135), so ist der Versicherte darauf hinzuweisen, daß er berechtigt ist, die Anerkennung der fortdauernden Gültigkeit zu beantragen. Wird der Antrag gestellt, so hat die Ausgabestelle (I bis III) diesen zu Protokoll zu nehmen, die Quittungskarte einzubehalten und in diese auf der Innenseite den Vermerk einzutragen: „Verspätet zum Umtausch vorgelegt." Der Antrag ist mit der Quittungskarte dem Vorstand der für den Beschäftigungsort zuständigen Versicherungsanstalt sogleich zu übersenden. Der Vorstand entscheidet über den Antrag und sendet, sofern er die fortdauernde Gültigkeit anerkennt, die Quittungskarte mit dem Anerkennungsvermerk an die Ausgabestelle zur Aufrechnung und zur Ertheilung der Aufrechnungsbescheinigung zurück. Die aufgerechnete Quittungskarte ist demnächst mit dem Protokoll an den Vorstand der Versicherungsanstalt zurückzugeben. Wird die fortdauernde Gültigkeit nicht anerkannt, so ist der Versicherte durch Vermittelung der Ausgabestelle hiervon zu benachrichtigen, während die Quittungskarte zur Aufbewahrung von der Versicherungsanstalt zurückzubehalten ist. Stellt der Versicherte den Antrag auf Anerkennung der fortdauernden Gültigkeit der Karte nicht, so hat die Ausgabestelle in die Quittungskarte auf der Innenseite den Vermerk: „Verspätet zum Umtausch vorgelegt, Anerkennungsantrag nicht gestellt" einzutragen.

Wird die fortdauernde Gültigkeit nicht anerkannt, oder der Antrag auf Anerkennung der fortdauernden Gültigkeit nicht gestellt, so ist dem Versicherten auf Verlangen eine Bescheinigung über die Ablieferung der ungültigen Quittungskarte zu ertheilen. Die Aufrechnung und die Ertheilung der Aufrechnungsbescheinigung unterbleibt in diesem Falle. Die neue Quittungskarte erhält die Nummer, welche auf die Nummer der ungültigen Karte folgt.

Quittungskarten, welche bei der Vorlegung zum Umtausch Marken für weniger als zwanzig Beitragswochen enthalten (§ 46 des Gesetzes) sind, sofern seit dem Tage der Ausstellung noch nicht zwei Jahre verflossen sind, als gültige Karten zu behandeln.

Für die Berechnung der zweijährigen Frist (§ 135) ist zu beachten, daß dieselbe ihr Ende erst mit Ablauf des Tages erreicht, welcher durch seine Bezeichnung dem Ausstellungstage entspricht. Hiernach verliert z. B. eine am 25. März 1900 ausgestellte Quittungskarte erst mit dem Ablauf des 25. März 1902 ihre Gültigkeit. Der Vermerk über die Verwendbarkeit der Karte (VII Abs. 5, 6) hat auf die Gültigkeitsdauer der Karte keinen Einfluß.

XXIX. Die vor dem 1. Januar 1900 ausgestellten Quittungskarten verlieren ihre Gültigkeit innerhalb zweier Jahre nach dem Tage ihrer Ausstellung. Soweit diese Frist vor dem 1. Januar 1900 oder vor dem auf der Karte bezeichneten Zeitpunkte des Ablaufs der Gültigkeit ihr Ende erreicht, wird die Anerkennung der fortdauernden Gültigkeit durch den Vorstand der Versicherungsanstalt erfolgen. Eine Verlängerung der Gültigkeitsdauer dieser Karten durch Abstempelung ist nicht statthaft.

III. Theil.

Quittungskarten für Selbstversicherung und deren Fortsetzung.
(Formular B.)

XXX. Ausstellung der ersten Quittungskarte (Formular B). Die erste Quittungskarte B wird solchen Personen ausgestellt, welche auf Grund der Selbstversicherung in die Versicherung eintreten. Personen, welche sich bei einer zugelassenen Kasseneinrichtung (§§ 8, 10, 11 des Gesetzes) selbstversichern, werden Quittungskarten nicht ausgestellt. Die Ausstellung erfolgt nur auf Antrag des zur Selbstversicherung Berechtigten. Vor der Ausstellung ist zu prüfen, ob die Person, für welche die Karte ausgestellt werden soll, zum Eintritt in die Versicherung berechtigt ist. Als Anhalt für diese Prüfung dient die unter V erwähnte Anleitung des Reichs-Versicherungsamts.

Im Uebrigen finden auf die Ausstellung der Quittungskarte B die Bestimmungen der Ziffern VI bis VIII mit der Maßgabe entsprechende Anwendung, daß bei der Ausfüllung des Formulars neben dem am Kopf der Karte befindlichen Vermerk „Versicherungsanstalt“ bei sich selbstversichernden Personen, welche nicht beschäftigt werden, der Name derjenigen Versicherungsanstalt eingetragen ist, in deren Bezirk sie sich aufhalten und in den Vermerk „Verwendbar für die Zeit seit dem . . . ten . . . “ ein mehr als ein Jahr zurückliegender Zeitpunkt nicht eingetragen werden darf (§ 146 des Gesetzes).

XXXI. Umtausch der Quittungskarten (Formular B). Auf den Umtausch der Quittungskarten B finden die Vorschriften der Ziffern IX bis XVI entsprechende Anwendung, jedoch werden bei der Aufrechnung der alten Quittungskarte nur die durch Marken nachgewiesenen Beitragswochen zusammengerechnet und für jede Lohnklasse getrennt in die für die betreffende Lohnklasse bestimmte Rubrik der Tabelle eingetragen. Eine Eintragung von Krankheitszeiten oder militärischen Dienstleistungen findet nicht statt. Auch in die Bescheinigung über die aus der Aufrechnung sich ergebenden Endzahlen sind dementsprechend Krankheitszeiten und militärische Dienstleistungen nicht einzutragen.

XXXII. Die Erneuerung (Ersetzung) von Quittungskarten (Formular B). Auf die Erneuerung (Ersetzung) der Quittungskarten B finden die Bestimmungen unter XVIII und XIX entsprechende Anwendung. Eine Erneuerung der Quittungskarte B hat auch stattzufinden, wenn ein Versicherter zu Unrecht eine Quittungskarte B an Stelle einer Quittungskarte A benutzt.

XXXIII. Berichtigung von Quittungskarten (Formular B). Da einerseits die Verpflichtung zur Verwendung von Doppelmarken für die freiwillige Versicherung fortgefallen, andererseits die freiwillige Versicherung in jeder beliebigen Lohnklasse zugelassen ist, so findet eine Berichtigung von Quittungskarten nur statt, wenn Marken einer unrichtigen Versicherungsanstalt verwendet sind. In diesem Falle ist gemäß XXIV zu verfahren.

XXXIV. Eine Verlängerung der Gültigkeitsdauer der Quittungskarten B ist nicht zulässig. Für die Behandlung ungültiger Quittungskarten B sind die Vorschriften unter XXVIII maßgebend.

IV. Theil.

Schlußbestimmungen.

XXXV. Fehlt einem Versicherten die Quittungskarte, weil sein Arbeitgeber die bisherige, noch verwendbare Quittungskarte widerrechtlich einbehalten hat, so ist eine neue Karte mit der auf die Nummer der zurückbehaltenen Karte folgenden Nummer auszustellen und durch Vermittelung der zuständigen Polizeibehörde dafür Sorge zu tragen, daß dem Arbeitgeber die Karte abgenommen und seine Bestrafung auf Grund § 181 Ziffer 4 des Gesetzes herbeigeführt wird. Die abgenommene Karte ist wie eine zum Umtausch vorgelegte Karte zu behandeln.

XXXVI Den Versicherten, welche einer zugelassenen Kasseneinrichtung (§§ 8, 10, 11 des Gesetzes) als Mitglieder angehören, ist die Quittungskarte auf ihren Antrag jederzeit aufzurechnen. Bescheinigte Krankheiten und militärische Dienstleistungen sind bei der Aufrechnung nur insoweit zu berücksichtigen, als sie für die Zeit zwischen dem Ausstellungstage der aufzurechnenden Quittungskarte und dem Tage des Eintritts in die Kasseneinrichtung nachgewiesen werden. Auf der Vorderseite der Aufrechnungs-Bescheinigung ist unten der Vermerk zu setzen: „Neue Karte nicht ausgestellt". Eine neue Quittungskarte ist erst beim Ausscheiden des Versicherten aus der Kasseneinrichtung auf Grund dieser Aufrechnungs-Bescheinigung auszustellen. Hierbei ist in die neue Quittungskarte die Zahl einzutragen, die auf die in der Aufrechnungs-Bescheinigung bezeichnete Karte folgt. Wird diese Aufrechnungs-Bescheinigung nicht vorgelegt, so erhält die neue Quittungskarte die Nummer, welche auf die Nummer der für den Versicherten zuletzt ausgestellten Karte, soweit diese zu ermitteln ist, folgt, sonst die Nummer 1.

XXXVII. Wird von einer verheiratheten weiblichen Person die Erstattung der Beiträge (§ 42) und zugleich die Ausstellung einer neuen Quittungskarte beantragt, so erhält diese Karte die auf die Nummer der letzten Karte folgende Nummer. Sobald die Beiträge erstattet sind, ist die Nummer der Karte in die Nummer 1 zu berichtigen. Wird der Antrag auf Ausstellung einer neuen Quittungskarte von einer verheiratheten weiblichen Person gestellt, nachdem die Beiträge bereits erstattet sind, so erhält die neue Karte sogleich die Nummer 1.

XXXVIII. Die Ausstellung, der Umtausch und die Erneuerung der Quittungskarte sowie die Ertheilung der Bescheinigung erfolgen kosten- und gebührenfrei.

Nur in zwei Fällen hat die Ausgabestelle für die Ausstellung einer Quittungskarte von den Betheiligten Kosten, die auf fünf Pfennige für jede Karte festgesetzt werden, zu beanspruchen:

1. wenn der Versicherte, bevor in seiner Karte für mindestens 30 Wochen Beitragsmarken verwendet sind oder die Gültigkeit der Karte gemäß § 135 des Gesetzes erloschen ist, die Ausstellung einer neuen Quittungskarte gegen Rückgabe der älteren Karte beantragt (§ 131 Abs. 3 des Gesetzes). In den Fällen der Ziffer XIX hat jedoch die Aufrechnung und Ausstellung der Karten stets kostenlos zu erfolgen;
2. wenn die Ausstellung der Karte um deswillen, weil der Versicherte selbst die rechtzeitige Beschaffung einer Karte zu Unrecht unterlassen hat, von dem Arbeitgeber beantragt wird (§ 131 Abs. 2 des Gesetzes). Beantragt dagegen der Arbeitgeber die Ausstellung einer Quittungskarte im Auftrage des Versicherten, so sind Kosten nicht zu fordern.

Im Zweifelsfalle hat der Umtausch der Karte kostenfrei zu erfolgen.

XXXIX Alle Eintragungen sind deutlich und ohne Rasuren mit einer Tinte zu bewirken, welche weder verbleicht, noch verwischt oder abdruckt. Korrekturen dürfen nur durch einfaches Durchstreichen bewirkt werden, sie sind mit dem Datum zu versehen und durch Beidrückung des Dienstsiegels zu beglaubigen.

Bei allen mit der Ausstellung, dem Umtausch, der Erneuerung und der Berichtigung von Quittungskarten zusammenhängenden Geschäften ist darauf zu achten, daß dem Versicherten wiederholte zeitraubende Gänge und sonstige Weiterungen erspart bleiben. Auch dürfen den Arbeitgebern und den Versicherten Portokosten nicht entstehen.

XL. Den Ausgabestellen wird von der für ihren Bezirk zuständigen Versicherungsanstalt die erforderliche Anzahl von Formularen zu Quittungskarten kostenlos zur Verfügung gestellt werden; Formulare, in denen der Name der Versicherungsanstalt vorgedruckt ist, dürfen nicht geliefert werden. Die spätere Ergänzung des Vorraths hat die Ausgabestelle bei der Versicherungsanstalt rechtzeitig zu beantragen; dabei sind die für Quittungskarten von den Betheiligten erhobenen Beträge (XXVIII) zu verrechnen.

Die Kosten für die Formulare der Bescheinigungen über die Aufrechnung (XI ff.) tragen die Ausgabestellen.

Berlin, den 17. November 1899.

Der Minister für Handel und Gewerbe.
Brefeld.

Anlage XI.

Anweisung,

betreffend das Verfahren vor den unteren Verwaltungsbehörden (§§ 57 bis 64 des Invalidenversicherungsgesetzes).

Auf Grund des § 64 Absatz 6 des Invalidenversicherungsgesetzes vom 19. Juli 1899 wird für das Verfahren vor den unteren Verwaltungsbehörden Folgendes bestimmt:

I. Einleitung.

1. Nach § 57 des Invalidenversicherungsgesetzes liegt den unteren Verwaltungsbehörden insbesondere ob:

a) die Entgegennahme und Vorbereitung von Anträgen auf Bewilligung von Invaliden- und Altersrenten (§ 112) oder auf Beitragserstattungen (§ 128) sowie die Begutachtung der Anträge auf Rentenbewilligungen;
b) die Begutachtung der Entziehung von Invalidenrenten (§§ 47, 121);
c) die Begutachtung der Einstellung von Rentenzahlungen (§§ 48, 121);
d) die Benachrichtigung des Vorstandes der Versicherungsanstalt über die zur Kenntniß der Verwaltungsbehörde kommenden Fälle, in welchen Grund zu der Annahme vorliegt, daß Versicherte durch ein Heilverfahren vor baldigem Eintritte der Erwerbsunfähigkeit werden bewahrt werden, daß Empfänger von Invalidenrenten bei Durchführung eines Heilverfahrens die Erwerbsfähigkeit wieder erlangen werden (§ 47 Abs. 2), daß die Invalidenrente zu entziehen ist (§ 47 Abs. 1) oder Rentenzahlungen einzustellen sind (§ 48);
e) die Auskunftsertheilung über alle die Invalidenversicherung betreffenden Angelegenheiten.

Soweit in den nachfolgenden Vorschriften das Verfahren nicht abweichend geregelt ist, erfolgt die Erledigung dieser Geschäfte nach Maßgabe der für den Geschäftsgang sonst bestehenden Bestimmungen. Bildet die untere Verwaltungsbehörde ein Kollegium, so hat der Bürgermeister für die Wahrnehmung der vorstehend bezeichneten Geschäfte einen Kommissar zu bestellen, dem ein oder mehrere Stellvertreter beigegeben werden können. In der Rheinprovinz ist der Bürgermeister zur Bestellung eines solchen Kommissars befugt.

Die untere Verwaltungsbehörde hat über die Geschäfte der Invalidenversicherung ein besonderes Tagebuch zu führen.

II. Entgegennahme, Vorbereitung und Begutachtung von Anträgen auf Bewilligung von Invaliden- oder Altersrenten. (§ 57 Ziff. 1, § 112.)

2. Anträge auf Rentenbewilligungen sind bei der unteren Verwaltungsbehörde, in deren Bezirk der Versicherte wohnt oder beschäftigt ist, oder wenn er einen Wohnort oder Beschäftigungsort im Inlande nicht mehr hat, in deren Bezirk er seinen letzten Wohnort oder Beschäftigungsort hatte, anzubringen. Die Anbringung kann schriftlich oder zu Protokoll erfolgen; sie muß die Bezeichnung der Rente (Invaliden- oder Altersrente), sowie die Bezeichnung des Tages, von welchem ab die Rente beansprucht wird, enthalten.

Dem Antrage sind die zur Begründung dienenden Beweisstücke, insbesondere die letzte Quittungskarte (bei Seeleuten das Seefahrtbuch und etwa vorhandene Nachweisungen) und sofern die Bewilligung einer Altersrente beantragt wird, der Geburtsschein beizufügen. Wird die Anrechnung von Krankheiten oder militärischen Dienstleistungen (§§ 30, 31), die bei der Aufrechnung früherer Quittungskarten noch nicht berücksichtigt sind, auf die Beitragszeit beansprucht, so sind die Krankheitsbescheinigungen und die Militärpapiere beizufügen. Auch ist der Versicherte zu veranlassen, daß er etwaige Nachweise über seine versicherungspflichtige Beschäftigung vor dem Inkrafttreten der Versicherungspflicht für seinen Berufszweig (§§ 189, 190) beibringt und die in seinem Besitz befindlichen Aufrechnungsbescheinigungen früherer Quittungskarten einreicht. Sofern es sich um die Bewilligung einer Invalidenrente handelt, ist der Versicherte befugt, ein ärztliches Zeugniß über seine Erwerbsunfähigkeit vorzulegen.

3. Der Versicherte kann den Antrag auch bei dem Gemeindevorstande (Magistrat, Bürgermeister, Gutsvorsteher), in Landgemeinden außerdem bei der Ortspolizeibehörde seines jetzigen oder früheren Wohnorts oder Beschäftigungsorts anbringen. Der Gemeindevorstand (Ortspolizeibehörde) hat den Antrag mit den eingereichten Beweisstücken an die für seinen Bezirk zuständige untere Verwaltungsbehörde weiterzugeben, vorher aber die Vollständigkeit und Richtigkeit der Beweisstücke zu prüfen und, soweit sich Mängel ergeben, deren Beseitigung thunlichst durch persönliche Verhandlung mit dem Antragsteller herbeizuführen. Ist die Beseitigung der Mängel nicht möglich, oder findet der Gemeindevorstand (Ortspolizeibehörde) sonst Bedenken gegen den Antrag, so hat er diese bei der Weitergabe des Antrags an die untere Verwaltungsbehörde hervorzuheben.

4. Die untere Verwaltungsbehörde hat die Vollständigkeit der Vorlagen zu prüfen und die Abstellung von Mängeln sowie die Nachlieferung fehlender Beweisstücke zu verlangen. Insbesondere hat sie die für die Beurtheilung der Versicherungspflicht, des Versicherungsrechts oder der Erfüllung der Wartezeit maßgebenden thatsächlichen Verhältnisse nöthigenfalls durch Vernehmung von Auskunftspersonen aufzuklären und die für die Entschließung des Vorstandes der Versicherungsanstalt sonst erforderlichen Unterlagen zu beschaffen. Bei Anträgen auf Bewilligung einer Invalidenrente hat die untere Ver-

waltungsbehörde, sofern ein ausreichendes ärztliches Zeugniß nicht vorgelegt wird, eine Untersuchung des Gesundheitszustandes und die Abgabe eines Gutachtens über die Erwerbsfähigkeit des Antragstellers durch einen Arzt, und zwar durch den Vertrauensarzt der Versicherungsanstalt, falls ein solcher bestellt ist, herbeizuführen.

5. Der Regierungspräsident kann anordnen, daß der Gemeindevorstand, sofern der Antrag auf Bewilligung einer Rente bei ihm eingeht, die unter Ziffer 4 bezeichneten Ermittelungen an Stelle der unteren Verwaltungsbehörde vorzunehmen und erst nach deren Abschluß den Antrag an diese weiterzugeben hat. Ist die Vorbereitung durch den Gemeindevorstand nicht ausreichend, so hat die untere Verwaltungsbehörde die Vervollständigung derselben herbeizuführen.

6. Die untere Verwaltungsbehörde giebt, falls sie nach pflichtmäßiger Prüfung sich für die Bewilligung der Rente aussprechen zu sollen glaubt, den Antrag mit allen Beweisstücken und einer gutachtlichen Aeußerung an den Vorstand der Versicherungsanstalt weiter. Für die gutachtliche Aeußerung sind die anliegenden Formulare zu verwenden. Gelangt jedoch die untere Verwaltungsbehörde auf Grund der Prüfung zu der Ansicht, daß dem Antrage nicht zu entsprechen ist, und lassen sich die obwaltenden Bedenken durch Benehmen mit dem Versicherten nicht beseitigen, oder nimmt der Versicherte seinen Antrag nicht zurück, so ist zur Erörterung des Antrags eine mündliche Verhandlung anzuberaumen. Der Termin soll innerhalb vier Wochen, nach dem Tage, an welchem der Antrag bei der unteren Verwaltungsbehörde eingegangen ist, stattfinden.

7. Zu der mündlichen Verhandlung beruft die untere Verwaltungsbehörde je einen Vertreter der Arbeitgeber und der Versicherten in der von dem Regierungspräsidenten (in Berlin von dem Oberpräsidenten) bestimmten Reihenfolge. Zugleich sind die Zeugen und Sachverständigen zu laden und der Antragsteller von der Anberaumung des Termins zu benachrichtigen. Beantragt dieser auf die Benachrichtigung hin seine Zuziehung zum Termin oder hält die untere Verwaltungsbehörde zur Aufklärung des Sachverhalts die Zuziehung des Versicherten zur Verhandlung für erforderlich, so ist der Versicherte zum Termin zu laden. Zwischen der Benachrichtigung oder der Zustellung der Ladung und dem Verhandlungstermin sollen in der Regel mindestens drei Tage liegen.

8. Die Verhandlung ist nicht öffentlich. Nachdem der Inhalt der Akten vorgetragen ist, wird der Versicherte oder sein Bevollmächtigter über den Antrag und über die gegen diesen geltend zu machenden Bedenken gehört. Dieselben können den Antrag ergänzen, berichtigen oder abändern; sie haben für ihre etwaige Behauptungen Beweismittel anzugeben, auch können von ihnen Zeugen zur Vernehmung vorgeführt werden. Die Auswahl der zu vernehmenden Zeugen steht der unteren Verwaltungsbehörde zu. Der Vorsitzende hat dahin zu wirken, daß der Sachverhalt vollständig aufgeklärt wird, er kann den Vertretern die Ausübung des Fragerechts gestatten. Ist der Versicherte nicht zur Verhandlung geladen und ergiebt sich im Verlauf der Verhandlung, daß seine Anwesenheit zur Aufklärung des Sachverhalts erforderlich ist, so ist die Verhandlung zu vertagen und der Versicherte zu dem neuen Termin zu laden. Erscheint auf die Ladung weder der Versicherte noch sein Bevollmächtigter, so ist die Verhandlung ohne diese zu Ende zu führen. Eine Vereidigung der Zeugen und Sachverständigen findet nicht statt.

9. Der Vorsitzende kann Bevollmächtigte des Antragstellers zulassen. Diese müssen auf Erfordern eine von dem Antragsteller oder seinem gesetzlichen Vertreter vollzogene schriftliche Vollmacht vorlegen.

10. Ueber die Verhandlung ist unter Zuziehung eines Protokollführers ein Protokoll aufzunehmen. Dasselbe muß den wesentlichen Hergang der Verhandlung, sowie die Namen des Vorsitzenden, der Vertreter und des Protokollführers, den wesentlichen Inhalt der Aussagen des Antragstellers oder seines Bevollmächtigten, der Zeugen und Sachverständigen und das Gutachten der unteren Verwaltungsbehörde enthalten. Die Begutachtung hat sich auf die Versicherungspflicht oder auf das Versicherungsrecht, und bei Anträgen auf Bewilligung einer Invalidenrente auf das Maß der Erwerbsfähigkeit, sowie darauf zu erstrecken, ob die Rente aus den im § 17 angegebenen Gründen versagt werden soll. Auf die Erfüllung der Wartezeit, die Entrichtung der erforderlichen Zahl von Beiträgen und die Höhe der Rente hat sich das Gutachten nicht zu beziehen. War von der Versicherungsanstalt gegen den erkrankten Versicherten ein Heilverfahren zur Hebung der Erwerbsunfähigkeit eingeleitet und hat der Versicherte sich den von der Versicherungsanstalt getroffenen Maßnahmen entzogen, so hat sich das Gutachten auch darauf zu erstrecken, ob der Versicherte einen gesetzlichen oder sonst triftigen Grund für seine Weigerung hatte und ob die Erwerbsunfähigkeit durch das Verhalten des Versicherten veranlaßt ist.

Das Protokoll ist vom Vorsitzenden und Protokollführer zu unterzeichnen.

Für das Gutachten sind die anliegenden Formulare*) zu verwenden, die den Protokollen als Anlage beizufügen sind. Ist das Gutachten nicht einstimmig gefaßt, so sind die abweichenden Gutachten der Vertreter mit kurzer Begründung im Protokoll zu vermerken.

11. Die untere Verwaltungsbehörde hat nach Abschluß des Verhandlungstermins das Protokoll mit den entstandenen Akten an den Vorstand der für ihren Bezirk zuständigen Versicherungsanstalt abzusenden.

III. Entgegennahme und Vorbereitung der Anträge auf Beitragserstattung. (§ 57 Ziff. 1, § 128.)

12. Anträge auf Erstattung von Beiträgen sind in den Fällen der §§ 42 und 43 des Gesetzes bei der unteren Verwaltungsbehörde, in deren Bezirk der Antragsteller wohnt oder zuletzt beschäftigt war, in den Fällen des § 44 bei derjenigen unteren Verwaltungsbehörde anzubringen, in deren Bezirk der Antragsteller seinen Wohnsitz hat oder der verstorbene männliche oder weibliche Versicherte zuletzt beschäftigt war.

Der Antrag kann auch bei dem Gemeindevorstande (Magistrat, Bürgermeister, Gutsvorsteher), in Landgemeinden auch bei der Ortspolizeibehörde angebracht werden. Diese haben die Vollständigkeit des Antrags zu prüfen und den Antrag an die untere Verwaltungsbehörde weiterzugeben.

13. Die Einreichung des Antrages kann schriftlich oder zu Protokoll erfolgen. Dem Antrage sind in jedem Falle beizufügen die letzte Quittungskarte des Versicherten, dessen Beiträge erstattet werden sollen, und die Aufrechnungsbescheinigungen früherer Quittungskarten, soweit der Antragsteller sie besitzt, — bei Seeleuten die Seefahrtsbücher und die etwa vorhandenen Nachweise — sowie der Ausweis über etwa anzurechnende, aus den Quittungskarten nicht ersichtliche Krankheiten und militärische Dienstleistungen (§§ 30, 31), sofern ohne diese Anrechnung der Nachweis der 200 Beitragswochen (§§ 42, 44) oder der Erfüllung der Wartezeit (§ 43) nicht geführt werden kann. Außerdem sind beizufügen:

a) sofern eine verheirathete weibliche Person die Rückerstattung der Hälfte ihrer Beiträge verlangt (§ 42 des Gesetzes) die Heirathsurkunde,

*) Die Formulare sind hier nicht abgedruckt.

b) sofern dauernd erwerbsunfähige Personen, die eine Unfallrente in einem höheren Betrage als die zu erwartende Invalidenrente beziehen, den Anspruch auf Rückerstattung der Hälfte der Beiträge geltend machen (§ 43 des Gesetzes), eine Bescheinigung der Berufsgenossenschaft über die Höhe der Unfallrente und ein ärztliches Zeugniß über die dauernde Erwerbsunfähigkeit, soweit diese sich nicht aus den Akten der Berufsgenossenschaft ergiebt,

c) sofern die Wittwe die Rückerstattung der Hälfte der für ihren verstorbenen Ehemann verwendeten Beiträge verlangt (§ 44 Abs. 1), die Heirathsurkunde und die Sterbeurkunde,

d) sofern der Wittwer die Rückerstattung der Hälfte der für seine Ehefrau verwendeten Beiträge verlangt (§ 44 Abs. 2), die Heirathsurkunde und die Sterbeurkunde sowie eine Bescheinigung der Gemeindebehörde des letzten Wohnorts der Verstorbenen, daß diese wegen Erwerbsunfähigkeit ihres Mannes die Ernährerin ihrer Familie war,

e) sofern eheliche Kinder die Rückerstattung der Hälfte der für ihren verstorbenen Vater verwendeten Beiträge verlangen (§ 44 Abs.), die Sterbeurkunde beider Eltern, die Heirathsurkunde der Eltern, die Geburtsurkunden der Kinder unter 15 Jahren, sowie die Bestallung des Vormundes oder Pflegers,

f) sofern Kinder die Rückerstattung der Hälfte der für ihre verstorbene Mutter verwendeten Beiträge verlangen (§ 44 Abs. 1 und 2), die Sterbeurkunde und bei ehelichen Kindern auch die Heirathsurkunde der Mutter und die Sterbeurkunde des Vaters, die Geburtsurkunden der Kinder unter 15 Jahren, sowie die Bestallung des Vormundes oder Pflegers,

g) sofern eheliche Kinder, deren Vater noch am Leben ist, die Rückerstattung der Hälfte der für ihre verstorbene Mutter verwendeten Beiträge verlangen (§ 44 Abs. 2), die Sterbeurkunde und die Heirathsurkunde, sowie die Bestallung des Vormundes oder Pflegers, die Geburtsurkunden der Kinder unter 15 Jahren sowie eine Bescheinigung des Gemeindevorstandes des Wohnorts der Verstorbenen, seit wann der Ehemann der Verstorbenen vor dem Tode seiner Ehefrau sich von der häuslichen Gemeinschaft ferngehalten und der Pflicht der Unterhaltnng der Kinder entzogen hat.

In den Fällen c bis g ist eine Bescheinigung des Gemeindevorstandes des Wohnorts der Antragsteller darüber beizubringen, daß die Hinterbliebenen aus Anlaß des Todes des Versicherten eine Entschädigung aus der Unfallversicherung weder beziehen noch zu erwarten haben.

14. Die untere Verwaltungsbehörde hat die Vollständigkeit der eingereichten Beweisstücke zu prüfen und ihre Vervollständigung herbeizuführen. Sie giebt demnächst den Antrag mit den Anlagen an den Vorstand der für ihren Bezirk zuständigen Versicherungsanstalt ab.

IV. Begutachtung der Entziehung von Invalidenrenten. (§ 47, § 57 Ziff. 2, § 121.)

15. Die untere Verwaltungsbehörde hat, sobald ihr das Ersuchen um Abgabe eines Gutachtens über Entziehung einer Invalidenrente zugeht, den Rentenempfänger zu veranlassen, daß er sich zwecks Feststellung des Maßes seiner Erwerbsfähigkeit durch einen Arzt und zwar durch den Vertrauensarzt der Versicherungsanstalt, falls ein solcher bestellt ist, untersuchen lasse. Hat der Rentenempfänger sich dem von der Versicherungsanstalt angeordneten Heilverfahren entzogen, so ist die ärztliche Untersuchung auch darauf zu erstrecken,

ob der Rentenempfänger durch sein Verhalten die Wiedererlangung der Erwerbsfähigkeit vereitelt hat. Zugleich sind die etwa erforderlichen Erhebungen über die Arbeitsverrichtungen des Rentenempfängers anzustellen. Wird von dem Vorstande der Versicherungsanstalt ein ausreichendes ärztliches Zeugniß beigefügt, so ist von einer nochmaligen ärztlichen Untersuchung des Rentenempfängers Abstand zu nehmen.

Gelangt die untere Verwaltungsbehörde hiernach zu der Absicht, daß der Rentenempfänger nicht mehr als erwerbsunfähig anzusehen oder daß ihm wegen seines Verhaltens gegenüber den Maßnahmen der Versicherungsanstalt die Invalidenrente zu entziehen ist, so hat sie thunlichst binnen zwei Wochen, nachdem das Ersuchen des Vorstandes eingegangen ist, zur Abgabe des Gutachtens eine mündliche Verhandlung einzuberaumen. Hierbei ist nach Maßgabe der Ziffern 7 bis 11 zu verfahren.

Ist die untere Verwaltungsbehörde dagegen der Ansicht, daß die Voraussetzungen für eine Entziehung der Invalidenrente nicht vorliegen, so theilt sie dem Vorstande ihr Gutachten nebst Gründen unter Beifügung der entstandenen Vorgänge mit.

Das Gutachten hat sich auf das Maß der Erwerbsfähigkeit des Rentenempfängers, sowie darauf zu erstrecken, ob der Rentenempfänger sich den Maßnahmen der Versicherungsanstalt wegen Einleitung des Heilverfahrens entziehen durfte und ob durch das Verhalten desselben die Wiedererlangung der Erwerbsfähigkeit vereitelt worden ist.

V. Begutachtung der Einstellung von Rentenzahlungen. (§ 48, § 57 Ziff. 3, § 121.)

Bei Abgabe des Gutachtens über die Einstellung einer Rentenzahlung ist die untere Verwaltungsbehörde an die von dem Vorstande bezeichneten Gründe nicht gebunden, sondern verpflichtet, von Amtswegen andere Thatsachen, die für eine Einstellung der Rentenzahlung sprechen, zu berücksichtigen.

Wird die Einstellung der Rentenzahlung erforderlich, weil der Rentenempfänger eine die Dauer von einem Monat übersteigende Freiheitsstrafe verbüßt oder weil er in einem Arbeitshaus oder in einer Besserungsanstalt untergebracht ist (§ 48 Abs. 2 des Gesetzes), so hat die untere Verwaltungsbehörde durch Rückfrage bei der Gemeindebehörde zugleich festzustellen, ob der Antragsteller eine im Inlande wohnende Familie hat, deren Unterhalt er bisher aus seinem Arbeitsverdienst bestritten hat

VI. Abgabe von Gutachten auf Ersuchen des Vorstandes der Versicherungsanstalt. (§ 59 Abs. 2.)

17. Nach § 59 Abs 2 des Gesetzes ist der Vorstand der Versicherungsanstalt berechtigt, auch in anderen als den unter II und IV bezeichneten Fällen und über andere Fragen die Abgabe eines Gutachtens der unteren Verwaltungsbehörde unter Zuziehung der Vertreter auf Grund einer mündlichen Verhandlung zu verlangen. In diesen Fällen ist nach Maßgabe der Ziffer 7 bis 11 zu verfahren.

VII. Schlußbestimmungen.

18. Anträge auf Bewilligung von Renten sind als eilige Sachen zu behandeln, auch ist in den übrigen Fällen die Erledigung der Geschäfte nach Möglichkeit zu beschleunigen.

19. Die den Vertretern zustehenden Bezüge sowie die sonstigen durch das Verfahren entstehenden baaren Auslagen trägt die Versicherungsanstalt. Die Versicherungsanstalt hat auf Verlangen für die vorschußweise Zahlung der

Auslagen der unteren Verwaltungsbehörde eine Summe zur Verfügung zu stellen, über deren Verwendung mit der Versicherungsanstalt in den mit dem Vorstande zu vereinbarenden Zeitabschnitten abzurechnen ist. Die durch das Verfahren im Einzelfall entstehenden besonderen Auslagen an Zeugen- und Sachverständigengebühren u. s. w. sind bei Abgabe des Gutachtens, die Bezüge der Vertreter nach Beendigung der an einem Tage anstehenden Verhandlungen festzustellen.

20. Die Bezüge der Vertreter werden durch das Statut der Versicherungsanstalt geregelt.

Zu den baaren Auslagen des Verfahrens gehören:

a) die Gebühren der Zeugen und Sachverständigen. Für die Zahlung der Zeugen- und Sachverständigengebühren sind, soweit nicht die Anstalt mit den Aerzten ihres Bezirks besondere Gebührensätze vereinbart hat, die Bestimmungen der Gebührenordnung für Zeugen und Sachverständige maßgebend;

b) die Kosten der Zuziehung eines Protokollführers bei Abhaltung von Verhandlungsterminen außerhalb des Sitzes der unteren Verwaltungsbehörde. Die Protokollführer erhalten Tagegelder und Reisekosten nach den Sätzen, wie sie in dem Gesetz vom 21. Juni 1897 (Gesetz-Sammlung S. 193) für die daselbst im § 1 unter VI aufgeführten Beamten vorgesehen sind, sofern ihnen nicht in ihrer Eigenschaft als Staatsbeamte höhere Sätze zustehen;

c) die Kosten für die Zuziehung des nicht am Sitze der unteren Verwaltungsbehörde wohnenden Antragstellers, sofern die Zuziehung nicht auf seinen Antrag, sondern von Amtswegen erfolgt ist. Dieser erhält eine Entschädigung in Höhe der einem Zeugen zustehenden Entschädigung;

d) die Auslagen für Formulare, soweit diese nicht von dem Vorstande geliefert werden.

21. Die unteren Verwaltungsbehörden haben die erforderlichen Räume und Beamten zur Verfügung zu stellen, ohne hierfür von der Versicherungsanstalt eine Entschädigung beanspruchen zu können.

22. Ist die untere Verwaltungsbehörde der Ansicht, daß den Betheiligten Kosten des Verfahrens, welche durch Muthwillen oder durch ein auf Verschleppung oder Irreführung berechnetes Verhalten derselben veranlaßt worden sind, zur Last zu legen sind, so hat sie bei Abgabe der Gutachten entsprechende Anträge zu stellen.

23. Die Verpflichtung der Vertreter auf die gewissenhafte Erfüllung ihrer Obliegenheiten hat in dem ersten Termin, zu dem dieselben zugezogen werden, durch Handschlag zu erfolgen.

Berlin, den 6. Dezember 1899.

Der Minister für Handel und Gewerbe.
Brefeld.

Anlage XII.

Verordnung,

betreffend das Verfahren vor den auf Grund des Invalidenversicherungsgesetzes errichteten Schiedsgerichten. Vom 6. Dezember 1899.

Wir **Wilhelm** von Gottes Gnaden Deutscher Kaiser, König von Preußen ꝛc.

verordnen auf Grund des § 106 Absatz 6 des Invalidenversicherungsgesetzes (Reichs-Gesetzblatt Seite 463) im Namen des Reichs, nach erfolgter Zustimmung des Bundesraths, was folgt:

I. Allgemeine Bestimmungen.

Beeidigung der Mitglieder des Schiedsgerichts.

§ 1. Der Vorsitzende des Schiedsgerichts und dessen Stellvertreter werden von einem Beauftragten der Landes-Zentralbehörde des Bundesstaats, in welchem der Sitz des Schiedsgerichts belegen ist, die Beisitzer dagegen von dem Vorsitzenden des Schiedsgerichts auf die Erfüllung der Obliegenheiten ihres Amtes beeidigt.

Die Beeidigung der Beisitzer erfolgt bei ihrer ersten Dienstleistung in öffentlicher Sitzung; sie gilt für die Dauer der Wahlperiode. Im Falle der Wiederwahl genügt die Verweisung auf die frühere Beeidigung.

Im Uebrigen finden auf die Beeidigung die Vorschriften des § 51 des Gerichtsverfassungsgesetzes entsprechende Anwendung.

Befugnisse des Vorsitzenden.

§ 2. Die Leitung und Beaufsichtigung des Geschäftsganges bei dem Schiedsgerichte liegt dem Vorsitzenden und im Falle der Behinderung seinem Stellvertreter ob. Der Vorsitzende öffnet die eingehenden Sendungen, vertheilt die Geschäfte, bestimmt die Sitzungen, zeichnet die Verfügungen, vollzieht die Reinschriften und trifft in Beziehung auf die Führung der Geschäftskontrolen die erforderlichen Anordnungen. Er verpflichtet eidlich die Beamten des Schiedsgerichts, soweit sie nicht bereits als Beamte der Versicherungsanstalt einen Diensteid geleistet haben, und übt über sie die unmittelbare Dienstaufsicht aus. Disziplinarstrafen gegen dieselbe verhängt, sofern sie bei dem Schiedsgericht im Hauptamt angestellt sind, der Vorstand der Versicherungsanstalt, im Uebrigen die ihnen im Hauptamte vorgesetzte Dienstbehörde (§ 104 Absatz 5 in Verbindung mit § 83 Absatz 1, 3 Satz 2 des Gesetzes).

Der Vorsitzende setzt die den Beisitzern statutenmäßig zu gewährenden Bezüge fest und ist befugt, Beisitzer, welche die Wahl ohne zulässigen Grund ablehnen, ohne genügende Entschuldigung zu den Sitzungen nicht rechtzeitig sich einfinden oder ihren Obliegenheiten in anderer Weise sich entziehen, mit Geldstrafen zu belegen (§ 104 Absatz 5 in Verbindung mit § 83 Absatz 3 Satz 1, § 90 Absatz 2, § 94 des Gesetzes).

Die Beisitzer haben dem Vorsitzenden Anzeige zu machen, wenn durch Aenderung in ihren persönlichen Verhältnissen die Voraussetzungen ihrer Wählbarkeit nachträglich wegfallen.

Werden dem Vorsitzenden Thatsachen bekannt, welche die Wählbarkeit eines Beisitzers ausschließen, oder sich als grobe Verletzungen seiner Amtspflicht darstellen, so hat er diesen Beisitzer zu den Sitzungen einstweilen nicht einzuberufen und ihn, nachdem ihm Gelegenheit zur Aeußerung gegeben worden ist, seines Amtes zu entheben (§ 104 Absatz 5 in Verbindung mit § 91 des Gesetzes). Gegen die diese Enthebung aussprechende Verfügung, welche die derselben zu Grunde liegenden Thatsachen angeben muß, kann von dem Beisitzer innerhalb eines Monats nach der Zustellung bei dem Schiedsgerichtsvorsitzenden oder bei dem Schiedsgerichte Beschwerde eingelegt werden. Der Vorsitzende hat die Beschwerde unter Beifügung der Verhandlungen und einer Aeußerung unverzüglich der höheren Verwaltungsbehörde einzureichen; diese entscheidet endgültig. Die Bestimmung des § 114 Absatz 3 des Gesetzes findet entsprechende Anwendung. Die Fähigkeit eines Beisitzers, als solcher an einer Sitzung Theil zu nehmen, erlischt, sobald der Enthebungsbescheid rechtskräftig geworden ist.

Ablehnung der Mitglieder des Schiedsgerichts.

§ 3. Die Bestimmungen in den §§ 41 ff. der Civilprozeßordnung über die Ausschließung und Ablehnung der Richter finden auf die Mitglieder der Schiedsgerichte entsprechende Anwendung. Jedoch beschließt über ein Ablehnungsgesuch in Betreff des Vorsitzenden das Schiedsgericht, in Betreff der Beisitzer der Vorsitzende.

Bei dem Beschluß über ein Ablehnungsgesuch in Betreff des Vorsitzenden hat dieser nicht mitzuwirken. An seiner Stelle führt dabei der dem Lebensalter nach älteste Beisitzer den Vorsitz. Ergiebt sich bei der Abstimmung über das Gesuch Stimmengleichheit, so gilt dasselbe für abgelehnt.

Der Beschluß kann, wenn das Ablehnungsgesuch für unbegründet erklärt wird, nicht für sich allein, sondern nur mit der Entscheidung in der Hauptsache angefochten werden.

II. Vorschriften über das Verfahren.

Erhebung der Berufung.

§ 4. Die Berufung auf schiedsgerichtliche Entscheidung muß innerhalb eines Monats nach der Zustellung des Bescheids bei dem zuständigen Schiedsgericht eingegangen sein (§ 114 Abs. 2 des Gesetzes). Die Frist gilt auch dann als gewahrt, wenn innerhalb derselben die Berufung bei einer anderen Behörde eingegangen ist; letztere hat die Berufungsschrift ungesäumt an das zuständige Schiedsgericht abzugeben (§ 114 Absatz 3 des Gesetzes).

Zuständig ist dasjenige Schiedsgericht, zu dessen Bezirke die untere Verwaltungsbehörde oder Rentenstelle gehört, die gemäß § 112 Absatz 1 des Gesetzes mit dem Rentenanspruche befaßt gewesen ist.

In der Berufung sollen der Gegenstand des Anspruchs bezeichnet und die für die Entscheidung maßgebenden Thatsachen unter Angabe der Beweismittel angeführt werden.

Die Berufung kann schriftlich oder zu Protokoll einer Behörde erhoben werden. Bei schriftlicher Erhebung ist dem Schriftsatz eine Abschrift beizufügen.

Streit über die Zuständigkeit.

§ 5. Entsteht unter mehreren Schiedsgerichten Streit über ihre Zuständigkeit, so entscheidet das Reichs-Versicherungsamt.

Verfahren bei Eingang der Berufung.

§ 6. Der Zeitpunkt des Einganges der Berufung beim Schiedsgericht ist sofort sowohl auf der Berufungsschrift wie auf der beigefügten Abschrift zu vermerken. Ist der Berufung eine Abschrift nicht beigefügt (§ 4 Absatz 4), so ist eine solche zu fertigen und auf diese der Vermerk des Einganges zu übertragen.

Legt der Rentenbewerber Berufung gegen einen Bescheid des Vorstandes der Versicherungsanstalt oder gegen einen den Anspruch auf Rente nur zum Theil anerkennenden Bescheid einer Rentenstelle ein, so hat der Vorsitzende des Schiedsgerichts dem Vorstande der Versicherungsanstalt die Abschrift der Berufung mit dem Ersuchen mitzutheilen, die Vorverhandlungen einzusenden.

Legt der Rentenbewerber Berufung gegen den Bescheid einer Rentenstelle ein, durch welchen eine beantragte Rente versagt, die Entziehung einer Invalidenrente oder die Einstellung von Rentenzahlungen ausgesprochen worden ist, so hat der Vorsitzende des Schiedsgerichts die Vorverhandlungen der Rentenstelle einzufordern.

Legt der Vorstand der Versicherungsanstalt in den Fällen des § 129 Absatz 4 des Gesetzes gegen den Bescheid einer Rentenstelle Berufung ein, so hat er seiner Berufungsschrift die ihm übersandten Verhandlungen der Rentenstelle, versehen mit dem Vermerke des Einganges bei der Versicherungsanstalt, beizufügen.

§ 7. Ist die Berufung nicht rechtzeitig eingelegt, oder ist das Schiedsgericht gesetzlich zur Entscheidung über die der Berufung zu Grunde liegenden Beschwerdepunkte nicht zuständig, so kann der Vorsitzende die Berufung durch einen mit Gründen zu versehenden Bescheid zurückweisen. Die Anfertigung einer Abschrift der Berufung seitens des Schiedsgerichts (§ 6 Absatz 1) kann in diesen Fällen einstweilen unterbleiben. *Abweisung durch Bescheid.*

Der Berufende ist befugt, innerhalb zwei Wochen vom Tage der Zustellung des Bescheides ab bei dem Schiedsgerichte die Anberaumung eines Termins zur mündlichen Verhandlung zu beantragen.

Die vorstehende Befugniß ist dem Berufendem in dem Bescheide zu eröffnen.

Die Ablehnung von Anträgen auf mündliche Verhandlung kann nur durch Entscheidung des Schiedsgerichts erfolgen.

§ 8. Dem Vorstande der Versicherungsanstalt ist im Falle des § 6 Absatz 2 bei Uebersendung der Abschrift der Berufung anheimzustellen, eine Gegenschrift einzureichen. In den Fällen des § 6 Absatz 3, 4 hat der Vorsitzende, sofern die Voraussetzungen des § 7 Absatz 1 nicht vorliegen, die Abschrift der Berufung dem Prozeßgegner mit der Anheimgabe mitzutheilen, eine Gegenschrift einzureichen. *Beantwortung der Berufung.*

Die Frist zur Einreichung der Gegenschrift ist in der Regel auf nicht länger als zwei Wochen zu bemessen. Zugleich ist darauf hinzuweisen, daß wenn die Gegenschrift innerhalb der Frist nicht eingeht, die Entscheidung nach Lage der Akten erfolgen werde. Die Frist kann auf Antrag aus wichtigen Gründen verlängert werden

Der Gegenschrift ist zur Zustellung an den Gegner eine Abschrift beizufügen.

In einfachen Fällen sowie dann, wenn das thatsächliche Verhältniß aus vorliegenden Akten und Urkunden sich sofort feststellen läßt, kann ohne vorgängigen Schriftwechsel Termin zur mündlichen Verhandlung anberaumt werden. Den Betheiligten ist in den Fällen des § 6 Absatz 3, 4 gleichzeitig mit der Benachrichtigung vom Termine die Abschrift der Berufung mitzutheilen.

§ 9. Berufungen und Gegenschriften müssen entweder von den Betheiligten selbst oder von ihren gesetzlichen Vertretern oder von ihren Bevollmächtigten unterzeichnet sein. Die Vollmacht muß schriftlich ertheilt werden. *Unterzeichnung der Schriftsätze und Vertretung der Parteien.*

Das Schiedsgericht kann Bevollmächtigte und Beistände, welche das mündliche Verhandeln vor Gericht geschäftsmäßig betreiben, zurückweisen. Diese Vorschrift findet keine Anwendung auf Rechtsanwälte und auf Personen, denen das mündliche Verhandeln vor Gericht durch eine seitens der Justizverwaltung getroffene Anordnung gestattet ist.

Die Prozeßfähigkeit einer Partei sowie die Legitimation eines Vertreters sind von Amtswegen zu prüfen.

Nichtprozeßfähigen Parteien, welche ohne gesetzlichen Vertreter sind, kann bis zum Eintritte des gesetzlichen Vertreters von dem Vorsitzenden ein besonderer Vertreter bestellt werden. Derselbe ist befugt, alle Parteirechte zum Zwecke der Durchführung des Feststellungsverfahrens wahrzunehmen. Eine Befugniß zur Empfangnahme von Zahlungen steht demselben nicht zu. Das Gleiche gilt, wenn der Aufenthaltsort des gesetzlichen Vertreters unbekannt oder vom Sitze des Schiedsgerichts weit entfernt ist. Die nichtprozeßfähige Partei ist auf ihr Verlangen selbst zu hören. Die Kosten des besonderen Vertreters gelten als außergerichtliche Kosten.

Mündliche Verhandlung. § 10. Die Entscheidung erfolgt auf Grund mündlicher Verhandlung vor dem Schiedsgerichte. Der Termin hierzu wird von dem Vorsitzenden anberaumt.

Die Betheiligten werden von dem Termin, in der Regel mittelst eingeschriebenen Briefes, mit dem Bemerken in Kenntniß gesetzt, daß im Falle ihrer Ausbleibens nach Lage der Akten werde entschieden werden. Ein Ausweis hierüber muß zu den Akten gebracht werden.

Hält das Schiedsgericht das persönliche Erscheinen eines Betheiligten für angemessen, so hat es die nach Lage des Falles an das Nichterscheinen sich knüpfenden Nachtheile in der Vorladung besonders zu bezeichnen.

Ort der Verhandlung. § 11. Die mündliche Verhandlung findet in der Regel am Sitze des Schiedsgerichts statt. Der Vorsitzende ist jedoch befugt, das Schiedsgericht zu einer Sitzung an einen anderen Ort seines Bezirkes zu berufen, wenn dies zur Ersparung an Kosten oder Reisen, zur Aufklärung des Sachverhalts oder zur Erleichterung der Beweisaufnahme zweckmäßig erscheint.

Oeffentlichkeit des Verfahrens. § 12. Die mündliche Verhandlung erfolgt in öffentlicher Sitzung. Die Oeffentlichkeit kann durch einen öffentlich zu verkündenden Beschluß ausgeschlossen werden, wenn das Schiedsgericht dies aus Gründen des öffentlichen Wohles oder der Sittlichkeit für angemessen erachtet.

Die Vorschriften der §§ 176 bis 183 des Gerichtsverfassungsgesetzes über die Aufrechthaltung der Ordnung finden entsprechende Anwendung. Ueber die Beschwerde gegen Ordnungsstrafen entscheidet endgültig die höhere Verwaltungsbehörde, in deren Bezirke sich der Sitz des Schiedsgerichts befindet. Die Beschwerde ist binnen zwei Wochen nach der Zustellung der Strafverfügung bei der zur Entscheidung zuständigen Stelle einzulegen.

Die vom Schiedsgerichte festgesetzten Strafen werden in derselben Weise beigetrieben, wie Gemeindeabgaben, und fließen in die Kasse der Versicherungsanstalt.

§ 13. Die mündliche Verhandlung beginnt mit der Darstellung des Sachverhalts durch den Vorsitzenden oder durch einen von diesem ernannten Berichterstatter. Demnächst sind die erschienenen Betheiligten zu hören. Der Vorsitzende hat jedem Beisitzer auf Verlangen zu gestatten, Fragen zu stellen.

Erledigung der Berufung durch Vergleich. § 14. Eine Berufung kann durch Vergleich erledigt werden, wenn sich derselbe auf den streitigen Anspruch selbst und auf die etwaigen außergerichtlichen Kosten erstreckt.

Sitzungsprotokoll. § 15. Die mündliche Verhandlung erfolgt unter Zuziehung eines vereidigten Protokollführers. Von demselben ist ein Protokoll aufzunehmen, welches die Namen des Vorsitzenden und der mitwirkenden Beisitzer, deren Eigenschaft als Vorsitzender, Arbeitgeber oder Arbeitnehmer enthält und den Gang der Verhandlung im Allgemeinen angiebt.

Außerdem sind durch Aufnahme in das Protokoll festzustellen:

1. Erklärung der Parteien, welche die Zurücknahme einer Berufung bezwecken, ferner Anerkenntnisse, Verzichtleistungen, Vergleiche;
2. solche Anträge und Erklärungen der Parteien, welche von den Schriftsätzen abweichen;
3. die Aussagen der Zeugen und Sachverständigen, soweit dieselben nicht früher angehört waren oder von ihrer früheren Aussage abweichen;
4. die Ergebnisse eines Augenscheins;
5. Beschlüsse des Schiedsgerichts und die Urtheilsformel.

Das Protokoll ist, soweit in demselben Vergleiche, Anerkenntnisse oder Verzichtleistungen festgestellt worden sind, den Betheiligten vorzulesen. In dem Protokoll ist zu bemerken, daß die Vorlesung stattgefunden hat und daß die Genehmigung erfolgt ist, oder welche Einwendungen erhoben worden sind.

Das Protokoll ist von dem Vorsitzenden und dem Protokollführer zu unterzeichnen.

§ 16. Das Gericht hat den zur Klarstellung des Sachverhalts erforderlichen Beweis in vollem Umfange zu erheben, ohne Rücksicht darauf, ob dieser Beweis von den Parteien angetreten worden ist oder nicht. Beweisaufnahme.

Der Vorsitzende ist befugt, zur mündlichen Verhandlung auch ohne vorausgehenden Beschluß des Schiedsgerichts Zeugen und Sachverständige vorzuladen sowie das persönliche Erscheinen eines Betheiligten anzuordnen (§ 10 Absatz 3).

Die Beweiserhebung erfolgt in der Regel in der mündlichen Verhandlung. Das Schiedsgericht ist jedoch befugt, den Beweis durch ein Mitglied oder gemäß § 172 des Gesetzes durch eine öffentliche Behörde erheben zu lassen. Geeignetenfalls steht die Befugniß der Beweiserhebung auch dem Vorsitzenden schon vor Anberaumung des Termins zur mündlichen Verhandlung zu.

Die Beweisverhandlungen sind unter Zuziehung eines vereidigten oder durch Handschlag zu verpflichtenden Protokollführers aufzunehmen; die Betheiligten sind zu benachrichtigen.

§ 17. Hinsichtlich der Verpflichtung, sich als Zeuge oder Sachverständiger vernehmen zu lassen und die Aussagen eidlich zu erhärten, finden die Bestimmungen der Civilprozeßordnung entsprechende Anwendung. Insbesondere ist das Schiedsgericht befugt, gegen Zeugen und Sachverständige, welche sich nicht oder nicht rechtzeitig zu den Sitzungen einfinden, oder ihre Aussage oder die Eidesleistung ohne Angabe eines Grundes oder, nachdem der vorgeschützte Grund rechtskräftig für unerheblich erklärt ist, verweigern, eine Geldstrafe bis zu dreihundert Mark festzusetzen. Kommt die Verhängung oder Vollstreckung von Zwangsmaßregeln in Frage, so ist um diese das Amtsgericht zu ersuchen, in dessen Bezirke die Zeugen oder Sachverständigen ihren Wohnsitz oder in Ermangelung eines solchen ihren Aufenthalt haben. Auf Militärpersonen, welche dem aktiven Heere oder der aktiven Marine angehören, finden die Vorschriften der §§ 380 Absatz 4, 409 Absatz 3 der Civilprozeßordnung Anwendung.

Gegen die Entscheidungen des Schiedsgerichts findet binnen einer Frist von zwei Wochen nach deren Zustellung die Beschwerde an das Reichs-Versicherungsamt statt; dieselbe ist schriftlich beim Schiedsgericht einzulegen.

Erfolgt nachträglich eine genügende Entschuldigung für das Verhalten des Zeugen oder Sachverständigen, so sind die getroffenen Anordnungen wieder aufzuheben.

Die Bestimmung des § 12 Absatz 3 findet Anwendung.

Die Zeugen und Sachverständigen erhalten Gebühren nach Maßgabe der Gebührenordnung für Zeugen und Sachverständige vom 20. Mai 1898 (Reichs-Gesetzblatt Seite 689).

§ 18. Das Schiedsgericht entscheidet innerhalb der erhobenen Ansprüche nach freiem Ermessen. Bilden sich in Beziehung auf Summen, über welche zu entscheiden ist, mehr als zwei Meinungen, deren keine die Mehrheit für sich hat, so werden die für die größte Summe abgegebenen Stimmen den für die zunächst geringere abgegebenen solange hinzugerechnet, bis sich eine Mehrheit ergiebt. Entscheidung.

Die Berathung und Beschlußfassung erfolgt in nichtöffentlicher Sitzung; hierbei dürfen nur Mitglieder mitwirken, vor welchen die mündliche Verhandlung stattgefunden hat.

Gerichtliche Kosten. § 19. Die Festsetzung der gerichtlichen Kosten des Verfahrens, die nach § 107 Absatz 1 des Gesetzes die Versicherungsanstalt zu tragen hat, erfolgt durch den Vorsitzenden des Schiedsgerichts. Wird seine Festsetzung angefochten, so ist die Entscheidung des Schiedsgerichts herbeizuführen.

Gegen diese Entscheidung findet Beschwerde an das Reichs-Versicherungsamt statt. Die Beschwerde ist binnen einem Monate nach Zustellung des Festsetzungsbescheids schriftlich beim Schiedsgericht einzureichen, das, wenn es die Beschwerde für begründet erachtet, ihr stattgeben kann. Anderenfalls ist die Beschwerde mit einer gutachtlichen Aeußerung unter Beifügung der Verhandlungen dem Reichs-Versicherungsamt einzureichen.

Der Vorsitzende des Schiedsgerichts kann den Betheiligten solche Kosten des Verfahrens zur Last legen, welche durch Muthwillen oder durch ein auf Verschleppung oder Irreführung berechnetes Verhalten veranlaßt worden sind (§ 104 Absatz 5 in Verbindung mit § 64 Absatz 5 des Gesetzes).

Außergerichtliche Kosten. § 20 Das Schiedsgericht hat, ohne daß es eines Antrags bedarf, zugleich mit der Entscheidung über die Hauptsache darüber zu befinden, ob und in welchem Betrage die unterliegende Partei dem Gegner die ihm in dem Verfahren vor dem Schiedsgericht erwachsenen Kosten zu erstatten hat. Die Festsetzung des Betrags erfolgt nach freiem Ermessen. Dasselbe gilt unter Berücksichtigung der zweckentsprechend aufgewendeten Zeit und Mühewaltung auch für Rechtsanwälte sowie sonstige Vertreter und Beistände der Parteien.

Die von einer Partei zu erstattenden außergerichtlichen Kosten werden durch Vermittelung des Schiedsgerichts in derselben Weise beigetrieben, wie Gemeindeabgaben.

Abstimmung. § 21. Bei der Abstimmung stimmt der etwa bestellte Berichterstatter (§ 13) zuerst. Im Uebrigen richtet sich bei der Abstimmung der Beisitzer die Reihenfolge nach dem Lebensalter dergestalt, daß der Jüngste zuerst stimmt. Der Vorsitzende stimmt in allen Fällen zuletzt.

Verkündung. § 22. Der Vorsitzende verkündet den Beschluß oder die Entscheidung in öffentlicher Sitzung. Die Verkündung der Entscheidung erfolgt durch Verlesung der Urtheilsformel.

Wird die Verkündung der Gründe für angemessen gehalten, so erfolgt sie durch Vorlesung derselben oder durch mündliche Mittheilung des wesentlichen Inhalts.

Die Verkündung kann auf eine sofort anzuberaumende spätere Sitzung vertagt werden, welche in der Regel binnen einer Woche stattfinden soll.

Form und Ausfertigung der Entscheidung. § 23. Die Entscheidungen enthalten eine gedrängte Darstellung des Sach- und Streitstandes auf Grund der gesammten Verhandlungen unter Hervorhebung der in der Sache gestellten Anträge (Thatbestand), ferner die Entscheidungsgründe und die von der Darstellung des Thatbestandes und der Entscheidungsgründe äußerlich zu sondernde Urtheilsformel. Die Entscheidungen sind in der Urschrift von dem Vorsitzenden zu unterschreiben.

§ 24. Bei den Ausfertigungen der Entscheidungen sind im Eingange die Mitglieder des Schiedsgerichts, welche an der Entscheidung Theil genommen haben, nach Maßgabe des § 15 namentlich aufzuführen, und der Sitzungstag, an welchem die Entscheidung erfolgt ist, zu bezeichnen.

Die Ausfertigungen enthalten neben dem Siegel des Schiedsgerichts (§ 25) die Schlußformel:

„Urkundlich unter Siegel und Unterschrift."
„Das Schiedsgericht für . . . ."

Die Vollziehung erfolgt durch den Vorsitzenden.

§ 25. Das Schiedsgericht führt ein Siegel, welches durch die für den Sitz des Schiedsgerichts zuständige Landes-Zentralbehörde bestimmt wird.

§ 26. Die Schiedsgerichte unterliegen der Beaufsichtigung durch die für ihre Sitze zuständigen Landes-Zentralbehörden oder die von denselben zu bestimmenden anderen Behörden. Geschäftsbetrieb.

Ueber Beschwerden der Parteien, die die Prozeßführung betreffen, entscheidet das Reichs-Versicherungsamt.

Auf die Beseitigung von Verzögerungen oder sonstigen Unregelmäßigkeiten in der Prozeßführung hat das Reichs-Versicherungsamt, auch ohne daß Beschwerden der Parteien vorliegen, hinzuwirken. Bleiben die aus diesem Anlasse vom Reichs-Versicherungsamt ergangenen Weisungen ohne Erfolg, so sind die Aufsichtsbehörden um Abhülfe zu ersuchen.

§ 27. In Betreff der Geschäftssprache vor dem Schiedsgerichte finden die Bestimmungen in den §§ 186 ff. des Gerichtsverfassungsgesetzes entsprechende Anwendung. Eingaben, welche nicht in deutscher Sprache abgefaßt sind, werden nicht berücksichtigt. Geschäftssprache.

§ 28. Am Schlusse eines jeden Jahres hat der Vorsitzende des Schiedsgerichts dem Reichs-Versicherungsamte zu dem von demselben zu bestimmenden Zeitpunkt und nach einem von demselben vorzuschreibenden Formular einen Geschäftsbericht einzureichen. Geschäftsbericht.

§ 29. Für Seeleute, welche sich außerhalb Europas aufhalten, gelten hinsichtlich der in dieser Verordnung bestimmten Fristen die Vorschriften des § 167 Absatz 3 des Gesetzes. Besondere Bestimmung für Seeleute.

§ 30. Diese Verordnung tritt mit dem 1. Januar 1900 in Kraft. Mit demselben Tage treten die Bestimmungen der Verordnung vom 1. Dezember 1890, betreffend das Verfahren vor den auf Grund des Invaliditäts- und Altersversicherungsgesetzes vom 22. Juni 1889 errichteten Schiedsgerichten, außer Wirksamkeit Schlußbestimmungen.

Auf die zur Zeit des Inkrafttretens dieser Verordnung bei den Schiedsgerichten schwebenden Berufungen finden die Vorschriften dieser Verordnung Anwendung.

Urkundlich unter Unserer Höchsteigenhändigen Unterschrift und beigedrucktem Kaiserlichen Insiegel.

Gegeben Berlin im Schloß, den 6. Dezember 1899.

(L. S.) Wilhelm.

Graf von Posadowsky.

Anlage XIII.

Verordnung,

betreffend die Formen des Verfahrens und den Geschäftsgang des Reichs-Versicherungsamts in den Angelegenheiten der Invalidenversicherung. Vom 6. Dezember 1899.

Wir Wilhelm, von Gottes Gnaden, Deutscher Kaiser, König von Preußen ꝛc.

verordnen auf Grund des § 110 Absatz 4 des Invalidenversicherungsgesetzes (Reichs-Gesetzblatt Seite 463) im Namen des Reichs, nach erfolgter Zustimmung des Bundesraths, was folgt:

1. Die gemäß § 133 Absatz 3 des Gesetzes, betreffend die Invaliditäts- und Altersversicherung, vom 22. Juni 1889 (Reichs-Gesetzblatt Seite 97), durch Verordnung vom 20. Dezember 1890 (Reichs-Gesetzblatt Seite 209) im

Reichs-Versicherungsamt errichtete Abtheilung für Invaliditäts- und Altersversicherung hat die Angelegenheiten der Invalidenversicherung nach Maßgabe des Invalidenversicherungsgesetzes zu bearbeiten. Die Verfügungen und Entscheidungen dieser Abtheilung ergehen unter der Bezeichnung

Das Reichs-Versicherungsamt.
Abtheilung für Invalidenversicherung

2. Der Kaiser ernennt den Vorsitzenden dieser Abtheilung Der Letztere leitet die besonderen Geschäfte der Abtheilung unter der Oberleitung des Präsidenten des Reichs-Versicherungsamts. Dem Abtheilungsvorsitzenden stehen innerhalb des Geschäftsbereichs der Abtheilung die in Angelegenheiten der Unfallversicherung dem Vorsitzenden des Reichs-Versicherungsamts beigelegten Befugnisse zu.

3. Auf das Verfahren und den Geschäftsgang des Reichs-Versicherungsamts bei Durchführung der Invalidenversicherung finden die Vorschriften über das Verfahren und den Geschäftsgang des Reichs-Versicherungsamts in Angelegenheiten der Unfallversicherung, soweit sich nicht aus den folgenden Bestimmungen etwas Anderes ergiebt, mit der Maßgabe entsprechende Anwendung, daß als Kollegium des Reichs-Versicherungsamts die Abtheilung gilt.

Der Präsident des Reichs-Versicherungsamts ist befugt, in der Abtheilung und den Spruchkammern den Vorsitz zu übernehmen.

4 Die Spruchkammern entscheiden in der Besetzung von vier Mitgliedern des Reichs-Versicherungsamts einschließlich des Vorsitzenden, unter denen sich je ein Vertreter der Arbeitgeber und der Versicherten befinden muß, und unter Zuziehung eines richterlichen Beamten

a) bei Anfechtung von Beschlüssen der Organe der Versicherungsanstalten (§ 75 des Gesetzes),
b) bei vermögensrechtlichen Streitigkeiten aus Anlaß von Veränderungen des Bestandes der Versicherungsanstalten (§ 102 des Gesetzes),
c) bei Ersatzansprüchen gegen Berufsgenossenschaften (§ 23 Absatz 3, §§ 113, 128 Absatz 3 des Gesetzes),
d) bei Revisionen gegen die Entscheidungen der Schiedsgerichte (§ 116 des Gesetzes),
e) bei Verhandlungen über die Wiederaufnahme des Verfahrens (§ 119 des Gesetzes).

5. Stellt sich bei der mündlichen Verhandlung über die in Ziffer 4 bezeichneten Entscheidungen heraus, daß es sich um eine noch nicht festgestellte Auslegung solcher gesetzlichen Bestimmungen handelt, die nach dem Ermessen der Spruchkammer von erheblicher grundsätzlicher Bedeutung sind, oder will die Spruchkammer in einer Rechtsfrage von einer früheren Entscheidung einer Spruchkammer abweichen, so ist die Entscheidung durch Beschluß auszusetzen und zugleich die Sache der erweiterten Spruchkammer zur Verhandlung und Entscheidung zu überweisen.

In denselben Fällen kann auch der Vorsitzende der Abtheilung oder der Spruchkammer schon vor der mündlichen Verhandlung die Sache an die erweiterte Spruchkammer verweisen, wenn er und der Berichterstatter darüber einverstanden sind, daß es sich bei der Entscheidung um die noch nicht festgestellte Auslegung gesetzlicher Bestimmungen von erheblicher grundsätzlicher Bedeutung handelt.

Die erweiterte Spruchkammer entscheidet in der Besetzung von sechs Mitgliedern des Reichs-Versicherungsamt einschließlich des Vorsitzenden, unter denen sich ein von dem Bundesrath aus seiner Mitte gewähltes nichtständiges Mitglied sowie je ein Vertreter der Arbeitgeber und der Versicherten befinden müssen, unter Zuziehung eines richterlichen Beamten An Stelle des Mitglieds aus dem Bundesrath ist im Behinderungsfall ein ständiges Mitglied des Reichs-Versicherungsamts zuzuziehen.

6. Beschlüsse, durch welche Revisionen ohne mündliche Verhandlung zurückgewiesen werden, erfolgen in der Besetzung von drei Mitgliedern, unter denen sich je ein Vertreter der Arbeitgeber und der Versicherten befinden muß (§ 110 Absatz 2 des Gesetzes).

7. Bei Revisionen gegen die Entscheidungen der Schiedsgerichte und bei Verhandlungen über die Wiederaufnahme des Verfahrens ist, auch ohne daß es eines Antrages bedarf, zu prüfen, ob und in welchem Betrag eine unterliegende Partei dem Gegner die ihm in dem Verfahren vor dem Reichs-Versicherungsamt erwachsenen Kosten zu erstatten hat. Wird die Erstattung solcher außergerichtlichen Kosten angeordnet, so ist deren Höhe im Urtheile festzusetzen; diese Beträge werden durch Vermittelung des Reichs-Versicherungsamts in derselben Weise beigetrieben, wie Gemeindeabgaben.

8. Beschwerden gegen die durch die Rechnungsstelle durchgeführten Vertheilungen und Abrechnungen werden im Wege der Verfügung erledigt. Dies gilt auch für Einsprüche und Widersprüche gegen derartige Maßregeln, soweit sie auf Grund des Gesetzes vom 22. Juni 1889 noch zu erledigen sind. Handelt es sich dabei um eine noch nicht entschiedene Frage von erheblicher grundsätzlicher Bedeutung oder soll von einer früheren Entscheidung abgewichen werden, so ist die Sache an die erweiterte Spruchkammer zu verweisen.

9. Mit dem 1. Januar 1900 tritt diese Verordnung an die Stelle der Verordnung, betreffend die Formen des Verfahrens und den Geschäftsgang des Reichs-Versicherungsamts in den Angelegenheiten der Invaliditäts- und Altersversicherung, vom 20. Dezember 1890.

Ihre Vorschriften finden auf die zu diesem Zeitpunkte noch schwebenden Revisionen über Rentenansprüche Anwendung.

Die zu demselben Zeitpunkte vor dem Reichs-Versicherungsamt oder einem Schiedsgerichte schwebenden Streitigkeiten wegen Erstattung von Beiträgen werden im Beschwerdeverfahren gemäß § 128 Absatz 4 des Invalidenversicherungsgesetzes weiter verhandelt.

Urkundlich unter Unserer Höchsteigenhändigen Unterschrift und beigedrucktem Kaiserlichen Insiegel.

Gegeben Berlin im Schloß, den 6. Dezember 1899.

(L. S.) **Wilhelm.**

Graf von Posadowsky.

Anlage XIV.

a. Grundsätze,

betreffend die Besetzung der Subaltern- und Unterbeamtenstellen bei den Kommunalbehörden 2c. mit Militäranwärtern.

§ 1. Die Subaltern- und Unterbeamtenstellen bei den Kommunen und Kommunalverbänden, bei den Invaliditäts- und Altersversicherungsanstalten sowie bei ständischen oder solchen Instituten, welche ganz oder zum Theil aus Mitteln des Reichs, des Staates oder der Gemeinden unterhalten werden — ausschließlich des Forstdienstes —, sind unbeschadet der in den einzelnen Bundesstaaten bezüglich der Versorgung der Militäranwärter im Civildienst erlassenen weitergehenden Vorschriften gemäß den nachstehenden Grundsätzen vorzugsweise mit Militäranwärtern zu besetzen.

Militäranwärter im Sinne dieser Grundsätze ist jeder Inhaber des Civilversorgungsscheins nach Anlage A der Grundsätze für die Besetzung der Subaltern- und Unterbeamtenstellen bei den Reichs- und Staatsbehörden mit Militäranwärtern vom 7./21. März 1882 (Centralblatt für das Deutsche Reich Seite 123).

Die Anstellungsberechtigung eines Militäranwärters beschränkt sich auf denjenigen Bundesstaat, dessen Staatsangehörigkeit er seit zwei Jahren besitzt. Invaliditäts- und Altersversicherungsanstalten sowie ständische Institute ꝛc., deren Wirksamkeit sich auf mehrere Bundesstaaten erstreckt, sind zur Anstellung nur solcher Militäranwärter verpflichtet, welche in einem dieser Staaten die Staatsangehörigkeit besitzen.

§ 2. Die Subaltern- und Unterbeamtenstellen in denjenigen Kommunen und Kommunalverbänden, welche weniger als 3000 Einwohner haben, unterliegen den nachstehenden Grundsätzen nicht. Den Landesregierungen bleibt vorbehalten, diese Bestimmung auf Landgemeinden und ländliche Gemeindeverbände mit weniger als 3000 Einwohnern zu beschränken.

§ 3. Ausschließlich mit Militäranwärtern sind zu besetzen, sofern die Besoldung der Stellen einschließlich der Nebenbezüge mindestens 600 Mark beträgt:

1. die Stellen im Kanzleidienst, einschließlich derjenigen der Lohnschreiber, soweit deren Inhabern die Besorgung des Schreibwerkes (Abschreiben, Mundieren, Kollationiren ꝛc.) und der damit zusammenhängenden Dienstverrichtungen obliegt,
2. sämmtliche Stellen, deren Obliegenheiten im Wesentlichen in mechanischen Dienstleistungen bestehen und keine technischen Kenntnisse erfordern.

Die Landesregierungen sind befugt, den Antheil der Militäranwärter an den Stellen unter Ziffer 1 auf die Hälfte, an den Stellen unter Ziffer 2 auf zwei Drittel zu begrenzen, falls die Eigenart der Landesverhältnisse oder der dienstlichen Anforderungen oder die Organisation der einzelnen Verwaltungen den ausschließlichen Vorbehalt unthunlich macht.

§ 4. Mindestens zur Hälfte mit Militäranwärtern sind zu besetzen die Stellen der Subalternbeamten im Büreaudienste (Journal-, Registratur-, Expeditions-, Kalkulatur-, Kassendienst u. dergl.), jedoch mit Ausnahme

1. derjenigen Stellen, für welche eine besondere wissenschaftliche oder technische Vorbildung erfordert wird,
2. der Stellen derjenigen Kassenvorsteher, welche eigene Rechnung zu legen haben, sowie derjenigen Kassenbeamten, welche Kassengelder einzunehmen, zu verwahren oder auszugeben haben, und ferner derjenigen Beamten, welchen die selbständige Kontrole des Kassen- und Rechnungswesens obliegt,
3. der Stellen der Büreauvorsteher bei den Invaliditäts- und Altersversicherungsanstalten und bei der Verwaltung von Städten mit mehr als 40000 Einwohnern,
4. der Stellen der Subalternbeamten, welche bei Behörden, denen nach landesgesetzlicher Vorschrift Verrichtungen des Vormundschaftsgerichts, des Nachlaßgerichts oder des Grundbuchamts obliegen, in diesen Dienstzweigen als Büreaubeamte beschäftigt werden, oder welche nach landesgesetzlicher Vorschrift als kommunale Hülfsbeamte staatlicher Grundbuchämter bestellt sind.

§ 5. In welchem Umfange die nicht unter §§ 3 und 4 fallenden Subaltern- und Unterbeamtenstellen mit Militäranwärtern zu besetzen sind, ist unter Berücksichtigung der Anforderungen des Dienstes zu bestimmen. In Zweifelsfällen ist unter sinngemäßer Zugrundelegung der für die Reichs- und Staatsbehörden jeweilig geltenden Verzeichnisse der den Militäranwärtern vorbehaltenen Stellen Entscheidung zu treffen.

§ 6. Insoweit in Ausführung der §§ 4 und 5 einzelne Klassen von Subaltern- und Unterbeamtenstellen den Militäranwärtern nicht mindestens zur Hälfte vorbehalten werden können, hat nach Möglichkeit ein Ausgleich in der Weise stattzufinden, daß andere derartige Stellen innerhalb derselben Verwaltung in entsprechender Zahl und Besoldung vorbehalten werden.

Enthält eine Klasse nur eine Stelle, und ist diese unter Berücksichtigung der Anforderungen des Dienstes zur Besetzung mit einem Militäranwärter geeignet, so braucht sie nur abwechselnd mit Militäranwärtern besetzt zu werden.

§ 7. Ueber die gegenwärtig vorhandenen, den Militäranwärtern vorbehaltenen Stellen werden nach Beamtenklassen (§ 6) geordnete Verzeichnisse angelegt.

Gleichartige Stellen, welche in Zukunft errichtet werden, sind in die Verzeichnisse aufzunehmen.

§ 8. Die den Militäranwärtern vorbehaltenen Stellen können auch verliehen werden:

1. Inhabern des Civilversorgungsscheins nach Anlage A 1, B und C der Grundsätze für die Besetzung der Subaltern- und Unterbeamtenstellen bei den Reichs- und Staatsbehörden mit Militäranwärtern (Centralblatt für das Deutsche Reich 1882 Seite 123 und 1895 Seite 17);
2. Offizieren und Deckoffizieren, welchen beim Ausscheiden aus dem aktiven Dienste die Aussicht auf Anstellung im Civildienste verliehen worden ist;
3. ehemaligen Militäranwärten, welche sich in einer auf Grund ihrer Versorgungsansprüche erworbenen etatsmäßigen Anstellung befinden oder in Folge eingetretener Dienstunfähigkeit in den Ruhestand versetzt worden sind;
4. ehemaligen Militärpersonen, welchen der Civilversorgungsschein lediglich um deswillen versagt worden ist, weil sie sich nicht fortgesetzt gut geführt haben, und welchen gemäß einer von der zuständigen Militärbehörde ihnen später ertheilten Bescheinigung eine den Militäranwärtern im Reichs- oder Staatsdienste vorbehaltene Stelle übertragen werden darf;
5. solchen Beamten und Bediensteten der betreffenden Verwaltung, welche für ihren Dienst unbrauchbar oder entbehrlich geworden sind und einstweilig oder dauernd in den Ruhestand versetzt oder entlassen werden müßten, wenn ihnen nicht eine den Militäranwärtern vorbehaltene Stelle verliehen würde; desgleichen solchen Beamten, welche in den Ruhestand versetzt worden sind, aber dienstlich wieder verwendet werden können;
6. sonstigen Personen, denen die Berechtigung zu einer Anstellung auf dem im § 10 Ziffer 7 der Grundsätze für die Besetzung der Subaltern- und Unterbeamtenstellen bei den Reichs- und Staatsbehörden mit Militäranwärtern (Anlage 1) vorgesehenen Wege ausnahmsweise verliehen worden ist.

§ 9. Stellen, welche den Militäranwärtern nur theilweise (zur Hälfte, zu einem Drittheil ꝛc.) vorbehalten sind, werden bei eintretender Erledigung in einer dem Antheilsverhältniß entsprechenden Reihenfolge mit Militäranwärtern oder Civilpersonen besetzt, und zwar ohne Rücksicht auf die Zahl der zur Zeit der Besetzung thatsächlich mit Militäranwärtern und Civilpersonen besetzten Stellen.

Wird die Reihenfolge auf Grund des § 8 unterbrochen oder wird in Folge des § 8 Ziffer 5 eine ausschließlich mit Militäranwärtern zu besetzende

Stelle mit einem Bediensteten der Verwaltung besetzt, so ist bei sich bietender Gelegenheit eine Ausgleichung herbeizuführen. Dabei sind Personen, deren Anstellung auf Grund des § 8 Ziffer 5 und 6 erfolgt, als Civilpersonen, Personen, deren Anstellung auf Grund des § 8 Ziffer 1 bis 4 erfolgt, als Militäranwärter in Anrechnung zu bringen.

§ 10. Die Militäranwärter haben sich um die von ihnen begehrten Stellen bei den Anstellungsbehörden zu bewerben.

Die Bewerbungen haben zu erfolgen:

a) seitens der noch im aktiven Militärdienste befindlichen Militäranwärter durch Vermittelung der vorgesetzten Militärbehörde;
b) seitens der übrigen Militäranwärter entweder unmittelbar oder durch Vermittelung des heimathlichen Bezirkskommandos, welches jede eingehende Bewerbung sofort der zuständigen Anstellungsbehörde mittheilt.

Militäranwärter sind zu Bewerbungen vor oder nach dem Eintritte der Stellenerledigung insolange berechtigt, bis sie eine etatsmäßige Stelle erlangt und angetreten haben, mit welcher Anspruch oder Aussicht auf Ruhegehalt oder dauernde Unterstützung verbunden ist. Bewerbungen um Stellen, welche nur im Wege des Aufrückens zu erlangen sind, werden jedoch hierdurch nicht ausgeschlossen.

§ 11. Ueber die Bewerbungen um noch nicht erledigte Stellen haben die Kommunal- ꝛc. Behörden Verzeichnisse nach Anlage 2 anzulegen, in welche die Stellenanwärter nach dem Datum des Einganges der ersten Meldung eingetragen werden. War die Befähigung noch durch eine Prüfung (Vorprüfung) nachzuweisen, so kann die Eintragung auch nach dem Tage des Bestehens der Prüfung erfolgen.

Bei der Besetzung erledigter Stellen sind unter sonst gleichen Verhältnissen Unteroffiziere, welche mindestens acht Jahre im Heere oder in der Marine aktiv gedient haben, in erster Linie zu berücksichtigen.

Bewerbungen um noch nicht freigewordene Stellen sind alljährlich zum 1. Dezember zu erneuern, widrigenfalls dieselben als erloschen gelten.

§ 12. Stellen, welche mit Militäranwärtern zu besetzen sind, müssen im Falle der Erledigung, wenn keine Bewerbungen von Militäranwärtern für dieselben vorliegen, seitens der Anstellungsbehörde der zuständigen Vermittelungsbehörde (Anlage 3) behufs der Bekanntmachung mittelst Einreichung einer nach dem Muster der Anlage 4 aufzustellenden Nachweisung bezeichnet werden.

Ist innerhalb vier Wochen nach der Bekanntmachung eine Bewerbung bei der Anstellungsbehörde nicht eingegangen, so hat dieselbe in der Stellenbesetzung freie Hand.

§ 13. Die den Militäranwärtern vorbehaltenen Stellen dürfen, außer in dem Falle des § 8, mit anderen Personen nicht besetzt werden, sofern sich Militäranwärter finden, welche zur Uebernahme der Stellen befähigt und bereit sind. Es macht dabei keinen Unterschied, ob die Stellen dauernd oder nur zeitweise bestehen, ob mit denselben ein etatsmäßiges Gehalt oder nur eine diätarische oder andere Remuneration verbunden ist, ob die Anstellung auf Lebenszeit, auf Kündigung oder auf Widerruf geschieht.

Zu vorübergehender Beschäftigung können jedoch auch Nichtversorgungsberechtigte angenommen werden.

In Ansehung derjenigen dienstlichen Verrichtungen, für welche wegen ihres geringen, die volle Zeit und Thätigkeit eines Beamten nicht in Anspruch nehmenden Umfanges und der Geringfügigkeit der damit verbundenen Remuneration besondere Beamte nicht angenommen, welche vielmehr an Privatpersonen, an andere Beamte als Nebenbeschäftigung oder an verabschiedete Beamte übertragen zu werden pflegen, behält es hierbei sein Bewenden.

§ 14. Die Anstellungsbehörden haben darin freie Hand, welche ihrer Subaltern- und Unterbeamten sie in höhere oder besser besoldete Stellen aufrücken lassen wollen.

Ebenso sind die Behörden in der Versetzung eines besoldeten Subaltern- oder Unterbeamten auf eine andere mit Militäranwärtern zu besetzende besoldete Subaltern- oder Unterbeamtenstelle nicht beschränkt. Wäre die auf solche Weise mit einer Civilperson besetzte Stelle mit einem Militäranwärter zu besetzen gewesen, so ist bei sich bietender Gelegenheit eine Ausgleichung herbeizuführen.

Es ist darauf Bedacht zu nehmen, daß den aus den Militäranwärtern hervorgegangenen Beamten, soweit es mit den Interessen des Dienstes vereinbar ist, Gelegenheit gegeben werde, die für das Aufrücken in höhere Dienststellen erforderliche Befähigung zu erwerben.

§ 15. Die Anstellungsbehörden sind zur Berücksichtigung von Bewerbungen nur dann verpflichtet, wenn die Bewerber eine genügende Befähigung für die fragliche Stelle bezw. den fraglichen Dienstzweig nachweisen und in körperlicher sowie sittlicher Beziehung dafür geeignet sind.

Sind für gewisse Dienststellen oder für gewisse Gattungen von Dienststellen besondere Prüfungen (Vorprüfungen) vorgeschrieben, so hat der Militäranwärter auch diese Prüfungen abzulegen. Auch kann, wenn die Eigenthümlichkeit des Dienstzweigs dies erheischt, die Zulassung zu dieser Prüfung oder die Annahme der Bewerbung überhaupt von einer vorgängigen informatorischen Beschäftigung in dem betreffenden Dienstzweig abhängig gemacht werden, welche in der Regel nicht über drei Monate auszudehnen ist. Ueber die Zulässigkeit einer informatorischen Beschäftigung entscheidet in Zweifelsfällen die staatliche Aufsichtsbehörde.

Die Anstellung eines einberufenen Militäranwärters kann zunächst auf Probe erfolgen oder von einer Probedienstleistung abhängig gemacht werden. Die Probezeit darf vorbehaltlich der Abkürzung bei früher nachgewiesener Befähigung in der Regel höchstens sechs Monate, für den Dienst der Straßen- und Wasserbauverwaltung, mit Ausschluß der im § 3 bezeichneten Stellen, ein Jahr betragen. Handelt es sich um Anstellungen im Büreau- insbesondere Kassendienste, so kann die Probezeit mit Genehmigung der staatlichen Aufsichtsbehörde unter Zustimmung der zuständigen Militärbehörde ausnahmsweise bis auf die Dauer eines Jahres verlängert werden. Während der Anstellung auf Probe ist dem Anwärter das volle Stelleneinkommen, während der Probedienstleistung eine fortlaufende Remuneration von nicht weniger als Dreiviertheil des Stelleneinkommens zu gewähren.

Einberufungen zur Probedienstleistung dürfen nur erfolgen, insoweit Stellen (§ 13 Absatz 1) offen sind; eine Entlassung Einberufener wegen mangelnder Vakanz kann daher nicht stattfinden.

Spätestens bei Beendigung der Probezeit hat die Anstellungsbehörde darüber Beschluß zu fassen, ob der Stellenanwärter in seiner Stelle zu bestätigen bezw. in den Civildienst zu übernehmen oder wieder zu entlassen ist.

Die Art der Anstellung, namentlich auf Probezeit, Kündigung, Widerruf ꝛc. regelt sich nach den landesrechtlichen Bestimmungen.

Nach erfolgter etatsmäßiger Anstellung wird der Civilversorgungsschein zu den Akten genommen.

§ 16. Welche Subaltern- und Unterbeamtenstellen und gegebenenfalls in welcher Anzahl dieselben gemäß den vorstehenden Grundsätzen den Militäranwärtern vorzubehalten sind, haben die Anstellungsbehörden festzustellen.

Die aufgestellten Verzeichnisse sind der staatlichen Aufsichtsbehörde zur Genehmigung vorzulegen. Stellen, wegen deren eine solche Feststellung noch nicht stattgefunden hat, dürfen, insofern nicht Militäranwärter zur Anstellung gelangen oder das in diesen Grundsätzen bezüglich der Besetzung der Stellen mit Militäranwärtern vorgeschriebene Verfahren erledigt ist, nach dem 1. Oktober 1900 nur widerruflich besetzt werden. Die Anstellungsverhältnisse der Inhaber von solchen Stellen, welche gemäß den vorstehenden Grundsätzen den Militäranwärtern vorzubehalten, dagegen ohne Verletzung der bisherigen Bestimmungen an nicht Versorgungsberechtigte übertragen worden sind, bleiben hierdurch unberührt. Gleichfalls unberührt bleiben bereits erworbene Ansprüche von Militäranwärtern.

§ 17. Von der Besetzung der den Militäranwärtern vorbehaltenen Stellen haben die Anstellungsbehörden am Schlusse des Quartals den Vermittelungsbehörden ihres Bezirkes durch Zusendung einer Nachweisung nach dem Muster der Anlage 5 Mittheilung zu machen.

Die Vermittelungsbehörden veranlassen eine entsprechende Bekanntmachung in der Vakanzenliste.

§ 18. Die Landes-Zentralbehörden haben darüber zu wachen, daß bei der Besetzung der den Militäranwärtern bei den Kommunalbehörden ꝛc. vorbehaltenen Stellen nach den vorstehenden Grundsätzen verfahren wird.

Auf Beschwerden der Militäranwärter entscheiden die staatlichen Aufsichtsbehörden.

§ 19. Die §§ 25 bis 29 der Grundsätze für die Besetzung der Subaltern- und Unterbeamtenstellen bei den Reichs- und Staatsbehörden mit Militäranwärtern*) finden sinngemäße Anwendung.

§ 20. Ansprüche, welche schon bei dem Inkrafttreten dieser Grundsätze erworben waren, werden durch dieselben nicht berührt.

§ 21. Die vorstehenden Grundsätze treten am 1. April 1900 in Kraft.

b.

Die Grundsätze für die Besetzung der Subaltern- und Unterbeamtenstellen bei den Reichs- und Staatsbehörden mit Militäranwärtern lauten in den hier in Betracht kommenden Stellen:

§ 10. Auch können die den Militäranwärtern vorbehaltenen Stellen verliehen werden:

1. bis 6. ꝛc.
7. sonstigen Personen, welchen, sofern es sich um den Reichsdienst oder den Dienst der Landesverwaltung von Elsaß-Lothringen handelt, durch Erlaß des Kaisers, in anderen Fällen durch Erlaß des Landesherrn beziehungsweise Senats, ausnahmsweise die Berechtigung zu einer Anstellung verliehen worden ist. Dergleichen Verleihungen sollen jedoch nur für eine bestimmte Stelle oder für einen bestimmten Dienstzweig und auch nur dann beantragt werden, wenn ein besonderes dienstliches Interesse dafür geltend zu machen ist. Die Anträge sind, wenn die Anstellung im Reichsdienst oder im Dienste der Landesverwaltung von Elsaß-Lothringen erfolgen soll, unter Mitwirkung des Königlich preußischen Kriegsministeriums, wenn die Anstellung im Dienste eines Bundesstaats mit eigener Militärverwaltung oder in der Militärverwaltung desselben erfolgen soll, unter Mitwirkung des zuständigen Kriegs-

*) In Folgendem abgedruckt.

ministeriums zu stellen. In den übrigen Bundesstaaten hat den Anträgen eine Mittheilung an die oberste Militärbehörde desjenigen Ersatzbezirkes, innerhalb welches die Stelle besetzt werden soll, voranzugehen. Auch ist dieser Militärbehörde von den ergehenden Entscheidungen sowie von etwaigen ohne Antrag erfolgten Verleihungen der Anstellungsberechtigung Kenntniß zu geben.

§ 25. Im Falle der Eröffnung einer gerichtlichen Untersuchung gegen einen Militäranwärter ist der Civilversorgungsschein zu den Untersuchungsakten einzufordern. Führt die Untersuchung zu einem rechtskräftigen Erkenntnisse, welches auf die zeitige Unfähigkeit zur Bekleidung öffentlicher Aemter oder auf eine Strafe lautet, welche die dauernde oder zeitige Unfähigkeit zur Bekleidung öffentlicher Aemter von Rechtswegen zur Folge hat, so ist der Civilversorgungsschein unter Mittheilung der Urtheilsformel derjenigen Militärbehörde zu übersenden, welche den Schein ertheilt hat (§ 1). Anderenfalls ist der Civilversorgungsschein derjenigen Behörde zu übersenden, bei welcher der Militäranwärter angestellt oder beschäftigt ist, Militäranwärtern aber, welche im Civildienste noch nicht angestellt oder beschäftigt sind, zurückzugeben.

§ 26. Der Civilversorgungsschein ist verwirkt, wenn gegen den Inhaber rechtskräftig auf eine Strafe erkannt worden ist, welche die dauernde Unfähigkeit zur Bekleidung öffentlicher Aemter von Rechtswegen zur Folge hat.

Lautet das rechtskräftige Erkenntniß nur auf zeitige Unfähigkeit zur Bekleidung öffentlicher Aemter oder auf eine Strafe, welche die zeitige Unfähigkeit zur Bekleidung öffentlicher Aemter zur Folge hat, so wird der Civilversorgungsschein nach Ablauf der Zeit, auf welche sich die Wirkung des Erkenntnisses erstreckt, zurückgegeben, zuvor jedoch von der Militärbehörde (§ 25) mit einem, den wesentlichen Inhalt des Erkenntnisses wiedergegebenen Vermerke versehen. Die Anstellung des Inhabers in einer den Militäranwärtern vorbehaltenen Stelle ist lediglich dem freien Ermessen der betheiligten Behörden überlassen.

§ 27. Erfolgt das Ausscheiden aus der Stelle unfreiwillig aus anderen als den im § 26 bezeichneten Gründen, so sind dieselben in dem Civilversorgungsscheine zu vermerken, bevor dessen Rückgabe erfolgt.

Hat die unfreiwillige Entlassung eines Militäranwärters in Folge einer den Mangel an ehrliebender Gesinnung verrathenden Handlung oder wegen fortgesetzt schlechter Dienstführung stattgefunden, so sind die Behörden zur Berücksichtigung des Anstellungsgesuchs nicht verpflichtet.

§ 28. Erfolgt das Ausscheiden aus der Stelle freiwillig, aber ohne Pension, so ist dies gleichfalls in dem Civilversorgungsscheine zu vermerken, bevor dessen Rückgabe erfolgt.

§ 29. Der Civilversorgungsschein erlischt, sobald sein Inhaber aus dem Civildienste mit Pension (§ 13) in den Ruhestand tritt. Eine Rückgabe des Civilversorgungsscheins findet in diesem Falle nicht statt.

c. Erläuterungen

zu den Grundsätzen, betreffend die Besetzung der Subaltern- und Unterbeamtenstellen bei den Kommunalbehörden 2c. mit Militäranwärtern.

I. Zu § 1. Der Civilversorgungsschein giebt dem Inhaber kein Recht auf eine bestimmte Dienststelle.

II. Zu § 4. 1. Unter „Büreauvorstehern“ werden diejenigen Subalternbeamten verstanden, welche an die Spitze eines Büreauorganismus gestellt sind. Die Vorsteher einzelner

Büreauabtheilungen fallen nicht unter den Begriff. Ebensowenig ist die einem Beamten zustehende Amtsbezeichnung maßgebend; vielmehr sind hier sowohl, wie überhaupt für die Stellenklassifikation nach den §§ 3 und 4, die dienstlichen Obliegenheiten der Stelleninhaber allein entscheidend.

2. Bei Berechnung der Zahl der den Militäranwärtern vorzubehaltenden Stellen sind diejenigen Stellen nicht in Betracht zu ziehen, bezüglich welcher den Anstellungsbehörden freie Hand gelassen ist.

III. Zu § 6. Unter einer „Klasse" ist die Gesammtheit der in einer Verwaltung beschäftigten Beamten zu verstehen, deren dienstliche Obliegenheiten ihrer Natur nach im Wesentlichen dieselben sind.

IV. Zu § 7. In die anzulegenden Verzeichnisse sind auch die nur im Wege des Aufrückens erreichbaren Stellen aufzunehmen; dagegen brauchen Stellen, deren Inhaber — wenn sie auch in Pflicht genommen sein sollten — ihr Einkommen nicht unmittelbar aus der Kommunal- 2c. Kasse beziehen (Privatgehülfen) nicht aufgenommen zu werden.

Die Verzeichnisse werden den Militärbehörden auf Wunsch mitzutheilen sein.

V. Zu § 8. Die Bestimmung unter Ziffer 5 soll den Kommunalbehörden 2c. die Möglichkeit gewähren, solche Personen, welche zur ferneren Verrichtung eines vielleicht anstrengenden Dienstes unfähig, oder welche entbehrlich geworden sind, desgleichen solche Beamte, welche bereits in den Ruhestand versetzt sind, in anderen Stellen noch zu verwenden, die an sich mit Militäranwärtern zu besetzen sein würden. Diese Befugniß erstreckt sich in ihrem ersten Theile, wie der Ausdruck „Bedienstete" andeutet, auch auf die vermöge Privatvertrags zu dauernder Beschäftigung im Kommunal- 2c. Dienste angenommenen Personen.

VI. Zu § 10. Die Anstellungsbehörden werden durch die Landesregierungen bezeichnet. Diesen soll unbenommen sein, Zentralstellen einzurichten, an welche sämmtliche Bewerbungen ausschließlich zu richten sind, welchen die Anstellungsbehörden die zu besetzenden Stellen mitzutheilen haben und welche den Anstellungsbehörden die in Betracht zu ziehenden Bewerbungen mittheilen.

Unter „etatsmäßigen Stellen", mit deren Erlangung die Befugniß zu weiteren Bewerbungen gemäß dem letzten Absatz erlöschen soll, sind auch Stellen im Reichs- oder im Staatsdienste sowie im Dienste von Privat-Eisenbahngesellschaften, denen die Verpflichtung zur Anstellung von Militäranwärtern auferlegt worden ist, zu verstehen. Umgekehrt erlischt die Berechtigung zur Bewerbung um eine Stelle im Reichs- oder im Staatsdienst im Sinne des § 13 der Grundsätze für die Besetzung der Subaltern- und Unterbeamtenstellen bei den Reichs- und Staatsbehörden mit Militäranwärtern (Central-Blatt von 1882 S. 128) auch durch die Erlangung einer etatsmäßigen Stelle im Kommunal- 2c. Dienste. Sowohl hinsichtlich des Reichs- und Staatsdienstes als auch hinsichtlich des Kommunal- 2c. Dienstes handelt es sich hier nur um solche etatsmäßige Stellen, welche „Anspruch oder Aussicht auf Ruhegehalt oder dauernde Unterstützung" gewähren. Auch ist vorausgesetzt, daß die etatsmäßige Anstellung endgültig erfolgt ist. Während der Probedienstleistung oder der Anstellung auf Probe besteht die Berechtigung zu Bewerbungen fort.

VII. Zu § 11 Absatz 2. Innerhalb jeder der beiden Klassen der civilversorgungsberechtigten Stellenanwärter (vergl. Anmerkung 2 zu Anlage 2) ist bei der Einberufung die Reihenfolge in der Bewerberliste in Betracht zu ziehen. Die Anstellungsbehörden sind jedoch nicht unbedingt an die Innehaltung der Reihenfolge gebunden, sondern zu Abweichungen innerhalb jeder dieser beiden Anwärterklassen berechtigt, sofern diese Abweichungen nach ihrem pflichtmäßigen Ermessen durch dienstliche Rücksichten bedingt werden.

VIII. Zu § 12. Gemäß Absatz 1 bedarf es der Einreichung einer Nachweisung nicht, wenn die Wiederbesetzung der Stelle durch einen Militäranwärter erfolgt, dessen Bewerbung schon vorlag. Jedoch ist die Einreichung nachzuholen, wenn die Stelle einem solchen Bewerber wegen ungenügender Befähigung (§ 15) oder aus sonstigen Gründen nicht übertragen wird.

IX. Zu § 14 Absatz 1. Bei Besetzung der den Militäranwärtern ausschließlich oder zum Theil vorbehaltenen Stellen, welche nur im Wege des Aufrückens erreicht werden können, dürfen bei sonst gleichen Voraussetzungen hinsichtlich der Qualifikation ehemalige Militäranwärter hinter anderen Angestellten nicht zurückgesetzt werden.

X. Zu § 20. Es handelt sich hier nicht um erworbene Rechtsansprüche, sondern um Anwartschaften; so soll insbesondere ein erworbener Anspruch dann als vorhanden angenommen werden, wenn für gewisse Dienstzweige die Prüfung bestanden oder der Vorbereitungsdienst zum größeren Theile zurückgelegt ist.

Anlage XV.

Uebersicht

über die gemäß § 169 des Invalidenversicherungsgesetzes vom 13. Juli 1899 von den Zentralbehörden der Bundesstaaten bestimmten zuständigen Landesbehörden 2c.

(Zu vergleichen Amtliche Nachrichten des R. V. A. 1898 Seite 502 ff.)

1. **Königreich Preußen.** (Bekanntmachung vom 26. August 1899, R.-A. Nr. 240).

a) Höhere Verwaltungsbehörde. Als höhere Verwaltungsbehörden gelten die Regierungspräsidenten, für den Stadtkreis Berlin der Oberpräsident.

Soweit es sich um die Genehmigung statutarischer Bestimmungen eines Provinzialverbandes (§§ 24, 148) handelt, tritt an die Stelle des Regierungspräsidenten der Oberpräsident.

b) Kommunalverband beziehungsweise weiterer Kommunalverband. In den Fällen der §§ 62, 82 Absatz 2 gelten als weitere Kommunalverbände die Kreise und in den Hohenzollernschen Landen die Oberamtsbezirke, in allen übrigen Fällen die Provinzialverbände, die Kreise, in den Hohenzollernschen Landen der Landeskommunalverband und die Oberamtsbezirke. Als Vertretungen weiterer Kommunalverbände kommen in Betracht für die Provinzialverbände die Provinzialausschüsse, für die Stadtkreise die Magistrate, für die Landkreise die Kreisausschüsse, für den Landeskommunalverband der Hohenzollernschen Lande der Landesausschuß und für die Oberamtsbezirke die Amtsausschüsse.

Als Vertretungen der einer im § 62 Absatz 1 genannten Krankenkasse nicht angehörenden versicherten Personen gelten die Kreisausschüsse, in Stadtkreisen die Magistrate (§ 62 Absatz 1, § 82 Absatz 2).

c) Untere Verwaltungsbehörde. In den Städten von mehr als 10000 Einwohnern, sowie in denjenigen Städten der Provinz Hannover, für welche die Revidirte Hannoversche Städteordnung vom 24. Juni 1858 gilt, mit Ausnahme der im § 27 Absatz 2 der Hannoverschen Kreisordnung vom 6. Mai 1884 bezeichneten Städte, die Gemeindevorstände (Magistrate), im Uebrigen die Landräthe, in den Hohenzollernschen Landen die Ober-Amtmänner.

d) Gemeindebehörde. Unter Gemeindebehörde ist der Gemeindevorstand, in selbständigen Gutsbezirken der Gutsvorsteher zu verstehen.

e) Vertretung der zunächst berufenen Amtsstelle in Fällen eigener Betheiligung:

I. Ist bei Streitigkeiten (§§ 155 ff.) der von dem Landrath oder dem Gemeindevorstande vertretene Kommunalverband als Arbeitgeber betheiligt, so wird von dem Regierungspräsidenten, in Berlin von dem Oberpräsidenten der Provinz Brandenburg eine andere Behörde (Landrath oder Gemeindevorstand) mit der Entscheidung der Streitigkeit beauftragt. Auf Stadtgemeinden, in welchen für die Angelegenheiten der Invalidenversicherung eine besondere Abtheilung (Deputation, Ausschuß) des Gemeindevorstandes bestellt worden ist, findet diese Bestimmung keine Anwendung.

II. Handelt es sich bei Streitigkeiten um die eigenen Lohnarbeiter des als untere Verwaltungsbehörde berufenen Beamten, so erfolgt die Entscheidung durch seinen Stellvertreter.

2. Königreich Bayern. (Bekanntmachung vom 19. Dezember 1899, R.-A. Nr. 302).

a) Landes-Zentralbehörde. Das Staatsministerium des Innern, welchem auch die Genehmigung statutarischer Bestimmungen (§§ 148 ff.) in allen Fällen vorbehalten bleibt.

b) Höhere Verwaltungsbehörde. Soweit nicht Anderes bestimmt ist, die Regierungen, Kammern des Innern, welche insbesondere in zweiter und letzter Instanz über die im § 155 erwähnten Streitigkeiten entscheiden. Im Falle des § 34 Ziffer 2 die Regierungen, Kammern des Innern, im Einvernehmen mit den Kammern der Finanzen. Beschwerden eines gewählten Beisitzers des Schiedsgerichts gegen seine Enthebung unterliegen der Entscheidung des Landes-Versicherungsamts (§ 104 Absatz 5 Ziffer 2). Letzteres ist auch zuständig im Falle des § 64 Absatz 2. Im Falle des § 60 das Staatsministerium des Innern.

c) Kommunalverband beziehungsweise weiterer Kommunalverband. Im Falle des § 24 gelten als weitere Kommunalverbände die Distriktsräthe, vorbehaltlich der jedesmaligen Genehmigung des Beschlusses derselben durch die Regierungen, Kammern des Innern. Als Vertretungen der einer im § 62 Absatz 1 genannten Krankenkasse nicht angehörenden versicherten Personen gelten die Magistrate der unmittelbaren Städte und die Distriktsräthe, bei der ersten Wahl die Distriktsausschüsse (§ 62 Absatz 1).

d) Untere Verwaltungsbehörde. Soweit nicht Anderes bestimmt ist, die Distrikts-Verwaltungsbehörden, in München der Stadtmagistrat. Dem Staatsministerium des Innern bleibt vorbehalten nach Maßgabe der Bestimmungen des § 60 als untere Verwaltungsbehörden im Sinne des § 57 bestimmte Gemeindebehörden zu bezeichnen und diese mit der Wahrnehmung der in den §§ 57, 58 vorgesehenen Geschäfte zu betrauen. Die Anmeldung von Ansprüchen auf Bewilligung einer

Rente (§ 112) und von Anträgen auf Erstattung von Beiträgen (§ 128) erfolgt unter Einreichung der zur Begründung dienenden Beweisstücke bei der Gemeindebehörde, des Wohn- oder Beschäftigungsorts des Versicherten bezw. des Erstattungsberechtigten. Die Gemeindebehörde hat die Anmeldung ungesäumt dem Bezirksamt vorzulegen, das sodann nach Maßgabe der §§ 112 Absatz 2, 128 Absatz 2 verfährt. In den einer Kreisregierung unmittelbar untergeordneten Städten und in jenen Gemeinden, für welche nach Maßgabe der Bestimmungen des § 60 eine Anordnung im Sinne des § 6 Absatz 2 der Königlichen Allerhöchsten Verordnung vom 14. Dezember 1899 ergangen ist, liegt auch das Verfahren nach § 112 Absatz 2, 128 Absatz 2 der Gemeindebehörde ob.

e) Ortspolizeibehörde. In München der Stadtmagistrat.

3. **Königreich Sachsen.** (Verordnung vom 30. November 1899, R.-A. Nr. 298).

a) Landesregierung oder Landes-Zentralbehörde. Das Ministerium des Innern.

b) Höhere Verwaltungsbehörde. Die Kreishauptmannschaften.

c) Kommunal-Aufsichtsbehörde. Im Sinne des § 24 Absatz 5 für die Bezirksverbände die Kreishauptmannschaft.

d) Kommunalverband beziehungsweise weiterer Kommunalverband. Als weitere Kommunalverbände haben die auf Grund des Gesetzes, betreffend die Bildung von Bezirksverbänden und deren Vertretung, vom 21. April 1873 gebildeten Bezirksverbände, als Vertretungen derselben die Bezirksausschüsse zu gelten. Zu den Kommunalverbänden im Sinne der §§ 5, 6, 8, 24 Absatz 3 ff. gehören die Stadt- und Landgemeinden, die selbständigen Gutsbezirke und die Gemeindeverbände (§§ 89 und 91 der Landgemeindeordnung, § 7 der Revidirten Städteordnung); deren Vertretung bestimmt sich nach dem Landrecht.

e) Untere Verwaltungsbehörde. In Städten, für welche die Revidirte Städteordnung gilt, der Stadtrath, im Uebrigen die Amtshauptmannschaft bezw. die amtshauptmannschaftliche Delegation Seyda, vorbehaltlich anderweiter Bestimmung nach § 60 des Gesetzes

f) Gemeindebehörde. In den Städten, in welchen die Revidirte Städteordnung eingeführt ist, der Stadtrath, in den Städten, welche die Städteordnung für mittlere und kleine Städte angenommen haben, der Bürgermeister, in den Landgemeinden der Gemeindevorstand und für selbständige Gutsbezirke der Gutsvorsteher.

g) Orts-Polizeibehörde. In den Städten, für welche die Städteordnung gilt, der Stadtrath, in den Städten, welche die Städteordnung für mittlere und kleine Städte angenommen haben, der Bürgermeister, in den Landgemeinden der Gemeindevorstand und für selbständige Gutsbezirke der Gutsvorsteher. In Fällen, in denen die Strafbefugniß der genannten Gemeindebehörden nicht ausreicht, die Amtshauptmannschaft bezw. die Delegation.

4. **Königreich Württemberg.** (Verfügung des Ministeriums des Innern vom 25. November 1899; R.-A. Nr. 303).

a) Landes-Zentralbehörde. Das Ministerium des Innern.

b) Höhere Verwaltungsbehörde. In den Fällen der §§ 60 und 64 Absatz 2 das Ministerium des Innern, im Uebrigen die Kreisregierungen.

c) Kommunal-Aufsichtsbehörde. Im Falle des § 24 Absatz 5, wenn der Kommunalverband eine Gemeinde ist, das Oberamt, wenn derselbe eine Amtskorporation ist, die Kreisregierung.

d) Aufsichtsbehörde. Im Sinne des § 23 Absatz 2 das Landes-Versicherungsamt.

e) Kommunalverband beziehungsweise weiterer Kommunalverband. Als weitere Kommunalverbände gelten die Amtskörperschaften. „Statutarische Bestimmungen" der weiteren Kommunalverbände werden von der Amtsversammlung erlassen. In Anwendung der Absätze 4 und 6 des § 24 hat namens des „Kommunalverbandes", wenn dieser eine Gemeinde ist, der Ortsvorsteher, wenn er eine Amtskorporation ist, der Oberamtmann oder dessen Stellvertreter zu handeln.

f) Untere Verwaltungsbehörde. Die Oberämter.

Die zur Entscheidung über die Beschwerde gegen den Bescheid des Oberamts nach § 6 Absatz 1 zuständige Behörde ist die Kreisregierung.

g) Gemeindebehörde.

Die Ortsbehörden für die Arbeiterversicherung (§ 1 der Ministerial-Verfügung vom 18. Juni 1890, Reg. Bl. Seite 126).

„Statutarische Bestimmungen" der Gemeinden werden vom Gemeinderath mit Zustimmung des Bürgerausschusses erlassen.

h) Orts-Polizeibehörde. Die Ortsvorsteher.

5. **Großherzogthum Baden.** (Verordnung vom 28. November 1899: R.-A. Nr. 291).

a) Landes-Zentralbehörde. Das Ministerium des Innern auch in den Fällen des § 52 Absatz 2 und 3, welches in den geeigneten Fällen mit den anderen betheiligten Ministerien sich ins Benehmen zu setzen hat.

b) Höhere Verwaltungsbehörde. Im Falle des § 24 Absatz 1 zweitletzter Satz das Bezirksamt — geeignetenfalls nach Anhörung des Bezirksraths —; im Falle der §§ 104 Absatz 5 Ziffer 2, 148 Absatz 4 Schlußsatz, 155 Absatz 1, 162 und 178 das Landes-Versicherungsamt, im Uebrigen das Ministerium des Innern.

c) Kommunalverband. Als Kommunalverbände im Sinne des Gesetzes kommen nur die Gemeinden in Betracht. Kommunalaufsichtsbehörde ist das Bezirksamt.

d) Untere Verwaltungsbehörde: aa) im Falle des § 57 Ziffer 1 bei Anträgen auf Beitragserstattung, sowie im Falle des § 57 Ziffer 4 des Gesetzes der Bürgermeister, bb) im Uebrigen das Bezirksamt.

e) Gemeindebehörde. Der Bürgermeister, soweit nicht nachstehend etwas Anderes bestimmt ist.

Für abgesonderte Gemarkungen werden die nach dieser Verordnung den Gemeinden zukommenden Obliegenheiten von der Behörde derjenigen Gemeinde wahrgenommen, welcher die abgesonderte Gemarkung in polizeilicher Hinsicht zugetheilt ist.

Wo für die abgesonderte Gemarkung ein besonderes Verwaltungsorgan (Stabhalter, Kolonierath u. s. w.) besteht, kann mit Genehmigung des Bezirksamts diesem Organe oder einem von demselben bestellten Beamten die Wahrnehmung jener Obliegenheiten für die abgesonderte Gemarkung ganz oder theilweise übertragen werden.

f) Orts-Polizeibehörde. Im Falle der §§ 131 Absatz 2 (153), und 139 Absatz 3 in den Städten mit staatlicher Ortspolizei das Bezirksamt, im Uebrigen der Bürgermeister; im Falle des § 161

Absatz 2 das Bezirksamt, und an Orten, woselbst die Ausübung der Ortspolizei dem Bürgermeister übertragen ist, auch dieser, der jedoch nur Geldstrafen bis zu 10 Mark androhen und erkennen kann.

16. **Großherzogthum Hessen.** (Bekanntmachung vom 13. November 1899; R.-A. Nr. 275.)

a) Landes-Zentralbehörde. Das Ministerium des Innern. Demselben bleibt auch die Zuständigkeit zu der im § 52 vorgesehenen Genehmigung oder Vornahme der Abänderung der Statuten von Kassen der dort bezeichneten Art vorbehalten, soweit nicht die Zuständigkeit einer anderen Behörde gegeben ist.

b) Höhere Verwaltungsbehörde. In den Fällen des § 34 Absatz 2 die Kreisämter, in den Fällen der §§ 64 Absatz 2, 104 Absatz 5 Ziffer 2, 155, 162 und 178 das Landes-Versicherungsamt, im Uebrigen das Ministerium des Innern.

c) Aufsichtsbehörde. In den Fällen der §§ 23 Absatz 1, 71 Absatz 2, 164 Absatz 3 und 194 Absatz 2 das Landes-Versicherungsamt.

d) Kommunal-Aufsichtsbehörde. Im Sinne des § 24 Absatz 5 für die Gemeinden die Kreisämter, für die Kreise uud die Provinzen das Ministerium des Innern.

e) Weiterer Kommunalverband. Als weitere Kommunalverbände gelten die Kreise und die Provinzen, welche durch die Kreistage bezw. die Provinzialtage vertreten werden. Als Vertretungen der einer im § 62 Absatz 1 genannten Krankenkasse nicht angehörenden versicherten Personen gelten in Städten von über 20000 Einwohnern die Bürgermeistereien, im Uebigen die Kreistage (§ 62 Absatz 1).

f) Untere Verwaltungsbehörde. In den Städten mit über 20000 Einwohnern die Bürgermeistereien, im Uebrigen die Kreisämter.

Die Anmeldung von Ansprüchen auf Bewilligung einer Rente oder auf Erstattung von Beiträgen kann rechtswirksam auch bei der für den Wohnort oder Beschäftigungsort des Versicherten oder, wenn er einen solchen im Inlande nicht mehr hat, bei der für seinen letzten Wohnort oder Beschäftigungsort zuständigen Bürgermeisterei erfolgen.

g) Gemeindebehörde. Die Bürgermeistereien, soweit nicht etwas Anderes bestimmt werden wird.

h) Orts-Polizeibehörde. Die Bürgermeistereien bezw. die staatlichen Polizeibehörden und -Beamten.

7. **Großherzogthum Mecklenburg-Schwerin.** (Bekanntmachung vom 24. Februar 1900; R.-A. Nr. 52.)

a) Landes-Zentralbehörde. Das Ministerium des Innern.

b) Höhere Verwaltungsbehörde. Das Ministerium des Innern.

c) Kommunal-Aufsichtsbehörde. Das Ministerium des Innern, in dem Domanium aber, soweit dasselbe gemeindlich verfaßt ist, das zuständige Domanialamt.

d) Kommunalverband bezw. weiterer Kommunalverband. Als Kommunalverbände gelten die Gemeindeverbände, und wo es an solchen fehlt, die ortsobrigkeitlichen Bezirke. Weiteren Kommunalverband bildet das Großherzogthum Die Geschäfte des weiteren Kommunalverbandes werden von dem Ministerium des Innern, die den Vertretungen des Verbandes zugewiesenen Verrichtungen aber von dem engeren Ausschuß der Ritter- und Landschaft wahrgenommen.

e) Untere Verwaltungsbehörde. In dem Falle des § 3 das Ministerium des Innern; in den Fällen der §§ 140 Absatz 3, 155, 157 und 158, wenn die Arbeitgeber zugleich Inhaber obrigkeitlicher Rechte sind, die Gewerbekommission; im Uebrigen die Ortsobrigkeiten, jedoch mit Ausnahme der Fälle des § 6, sowie der §§ 55 Absatz 3, 57 bis 59, 61 bis 64, 90 Absatz 3, 112, 120 bis 122, in welchen an Stelle der ritterschaftlichen Gutsobrigkeiten die auf Grund der Verordnung vom 2. April 1879 errichteten Polizeiämter treten; in allen übrigen Fällen ihrer Zuständigkeit als untere Verwaltungsbehörde sind die ritterschaftlichen Gutsobrigkeiten befugt, sich durch die Polizeiämter vertreten zu lassen.

f) Gemeindebehörde. Der Gemeindevorstand und in denjenigen Ortschaften, in welchen es an einem solchen fehlt, die Ortsobrigkeit.

Wo die Gemeindebehörde nicht zugleich die Ortsobrigkeit ist, wird ihr geschäftlicher Verkehr mit den Organen der Versicherungsanstalt, sowie mit den nach Maßgabe der Verordnung vom 30. Dezember 1899 für das Versicherungswesen in Thätigkeit tretenden Behörden durch die Ortsobrigkeit vermittelt.

g) Orts-Polizeibehörde. Die im § 139 Absatz 3 der Orts-Polizeibehörde auferlegte Verpflichtung ist in der Ritterschaft den Polizeiämtern übertragen worden.

Die Wahrnehmung der im § 161 Absatz 2 der Ortspolizeibehörde zugewiesenen Befugniß erfolgt in denjenigen Fällen, in welchen die Arbeitgeber bezw. Selbstversicherer zugleich Inhaber obrigkeitlicher Rechte sind, durch das Ministerium des Innern.

8. **Großherzogthum Sachsen-Weimar-Eisenach.** (Bekanntmachungen vom 12. Oktober und 1. Dezember 1899; R.-A. Nr. 297 bezw. Reg.-Bl. Nr. 40).

a) Landes-Zentralbehörde. Das Staatsministerium.

b) Höhere Verwaltungsbehörde. Der Bezirksausschuß, jedoch mit Ausnahme der Fälle der §§ 60, 104 Absatz 5 Ziffer 2, 155, 178, in denen die Verrichtungen der höheren Verwaltungsbehörde von dem Staatsministerium, Departement des Innern, wahrgenommen werden.

c) Kommunalverband bezw. weiterer Kommunalverband. Als weitere Kommunalverbände im Sinne des § 62 Absatz 1 gelten die Verwaltungsbezirke und als deren Vertretungen die Bezirksausschüsse. Letztere, sowie die Gemeindevorstände von Weimar, Eisenach, Apolda, Jena und Ilmenau gelten auch für den Umfang der einzelnen Verwaltungsbezirke bezw. der Gemeindebezirke als Vertretungen der einer im § 62 Absatz 1 genannten Krankenkasse nicht angehörenden versicherten Personen (§ 62 Absatz 1).

d) Untere Verwaltungsbehörde. Der Bezirksdirektor, welcher sich bei Erledigung der im § 3 bezeichneten Geschäfte der Mitwirkung des Bezirksausschusses zu bedienen hat. Ferner nach Maßgabe des § 60 die Gemeindevorstände von Weimar, Eisenach, Apolda, Jena und Ilmenau hinsichtlich der Wahrnehmung der in den §§ 57, 58 vorgesehenen Geschäfte.

e) Gemeindebehörde. Der Gemeindevorstand.

f) Orts-Polizeibehörde. Der Gemeindevorstand.

9. **Großherzogthum Mecklenburg-Strelitz.** (Verordnung vom 30. Dezember 1899; Offizieller Anzeiger Nr. 4 von 1900)

a) Landes-Zentralbehörde. Die Landesregierung.

b) Höhere Verwaltungsbehörde. Die Landesregierung.
c) Kommunal-Aufsichtsbehörde. Die Landesregierung.
d) Kommunalverband bezw. weiterer Kommunalverband. Als Kommunalverbände gelten die Städte, im Uebrigen aber die ortsobrigkeitlichen Bezirke; dieselben werden durch die Magistrate bezw. Ortsobrigkeiten (Kabinetsamt, Domanialämter, Landvogtei, Gutsherrschaften ꝛc.) vertreten.

Weitere Kommunalverbände bilden das Herzogthum Strelitz, sowie das Fürstenthum Ratzeburg.

Die Geschäfte der weiteren Kommunalverbände werden durch die Landesregierung, die den Verbandsvertretungen zugewiesenen Verrichtungen aber durch den Engeren Ausschuß der Ritter- und Landschaft einerseits und den ständigen Ausschuß der Vertretung des Fürstenthums Ratzeburg beziehungsweise bis zur verfassungsmäßigen Konstituirung des letzteren durch die Landvogtei zu Schönberg andererseits wahrgenommen.
e) Untere Verwaltungsbehörde. Im Falle des § 3 die Landesregierung; in den Fällen der §§ 140 Absatz 3, 155, 157 und 158, wenn die Arbeitgeber zugleich Inhaber obrigkeitlicher Rechte sind, die Gewerbe-Kommission. Im Uebrigen die Ortsobrigkeiten, d. h. in den Städten die Magistrate, in ritterschaftlichen Gütern die Gutsobrigkeiten, im Domanium die Aemter (Domanialämter, Kabinetsamt und Landvogtei in Schönberg); jedoch mit Ausnahme der Fälle des § 6, sowie der §§ 55 Absatz 3, 57 bis 59, 61 bis 64, 90 Absatz 3, 112, 120 bis 122, in welchen an Stelle der ritterschaftlichen Gutsobrigkeiten die auf Grund der Verordnung vom 2. April 1879 errichteten Polizeiämter treten; auch sind in allen übrigen Fällen ihrer Zuständigkeit als untere Verwaltungsbehörde die ritterschaftlichen Gutsobrigkeiten befugt, sich durch die Polizeiämter vertreten zu lassen.
f) Gemeindebehörde. Der Gemeindevorstand und in denjenigen Ortschaften, in welchen es an einem solchen fehlt, die Ortsobrigkeit.

Wo die Gemeindebehörde nicht zugleich Ortsobrigkeit ist, wird ihr geschäftlicher Verkehr mit den Organen der Versicherungsanstalt, sowie mit den nach Maßgabe der Verordnung vom 30. Dezember 1899 für das Versicherungswesen in Thätigkeit tretenden Behörden durch die Ortsobrigkeit vermittelt.
g) Orts-Polizeibehörde. Die im § 139 Absatz 3 der Orts-Polizeibehörde auferlegte Verpflichtung ist in der Ritterschaft den Polizeiämtern übertragen worden.

Die Wahrnehmung der im § 161 Absatz 2 der Orts-Polizeibehörde zugewiesenen Befugniß erfolgt in denjenigen Fällen, in welchen die Arbeitgeber beziehungsweise Selbstversicherer zugleich Inhaber obrigkeitlicher Rechte sind, durch die Landesregierung.

10. **Großherzogthum Oldenburg.** (Verordnungen vom 14. und 15. November 1899; R.-A. Nr. 277 und Bekanntmachung vom 13. Januar 1900.)

A. Herzogthum Oldenburg.

a) Höhere Verwaltungsbehörde. Das Staatsministerium, Departement des Innern.
b) Kommunalverband bezw. weiterer Kommunalverband. Weitere Kommunalverbände sind in den Fällen der §§ 24, 62, 148 und 151 die Amtsverbände; „Vertretungen der weiteren Kommunalverbände“ im Falle des § 62 die Amtsräthe.

c) Untere Verwaltungsbehörde. Die Aemter und die Magistrate der Städte I. Klasse, auch im Falle der Ziffer 7 der Bekanntmachung des Bundesraths vom 24. Dezember 1899, betreffend die Befreiung von der Versicherungspflicht auf Grund des § 6 Absatz 2 des Invalidenversicherungsgesetzes.
d) Gemeindebehörde. Im Falle des § 31 die Gemeindevorstände.
e) Orts-Polizeibehörde. Die Aemter und die Magistrate der Städte I. Klasse.

B. Fürstenthum Lübeck.

a) Höhere Verwaltungsbehörde. Die Regierung; soweit es sich aber in den Fällen der §§ 24 und 148 um die Genehmigung von statutarischen Bestimmungen des Landarmenverbandes handelt und sofern die Regierung im Falle des § 155 als untere Verwaltungsbehörde entschieden hat, das Staatsministerium, Departement des Innern.
b) Kommunalverband bezw. weiterer Kommunalverband. Als weiterer Kommunalverband in den Fällen der §§ 24, 62, 148 und 151 gilt der Landarmenverband, vertreten durch die Regierung.
c) Untere Verwaltungsbehörde. Die Regierung bezw. für die Stadtgemeinde Eutin der Stadtmagistrat, auch im Falle der Ziffer 7 der Bekanntmachung des Bundesraths vom 24. Dezember 1899, betreffend die Befreiung von der Versicherungspflicht auf Grund des § 6 Absatz 2 des Invalidenversicherungsgesetzes.

Die Anmeldung des Anspruchs auf Bewilligung einer Rente (§ 112 Absatz 1) darf auch bei dem für den Wohnort oder Beschäftigungsort des Versicherten zuständigen Gemeindevorstande rechtswirksam erfolgen.
d) Gemeindebehörde. Im Falle des § 31 die Gemeindevorstände.
e) Orts-Polizeibehörde. Die Regierung bezw. für die Stadtgemeinde Eutin der Stadtmagistrat.

C. Fürstenthum Birkenfeld.

a) Höhere Verwaltungsbehörde. Die Regierung; soweit es sich aber in den Fällen der §§ 24 und 148 um die Genehmigung von statutarischen Bestimmungen des Landesverbandes handelt, das Staatsministerium, Departement des Innern.
b) Kommunalverband bezw. weiterer Kommunalverband. Als weitere Kommunalverbände gelten in den Fällen der §§ 24, 148 und 151 der Landarmenverband, die Ortsarmenverbände und die Bürgermeistereien; im Falle des § 62 die Bürgermeistereien, vertreten durch die Bürgermeistereiräthe.
c) Untere Verwaltungsbehörde. Die Bürgermeister; auch im Falle der Ziffer 7 der Bekanntmachung des Bundesraths vom 24. Dezember 1899, betreffend die Befreiung von der Versicherungspflicht auf Grund des § 6 Absatz 2 des Invalidenversicherungsgesetzes.
d) Gemeindebehörde. Im Falle des § 31 die Bürgermeister.
e) Orts-Polizeibehörde. Die Bürgermeister.

11. **Herzogthum Braunschweig.** (Bekanntmachung vom 8. Dezember 1899; R.-A. Nr. 292 und Erlaß des Staatsministeriums vom 8. Januar 1900 — Nr. 60 c —.)

a) Höhere Verwaltungsbehörde. Im Sinne der §§ 24 Absatz 1 Schlußsatz, 60, 64, 104 Absatz 5 Ziffer 2, 148, 155, 162 und 178 des Invalidenversicherungsgesetzes sowie des § 2 Absatz 4 der Kaiserlichen Verordnung vom 6. Dezember 1899, betreffend das Verfahren vor den auf Grund des Invalidenversicherungsgesetzes errichteten Schiedsgerichten, das Staatsministerium, im Sinne der §§ 24 Absatz 1 vorletzter Satz und 34 Absatz 2 Ziffer 2 und 5 des genannten Gesetzes die Kreisdirektionen. Im Sinne des § 12 Absatz 2 der gedachten Kaiserlichen Verordnung das Staatsministerium, Abtheilung des Innern.

b) Kommunal-Aufsichtsbehörde. Im Sinne des § 24 Absatz 5 die Kreisdirektoren.

c) Kommunalverband bezw. weiterer Kommunalverband. Weitere Kommunalverbände im Sinne der §§ 24, 62 und 151 Absatz 1 Ziffer 2 sind die Kreis-Kommunalverbände.

d) Untere Verwaltungsbehörde. Im Sinne des § 128 in den Städten der Stadtmagistrat, in den Landgemeinden der Gemeindevorsteher, im Sinne der §§ 3 Absatz 1, 6 Absatz 1, 55 Absatz 3, 57, 59, 61 bis 64, 76, 90 Absatz 3 (soweit es sich um die Vertreter der Arbeitgeber und der Versicherten für den Bezirk des Stadtmagistrats handelt), § 104 Absatz 5 Ziffer 1, 112, 114, 120, 121, 122, 140, 155, 157, 158, 175, 184 Absatz 1 in der Stadt Braunschweig der Stadtmagistrat daselbst, im Uebrigen die Kreisdirektion.

e) Gemeindebehörde. In den Städten der Stadtmagistrat; in den Landgemeinden der Gemeindevorsteher.

f) Orts-Polizeibehörde. Im Sinne der §§ 131 Absatz 2, 139 Absatz 3 und 161 in der Stadt Braunschweig die Polizeidirektion, in den übrigen Städten der Vorsitzende des Stadtmagistrats bezw. dessen gesetzlicher Stellvertreter, in den Landgemeinden der Gemeindevorsteher.

12. **Herzogthum Sachsen-Meiningen.** (Bekanntmachung vom 9. Dezember 1899; R.-A. Nr. 302 und Ausschreiben des Staatsministeriums vom 8. Januar 1900).

a) Höhere Verwaltungsbehörde. Das Staatsministerium, Abtheilung des Innern

b) Kommunalverband bezw. weiterer Kommunalverband. Weitere Kommunalverbände sind die vier Kreise und die Kreisabtheilung Camberg. Als Vertretungen der einer im § 62 Absatz 1 genannten Krankenkasse nicht angehörenden versicherten Personen gelten die Kreisausschüsse (§ 62 Absatz 1).

c) Untere Verwaltungsbehörde. In den Magistratsstädten die Magistrate, im Uebrigen die Landräthe. Im Sinne der Ziffer 1 bis 4 und 6 des Bundesrathsbeschlusses vom 24. Dezember 1899, betreffend die Befreiung von der Versicherungspflicht auf Grund des § 6 Absatz 2 des Invalidenversicherungsgesetzes, in den Magistratsstädten der Gemeindevorstand, im Uebrigen die Landräthe.

Ist jedoch der Magistrat in dem einzelnen Falle zugleich Arbeitgeber, so sind die Verrichtungen der unteren Verwaltungsbehörde von dem Landrath wahrzunehmen.

d) Gemeindebehörde. Der Gemeindevorstand.

e) Orts-Polizeibehörde. Der Gemeindevorstand.

13. **Herzogthum Sachsen-Altenburg.** (Bekanntmachungen vom 10. September 1890; R.-A. Nr. 228 und vom 24. November 1899; R.-A. Nr. 287).

a) Landes-Zentralbehörde. Das Gesammtministerium.

b) Höhere Verwaltungsbehörde Das Ministerium, Abtheilung des Innern.

c) Kommunalverband bezw. weiterer Kommunalverband Weitere Kommunalverbände im Sinne des Gesetzes sind die Aufsichtsbehörden der Krankenversicherung und zwar die Landrathsämter sowie die Stadträthe zu Altenburg und Schmölln je für den Umfang der bezüglichen Verwaltungsbezirke.

d) Untere Verwaltungsbehörde. In den Städten Altenburg und Schmölln die Stadträthe, im Uebrigen die Landrathsämter, ein jedes für die Städte und Ortschaften seines Verwaltungsbezirks.

e) Gemeindebehörde. In den Städten der Stadtrath; in den Landgemeinden der Gemeindevorsteher.

f) Orts-Polizeibehörde. In den Städten der Stadtrath; in den Landgemeinden das Landrathsamt

15. **Herzogthum Sachsen-Coburg und Gotha.** (Bekanntmachungen vom 22. Oktober 1890; R.-A. Nr. 263 und vom 30. November 1899; R.-A. Nr. 298)

a) Höhere Verwaltungsbehörde. Für das Herzogthum Coburg die Ministerial-Abtheilung zu Coburg, für das Herzogthum Gotha die Ministerial-Abtheilung für die innere Verwaltung zu Gotha.

b) Kommunalverband bezw. weiterer Kommunalverband Weitere Kommunalverbände im Sinne des § 62 Absatz 1 sind die die Aufsicht über die Krankenversicherung führenden Bezirksverwaltungsbehörden (Landrathsämter, Magistrate und Stadträthe) je für den Umfang der einzelnen Verwaltungsbezirke. Dieselben gelten auch als Vertretungen der einer im § 62 Absatz 1 genannten Krankenkasse nicht angehörenden versicherten Personen (§ 62 Absatz 1).

c) Untere Verwaltungsbehörde. In den dem Staatsministerium unmittelbar unterstellten Städten die Stadträthe (Magistrate), für die übrigen Gemeinden das Landrathsamt.

d) Gemeindebehörde. Die Gemeindevorstände (Stadträthe, Magistrate, Schultheißen).

e) Orts-Polizeibehörde. Die Gemeindevorstände (Stadträthe, Magistrate, Schultheißen).

15. **Herzogthum Anhalt.** (Bekanntmachungen vom 27. September 1899; R.-A. Nr. 294 und vom 7. Februar 1900; Anhaltischer Staats-Anzeiger Nr. 40.)

a) Höhere Verwaltungsbehörde. Die Regierung, Abtheilung des Innern.

b) Kommunalverband beziehungsweise weiterer Kommunalband. Weitere Kommunalverbände sind die Kreis-Kommunalverbände, als deren Vertreter die Kreisausschüsse anzusehen sind. Letztere gelten, und zwar auch für die Bezirke der Städte mit mehr als 10000 Einwohnern, zugleich als Vertretungen der einer im § 62 Absatz 1 genannten Krankenkasse nicht angehörenden versicherten Personen (§ 62 Absatz 1, § 82 Absatz 2).

c) Untere Verwaltungsbehörde In den Städten von mehr als 10000 Einwohnern die Magistrate, im Uebrigen die Kreisdirektionen — auch im Falle der Ziffer 1 bis 4 und 6 des Bundesrathsbeschlusses vom 24. Dezember 1899, betreffend die Befreiung von der Versicherungspflicht auf Grund des § 6 Absatz 2 des Invalidenversicherungsgesetzes —.

d) Gemeindebehörde. In den Städten der Magistrat, in den ländlichen Gemeinden der Gemeindevorstand und in den selbständigen Gutsbezirken der Gutsvorsteher.

e) Vertretung der zunächst berufenen Amtsstelle in Fällen eigener Betheiligung:
   I. Ist bei Streitigkeiten (§§ 155 ff.) der von dem Kreisausschuß oder dem Magistrat vertretene Kommunalverband als Arbeitgeber betheiligt, so wird von der Herzoglichen Regierung, Abtheilung des Innern, ein anderer Kreisausschuß oder Magistrat mit der Entscheidung der Streitigkeit beauftragt.
   II. Handelt es sich bei Streitigkeiten um die eigenen Lohnarbeiter des als untere Verwaltungsbehörde berufenen Beamten, so erfolgt die Entscheidung durch die Stellvertreter.

16. **Fürstenthum Schwarzburg-Sondershausen.** (Verordnung vom 27. Dezember 1899; R.-A. Nr. 7 von 1900.)
   a) Höhere Verwaltungsbehörde. Der Bezirksausschuß; in den Fällen der §§ 60, 104 Absatz 5 Ziffer 2, 155, 178 jedoch das Ministerium, Abtheilung des Innern.
   b) Kommunalverband bezw. weiterer Kommunalverband. Als weitere Kommunalverbände gelten die Verwaltungsbezirke und als deren Vertretungen die Bezirksausschüsse. Letztere gelten auch für den Umfang des betreffenden Verwaltungsbezirks als Vertretungen der einer im § 62 Absatz 1 genannten Krankenkasse nicht angehörenden versicherten Personen (§ 62 Absatz 1).
   c) Untere Verwaltungsbehörde. Der Landrath.
   d) Gemeindebehörde. Im Falle des § 31 in den Stadt- und Landgemeinden die Gemeindevorstände, in den Guts-, Domänen- und Forstpolizeibezirken die Guts- beziehungsweise Domänen- und Forstpolizeiverwaltungen. In allen übrigen Fällen der Gemeindevorstand dergestalt, daß dessen örtliche Zuständigkeit sich auch auf diejenigen nach Artikel 3 der Gemeindeordnung von den Gemeindebezirken ausgeschlossene Domänen-, Forst- und Gutsbezirke, die örtlich innerhalb des Gemeindebezirks oder ihm am nächsten liegen, miterstreckt.
   e) Orts-Polizeibehörde. Der Gemeindevorstand dergestalt, daß dessen örtliche Zuständigkeit in diesen Angelegenheiten sich auch auf diejenigen nach Artikel 3 der Gemeindeordnung von den Gemeindebezirken ausgeschlossenen Domänen-, Forst- und Gutsbezirke, welche örtlich innerhalb des Gemeindebezirks oder demselben am nächsten belegen sind, miterstreckt.

17. **Fürstenthum Schwarzburg-Rudolstadt.** (Verordnung vom 10. Dezember 1899; R.-A. Nr. 295 und Ministerialbekanntmachung vom 2. Januar 1900.)
   a) Landes-Zentralbehörde. Das Ministerium.
   b) Höhere Verwaltungsbehörde. Das Ministerium, Abtheilung des Innern.
   c) Kommunalverband bezw. weiterer Kommunalverband. Weitere Kommunalverbände im Sinne des Gesetzes sind die Aufsichtsbehörden der Krankenversicherung. Diese gelten auch als Vertretungen der einer im § 62 Absatz 1 genannten Krankenkassen nicht angehörenden versicherten Personen (§ 62 Absatz 1).
   d) Untere Verwaltungsbehörde. In den Städten von mehr als 10000 Einwohnern der Gemeindevorstand, im Uebrigen das Landrathsamt.
   e) Gemeindebehörde. Der Gemeindevorstand beziehungsweise Vertreter des Gutsbezirks.

f) Orts-Polizeibehörde. Der Gemeindevorstand beziehungsweise Vertreter der Gutsbezirks.

18. **Fürstenthum Waldeck-Pyrmont.** (Bekanntmachungen vom 15. Dezember 1899; R.-A. Nr. 297.)

a) Höhere Verwaltungsbehörde. Der Landesdirektor.

b) Kommunalverband beziehungsweise weiterer Kommunalverband. Weitere Kommunalverbände sind die Kreise, welche von den Kreisvorständen vertreten werden.

c) Untere Verwaltungsbehörde. Die Kreisamtmänner.

d) Gemeindebehörde. Die Gemeindevorstände.

19. **Fürstenthum Reuß ä. L.** (Verordnung vom 23. Dezember 1899; R.-A. Nr. 18 von 1900.)

a) Höhere Verwaltungsbehörde. Die Landesregierung, jedoch mit Ausnahme:

1. der Fälle des § 24 Absatz 1, soweit es sich um die Festsetzung des Durchschnittswerths der Naturalleistungen handelt, welche Land- und forstwirthschaftlichen Arbeiten als Lohn oder Gehalt gewährt werden, und des § 34 Absatz 2 Ziffer 2, in welchen das Landrathsamt in Greiz für das Fürstenthum,
2. der Fälle des § 34 Absatz 2 Ziffer 5 und des § 162, in welchen für die ländlichen Gemeindebezirke das Landrathsamt in Greiz, für die städtischen Gemeindebezirke die Fürstliche Aufsichtsbehörde über städtische Gemeindeverwaltung

die Verrichtungen der höheren Verwaltungsbehörde wahrzunehmen hat.

b) Kommunalverband beziehungsweise weiterer Kommunalverband. Im Sinne des § 62 Absatz 1 für den Bezirk der Stadtgemeinden die Aufsichtsbehörde über städtische Gemeindeverwaltung in Greiz und für das platte Land der Landesausschuß. Dieselben gelten auch als Vertretungen der einer im § 62 Absatz 1 genannten Krankenkassen nicht angehörenden versicherten Personen (§ 62 Absatz 1).

c) Untere Verwaltungsbehörde. Für die städtischen Gemeindebezirke die Gemeindevorstände, für das platte Land das Landrathsamt in Greiz.

d) Gemeindebehörde. Die Gemeindevorstände; in den einem Gemeindebezirk nicht angeschlossenen Fürstlichen Domanialbesitzungen die bestellten Orts-Polizeibeamten; in den ritterschaftlichen Gemeindebezirken die Besitzer exkommunalisirter Rittergüter beziehungsweise deren nach § 5 des Anhanges zum Gesetze vom 28. März 1886 (Landes-Gesetzsammlung Seite 136) bestellte Stellvertreter.

e) Orts-Polizeibehörde. Die Gemeindevorstände; in den einem Gemeindebezirk nicht angeschlossenen Fürstlichen Domanialbesitzungen die bestellten Orts-Polizeibeamten; in den ritterschaftlichen Gemeindebezirken die Besitzer exkommunalisirter Rittergüter beziehungsweise deren nach § 5 des Anhanges zum Gesetze vom 28. März 1886 (Landes-Gesetzsammlung Seite 136) bestellte Stellvertreter. Die nach § 161 Absatz 2 der „Orts-Polizeibehörde" zustehende Befugniß wird jedoch, soweit nicht ein städtischer Gemeindebezirk in Frage kommt, vom Landrathsamt in Greiz ausgeübt.

f) Vertretung der zunächst berufenen Amtsstellen in Fällen eigener Betheiligung: Streitigkeiten, über welche nach §§ 155 ff. der Gemeindevorstand einer Stadtgemeinde als „untere Verwaltungsbehörde" zu entscheiden hat, werden, wenn diese als Arbeitgeberin betheiligt ist, von der Fürstlichen Aufsichtsbehörde über städtische Gemeindeverwaltung entschieden.

20. **Fürstenthum Reuß j. L.** (Ministerial-Verfügung vom 27. November 1899, R.-A. Nr. 287.)

a) Höhere Verwaltungsbehörde. Das Ministerium, Abtheilung für das Innere.
b) Kommunalverband bezw. weiterer Kommunalverband. Als weitere Kommunalverbände haben die Bezirke zu gelten.
c) Kommunal-Aufsichtsbehörde. Im Sinne des § 24 Absatz 5 für die Bezirke das Ministerium, Abtheilung für das Innere.
d) Untere Verwaltungsbehörde. Die Landrathsämter, in der Stadt Gera der Stadtrath.
e) Gemeindebehörde. Die Gemeindevorstände.
f) Orts-Polizeibehörde. Die Gemeindevorstände.

21. **Fürstenthum Schaumburg-Lippe.** (Bekanntmachungen vom 31. Oktober 1890, R.-A. Nr. 269 und vom 11. Dezember 1899; R.-A. Nr. 299.)

a) Höhere Verwaltungsbehörde. Das Ministerium.
b) Kommunalverband bezw. weiterer Kommunalverband. Als weitere Kommunalverbände gelten in den Fällen der §§ 62, 82 Absatz 2 die Kreise.
c) Untere Verwaltungsbehörde. In den Städten der Magistrat, auf dem Lande die Landrathsämter; für den Schloßbezirk der Residenzstadt Bückeburg das Landrathsamt Bückeburg und für den Schloßbezirk zu Stadthagen das Landrathsamt Stadthagen.
d) Gemeindebehörde. In den Städten der Bürgermeister, auf dem Lande der Gemeindevorsteher, in den Gutsbezirken der Gutsvorsteher.
e) Vertretung der zunächst berufenen Amtsstelle in Fällen eigener Betheiligung: Ist bei Streitigkeiten (§§ 155 ff.) der von dem Landrath oder dem Gemeindevorsteher vertretene Kommunalverband als Arbeitgeber betheiligt, so wird vom Ministerium eine andere Behörde (Landrath oder Gemeindevorsteher) mit der Entscheidung der Streitigkeit beauftragt.

22. **Fürstenthum Lippe.** (Verordnung vom 24. Dezember 1899; R.-A. Nr. 306.)

a) Höhere Verwaltungsbehörde. Die Regierung.
b) Kommunalverband bezw. weiterer Kommunalverband. Als weitere Kommunalverbände gelten für das platte Land die Amtsgemeinden, als deren Vertretungen die Amtsgemeinderäthe. Letztere und in den Städten die Magistrate gelten auch als Vertretungen der einer im § 62 Absatz 1 genannten Krankenkasse nicht angehörenden versicherten Personen (§ 62 Absatz 1).
c) Untere Verwaltungsbehörde. In den ländlichen Bezirken die Verwaltungsämter, in den Städten die Magistrate und für den Schloßbezirk in Detmold der Magistrat in Detmold.
d) Gemeindebehörde. In den ländlichen Bezirken die Gemeindevorsteher, sowie die Vertreter der Rittergüter und herrschaftlichen Meiereien, in den Städten die Magistrate und für den Schloßbezirk in Detmold das Fürstliche Hofmarschallamt.

e) Orts-Polizeibehörde. In den ländlichen Bezirken die Verwaltungsämter, in den Städten die Magistrate und für den Schloßbezirk zu Detmold das Fürstliche Hofmarschallamt.

f) Vertretung der zunächst berufenen Amtsstelle in Fällen eigener Betheiligung: Ist bei Streitigkeiten gemäß den §§ 155 ff. des Gesetzes der von dem Fürstlichen Verwaltungsamt oder dem Magistrat vertretene Kommunalverband als Arbeitgeber betheiligt, so wird von der Regierung eine andere Behörde mit der Entscheidung der Streitigkeit beauftragt.

23. **Freie und Hansestadt Lübeck.** (Bekanntmachung vom 20. Dezember 1899; R.-A. Nr. 306.)

a) Landes-Zentralbehörde. Der Senat.'
b) Höhere Verwaltungsbehörde. Senatsausschuß für Gewerbe- und Versicherungswesen.
c) Untere Verwaltungsbehörde. Das Polizeiamt.
d) Gemeindebehörde. Für die Stadt Lübeck das Polizeiamt, für Travemünde und die Landgemeinden die Vorsitzenden der Gemeindevorstände.
e) Orts-Polizeibehörde. Das Polizeiamt.

24. **Freie und Hansestadt Bremen.** (Verordnung vom 14. November 1899; R.-A. Nr. 281.)

a) Landes-Zentralbehörde. Der Senat.
b) Höhere Verwaltungsbehörde. Die Polizeikommission des Senats.
c) Untere Verwaltungsbehörde. Für die Stadt Bremen, für das Landgebiet und für Vegesack die Polizeidirektion, für Bremerhaven der Stadtrath daselbst.
d) Gemeindebehörde. In der Stadt Bremen die Polizeidirektion, im Landgebiet die Gemeindevorsteher und in den Hafenstädten die Stadträthe.
e) Orts-Polizeibehörde. Für die Stadt Bremen die Polizeidirektion, für das Landgebiet der Landherr und für die Hafenstädte die Aemter.

25. **Freie und Hansestadt Hamburg.** (Bekanntmachungen vom 18. Dezember 1899; R.-A. Nr. 306 und vom 15. Januar 1900.)

a) Landes-Zentralbehörde. Der Senat.
b) Höhere Verwaltungsbehörde. Der Senat.
c) Untere Verwaltungsbehörde. Für die Stadt und diejenigen Gebietstheile der Landherrenschaft der Marschlande, in welchen die Land-Gemeindeordnung keine Geltung hat, die Polizeibhhörde, für die Landherrenschaft Ritzebüttel der Amtsverwalter daselbst und für das übrige Landgebiet die zuständige Landherrenschaft — auch im Falle der Ziffer 1 bis 4 und 6 des Bundesrathsbeschlusses vom 24. Dezember 1899, betreffend die Befreiung von der Versicherungspflicht auf Grund des § 6 Absatz 2 des Invalidenversicherungsgesetzes —.
d) Gemeindebehörde. Im Falle des § 31 für die Stadt und diejenigen Gebietstheile der Landherrenschaft der Marschlande, in welchen die Land-Gemeindeordnung keine Geltung hat,
die Polizeibehörde;
für Bergedorf
der Magistrat;
für das übrige Landgebiet
die Gemeindevorstände.

e) Orts-Polizeibehörde. Für die Stadt und diejenigen Gebietstheile der Landherrenschaft der Marschlande, in welchen die Land-Gemeindeordnung keine Geltung hat, die Polizeibehörde, für die Landherrenschaft Ritzebüttel der Amtsverwalter daselbst und für das übrige Landgebiet die zuständige Landherrenschaft.

26. Reichsland Elsaß-Lothringen. (Verordnung vom 8. November 1899; R.-A. Nr. 267.)

a) Höhere Verwaltungsbehörde. Die Bezirks-Präsidenten.

b) Kommunalverband bezw. weiterer Kommunalverband. Als weitere Kommunalverbände im Sinne der §§ 24 und 62 gelten die Bezirke und als deren Vertretungen die Bezirkstage.

c) Untere Verwaltungsbehörde. In den Gemeinden von mehr als 10000 Einwohnern die Bürgermeister, im Uebrigen die Kreisdirektoren; im Falle des § 3 Absatz 1 jedoch die Bürgermeister.

d) Orts-Polizeibehörde. Die Bürgermeister, in den Städten Straßburg, Metz und Mülhausen die Revier-Polizeikommissare.

Alphabetisches Sachregister.

(Die Zahlen verweisen auf die Seiten.)

Druck von A. Seydel & Cie., G. m. b. H., Berlin SW. Alexandrinenstr. 105/106.

Kolibri 360 GmbH
Ferdinand-Jühlke-Straße 7
99095 Erfurt, Deutschland
produktsicherheit@kolibri360.de